小野信爾著

汲古叢書44

五四運動在日本

汲古書院

目次

付　録

凡例

一　資料の引用にあたっては、漢字は常用漢字に改めたが、人名・固有名詞およびとくに紛らわしいばあいは原字を用いた。

二　とくに断わらないかぎり、引用文中の（　）は原注、［　］は引用者注もしくは補足である。また判読不能の文字は□で示した。

三　外交史料館所蔵外務省記録を引用し、あるいは参考として提示するばあいは、以下の符号で該当ファイルを示す。

①1―3―2　21―2　新聞紙ノ主義持主、主筆系統勢力等調査方在外大公使及領事ヘ訓令一件　清国ノ部
②1―5―3　21　青島民政部政況報告並雑報
③1―6―1　4―2―3　各国内政関係雑纂　支那ノ部　地方
④2―1―1　41　支那ニ関スル日米両国間外交文書交換一件（新聞論調）
⑤2―1―1　42　日支軍事協約一件
⑥3―2―8　3―2　支那人日本品ボイコット一件（日支交渉前後）
⑦3―3―8　5　支那ニ於テ日本商品同盟排斥一件
⑧3―3―8　5―1　支那ニ於テ日本商品同盟排斥一件　雑件
⑨3―3―8　6　支那排日関係雑件
⑩3―10―5　3―4　在本邦清国留学生関係雑纂　学生監督並視察員之部
⑪3―10―5　3―5　在本邦清国留学生関係雑纂　留学生学費之部
⑫3―10―5　3―6　在本邦清国留学生関係雑纂　雑之部
⑬3―10―5　3―8　在本邦清国留学生関係雑纂　日華学会
⑭3―10―5　17―1　在本邦各国留学生関係雑件　支那人本邦留学状況改善策
⑮3―10―5　17―2　在本邦各国留学生関係雑件　支那留学生ノ部

⑯4―2―6　21―8　　外国人退去処分関係雑件　支那国人
⑰4―3―1　2―5　　要視察外国人ノ挙動関係　支那国人之部
⑱4―3―2　1―2―1　過激派其他危険主義者取締関係雑件　支那国人
⑲4―3―2　1―4―5　過激派其他危険主義者取締関係雑件　社会運動状況　支那

四　使用頻度の高い史料、著作については以下のように略称し、いちいちは詳記しない。

「大正八年概要」⑦外秘乙第五四一号　大正八年十二月廿三日「在京支那留学生ノ排日行動概要ニ関スル件」別冊「大正八年度支那問題概要」
「大正八年略記」⑦同前別冊「大正八年支那問題略記」（十月末調）
「大正九年概況」⑫「大正九年四月末日調　在京留学生概況」
「大正十一年事務概要」⑮「大正十一年六月十五日現在　支那関係事務概要」
『龔徳柏回憶録』龔徳柏著同名書　新聞天地社　中華民国五十二年初版
「旅日日記」『周恩来早期文集』上巻所収　中央文献出版社・南開大学出版社一九九八年、『周恩来旅日日記』（影印本）中央文献出版社　一九九八年
「戊午日記」『曾慕韓先生遺著』所収　中国青年党中央執行委員会印　中華民国四十三年
『三十三年的贅話』馬伯援著同名書　中華民国七十三年馬姓必字輩九人印贈
『東遊揮汗録』王拱璧著同名書（中華民国）九年一月再版
『中共成立史』石川禎浩著『中国共産党成立史』岩波書店　二〇〇一年

五四運動在日本

はじめに

近代中国の歴史に日本留学生が果たした役割は大きい。中国同盟会の結成から黄花崗起義まで辛亥革命の実働部隊は留日学生によって構成された。その後の革命と反革命のあらがいのなかで、新生面を切り開いたのは五四運動であったが、その先鋒の役割を演じたのも周知のように、多くは日本留学生出身者であり、また留日学生の隊伍であった。もちろん、これを論じ、また言及した研究書・論文も少なくはない。しかし、五四運動前後の留日学生の状況と運動の態様については、はっきりしないことが多い。

さねとうけいしゅう『中国人日本留学史』増補版（くろしお出版　一九七〇）、同『日中非友好の歴史』（朝日新聞社一九七三）は先駆的な優れた業績である。とくに後者は一九一八年・一九年の日中軍事秘密協定反対運動・五四当年の留日学生運動について紙幅を割き、王拱壁『東遊揮汗録』の全訳、『東京朝日新聞』『東京日々新聞』の関係記事、雑誌『太陽』『中央公論』に載った吉野作造・内藤湖南などの論説を紹介している。四〇年間、孜々として蓄積してこられた研究を、日本の侵略主義破綻の教訓をふまえて、真摯に再展開されたことに心から敬意を表したい。近年の、とりわけ中国での日本留学生史研究が、さねとう氏の業績を出発点として新たな発展を模索しているのも当然のことである。

さねとう氏が清末から日中戦争期をカバーし、留学生活の内情から学生の反侵略活動、各種新思想の紹介・翻訳活動から印刷・出版への技術伝達などにいたるまで、多角的に留日学生史を論じておられるのにたいし、本書は一九一五年から一九二一、二二年くらいまで七、八年間の留学生運動史を主題とするにすぎない。多少とも新味を加えたとするならば、さねとう氏が利用できなかった外務省外交史料館所蔵の関係文書を用い、復刻あるいはマイクロフィルム化された中国の新聞を参照し、八〇年代から「禁区」を解かれて増大した関係者の回憶録・伝記類を批判的に検証できたことである。とりわけ留日学生総会の機関誌『民彝』一―三号、『留日学生季報』一号の「会務」部分の複製が入手でき、当該期間の初期と終期における学生総会自体の記録した活動内容と総会財政の細部まで検討できたのはありがたかった。ご援助いただいた張允侯・殷叙彝・楊天石・盧守助各氏に深甚の謝意を表するものである。

ところで本論に入る前に、この期間をつうじて留日学生の活動拠点であった中華留日基督教青年会について説明しておく必要があろう。留学生のあいだではたんに青年会とも青年会館とも略称されていたが、中国におけるＹＭＣＡ活動の延長として、アメリカ基督教団体の資助を得て一九〇六年創設されたものである。最初は神田の日本基督教青年会館の一隅に間借りして出発したが、一〇年には北神保町（神田三崎町）に三階建ての建物を購入して本部とし、寄宿舎（二八室、定員五六）・図書室・娯楽室、会議室・教室、室内運動場、食堂その他の設備をととのえたものとなった。寄宿費も一般の下宿屋に比べはるかに低廉で数十名の学生が住宿したほか、新来者が一時的に投宿する便宜もはかっていた。日本の当局はその存在と活発な活動に神経をとがらせ、かといってアメリカがバックにある施設とあっては公然たる干渉も憚らざるをえなかった。「毎土曜日ニ米国ノ美点ノミヲ撮影セル活動写真ヲ観覧ニ供シ或ハ宗教其他ノ講演ヲ為シ直接又ハ間接ニ種々ナル利益ヲ提供シ以テ親米主義タラシメ或ハ又多数ノ学生集合スルヲ利用シ時事問題其他日支外交問題等ヲ論議セシメ、陰ニ排日ヲ扇動シ政談集会所ノ如キ観アルノミナラス近来ハ仝会内一室ニ於テ東方書報社ト称スル支那ニ於テ出版セル新思想宣伝新聞雑誌ヲ販売セシメ尚且仝思想宣伝及研究所ノ如キ観アリ」

などと、警視庁外事課は露骨な敵意をしめしていた[1]。

とりわけ辛亥革命により清国留学生会館が消滅して以後、青年会は留日学生センターの機能を果たしていたのであるが、一九二二年四月二六日、神田神保町三崎町界隈に大きな被害をもたらした地震により建物が損傷し、一時寄宿生を退去させ、集会にも使用できなくなった。ようやく修復をおえたところを直撃したのが翌二三年の関東大震災で、その後仮建築で活動は再開したものの三五年、ふたたび火災に遭いもはや再建されることがなかったのは後日の話である。青年会と連携しつつ留日学生の支援に乗り出したのは英国系の中華聖公会で、吉野作造らの支援をもえて一九年、女子華友寮を、翌年には聖公会寄宿舎（男子）を開設したが、警視庁の眼からするとこれらも「排日宣伝ノ場所」に他ならなかった。青年会も聖公会も主事はアメリカ人・イギリス人の聖職者がつとめたが、一九年当初から前者は馬伯援幹事が、後者は兪顕廷牧師が実際の運営にあたり、ともに「排日思想ヲ留学生等ニ宣伝ス」として警視庁から要注意人リストに編入されていた（附録Ⅲを参照）。

二十一ヶ条いらい留日学生がつねに「排日」＝対中侵略政策反対の先陣を切ることにいらだち、これをアメリカ・イギリス側の煽動によるものとした日本の関係筋は、留学生の運動を圧迫・弾圧する一方で、アメリカの成功例にならうべく一七年ごろから中国人留学生優遇策の検討を開始した。とりわけ日中軍事協定反対の一斉帰国運動の爆発はかれらに大きな衝撃をあたえた。一八年五月、外務省の援助を受けて発足した日華学会（二一年財団法人認可）は「支那人ニシテ帝国ニ来リ入学シ又ハ教育等ニ関シ研究調査ヲナサントスル者ノ為メ諸般ノ便宜ヲ図ル目的」で特設されたが、まず低廉な宿舎を提供するとして、その年一二月、二〇名収容の日華学舎を設け、さらに二〇年・二一年と施設を増設した。在京留日学生の三分の一近くが参加した一九年五月七日の流血のデモに、日華学舎に入寮した学生は一人も参加しなかったと、日華学会第二回報告が特記していることに徴しても、その用意の所在は明らかであろう[2]。

本書では外務省外交史料館所蔵記録を多く利用させてもらったが、そのなかに「外秘乙第〇〇号」と標し、主題と日付を付したものがある。これは警視庁警保局外事課が作成配布した日報であり、同一日に複数号が出されることもあった。番号は暦年ごとに更新するが、一九二〇年までは年号をつけなかったため（一九年は号によってまちまち）、後年外務省が整理分類してファイルするさいに、年次を間違えて綴じ込むことがあり（例えば一九一八年の文書が一九年の文書のなかに紛れこむ、あるいはその逆など）、注意を要する。毛筆で書いた文書を湿式複写（藍晒）で数部複製し、外事課の判断で必要なものを外務省に送達したのである。留日学生の動向は即日、遅くとも翌日には文書として流される（外務省政務局、のちに亜細亜局が接受するのは発行の次日以降）。軍事協定反対の一斉帰国の際は、開始後まもなく「支那留学生の動静」として「集会」「檄文」（大意）「帰国者数」（東京駅発　名、累計　名）「乗船券購買者数」（名、累計　名）「登校状況」などと、一定の範式に依る報告が、毎日作成された。警察が種々の手段で探り出した留日学生の内部事情、青年会などの英米人宣教師、中国人幹事の言動などの情報も、また別に報告されるから、同じ日付で複数の号が出ることは珍しくない。要視察人、要注意人に指定された排日活動分子、危険思想抱懐者には、尾行・私信の開封・摘録なども含めて情報が収集され、報告されたから、有用な第一次材料である。

しかし、情報の質には問題があった。留学生の伝単、声明、檄文や私信の内容など貴重な史料を提供するものがあるが、外秘乙文書では原則として全て翻訳して配布するので、原件の筆写あるいは抄録のさいの誤りに加え、翻訳の誤りも重なって価値を損なっている場合が少なくない。

さらに情報源の質がある。警察は留日学生内部に情報提供者をもっていたようで、五四運動の時期、英米人宣教師による激励・扇動、はては資金提供の噂まで、とうてい事実とは思えないことが報告される例があった。情報提供者が警察側の関心に迎合したものと思われる。外秘乙文書は日報だけでなく時に専題で情報を整理し、統計資料も加えて特集を出すこともあった。たとえば「大正十一年支那関係事務概要」は外秘乙第一三七号と番号を振られておりながら油印一五〇頁の冊子であるが、特集の一つに外秘乙第三九〇号（大正八年）八月十八日「支那留学生中ノ勢力者等ニ関スル件」[3]がある。留日学生を南方派・北方派に大別したうえで、それぞれを文治派・武断派に分かち、南方派の文治派を例にとれば、さらにそれを戴天仇派・孫洪伊派・孫文派・唐紹儀派に細分するなどして、留日学生のリーダーを南方派八派系二八人、北方派四派系一一人に割りふり、准リーダー六七人を、またそれぞれの麾下に属させ、各人の影響下にある学生数を記した表である。ご愛嬌は痛烈に日本の罪責を糾弾した『東遊揮汗録』（前出）の著者王璋（王拱璧）が北方武断派安福系の頭目に数えられていることで、所属同郷会（河南）から推定したとしか思えない。

ところで警視庁は留日学生関係の外秘乙文書を、すべて外務省に提供したわけではないようだ。外秘乙文書は一七年には例外的に、一八年も留日学生の一斉帰国運動が浮上してきた五月になって、はじめて系統的に送達されることになったようだが、五月六日夜、維新号飯館に踏みこんで留日学生救国団幹部を逮捕連行した事件（第二章参照）は、その乱暴無法なやりかたが留学生を憤激させただけでなく、新聞などでもひどく批判されたのであった。ところがこの夜に直接関連する外秘乙文書が外務省のファイルにまったくない、ということは警視庁が該当の文書を故意に外務省へは届けなかったからだと推測される[4]。警視庁外事課の文書は、特別高等警察の資料と同じく、日本の敗戦のさい徹底的に湮滅された。したがって外秘乙文書が残っているのは外交史料館のみであり、上述のような問題はあっても貴重な史料であることに変わりない。しかし、藍晒の性質上褪色いちじるしく写真にとれないものが多く、肉眼で判読しながら筆写するのだが、それすらも不可能なものがある。できるだけ文書の内容を紹介しておくことに努めたが、凡例で示したように判読不能な文字は□□で示しておいた。

いまひとつ、警視庁の秘密主義を如実に示すものに、警保局外事課が［特秘］として発行した『外事警察報』がある。「本書は各官庁の情報又は内外新聞記事等にして外事警察上参考と為るべきものを蒐集し、材料の多寡に応じ月報又は隔月報と為し関係筋の参考に資せんとするものなり」と一九二一年二月から出すのだが、外交史料館に保存されているのは同報の第二三号（同報は発行年月を記さぬが、二三年夏の発行と推定される）以降のものである。つまり、一―二二号については外務省さえ配布の対象に含まれていなかった。隠滅を免れていたその部分は長年、警察大学校にあって非公開のまま過ごしてきたが、近年、国立公文書館に移管されてはじめて一般の閲覧に供された（二〇〇〇年には復刻版も出ている）。本書では第四章・第五章の記述を少なからずこれに負うている。

さらに当該時期における留学生数の推移について触れておく必要がある。警視庁の統計によると、一九一六年・一七年と二千数百人であった在京留日学生は一八年に急増して三千数百となり、一九年つまり五四の歳に三千八百余とピークにたっした。二〇年はほぼそのまま高原状態を維持したが、二一年から激減し二二年にはピーク時の四〇パーセント、千五百余となった[5]。二一年、中国政府が官費留学生の日本での採用（指定校特約）を中止し、翌年には北京政府・各省政府の財政窮迫で事実上官費留学制度が崩壊したこと、世界大戦中から戦後にかけての銀高が一転して、家庭送金にたよる私費留学生の渡来が激減したことによる。二三年からは義和団賠償金などを原資とした対「支」文化事業が発足し、留学生にたいする学資補給が始まることで新しい段階に入るが、本書の考察の範囲外においた。

この時期の留学生生活に大きな影響をあたえ、彼らの団結と運動にかかわったのが、大戦中から戦後にかけての物価の騰貴であった。東京卸売物価指数で見ると一九〇〇（明治三三）年一〇月を一〇〇とした指数は、一四年末から一五年正月に一二〇前後であったが、一五年末一四二、一六年末一七三、一七年末二二〇と上昇の一途をたどり、米騒動の年・一八年一〇月には二八五と、対前年同月比三二パーセント高、大戦開始の四年前に比べれば二・四倍に高騰した。一九年末にはさらに三八一、二〇年三月には四二五（対前年同月比五〇パーセント高）を記録して、そのあとは急激に下降に転じた。二〇年末二七一、二一年末二七六、二二年末二四一（小数点以下は省略――引用者）というぐあいである。[6] これで直撃されたのは官費留学生の生活で、彼らは毎月の支給額が日本円で固定されていたため、官費加給の要求が切実であった。一八年以降、留日学生監督処・駐日公使館は、それへの対応に苦慮させられることになる。

もう一つ、経済的背景として欠かせないのが、銀本位制をとる中国との国際為替の変動である。一九一四年八月一〇〇円＝九一両余と円高の頂点に達したあと、じりじりと円安が進み、二〇年二月には二八両にまで下がった。銀一両が一円一〇銭から三円五七銭にまで上がったわけである。その後、円は反騰して二二年末には六七両余となったが、[7] 円安銀高が家庭送金にたよる私費留学生には有利にはたらいた。一八・一九・二〇年、私費生が官費生の二倍を上まわり、三千数百の総数を維持できたのはそのためであろう。ただし、中国の内戦、軍閥抗争のために国内為替がしばしば停止し、送金を絶たれた私費生の救済要求が、官費増給問題とともにに学生監督・駐日公使を悩ますことになるのである。

実をいうと本書は当初は一種の史料選集を編むつもりで準備をはじめたものだった。八〇年代、外交史料館で拙著『救国十人団運動の研究』（京都大学人文科学研究所共同研究報告《五四運動の研究》第四函13　同朋舎一九八七）関連の材料を博捜するうち、五四時期の留日学生についてのぼうだいな資料に出逢い思いたったのだが、前述したような史料の状況では日本帝国主義の観点から整序された、しかもまちがいの少なくない資料をたんに整理羅列しただけではほとんど意味をなさない。新聞記事の類も警察情報が主要な出所で、しかもいっそう不正確である。結局のところ中国の新聞雑誌、先述した留日学生の刊行物、関係者の後年の回憶録・伝記類をも利用し、批判的吟味を加えることが欠かせなかった。本書が五四運動前後の留日学生運動史とならざるを得なかった所以であるが、注が全体の三分の二を占めるという構成になったのは、もともとの史料選集という着想を生かそうとしたからである。それにしても資料収集に着手してから十数年もの時日をへて、なおかつ雑駁な研究のままに一区切りをつけることになったことを恥じる。せめて無きに優るほどの役割を果たせればと願って一冊にまとめた次第である。

注

（1） 引用は「大正十一年事務概要」。「大正九年概況」（油印三一頁）においても、留日基督教青年会についての評価は同一である。

（2） ⑬「日華学会第二回報告　自大正八年四月至大正八年六月」。なお最初日華学舎は本郷区湯島天神町に置かれたが、一〇年、下谷区谷中に日華学会第一中華学舎（五一人）、本郷区駒込に第二中華学舎（五〇人）が設置されるなかで廃止されたようである。

（3） ⑫。「氏名ノ下ニ記入セル数字ハ現在ニ於テ自己ノ意見ニ依リテ左右シ得ル留学生ノ数ヲ概算シテ記載セルモノナルモ或ハ勢力ノ交叉錯綜セルモノアリテ其ノ数ノ総計ハ在留学生ノ数ト等シカラス」と断り書きはあるが、リーダーに付した数字だけで南方派六〇〇〇、北方派一三〇〇と実数の二倍以上になる。たとえば孫洪伊派の八人のリーダーの一人龔徳柏は「元五〇〇今三五〇」（以前は五〇〇人に影響力をもったが現在は三五〇人だという意味であろう）とあり、田漢はそのサブリーダー四人のうちに名があがり、「三〇」と注記されているという具合である。王璋（学事視察中とあり在籍校を記さず）は安福派六人中の一人であるが「　」内は空白となっていた。要するにいろんな意味で警察側から留学生中の頭目とみなされていた総計一〇六人（彭湃や楊闇公はふくまれていない）の名をあげただけの文書である。

（4） 一九年五月七日のデモのばあいも速報的外秘乙文書はないが、これは規模の大きさなど事件の性格から理解できる、第三章参照。

（5）　前出『大正十一年事務概要』「第三、支那留学生ノ現況」備考には一六―二二年の留学生数について次の数字がある（大正七年度分は前出『大正九年概況』によって訂正）。「大正五年度　総人員数　二、三五八人、六年度　二、四六五人、七年度　三、六五三人、八年度　三、八一五人、九年度　三、四八一人、十年度　二、〇八七人、十一年度　一、五三〇人」。これは建前として「在日留学生総数」であるが、二二年分については東京府下各警察署管内の留学生の合計数と一致するので「在京留学生数」であることが明らかである。「概況」には大正九年四月末日現在（実際は大正九年度）として「在日留学生総数三、八一五人」、男三、五六一・女二五四とあり、うち予備校一、二二五とする。これは時期から判断して大正八年度（一九年）の数字であるが、「概要」が十一年五月十五日現在としてあげる一、五三〇人中、「各学校別人員数」からすると、東亜予備学校など予備校にあたる五校の在籍者は計二七〇人である。予備校生（就学生）に関していえば八〇パーセント近い落ちこみである。「留学生ノ減少セル主ナル原因ハ本年度（四月）入学生ヨリ官費生ノ規定廃止セラレタルト仝時ニ支那内地ニ於ケル動乱ヨリ学費ノ送金ナク其他本邦ノ物価騰貴ヨリ生活困難ニシテ従テ留学生渡来セス反テ皈国又ハ米国ニ去リ尚本年度各学校卒業生ノ帰国等ニ因ル」と「概要」は「備考」で述べている。なお、二二年の千五百余は在京留学生の数で東京以外の都市への留学生（せいぜい百数十人であろう）および陸海軍留学生（「但シ現在四十二人ナリ」と注記がある）は含まれていない。『外事警察報』二五号には大正一三年四月末日調として、全国で官費生八八一名（うち東京四七五）、私費生四六八名（うち東京三六八）、合計一、三四九名（八四三）と東京以外が四〇パーセントに近い異例の数字が出ているが、関東大震災の影響であろうか。なお、この時期の留学生統計としては二見剛士・佐藤尚子「中国人日本留学史関係統計」（『国立教育研究所紀要』第九四集一九七八）がよく用いられるが、ここでは『概要』に見える警視庁外事課の統計をとった。両者には数字の出入がある。前者は外交史料館所蔵の中国（清国・支那）留学生関係と標出したファイル（3―10―5の3、9、17）に見える文部省調査の数字に基づいて作成されているが、確定的なものは官立学校（直轄学校）の在籍者数（各年五月末現在）のみで公私立学校についてはは精粗さまざまなようである。

たとえば、一八年五月、秘密軍事協定に反対して留日学生の一斉帰国運動が爆発した直後、外務省政務局が文部省・内務省の調査により、ただちに作成できたのは一九一四（大正三）年分で、総数二、四九二であった（『日本外交文書』大正七年第二冊上巻三四三附記一）。上記二見・佐藤両氏作成の〈留日学生数の暦年推移　第一表　明治末―大正期の留学生数（一九〇六―二一年）〉の当該年度では三、七九六となっており、千人以上の開きがある。おそらく最新のデータを求めながら四年前の、それも不完全な（?・）資料しか入手できなかったことに、一八年以前の当局の留日学生への関心の度合いが示されている。

ちなみに留日学生の流動は激しく、だいたいの傾向が知られれば良しとしなければならぬが、「概要」「概況」の数字は一八年までは文部省の調査（在籍者数）をわずかに下回り、一九年以降は上回っている。少なくも一九年（一七八人）・二一年（一七人）はその数字に「学校無籍者」「独学者」が含まれていることが確認できるのが、二見氏らの「統計」ではなく「概要」の数字を選んだ理由である。

（6）『近代経済史大年表』（日本図書センター復刻　二〇〇〇）。各歴年末尾に付する。各月上中下旬の統計による。

（7）同前「外国為替相場」による。

第一章　留日学生総会の結成

一　二十一ヶ条要求反対闘争

一九一五年（大正四）二月一二日の朝日新聞（東京）は、前日紀元節の祭日を利用して開催された中国人留学生の集会について、三面でこう報道した。

●総泣きの演説会　▽支那の学生大会　▽昨日の青年会館

東亜の雲行き兎角穏かならぬ昨今在留支那学生は十一日の午後二時より神田青年会館に於て民国留学生大会と銘打って大演説会を開催した。定刻前より詰寄せた　支那留学生の数二千に達し近来の盛況であった。軈て開会となるや辯士の登壇毎に拍手急霰の如く起り孰れも熱狂して慷慨的口調に熱辯を揮えば聴衆も我慢が出来ず左からも右からも即席の飛入辯士が現れて壇上に同時に二人も三人も手を挙げ足を踏みて叫び合いお得意の燕趙悲歌的激越なる演説に血を吐くばかり痛論し果ては涙声を発して愬たふるに満堂の聴衆感極まって　▲大声を放ち　総泣きに泣き出すなど支那ならでは見られぬ図である。前後の登壇者は数十名に達し瀟洒たる和服姿の者ハイカラの洋服を着せし者カーキ色の軍服に帯剣せる士官学校生徒迄とりどりに大声疾呼する凄じき勢ひ聴衆は只訳もなく熱し来ると日本流の「バンザーイ」を叫び半頃よりは我知らず前進して壇上壇下に蝟集し辯士を囲みてワイワイ騒ぎとなり喧々囂々壮烈とも悲痛とも申さん方なく十分に支那式を発揮して四時四十五分漸く解散は近頃の聴物否観ものであった。

他の主要新聞がいずれも黙殺するなかで、唯一の記事であったが、留学生たちがどうして集まったのか、なにに抗議しているのか、一言もふれることなく、揶揄嘲笑に終始したふまじめな報道であった。

上海の新聞『時報』は同年二月二〇日号に「中日交渉中之留日学生大会」と題する記事を掲載し、もともと午後一時から五時までを予定していた会議が、日本の警察の干渉で三時からの二時間に制限され、議事の進行には非常な苦心を要したが、「開会より閉会に至るまで秩序井然として紊《みだ》れず、親愛有りて訴詈無く、鼓舞有りて嫌忌無く、其の間号哭する者有り、撃案する者有り、搥胸頓足する者有りと雖も、憂痛の余り自然の発露にして究《つい》に大体に於いて妨げ無し。乃《しかる》るに日本の各報は故意に其の事を謬載し、意は挑発に存す。誠に恐るらくは訛を以て訛を伝うれば関わる所浅きに匪《あら》ず、故に其の実を特記して以て之を正す」として詳細な通信を載せた。

日本が中国にたいし二十一ヶ条の条件を要求していらい、留学生は真相を把握できずにいたが、北京・上海の新聞がその内容を暴露するにおよんで、亡国の危機近きを知り、紀元節の休日に神田美土代町の日本基督教青年会で留日全体学生大会を開いた。参会者「約三千余人」、費用のカンパも三、四百元にたっした。大会は「籌備会」で準備した五項目の提案　一、本国政府に日本の要求を拒否し、その内容を公開するよう打電する、二、「全国父老」に訴える印刷物を発する、三、友邦にたいし国民の態度を表明する、四、代表を上海に派遣し、暫定的な機関を組織して内外の「愛国之士」と対外の方法につき協議する、五、全体学生の帰国について準備し、有事のさいに備える、をそれぞれ挙手で採択し、細目は籌備会に付託する事を決定した。残された時間多くの人が発言したが、注目を引いたのが

「前国民党衆議員」覃振の演説であった、「自ら謂はく、吾は民党なり、吾人は向《さき》に以て政府に反対せる者たり。今日は何の日ぞ、兄弟は牆に鬩ぐも外其の侮りを禦ぐと。但だ願くば袁世凱努力して之を為せば、何ぞ挙国一致せざるを患えん」。全場、一人も意義を唱える者はなかったと報じられた[1]。

この大会を契機に留日学生総会が結成された。警視庁外事課の調べでは沈定一（幹事長）・劉藝舟・仇鰲・易象・馬鳴鸞・萬鈞・劉文島・李執中・單《ママ》振らを当初の中心メンバーとする[2]。まず、代表一七名を選んで学生総会の委任状を持たせ、劉文島・萬鈞・陳仁・桂念祖の四人は請願代表として北京に、蕭汝霖ら一三人は世論鼓吹のため上海へ、それぞれ二月末には到着して活動を開始した[3]。彼等が携行した「警告全国父老書」が李大釗の起草になるものだったことは有名である。これに対して日本政府、袁世凱政権の双方から圧迫弾圧が加わった。二十一ヶ条反対運動は「乱党」の指導下にあるとして、第二革命に参加した経歴のある劉文島などは、北京でただちに逮捕、湖北の原籍に押送監禁された[4]。東京では留学生の活動は警察の不断の監視と干渉のもとにおかれて集会も開けず、二月末か、あるいは三月初めには駐日公使陸宗輿によって留日学生総会の解散が命ぜられた[5]。

外交史料館所蔵文書の二十一ヶ条関係のファイル第一冊に次のような墨書のメモが綴じこまれている。余白に全く違う筆跡で「大正四年三月五日」と日付をいれ、「劉崇傑氏持参　小池局長ニ手交」とあって、「小村」の認め印がある[6]。

沈定一　青山南町白鶴浦　易象　飯田町三ノ二五　大谷
仇鰲　容伯挺　小石川表町一三　宮本方
会議在廣昌和　神田一ノ《ママ》橋通

これは明らかに錯簡であって、本来は第七冊に綴じこんである、以下のメモと一体のものだったはずである。すなわち、

大正四年三月五日支那公使館参事官劉崇傑氏来省小池政務局長ニ対シ仝紙ノ通ノ覚書ヲ手交シタル上右ニ記載セル沈外四名ノ支那人ハ近頃神田一ッ橋通廣昌和（支那料理店）ニ於テ会合内外各地ニ檄文ヲ配付シ日本品ニ「ボイコット」等種々排日的運動ヲ煽動シ居レルニ付（右ノ内易象、仇鰲ノ両名ハ檄文ノ起草ヲ担任シ居レリ）曩ニ郭通訳官ヲシテ警視庁ニ出頭セシメ右取締方依頼ニ及ヒタル処同庁ニ於テハ右ハ外務省ニ申出ツル様取計アリタシトノコトナリシニ付今日罷出テタル次第ナルカ（一）右等支那人ノ会合ヲ解散シ（二）再ヒ斯ル会合ヲ催ササル様厳重ニ取締ヲ為シ若シ必要アラバ其ノ重ナル者ヲ東京横浜以外ニ放逐セシメラレ（三）尚出来得ルナラバ是等支那人カ前記ノ如キ排日的運動ヲ為シ居レル内情探明ノ上通報ヲ得タキ旨依頼方申出テタリ

依テ政務局長ノ命ニ依リ三月五日警視庁ニ石原官房主事ヲ訪ヒ劉参事官申出ノ前記三点ニ付何分ノ義取計アリタキ旨ヲ依頼シタルニ同主事ハ委細了承ノ旨答ヘタリ

栗野外交官

二月二五日、留日学生総会は駐日公使に総統あて電報の代理発信を要請したばかりであった。寄託した電稿は「学生等赤心を以て総統を奉ず。願わくば総統赤心を以て国家を衛れ。其の瓦全するよりは寧ろ玉砕するに甘んぜん。存亡治乱間髪を容れず。惟だ総統のみ実に之を主宰す。謹んで愚忱を貢じ、伏して垂鑑を乞う」と結ばれていた。これに報いたものが「留学界の治安を妨害する」という口実で発せられた解散命令であったが、総会は公使館の掲げた理由を一々反駁したうえ、外交を職務とする公使は学生総会を解散する権限はないと、命令を突っ返した。公使館の警視庁・外務省にたいする取締と情報提供の要請はかくしておこなわれたのであった。(7)

上海では日本の対華要求が伝えられて、有志が国民対日同志会を発起し、二月二六日、留日学生の回国を歓迎した。新聞報道によってそれを知った駐上海の有吉総領事は、上海の楊交渉員に取締を申し入れ、翌二七日、租界会審衙門は中国当局の申し入れによって対日同志会を禁止した(8)。三月一六日、留日学生らは対日同志会とともに張園に国民大会を開き、集会を解散させようとした官憲も手を出しかねるほどの盛り上がりを見せた。

……去ル十六日本邦留学生ノ一部帰リ来リ当地ノ学生等ト気脈ヲ通シ頻リニ日貨抵制ヲ煽動スル激烈ナル文句ヲ聯ネタル伝票《ママ》ヲ家毎ニ配布シ終ニ其ノ日張園ニ支那人大会ヲ開キ慷慨悲歌シ数番ノ演説ヲナスモノアリ日貨抵制ヲ叫テ解散シタリ当時居留地官憲ハ之ヲ開カシメサラントシタルモ却テ人心ノ激昂ヲ招クノ虞アリタリ《ママ》トナシ終ニ開会ヲ許シタリト云フ爾来日本ニ対スル支那人ノ感想ハ余程不穏ニ陥リ形勢頗ル重大トナルニ至レリ……

（「上海ニ於ケル日貨排斥ノ形勢」三月廿三日付鶴見北支那派遣官報告(9)）

有吉総領事は中国当局を督促し、租界警察と協議して運動鎮圧に必死となった。四月一日、西田耕一副領事は他に日本人一名を帯同し、英人巡捕二名、華人数名とともに帰国留学生の宿舎を捜索して「信札帳目簿冊等物」を持ちさった。四月九日、会審公廨は対日同志会の二名、帰国学生蕭汝霖ら五名を、日貨ボイコットを鼓吹し中日両国の国交を妨害して租界の治安を脅かしたとの理由で起訴し、七人を拘留した。その会審に西田が加わったことで、これは原告が裁判官を兼ねることだと被告側が忌避し、審理は法廷の組織をめぐって紛糾した(10)。有吉総領事は次のように報告している(11)、

［排日運動は取締強化のもとで、だいぶ沈静化してきたが］将来ノ為メ一層厳重ノ方法ヲ採リ置クノ必要ヲ認メ居留地警察トモ打合セノ上西田会審官ニ命シ本月一日ヨリ二三日ニ渉リ会審衙門ニ於ケル審理上ノ必要ヲ名トシ西藏路ノ国民対日同志会其他扇動者ノ本拠ト認メラルル本部（日本留学生各省代表者ノ投宿セル江西路鴻發旅館ノ三室）ノ家

宅捜索ヲ行ハシメタリ右捜索ハ排日的印刷物等ノ外差シタル獲物アラサリシモ少クモ彼等扇動者一派ヲシテ甚タ不安ヲ感セシメタルハ事実ニシテ取締上不少効果アリタルモノト認メラル尚ホ不日其二三主動者ノ審理ヲ行フ筈ニ有之他方右等取締ト相待テ楊交渉員ハ其論《ママ》告文ヲ一層増刷シテ居留地ノ目星シキ場所ニ益々多数ニ掲示スルノミナラス小官ノ希望ニ応シ多数ノ重立チタル商人ヲ其衙門ニ召集シテ諭ス所アル筈……居留地外ニアリテハ支那官憲亦誠実ニ治安ノ維持ニ努メ客月末二三集会ノ□アルヤ小官ノ注意ニ依リ其都度多数ノ武装セル警官ヲ派シテ解散ヲ命ジ……〔以来この種集会の参加者は減少してきたが〕是等排日ノ扇動者ハ既ニ如報告主トシテ本邦留学生ノ帰来セルモノ等ニシテ叙上ノ家宅捜索ノ際得タル書面（帰来セル日本留学生代表者ヨリノ在東京留学生総会幹部ニ宛タル報告書）等ニ徴スルニ漸次運動費ノ欠乏ヲ告ケ且ツハ代表者ノ内帰郷スルモノ出テ在滬代表団モ困窮ノ状態ニアリ……是等扇動者ニシテ漸次処罰セラレ若クハ退散ニ至ランカ排日的運動モ他ニ重大ナル原因ノ発生セサル限リ当地ニ於テハ漸次終息ニ至ルヘク……

これより先、留日学生総会は幹事長沈定一の辞職により、桂念祖を幹事長に、容寶勲・易象を副幹事長に選んで活動を堅持していた[12]。上海での代表団が弾圧され、一人二百元の保釈金の納付を拒否して拘留されているとの報がはいると、三月一八日、全体職員会を開いて対策を協議し、留学生や華僑から急ぎ救援資金を募るとともに、幹事長桂念祖みずから上海に赴いて救援ならびに「提倡国貨」の活動に当たることにした[13]。桂念祖は戊戌のさい変法派の一員として活動した人物で、日本に僑居すること十年、仏学者として知られていた。本来、仏法は「国界」を破除するものであるのに、「対外」に決起する、なるほど「国家思想」とは万事に優先するものだ、とからかわれて、「世界応に主有り奴有るべからず。彼の主人翁を以て自ら命じ、強力を以て人を奴とせんと欲する者は、竭力抵禦せざる可からず」と答えたという[14]。当時、日本亡命中の民党（もと同盟会。国民党の流れをくむ政派）は二十一ヶ条要求への対応を巡って分裂していたが、[15]留日学生総会としては「一致対外消除内争」を宗旨としていたから、あえて桂を沈定一の後任に据えたのであろう。

留日学生総会は日中交渉の拒否、日本側の武力行使には実力で対抗すべしと訴えるために引き続き代表を帰国させた。軍備充実のため国民の総力を結集しようと、大きく広がった「救国貯金」の運動も上海で留日学生代表が提唱したのを発端とする。[16]四月中旬、膠着した交渉に業を煮やした日本側は露骨な軍事的示威を始め、最後通牒の発せられるのは時間の問題だった。学生たちは日本からの総引き揚げを期して運動に拍車をかけた。当時、女子医学校に在学し、卒業を間近にしていた楊歩偉は留日学生が全体の罷課・帰国を呼びかけ、中には「鉄血団」などを名のる組織が、指令に従わぬ者には制裁を加えると脅迫することもあったと回想している。彼女のクラスでは一一人が帰国し、学校に留まったのはわずかに四人だけだったという。

私はその時こうしたやりかたに反対して云った、われわれが留学に来たのは帰国後国家に服務するためである、いまわが政府には準備がなく、革命後日浅く、一般の人民の愛国の熱誠もまだ徹底していない。外に対して宣戦しても勝てるとはかぎらない。われわれが現在学を廃して帰国しても国家の役には大してたたない、私はわれら少数の卒業間近の者たちのために言っているわけでは決してないのだと。実を言えばその時私と〔李〕貫中は卒業試験も既に終わり、三井病院で治療の実習中であった。各科の病人を相手に手術の試験をし、正に調子のあがっている時に、もし中国に帰ればしばらくは絶対にこれほどの病人をわれわれの実験物にすることはない。どうして日本人をわれわれの実験に使わない手があろうか。だから、われわれは国交断絶に至るまでは、恥を忍んで暫くはとどまり、少しでもわれわれのプラスになるものを手に入れるつもりだと宣言した。毎日たくさんの学生が帰国し、かつわれわれへの脅迫状が舞いこんだが、私は動じなかった。……医学校の校門にはいつも誰かが張り番をしていて、我々を見つけると愛国の熱誠を演説した。私はいつも笑顔で私の熱情もあなた方にひけはとらない、将来を看てよとやり返すのだった。……かくすること一ヶ月ばかり、政府の交渉も恥を忍んで保留することになり、学生も続々と日本に帰ってきた（楊歩偉『一個女人的自伝』伝記文学出版社一九六九再版）

五月七日、日本は第五項を保留しつつ、前四項一七ヶ条の無条件承認を最後通牒として突きつけた。留日学生総会は「全体職員」を召集して「一戦」を政府に請願することを決定し、「此次の交渉は民心一致、敵愾同仇、強国の機は胥な是に在り。以て後ろ盾を言うも無しと云うを得ず」、「存亡の分、栄辱の辨は間髪を容れず。惟だ大総統のみ之れを擇《み》べ」と袁世凱あての電報の代理発信を公使館に託した。[17]だが、九日、周知のように袁世凱は日本の最後通牒を承諾した。旧怨をすて一致対外・瓦全よりも玉砕に民族の生機を求めた「志士」たちの失望憤激は大きく、学生たちの情熱も一気に冷めた。郭沫若は日本渡来後数ヶ月、第一高等学校予科への合格、すなわち官費生の資格をかちうるために猛勉強中だったにもかかわらず、「男児筆を投ずるは尋常の事、帰りて沙上に一片の泥と作らん」との誓いをもって五月七日に上海に帰り着いたが、「上海の旅館で三日間ぼんやりしていただけで、付近の道もまだはっきり覚えないうちに、また友人たちといっしょに日本に舞いもどってしまった」（郭沫若『創造十年』）。

袁世凱は二十一ヶ条反対で高揚していた民衆運動の抑圧にかかり、日貨ボイコットを厳しく取り締まった。フランス租界で活動を続けていた外交後援会、国民請願会など六団体も六月一日、解散命令を受けた。運動の退潮に目的をすでに達したとする日本側の判断もあったのであろう、長引いていた留日学生代表・対日同志会への弾圧裁判は、六月二三日「中日交渉已に解決し、両国は夙に睦誼を敦うせるに因り」、被告らが大半学生であることを考慮するとして、執行猶予一年の罰金刑を宣告して終わった。[18]袁世凱は二十一ヶ条を利用して民党を切り崩し、日本政府の諒解をとりつけたと信じて、自ら皇帝に即位し、帝制を復活する野望をむき出しにした。八月、籌安会が公然と活動を開始し、東京の留学生にたいしても工作員を送りこんだ。

この年、一〇月一〇日、中国国内では国慶を祝賀する催しは開きようもなかったが、東京では民党活動家や留学生たちが大手町の私立大日本衛生会を借りて国慶紀念会を開催した。正しくは「共和送別会」「共和追悼会」ではないかと自嘲する言葉も聞かれるなかで、会場では「革命之伝単」が数多く散布されたという。(19) 一〇月一七日午前、中国公使館職員と称する人物が、赤坂の自宅でピストルで撃たれ、重傷を負うという事件が突発した。翌一八日の『朝日新聞』は「蒋士立氏狙撃さる　過日入京して盛に飛躍せる　籌安会東京支部の黒幕」と見出しをつけ、

「被害者蒋士立は江蘇省に生れ、中央大学出身にて……支那に籌安会の組織せらるると共に入京し其支部の設立に関し盛に在留支那人間を奔走し一部支那人より注目され居たれば今回の狙撃或は籌安会反対者が……東京に於ける中心人物たる蒋に向って凶行を企つるに至りたるものなるべし」

と書いた。蒋は三月に劉藝舟らとともに帰国し、袁世凱の特赦を受けた人物であったが、(20) 今度は籌安会の工作員としてひそかに舞いもどってきていたのである。逃走した刺客ははじめ「呉先倍」ついで「呉先梅」と報じられ、必死の追求にもかかわらず杳として消息は知れなかったが、二二日に至って同紙面に「覃振氏拘引さる　▽蒋氏狙撃事件の首謀者▽支那湖南革命党の領袖」と見出しが躍り、前日、「参議《ママ》院議員覃振氏（三十五）」が拘引され、取り調べ中であることを報道した。だが、それっきりこの事件についての記事は各紙とも扱わなくなり、うやむやのうちに忘れさられた。一〇月二八日、日本政府はイギリス、ロシアと共同で帝制実施の延期を袁世凱政府に申しいれたのであった。

刺客をつとめた呉梅先は覃振の門人であった。狙撃実行後は孫文のはからいで身を隠し、密かに上海に逃れたという。覃は湖南選出の衆議院議員で第二革命失敗後亡命して中華革命党に入党したが、二十一ヶ条問題に関しては孫文と異なり、一致対外を主張したことは前述した。しかし、袁の最後通牒受諾後はふたたび断固たる反対派に転じ、蒋

士立を血祭りにあげようとした。逮捕後、彼は厳しい取り調べにも口を割らず、一四日間の拘留後に釈放されたという。[21]もちろん、袁世凱打倒に方針を転じた日本政府の動向に、警察当局が敏感に反応したということも、その背景にはあったであろう。

国慶紀念大会後、一月たたないうちに留学生の人数はにわかに減じた。「在京革命党中の少壮派は学事を放棄し行李を収め故国の難に赴く者少なからず」と、一二月七日の『朝日新聞』は報じている。留学のかたちで亡命生活を送っていた活動家は袁世凱打倒の闘争に参加すべく続々と帰国していったのである。中華革命党が敢行した上海鎮守使鄭汝成の暗殺（一一月一〇日）は反袁の気勢を一挙に高め、東京でも一二月一九日、衛生会に「一千名」（警視庁調べで六百名）が結集して記念したが、[22]『朝日新聞』（二一日）は

○革命志士一堂に集る　悲壮なる二烈士追悼会　壇上の周鐵俠譚人鳳張繼氏等

と、大きな見出しで報じた。二十一ヶ条反対集会を報道したさいの揶揄嘲笑調とはうって変わった姿勢であった。一二月二五日、雲南に護国軍が起ち、第三革命の幕が切って落とされた。

このなかで留日学生総会は却って解体情況に陥った。学事を継続していた留学生たちは帝制反対・共和擁護に決起し、一九一六年「元旦」、共和成立紀念会を開いて「対友邦宣言書」を採択し、出身省ごとに反袁世凱のアッピールをおくることを申し合わせたが、[23]各省同郷会の代表による協議が重ねられて総会の再建工作も急ピッチで進んだ。一月一六日には留学生の全体会議が開かれて殷汝耕を幹事長に選出し、同月三一日には評議部・執行部・文事委員会・経費委員会が正式に成立して、麹町区飯田町六丁目一番地に自前の事務所を構えたのである。[24]新留日学生総会はまず護国軍支援カンパに取り組み、[25]四月二日には黄花崗七十二烈士および宋教仁の追悼大会、五月七日には学生監督言微糾弾・国恥紀念の大会[26]を挙行した。六月、袁世凱が急死するや、「約法」復活・南北統一を通電し、六月一一日には

陳其美の追悼大会を開いて第三革命の勝利を記念した。一〇月一〇日の国慶紀念大会の盛大さは云うまでもなかったが、一一月一九日には黄興、蔡鍔の追悼大会を開いた。これら大型の集会はすべて大手町の私立大日本衛生会の会場を借りて行われた。前年の一時期、官憲の干渉でいっさいの会場から閉めだされていたのとは様変わりの情景であった。

頻繁に大きな集会を開き、本国に通電を発するということになれば、支出経費も増加する。前年の総会が二十一ヶ条要求にかかわる大総統への要請を、しばしば公使館に「代電」するよう要求したことはすでに述べた。その面でも「民国五年度」は様変わりであった。「経常収入」が二八三円余にたいし「経常支出」が六七七円、集会費や電報料などの「特別支出」が一、〇四四円にたいし寄付金の「特別収入」が三、二〇〇円、内二、九〇〇円が「名誉捐」に区分されるもので岑春煊先生一、五〇〇円（南方軍務院解散後一時来日のさい）、陸公使三〇〇円、唐繼堯三〇〇円、章公使四〇〇円などが大口の例であった。一年前に総会の解散を命令した当の陸宗輿がまだ袁の在世中に、風向きを読み態度を変えていたことが伺われる。[27]

留日学生総会は学生の言論・研究交流機関として機関誌の発行を重視し、文事委員会を設けてその責にあたらせた。高一涵を委員長とし、李大釗を編輯主任に陳溥賢・黄介民（界民）らも編輯委員となって『民彝』雑誌第一号（B5判一八四頁）が一九一六年五月一五日付けで発行された。「撰著」「評論」「通訊」「論壇」「譯述」「雑俎」からなる堂々たる、そしてあまり新味もない構成であったが、当然に「会務」欄があって総会の人事・活動を詳細に記述して二六頁に及んだ。別に五頁にわたる「会計報告」があり、収支はもとより篤志の寄付は五〇銭に及ぶまで寄金者の氏名をあげて詳細に報告されており、公開度の高い運営を行うという志を見てとれる。李大釗は一六年五月に、高一涵は七月に、陳溥賢も同年中には帰国しており[28]、文事委員会・編輯委員会の責任者は当然交替したはずだが、明らかではない。八月三〇日には二号（一八四頁）、翌一七年の二月一五日には三号（一二三頁）が発行されたが、結局、三号雑誌でおわった。最大の理由は総会の財政的負担の大きさにあったろうが[29]、『民鐸』の前轍（後述）も当然視野にははいっていたはずである。

学生総会の再組織と活発な活動を支えた組織として注目すべきは神州学会である。反帝制運動の中で生まれた李大釗らの中華学会と同じく易象（梅園）ら湖南出身者がつくった乙卯学会とを母体としたという神州学会は、「学術を研究し、気節を敦崇し、国民の自覚を喚起し、国家の富強を図謀る」ことを宗旨とし、百余人の会員を擁した。その第一回例会が一九一六年二月五日に開かれたというから、結成の時期は学生総会とほぼ同時期である。李大釗、高一涵、陳溥賢や総会の幹事長殷汝耕、文牘主任李翰章（墨卿）も学会員だったからこの学会はまさに学生総会の中核をになっており、『民彝』にも同人が多く文章を寄せた[30]。たぶん同じころ、何飛雄、丘哲らを含むグループが民鐸雑誌社を組織した。『民鐸』一巻一号は、しかし、六月の発行とともに「排日的」として警視庁から発売禁止処分を受け、言論の自由を保障するため、つまり日本の侵略政策にたいする顧慮のない発言のために、雑誌社は上海に移って発行を続け、グループは「学術研究会」を名乗って東京での活動を続けた[31]。袁世凱の死去とともに日本政府は北京政府内に親日勢力を育成する方針に転換し、留学生の対日批判の言論を封じこめようとしたからである。はたせるかな、翌一七年九月、神州学会が東京で発行した雑誌『神州学叢』第一号もただちに差し押さえられ、論文「調和之法則」を寄稿した李大釗は、一年後にその旨を後書きにつけて別の雑誌に発表したほどであった[32]。

一六年一二月、後に留日学生界、最大の組織となる丙辰学社が官費生を中心に結成された[33]。「畛域を分たず党見に拘わらず」、相互に学習・研鑽することを綱領にかかげたが、社会に超然として臨むのではなく、「学術道義」を標榜して、明末の東林党を一つの範としていた。自然科学から人文・社会科学、さらに文芸におよんだ機関誌『学藝』は、おそらく編輯の自己規制もあって、東京で発禁にあうことはなかったが、第二代の理事王兆榮（宏實）が日中秘密軍事協定に抗議する留日学生の一斉帰国運動の先頭に立つ（後述）におよんで第四号の発行が大幅に遅れ、二〇年からは学社の本部も上海に移し、雑誌の発行は上海商務印書館が引き受けることになった。それ以降は留日学生というよりは元留日学生が中心の学会となり、二三年には名称も丙辰学社から中華学藝社へと改称して、抗日戦争期の停刊をはさんで四九年まで巻を重ねるのであるが、これは後日の話である。

このほか一六年には特定専門分野の学会として中国経済財政学会が名乗りをあげ、彭蠡（一湖）・李大釗・殷汝耕・陳溥賢ら後の著名人が発起人であったことで注意されているが、李らがまもなく帰国したことから、さしたる展開はなかったようだ。発起人の一人、劉作柱は同じ時期、中国商業研究会の結成を呼びかけているが、これまた結果は知られない。遅れて中華蚕糸業励進会が、本来総会は国内に置くべきだが、暫くは東京支部だけで発足すると簡章を発表した。学術で自国の富強に貢献しようという抱負が語られた時期であった(34)。

二　極東モンロー主義への抗議

袁世凱の死亡と臨時約法の復活は一時の「春」をもたらした。蔡元培がフランスから呼びもどされて北京大学の校長に就任した（一七年一月）のはその象徴的な人事であったが、彼が北京大学の改革に取り組むなかで、陳獨秀・李大釗・高一涵・陳啓修（丙辰学社初代理事）ら留日経験をもつ学者たち、胡適らアメリカ留学生出身者を集め、北京大学がいわゆる新文化運動の拠点となったことはよく知られている。留日学界も第二革命後名を留学に借りて亡命していた志士たちが潮の退くように帰国していったことで、本来の留学生が主流を占めるようになった。だが、樹静かならんと欲すれど風止まず、政治的曙光はたちまち暗雲に遮られた。

二十一ヶ条で強行突破をはかった大隈内閣に代わり、「日華親善」を掲げた寺内内閣が、中国のもっとも反動的な勢力、安徽派軍閥を全面的に支援して本性を露呈したからである。袁世凱の存命中は中国の欧州大戦への参加に強硬に反対していた日本は、段祺瑞内閣にたいしては一転して参戦を慫慂した。対ドイツ宣戦を主張する国務院と国会に支持されて中立を守ろうとする黎元洪大総統つまり総統府との対立、いわゆる府院の争いは一七年春、ぬきさしならぬものとなるなかで、同年五月、黎元洪は段祺瑞を罷免した。段祺瑞の意を受けた、いわゆる「督軍団」は参戦を主張し、約法の停止と国会の解散を要求していたが、安徽督軍張勲は府院の間を調停すると称して軍を北京に入れ、一七年七月一日、「復辟」クーデターをおこなって宣統帝を復位させ、黎元洪を逐った。天津にいた段祺瑞はただちに「討逆軍」を結成して北京に迫り、一〇日間で張軍を圧倒、「共和再造」の英雄をもって自任するが、黎にかえて馮国璋（前副総統）を臨時大総統に推し、旧国会に代えお手盛りの新国会を組織したうえで、八月一四日、北京政府はドイツにたいして宣戦した。実際に欧州に派遣できる「参戦軍」を編成することをも口実の一つに、日本は段祺瑞にたいする大々的な財政援助を行うことにする、いわゆる西原借款である。これにたいし約法の護持を呼びかけた孫文らは、南下した旧国会の議員らと広東に非常国会を開き、広西軍閥・雲南軍閥の支持のもとに、九月一日、軍政府（護法政府）を組織し、南北分立の形勢が出現した。

この事態に敏感に対応した学生が上海復旦公学にいた。彼らは「督軍団」の横行に憤激し、六月二四日、中華全国学生救亡会を発起した。「学生を聯合し、国民を喚醒し、正誼を扶持して、民国の危亡を拯救せん」という宗旨で、六月二八日から七月二日まで『民国日報』に「徴求会員」の広告を出し、「復辟」をうけた七月三日から七日までは同じく「緊急啓事」を出した。(35) 新聞広告による同志募集とはユニークな発想であるが、『民国日報』も七月一日に

「中華全国学生救亡会章程」、七月四日「中華全国学生救亡会公函」、七月六日に「学生救亡会敬告全国父老昆弟」、七月九日「学生救亡会致両院議員函」を掲載してその活動を激励した。

程天放（學愉）は五四運動のさい上海学生聯合会の会長をも務める人物だが、かれは救亡会の中心メンバーの一人であった。彼によると、軍閥の横行と張勲の復辟に危機感を抱き、復旦の学友劉愼徳（蘆隠）、孫鏡亞らと上海各校の学生に働きかけて中華全国学生救亡会を組織した。結成の日に集まったのは百余人、会章を承認し、職員を選挙し、孫鏡亞（程より一二歳年長、民国元年国民党に加入した経歴をもつ）が幹事長に推された。霞飛路宝康里に事務所を借り、宣言を発し、通電を打ち、『民国日報』も極力記事に取り上げてくれて、一時はなかなかの勢いだったが、貧乏学生のこととて金が続かず、事務所も三ヶ月で閉鎖せざるをえなくなった。程自身は七月（農暦？）に母の病気と死亡で帰郷し、半年休学して一八年の春に上海に帰ってきたが、学生救亡会はもう無くなっていた。金もなく社会の支持もない何人かの学生が救亡活動をやろうなどとは幼稚な考えであったが「これは近代中国のインテリの愛国運動のなかで、気風を先取りしたものと云うべく、五四運動より二年も早かったのである」と後に自負している（『程天放早年回憶録』伝記文学出版社　一九六八）。

実は程が帰郷したあとも救亡会は活動を続けており、[36] 翌一八年五月初めには、きわめてタイムリーに、そして扇動性に富む伝単を東京の留学界に投入し、一斉帰国運動に一役を買うことになるのであるが、そのことは後述する。程の休学後、その活動を支えたのは、おそらく孫鏡亞らであったろう。孫は一八年の夏、復旦を罷め一時上海を離れたといい、学生救亡会の名も聞こえなくなるが、『国民雑誌』社「社員名単」にその名が見えるから、[37] 彼自身は学生の救国運動と関係を持ちつづけた。後に五四運動がおこり上海学聯が結成されると上海にもどり、おりから『上海学生聯合会日刊』の編集長を務めていた程天放を助け、その後上海各界聯合会、全国各界聯合会の結成にも参与したのである。ともかく学生救亡会はその結成直後から留日学生と連絡をとろうとしたらしく、一七年八月一五日の『民国日報』には救亡会支部を東京に作るよう要請した書簡にたいする留日学生総会からの返信（多分に儀礼的なそれ）と救亡会側の再度の要請状が掲載されている。[38]救亡会にとって取りあえず頼りになりそうな学生集団は留日学生だけだったと思われる。

留日学生総会の一七年上半期の活動はあまりはっきりしない。規定上は一月に大会をひらき、正副幹事長を選出し、新執行部を構成せねばならなかったはずだが、今確認できる材料はない。二年後に作製された警視庁の文書では、メモ風に「六月廿八日事務所ヲ麹町区飯田町ニ移転シ会長ニ王賡颺ヲ推ス」とあるものの大会が開かれた形跡はない。[39]もちろん北京のただならぬ風雲には、留日学生は敏感に対応し、段祺瑞政権の政策に反対し、国会解散に抗議し、日本の対中国外交および政策にたいしては、総会内に特設した調査委員会が長文の公開質問状「中華民国留日全体学生上日本外交調査会書」を発表した。九月二日には張繼、戴天仇を歓迎して「慶祝非常国会大会」を私立衛生会で開き、当然に南方軍政府に連帯を表明した。[40]それより先、アメリカの対独宣戦布告を機に、日本政府は日本の中国における政治的特殊地位を承認させるべく、石井菊次郎前外務大臣を特派大使としてアメリカに派遣した。彼は、あたかもアメリカの中南米におけるごとき特殊地位を、日本は中国にたいしてもつと、八月渡米以来各地を遊説し、一一月二日、いわゆる石井・ランシング協定を締結する。これを日本側は「極東モンロー主義」が承認されたと受け取り、アメリカ側は経済的関係のみと主張し、解釈をめぐって、その後また両国は対立するのであるが、この間、石井のアメリカにおける言動は克明に日本で報道された。とりわけ、九月二九日、ニューヨーク市長の招待晩餐会における石井の演説は留日学生をいたく憤激させた。

中国を保護国の如く見なす日本の態度に、留日学生総会「幹部」の「過激分子」は「対倭同志会」を作り、石井特使の「亜細亜」「モンロー主義」に抗議した。「対倭根本政策、倭奴之野心、日本特派赴米大使ノ狂謬、其他種々ノ反日檄文」が配布され、「更ニ日本ニ対スル厳重抗議代表派遣一致対倭新聞社各種学校団体ト連絡ヲ取ルコト等ヲ決議シ実行方法ヲ宣言セリ」と二年後に作製された警視庁文書はメモ風に記しているが[41]、一九一七年一〇月一〇日、私立衛生会で開催された国慶紀念大会後、留日学生が大挙駐日公使館に押し掛け、公使の要請で警官隊が出動するという事件に発展した。『報知新聞』（大正六年十月十一日）は「◎民国留学生七百余名支那公使館に押寄す　在米石井特使の演説に憤慨して」なる見出しでこう報じている。

中華民国在京留学生七百余名は十日午後一時から大手町の私立衛生会館に於て民国六周年の記念祝賀会を催した開会劈頭先づ新作の国歌を高唱し続いて有志の演説に入り各辯士とも寺内内閣の　◇北方援助説　を罵っていた。最後に一学生が登壇して石井特使が米国に於て中華民国を侮辱したやうな演説をしたのに対して我支那公使が一片の抗議をもしないのは何うい ふ理由であるか諸君是れから公使館に押し蒐けて公使の辯明を求めやうと主唱したので一同之に賛し七百余名の学生　◇隊伍を組ん　で午後五時頃永田町の支那公使館に押し寄せ公使に面会を迫ったが館員が裏手の学生館に廻れと言ったので学生は益々憤激し表玄関に集まって呶鳴り立てたので公使は止むなく参事官を随えて玄関に現われ一応挨拶をして後直ちに館内に入った一学生は「公使無礼なり」と絶叫して憤慨の余り　◇玄関の硝子を打毀した　ので公使館はこの趣を麹町署に急報し同署員が即刻出張一同を鎮撫して七時ごろ漸く退散せしめた。

この件については『民国日報』一〇月二五日、二六日号が留学生側の通信を載せている（「留東学界大鬧使館詳情〈東京劉士木通信〉」）。五千字をこえる長文の記事なのでかいつまんで紹介すると、当日は参集した「男女学生千余人を下らず」公使代理、留学生監督も列席していたが、総会幹事王賡颺から問題が提起された。アメリカが参戦し東方のことは誰も口出ししなくなった。英仏は同盟・協約の関係から日本に中国処分の権利があることを黙認しており、アメリカもロシアの支援のために日本の力を借りたがっている。この時期に石井を特派してアメリカに日本が中国において特殊な地位にあることを承認させようとしているのだ。日本はアメリカだけが公理を主張するのに憚っていたが、今は公然と中国を保護する権利・義務が自分にあると石井に表明させるにいたった。ここで黙っていたら我らがこれを黙認したことになる。中国の国家としての地位は日本に左右されるわけだ。なのに国民は内訌に明け暮れ、他人がすでに密かに自分たちの処分について協議している事も知らずにいるではないか、と。

張佑同が政府に電報を打ち、この侮辱になぜ抗議しないのかと質問するほか、内外のアメリカ・日本の報道機関に打電して反対の意志を表明すべきだと提案したのにたいし、文牘主任李國英が登壇した。留学生は電報を打つしか能がないとかねて謂われてきた。情けないことにアメリカに電報を打てば一字三元、五・六通で数百元かかる。自国への侮辱に抗議する電報の費用すら負担しきれない状況だ。この件について責任を追及すべきは駐米公使の顧維鈞と駐日公使の章宗祥だ、二人が自国への侮辱にたいして何らかの態度表明をしたとはまだ聞かぬ、顧維鈞は遠いが章宗祥は目と鼻の先にいる。これから公使館に「示威運動」し、一に石井発言への存念を聞きただし、二に日本政府への抗議、三に本国政府およびアメリカへの打電を要求し、さもなくば公使の資格を否認しよう、と呼びかけた。千余の学生は雨のなかを「二列縦隊」、五色旗と軍楽隊を先導に「大看板を捧げ、大手町から二重橋を過ぎて、永田町の公使館に向かって進発した。」「此種の示威運動は東京に留学生が来て以来、はじめての現象であった」。学生が押しかけてくるという知らせを受けて玄関に出た章宗祥に、総会幹部が代表して国慶祝賀の挨拶をした後、王・李の二人が章公使に質した。

石井のアメリカでのアジアモンロー主義発言は中国を侮辱するものであった、国家の名誉が毀損された事について公使として如何なる措置をとったか、ことの発生後十日、日本の新聞が喧伝しているのに、公使からは反対・抗議の意志表示すらない。黙認してるのか。声涙ともにくだってこもごも詰問し、哀求する二人にたいし、章は外交官たる自分は政府の指令を受けねば勝手に発言・行動することは出来ない。また外交機密に関することは公表できないのだ、それを強要されては公使は勤まらないと言い張る。

激昂した学生たちは姚薦楠（梓材）を先頭に態度表明を要求してつめより、章は驚いて屋内に入り、玄関の扉を閉め切る。後はもう乱暴狼藉、窓硝子・植木鉢・什器などが叩き割られ、打ちこわされ、誰も止めようがなかった。警察が介入することを恐れた学生たちは正門と裏門を固め、駆けつけた警官を中に入れず、中華民国の公使館は国際法で保護されている、敢えて入れば国際問題だと言い張り、巡査も門外でうろうろするばかりであった。王・李の両人と来合わせた駐横浜の総領事が調停・斡旋に当たり、各省同郷会長が屋内に入り、代表四名（王賡颺・李國英・余鴻卿・姚薦楠）が章宗祥と会見した。章は電報費は総会に金がなければ都合はつけよう、公使としての対日抗議は本国政府の訓令なしには如何ともし難いと主張、結局王総領事の周旋で調査の上北京政府に報告し、訓令を得て行動するという玉虫色で決着し、雨の中、館内で夜まで待機していた学生は隊伍を組んで出門、解散した[42]。

その後、留日学生総会は駐アメリカ公使・華僑団体等に極東モンロー主義に絶対反対する旨の電報を送り、さらには石井・ランシング協定締結を承けて一一月、李國英・姚薦楠・中文龍の三名を特派代表として帰国させ、日本の野心を暴露し、内戦の停止と一致対外（共禦外侮）を訴えた。一一月一三日、駐漢口総領事は、留日学生が起草し「之ヲ当地ニ送リ版刻シタルモノト思ハル、」伝単が「石井大使ノ紐育ニ於イテ為セシ演説中ノ語句ヲ引用シ日本ハ支那ヲ保護シテ大亜細亜主義ヲ実行シ支那ヲ滅亡セシムルモノナリ故ニ血気アルモノハ宜シク之ニ反抗支那ヲシテ朝鮮ノ二ノ舞ヲ踏マザラシムル様警戒セザルベカラストテ慷慨悲惨ノ辞ヲ以テ琉球、台湾、朝鮮等ノ例ヲ挙ケ排日的気焰ヲ煽動セン」と配布されたことを、暗号電報で外務大臣に報告した。しかし、このような反応は例外的で、総領事も「今日迄ノ処当地一帯ノ支那人ハ石井大使ノ演説竝今回発表セラレタル日米協商ニ関シテハ何等反感ヲ抱キ居ル模様ナシ」と付言してもいた。[43] 帰国代表は民族的危機に対処するため、とりわけ上海の総商会はじめ南北の「商会」に「全国罷市」「停止納税」、はては「北京中交（中央・交通銀行）紙幣」のボイコットなど南北抗争阻止の実際行動に出るよう要望したが、さしたる反応も得られなかったようである。[44]

一九一七年下半期（七－一二月）の留日学生総会の会計決算報告が外交史料館所蔵文書に綴じこまれている。それによると下半期の特別総収入は七七三円、内章公使が六〇〇円・彭監督が九〇円、二人の分だけで九〇パーセント近くを占めている。経常総収入は三〇二円、これは前述の一六年一一ヶ月分のそれが二八三円であったのに比べ、六ヶ月分だけで凌駕しているから成績はよいが、明細は省略されている。特別総支出は電報費が八件二〇九円（三件がアメリカへの電報費）、宣言書及印刷費が六三円、開会用費が六件三一九円など計六三九円余である。経常総支出は四二七円余、上半期の繰越金が五二〇円余、次期への繰越が五五〇円ほどである。一九一六年の繰越金が、『民彝』第三号の未払い金を抱えていたとはいえ、一、三四四円あったことを考えるとジリ貧の傾向を見てとれる。[45]

さて、宣言書及印刷費の項に一二月支出として「通告及選挙票」四円五十銭也がある。総会規約では正副幹事長の選挙は「毎年一月全体大会例会」において行うことになっているから、そのための準備であろうが一八年初めに大会が開かれたであろうことは推測できる。ただ、前述の警視庁の資料は「◎大正七年　全会ニ幹事長王賡颺ト副幹事長余鴻郷《ママ》トノ間ニ勢力争ヒヲ生ジ結局内訌ノ末殆ド残骸ヲ止ムルノミ」[46]と記す。一九一八年は留日学生にとって大きな闘争の年であったが、後述するように総会はほとんど機能せず、五月、正規の手続きによらずして解体されることになったのである。

注

（1）上海『時事新報』一九一五・二・一九「中日交渉中之僑日華人大会（東京通信）」は「到会者二千余人」。貴州人程光燾が議長をつとめ、各学校代表でつくった籌備会で決定した五項目を沈定一が提案したとする。覃振の演説については「今日中国外患益急、非挙国一致、無足以救亡。如政府果能峻拒日人非理之要求、即至交渉破裂、吾輩當捐糜頂踵、効死彊場、決不為敵対政府之行動。語極壮烈、聞者感動」と記されている。

（2）「大正九年概況」「政治ト学生〇留学生総会」。

（3）上海『時事新報』一九一五・三・五「留東学生代表回国情形」。上海に到着したのは蕭汝霖（湖南）呉兆鯉（湖北）喬逸之（黒竜江）蘇理平（広東）張梓芳（四川）韓樹業（吉林）漢烜（甘粛）馬玉書（広西）尹錫麟（雲南）范世英（山西）蔡屏藩（陝西）高健國（奉天）歐陽祖經（江西）であった。

（4）萬耀煌「劉文島」（中国国民党党史委員会『革命人物誌』第十三集）。

（5）上海『時事新報』一九一五・三・一三「中日交渉声中之留学界」。

（6）⑥第一冊。小林は当時政治局第一課長であった小林欣一侯爵（寿太郎嗣子）だと思われる。

（7）同（5）。一一日の大会決議による打電とは別。電報料が高いという以外に牽制の意もあったであろう。なお、この記事では解散は日本側の要請に応じたものとされている。

（8）『日本外交文書』大正四年第二冊五七八。なお、省略された付属書に別紙第一号として「新年之大警告　発起国民対日同志会宣言書」一枚約千字を付す（この年の農暦正月は二月一四日）。発起人方夢超・黄毅等公啓として一七人の名を連ねているが、末尾余白に鉛筆で「総代表沈定一」と書きこみがある。⑥第一冊。

（9）⑥第七冊。

（10）上海『時事新報』一九一五・四・五「蕭汝霖等致麦総巡函」、同四・一〇「抵制日貨之開審」、同四・一五「抵制日貨案之波浪」、同四・二九「抵制日貨案之開審」、同五・一四「抵制日貨案第三次会審」。

（11）⑥第一冊機密第三五号　大正四年四月五日「排日運動取締方に関する報告の件」。留日学生総会発行『民彝』第1号（民国五年五月一五日）「会務紀要」には「袁政府抑圧備至、於上海則慫慂英人以干渉我代表、於東京則命令陸使以解散我総会、終至欲尋一開会地点而不得」とあるのは、同誌を日本で発行したので、表現を顧慮したのか。

（12）上海『時事新報』一五・三・三一「不屈不撓之学生総会」。沈定一の辞任の理由、日時は不明。日本官憲の干渉・禁止により正規の選出手続きをとれないので、規約に定める特別辦法によったという。なお、蕭邦奇 R.Keith Schoppa 著・周武彪訳『血路　革命中国中的沈定一傳奇』（江蘇人民出版社一九九九）によると、沈は日本官憲の圧迫により行動の自由を失ったため、シンガポールに逃れ、ついでスマトラに往き、新聞の編集で糊口していたが、護国戦争の勃発を知り、一六年六月に上海に帰ったという。国民対日同志会との関係は不詳。

（13）上海『時事新報』一九一五・四・二五「留東我国人之動静」。なお、救援の醵金については、⑥第七冊　乙秘第七七六号大正四年四月廿九日接受「支那留学生印刷物ニ関スル件」に「神田区表神保町十番地支那料理店廣昌和ニ於テ別記印刷物一様《ママ》入手セリ　該印刷物ハ多分各留学生其他ニ配布セシモノト思料サル

敬啓者、日前得上海代表来信、意謂日人認為排貨、間接訴之公堂、横被拘留、候期審訊。行動既不自由、財務未能進行、乞派人主持、並籌寄訟費云々。本会自於十八日在春日館開全体職員会、群衆憤激、決議一面籌款接済、一面派人継続進行。當推定桂君念祖、雷君殷為赴滬代表。誠以五代表受全体委托、犠牲一己、以奔走於救国事業、居然説法点頑石之頭、苦口滴杜鵑之血……［日貨排斥で効果大であった］……至所派代表二人、則以五代表既受拘禁、於既委託事項未能進行、若従此放任則再衰三竭、匪特画虎類犬、盡棄前効……思前顧後、誠有不能再接再厲之勢《ママ》、彼之圧迫我也愈急、則我之排斥彼也即愈力、斯亦困獣猶鬥之意、非不得已者。……欲免五代表於縲絏苦、訟費所需頗為□大、而所派代表赴滬川資及辦公用度、亦属不貲。……擬一面乞援商界外、一面仍就学界籌措。現議定凡前次捐款者、官費抽五角、自費抽二角、未曾繳過者則官費生一元自費四角。時機迫切、為此函達左右……。留日学生総会公啓　四月二十一日」とあって、もともと総会の活動費として官費生五

角、私費生二角を徴収する規定であったことが知られる。

（14）上海『時事新報』一九一五・三・三一「不屈不撓之学生総会」。

（15）第二革命失敗後、孫文をはじめ多数の革命派人士が亡命者あるいは留学生として日本に滞在していた。日置公使が二十一ヶ条要求を袁世凱に手交するにあたって、亡命者や留学生の追放・厳重取締を交換条件としたことは、よく知られているが、留学生らの反対運動がおこると北京からも政事堂参議金邦平が東京に乗り込み、亡命者の切り崩しと学生弾圧の采配をふるったと、一九一五年三月九日の『朝日新聞』「金邦平氏は帰国の準備中」は報じている。「何海鳴等百六十余名」が公使館に出頭して特赦を申請するということも、そのなかでおこった（上海『時事新報』一九一五・二・二八「党人聯翩自首」）。留日学生総会の中心となったのは、いわゆる党人であったが、袁世凱打倒のためには日本の助力も借りたいとしていた孫文らとは異なる路線を選択していたのである。

なお、何海鳴は後に最後通牒の受諾に憤激し、日中の正式調印を阻止するために「各省執政掌兵諸君」がただちに「此不良之政府」と「抗争」することを要求する通電を発した（上海『時事新報』一九一五・五・一三「何海鳴電」）。

（16）⑥第一冊　公第一三六号「国貨提唱救国儲金ニ関スル中畑書記生調査送付ノ件」大正四年六月二十八日在支那日置公使「……救国儲金ニイタリテハ純然日支交渉ニ刺撃興奮シテ提倡セラレタルモノナリ最初ハ本邦ヨリ帰来シタル三四留学生輩ノ上海ニ提倡スル処ナリシカ其熱心執拗ナル運動ト一面日支交渉ノ追々永引キ対日悪感ノ遺憾ナク鼓吹セラレ遂イニ最後通牒ニ伴ヒ国恥ノ絶叫セラル、ニ至リ今ヤ救国貯金説ハ全国各地ニ瀰漫シ其鼓吹機関ハ洽ネク設置セラレ恰カモ官民一致ノ事業タルニ似タリ最初留学生ノ首唱スルヤ一般紳商士民等ハ余リ耳ヲ傾クルモノナカリシカ次イテ上海一流有力紳商虞洽卿朱葆三輩カ表面主張者幹部ノ地位ニ立ツニ及ンテ追々各方面ヲ動カスニ至レリ而シテ最初ノ主張タル本年内ヲ限リ五千万元ヲ醵出シテ之ヲ中国銀行ニ預入レ軍艦及武器ノ製造並ニ実業ニ使用スヘク若シ年内五千万元ニ充タサルニ於テハ相当ノ利息ヲ付シ各当人ニ還付スヘシト云フニアリ……」（五・一七日起稿）云々と。

（17）上海『時事新報』一九一五・五・一五「留東我国人之近状」。しかし、帰国運動は竜頭蛇尾に終わったようだ。一九一三年、湖南省の公費生として来日し、東亜予備校で学んでいた龔徳柏は、第二革命の敗北の結果として、省の公費を取り消され、自動的に官費生となる一高をめざして猛勉強中であった（一五年七月、一高特別予科に合格）が、二十一ヶ条のさいは「我們在日本的人、見這種情形、都是憤慨到極点。這時候有人主張全体回国、但終因留日学生有些正在読大学、有些正在予備考公費学校、回国運動尚未成熟、而問題解決、始告平静」と述懐している（『龔徳柏回憶録』一九頁）。

（18）⑥第一冊に注記なしに以下の文書を綴じこんである。

堂諭　民国四年六月二十三日

此案該被《ママ》等印發対日伝単並収蔵抵制日貨伝単有碍租界治安本應照律徵《ママ》辦現因中日交渉已解決両国夙敦睦誼姑念該被等半係年軽学生輩動偶有不合暫従寛准交妥保限両礼拝覓具保単存案声明一年之内不得再有対日設会印發伝単及有碍治安等事如敢故違條照保単所保銀数追繳充之或将所存保単充公外並即伝案厳行究辦尚一年期満並無違犯准将保単保銀一律發還　此判

国民対日同志会代表　黄　毅　五百元
方夢超　五百元
日本留学生代表　蕭汝霖　五百元
呉兆裡《ママ》　二百元
蘇理平　一百元
蔡屏藩　一百元
漢　恒《ママ》　一百元

（19）『日本外交文書』大正四年第二冊三二六によると、この会は在京革命派李執中・戴天仇・潭《ママ》振等の主催であった。『民彝』三号「会務」「国慶紀念会紀事」で李墨卿は一年前のこの大会を回顧してこう述べた。「想去年今日在此地所開之国慶大会、諸君尚能記憶於脳筋中。即去年今日共和民国已被袁賊窃去、吾等身居異邦尚得以国慶紀念会名称相聚一堂。試問我国内各処

有一敢開国慶紀念会者乎。倘有以此相召者袁政府必囚之殺之。回憶去年今日能不悲痛千万者乎（衆鼓掌）。猶記去年此間国慶大会有謂〈共和送別会〉者。有謂〈共和追悼会〉者。而今年今日光華燦爛之紀念大会、不但東京一隅、凡我国民無論在内国在外国者均可歓呼慶祝。豈能不転去年之悲而為今日之喜者乎。唯造成此再生之国慶大会、果係何人。概言之乃吾全国四億造成之、不得謂一人一党之力也。但造此之動機発生於吾留学生者為最多。猶憶去年今日之会散布革命之伝単甚多。不月余而留学生之人数驟減。此減去之人数多半奔走運動推翻帝制之中。是則吾留学界樹於再造共和其責任不可没者也。」

（20）『日本外交文書』大正四年三―三。

（21）中国国民党史委員会『革命人物誌』第九集「覃振」。

（22）『日本外交文書』大正四年第二冊三四〇では主宰者劉大同となっている。

（23）上海『時事新報』一六・一・一四「留日学生対外宣言書」、『民国日報』一六・一・二六「汚我留学界太甚」など。

（24）『民彝』第一号「会務（総会之組織及進行）」。なお、前総会の解体にはリーダーの多くが帰国して革命に参加したほかに、幹事長桂念祖の死去も関わりがあろう。桂念祖『中国近現代名号大辞典』によれば字は伯華、江西徳化人、一八六九、一作一八六一―一九一五、一作一九一六と。二十一ヶ条反対で北京に赴いた請願代表の一人であり、後に総会の幹事長をつとめ、上海へ被捕代表救援のため赴いたりした。『民彝』一号の桂念祖の遺稿・遺詩をみると、桂は一九〇七年東渡して以来、仏学に沈潜していたが、一五年後半以降に東京で客死した。同一号に程九如「留日同人祭桂伯華先生文（四月四日）」があるが、奇妙なことに彼の学生総会への寄与をまったく紀念していない。上海『時事新報』一九一六・一・二六「東京籌安妖会一覧表」に蔣士立らの策動で袁世凱即位の「勧進表」に連署した者が一千余人、もっとも「被人盗名者」もあるので、「該妖会中甘心附逆罪在不赦者」五〇人余の姓名のみを列挙するとあるのに、桂念祖も含まれている。あるいは帝制問題にたいする彼の態度が、この微妙な扱いにかかわっているかもしれない。

（25）言微排斥が五七国恥紀念と並んで大会に冠せられた経緯を述べておく。陸宗輿公使によって中央経理員から初代の留学生監督に抜擢された言微は学識・人格ともに低劣であり、媚日の言動が多いとして学生たちの反感をかっていた（上海『時事新報』一九一五・四・二一「留東学生監督之荒謬」など)。一九一六年四月中旬、管理留日学生事務所を新設し、自らが所長を兼任するほか、文部省の推薦で日本人濱野虎吉を理事として招聘し、留学生受け入れ各校の校長で評議会を組織することを決定して学生たちの猛反撃をうけた。中国の教育主権を日本人に委譲するという「喪権辱国」の売国行為であるとして留日学生総会は教育部に言微の罷免を要求、五月七日には学生大会を開いて管理事務所の撤廃・言微のかかわる機関との絶縁などを決議した。すでに陸宗輿は帰国し劉崇傑が代理公使であったが、大会後言微は劉にも無断で「逃走」、神戸から電話で辞職を連絡したあと、そのまま帰国したという。言微糾弾を主題とする大会召集を総会評議部が決定したのは五月三日、「国恥」紀念はそれに触発されて浮上した課題であった。『民彝』三号一六三―一六九頁同三号二〇七―二〇八頁に経過が詳しい。

(26) 新総会の成立と一九一六年中の活動は『民彝』一・二・三号の「会務」による。なお、護国軍へのカンパは「総計日金一千一百八十一円二十三銭、交通銀行紙幣五円正」にのぼったと、二号「代籌護国軍軍餉報告」にある。

(27) 附録ⅠA参照。本文では円以下の金額は四捨五入した。なお、岑の助捐は一一月となっており、彼が南方軍務院の解散後一時来日したさいのことと推定される。特別支出のうち電報費は計一六回三三六円(内、蔡鍔にかかわる三回・約六円は日本国内電報)、開会費用は四九三円、内衛生会を使用した五回分は計四五二円であった。経常支出では庶務課の房租二五九円、郵費一〇一円、「下女」八三円(いずれも二―一二月の一一ヶ月分)が大きい。経常費は公費生は月額一〇銭、私費生はその半額を年三回に分けて納付することになっており、各省経理員に託して「代収」するか、各省同郷会長がとりまとめることにしていた(『民彝』一号「致全体学生分担常年経費公函」)。三号「呈教育部整理留東学務案文」では「近挽弊会確寔調査、公費学生不過千人」とあるが、三期分が未徴収ということを勘案しても納入率が低すぎる。上記「呈文」でも留英、留米の留学生会が公使館の補助を受けているのと同様に経常費を補助せよという要求が項目の一つであった。

(28) 「回憶五四時期的李大釗同志」(『五四運動回憶録』上一九七九)。石川禎浩「マルクス主義の伝播と中国共産党の結成」(狭間直樹編『国民革命の研究』京都大学人文科学研究所一九九二)。

(29) 『民彝』三号「会計報告・民彝往来款項表」によると、黄興の二〇〇円をはじめ五人から四五〇円が寄せられた。にもかかわらず、一九一六年末で総会の持ち出しは四二二円、まだ一部しか計上されていない三号分の損失を加えれば赤字は七〇〇円を上回ったであろう。参考のため上げると一号は「贈呈雑誌」が「八百三十六冊」代価二〇九円、二号は同郷会単位で留学生が百人以上の省には一〇冊、百人以下には五冊（三期「致各省同郷会領取第二期民彝函」）と絞って一五三円（冊数不明）であった。一方、二号までで「収支対照表」の資産として上海・仙頭での「託売雑誌」四五〇円が計上されているが（三号「民彝雑誌第二期営業報告」）、おそらく画餅であったろう。

（30）会員としては他に鄧初民、張慧疚、姚子林、馬鶴天（鳴鸞?・）、白堅武、鄧子冰、申月麓、張潤之、容伯挺、呉玉章、林伯渠、易家鉞、林礪儒、中文龍、王九齢らの名が挙げられている（「神州学会」『李大釗研究辞典』紅旗出版社一九九四、『林伯渠伝』紅旗出版社一九八六、韓一徳・姚維斗『李大釗生平紀年』黒竜江人民出版社一九八七、朱志敏『李大釗伝』山東人民出版社一九九八など）。総会の正副幹事長は全体大会で選挙されたが、同郷関係や同校関係を除いては、平素交往の機会が乏しい学生が大会の場だけで直接選挙を行おうとしても無理がある。こうした学会の志同道合の横断的組織が人事の下工作に力を持って当然である。一六年一月の総会で副幹事長に選出された朱正鴻、何飛雄（後出の民鐸雑誌社の発起人であった）の二人がいずれも湖南出身者であったことも想起されてよい。

（31）⑦「大正八年概要」に◎「学術研究会ノ成立」として「〇大正五年　留学生中ノ丘哲、李大年、鄺強、胡亡《ママ》［己］任、何飛雄、幡《ママ》［潘?］培敏、丘仰飛、龔渤、王喆、張有桐、李邦藩、趙大勢、銭若水、李世忠等ノ排日者ハ民澤《ママ》雑誌社ヲ小石川雑司ケ谷町ニ設置シ排日ヲ目的トスル月刊雑誌民鐸ヲ発行（一九一六・六・一五発行）シタルニ六月廿八日差押処分トナル〇其後仝社ハ上海仏租界ニ本社ヲ移ス〇在京者ハ其体ヲ変シテ学術研究会トナス」とある。

『中国近代期刊篇目匯録』（上海人民出版社一九八四）の『民鐸』脚注は、おそらく奥付から四号までは東京で、五号（一九一八年一二月）からは上海に移して出版されたとする。当該号を見てはいないので確言はできないが、『匯録』目録によると、日本の検閲制度を承知のうえで編輯された第一号には直接に日本の対中政策を論じた表題は見あたらないのにたいし、二号には「民鐸被日人封禁之感言」をはじめ日本の満蒙侵略などを批判した表題が見えるから（三、四号も同様）、一号が差押処分を受けたので出版を上海に移したということのほうが事実だと思われる。学術研究会は一九年現在「続イテ名ヲ学術ノ研究ニ藉口シテ春秋二回ノ大会ヲ開キ盛ンニ排日ヲ鼓吹ス　目下其役員ハ会長李培天」。同「概要」◎「本年ノ概況」によると「学術研究会（勢力約二百名）」、「雲南湖南ノ革命党系ニシテ其名称タルヤ学術研究ヲ標榜スルモ目的ハ排日鼓吹ノミニアリ従テ」［学生間の内訌にも超然として］「何レノ派ニモ偏セス独立シ目下会長李培天ハ太平洋通信社ノ牛耳ヲ執リ日支関係ニ於ケル排日記事ヲ本国排日新聞社ニ通信シ居レリ」と。

（32）『李大釗文集』上（人民出版社一九八四）五五四頁。『神州学叢』は一九一七年九月二十日第一号を東京で発行した。『中国近代期刊篇目匯録』所載の目録によると「刊旨」は易象（梅園、倒袁運動で帰国後、一六年九月、湖南省経理員として東京に着任していた、そのさい外甥田漢を同伴。）が書いている。神州学会は同年四月北京でも講演会を開き、蔡元培が講演をしていることを知るが、李大釗ら帰国同人の「支会」活動であろう。一号「会務」に「発刊本誌自由捐細目」を含む詳細な記述があるようだが未見。『民鐸』のばあいもそうだが、発禁・差し押さえがもたらす経済的打撃の大きさは云うまでもない。

（33）『学藝』一号付録「丙辰学社宣言書」「丙辰学社社章」など。⑱外秘乙三六三号　大正一一年十月二十四日「支那人組織結社〈丙辰学社〉ニ関スル件」には「約三百五十名」の会員の「貫籍・学歴・職業・紹介者・氏名・号」を入会順に列記してある。「紹介者」とは「丙辰学社社章」（『学藝』第一年第二号）第五条に正社員の資格として「甲　本社創立人　乙　有本社正社員二人以上之紹介経理事認定者」とあって、名簿の最初の四六名が紹介者欄を空白にしているのは、つまり彼等が創立人だということである。学歴欄を見ると四六名中、三三名が帝国大学（ほとんどが東京大。東北大三人、西京大〔京都大〕一人をふくむ）、東京高工七名、中央大学一名、早稲田大学二名、千葉医専二名、岡山医専一名で、丙辰学社が官費生を中心に結成されたことを示している。東京高師の学生が一人も加わっていないのが奇異である。なお、学社の結成を一二月としたのは、翌一九一七年一二月一日に吉野作造、東大来講中の米人経済学者プライスなどを招いて「週年紀念講演会」を催したさいの記事に「十二月一日本社成立之紀念日也」とあるから（『学藝』「三号丙辰学社社報」）。注意すべきは丙辰学社が正社員入社金二元以上、経常社費毎年二元と定めたほか、一－四号の「啓事」「社報」によれば社員の特別捐が累計一、三七〇元、名誉社員捐が梁啓超（五百元）江庸（二百元）蔡元培、范源濂、熊希齢、張一麐、國国祥、汪大燮、周駿、章宗祥（以上百元、以下金額略）張耀曾、張繼、李根源、黄群、殷汝驪、胡景伊、楊梶林、呉敻　蹇念益、孫仲泉（先）、林志鈞、彭清鵬、鄒蔭梦、韓希琦　累計一、八五〇元に上った。この財政的基礎と人脈とが『学藝』の長期維持を可能にした条件の一つであったろう。なお、『民鐸』も三一年まで一〇巻を重ねた。その背景についてはまだつまびらかにしない。

(34)『民彝』一号「余録」に中国財政経済学会趣意書・簡章・会員名、中国商業研究会宣言書を載せる。三号に中華蚕糸業励進会縁起・簡章と発起人名が見える。両会のその後の消息は伝わらない。なお、他に財政経済研究会宣言・発起人・簡章が載るが、これは福州の団体で留日学生とは直接の関係はないようである。

(35) 広告は次のような文面であった。六月二八、二九、七月一、二日「〇中華全国学生救亡会徴求会員　宗旨　聯合学生、喚醒国民、扶持正誼、以拯救民国之危亡　会金　入会金一元　事務所　上海法界霞飛路宝康里六十三号　欲知本会内容者、可向事務所函索宣言及章程　　中華全国学生救亡会啓」。七月三～七日「〇中華全国学生救亡会緊急啓事　自叛督称兵弁髦国法、本会応時而生、主張殲除梟猘、今逆焔愈熾、甘作臣妾、推翻共和、尚乞全国学界諸君子、群策進行。願入会者請至上海法租界霞飛路宝康里六十三号本会事務所接洽。中華全国学生救亡会公啓」。なお、「致両院議員函」に代表として劉杜衡、孫漱岩、李自立、程天放、熊公謹の名があがっている。

(36)『民国日報』一七年一二月一七日「学生救亡会警告全国反対借款書」、同一八年一月七日「学生救亡会警告全国反対借款書」など。

(37) 程天放「敬悼孫靖塵先生」（『革命人物誌』第十集）、『五四時期的社団』二「国民雑誌社々員名学」。

(38)（専件）「留日学生総会覆学生救亡会函」「学生救亡会再致留日学生総会函」。なお、覆函に「知貴会於六月二十四日開会成立」とあって救亡会が成立を六月二四日と自称していたことを知る。

(39)「大正八年概要」。一六年の国慶記念大会の直前に幹事長殷汝耕の辞職が承認され、執行部・評議部の聯合会議において一月の大会までという条件で何飛雄が代理幹事長、曾天宇・趙世英が代理副幹事長に選出された（『民彝』第三号「国慶紀念会紀事」)。しかし、一七年の役員については幹事長王賡颺副幹事長余鴻卿・文牘李國英の名が『民国日報』の関連記事に現れる程度にしか判らない。

(40)『民国日報』一七年八月二三・二五日「留日学生請日本勿借款於段政府」。同九月一日「留東学界慶祝非常国会大会記▲歓迎張繼及戴天仇」。後者の記事中に幹事長余鴻卿、文牘李國英の名が見える。

(41)前記「大正八年概要」。

(42)同前には「〇十月十日私立衛生会ニ革命記念大会ヲ開キ羅鼎、李國英等ノ扇動ニ依リ約三百名ハ支那公使館ニ押寄セ石井特使ノ演説ニ対シ日本政府ニ抗議ヲ申込マザルヲ難詰シ其結果騒擾ヲ惹起シ姚作賓外七名ハ起訴サル〇米国各新聞社ニ対シ石井氏ノ亜細亜「モンロー主義」ニ絶対反対スル旨ノ電報ヲ発セリ」と。なお姚作賓らが起訴云々とあるのは翌年四月の四川私費生の事件(後述)との混同。

また、龔德柏はこう書いている。「於是我們少数狂熱的学生、就開始運動反対其宣言。第一挙動、是召開留学生全体大会、向駐日中国公使館請願。我就在前頭拿大旗領隊、日警未加干渉。我們到了公使館、時公使是章宗祥、出来見我們、対我們全体訓話、叫我們要体念政府的艱難、不要過於唱高調。我們也恭聴、這時下大雨、章宗祥站在門口、上有亭子、未被雨淋、有学生二十人左右、也在亭子下面。我的朋友阮湘、是第一高等三年級学生、湖南岳陽人。我両人曾同一個下宿屋住、常常在一起。他站在雨中、高声大叫:「大家都站到外面来、共同淋雨」。章宗祥没有聴準他叫什麼、以為叫打他、他就反身進門;他的随員跟着進去、就把門関上了。阮湘大怒、門関好了打不開、他就一拳頭、把窓戸打開、跳到裏面就大打一頓。這一下鬧太大了、新聞記者也来了。但公使館有治外法権、公使館未叫警察、警察就站在牆外、未入館内。鬧了好幾点鐘、学生也散去了。」(『龔德柏回憶録』二三頁)。

なお、当日の大会と公使館への示威には来日してまもない周恩來も参加し、批判的な感想をもった。「留東学生好出風頭之勢、在東京已司空見慣、明哲多裹足不入是非之場。弟初至東京、友人告弟、俟留学生開会時、往観其内容便知底情。孰意首次到会、即値囲打公使館之事、暴動行為悉入眼底、一群無経済能力之国民、叫跳怒罵、心可欽、行可誅、見之傷心弥甚」。

（「致陳頌言」一九一七年十二月二十二日『周恩來早期文集』上巻三〇四頁）。

(43) ④一一八八一（暗）漢口発大正六年十二月十三日後五・四〇　本省着　前九・三〇　第一九四号

(44)『民国日報』一七年一一月一九日「留東学生対於美日宣言之憤慨」、同一一月二三日「留日学生代表之談話」、同一一月二四日「留日学生致滬商書」、同一一月二五日「留日学生会代表之痛言」、同一八年三月一四日「留東学界代表李國英最後普告国人弭乱書」（未完）など。なお、全国学生救亡会と彼等が接触をもったかどうか、確証はない。

(45) ⑫外秘乙第三十四号　一月二十四日「支那留日学生総会ニ関スル件」。

※留日学生総会の会計報告は一九一六年二―一二月と一九二〇年四月―二一年一月とが、それぞれ『民彝』第三号、『留学生季報』一号に掲載されておるほかは（附録ⅠA・B参照）、この半期分だけしか判明していない。原件は本来の決算報告表を筆写したもので、人名などに誤写があるようだ。外交史料館に保存されているものは藍晒で褪色いちじるしいため、資料保存の一助として敢えて全文紹介しておく。＊印を付した箇所は筆写のさい警視庁の係員が煩をさけて省略したものらしい。

大正六年下半期ニ於ケル支那留学生総会々計決算報告表左ノ通

中華民国六年度留日学生総会下期会計決算報告表

会計主任　周公謀《ママ》

会計幹事　田玉振・陳聖任

特別総収入　七七二、九四五

姓名	月份	欵額
章公使	七月	一〇〇、〇〇〇
彭監督	七月	四〇、〇〇〇
黄統君	八月	一〇、〇〇〇
揚《ママ》清汗君	八月	五、〇〇〇
李滳東君	八月	五、〇〇〇
徐夢鷹君	八月	五、〇〇〇
馬鳴鸞君	十月	五、〇〇〇
徐建琛君	十月	五、〇〇〇

姓名	月份	欵額
張樹錫君	十月	五、〇〇〇
易象君	十月	五、〇〇〇
章公使	十月	一〇〇、〇〇〇
彭監督	十月	五〇、〇〇〇
章公使	十一月	四〇〇、〇〇〇
大高倶楽部	七月	二、六四五
広西借用油墨費	八月	、二〇〇
早大、吉林印刷費	十月	、三〇〇
一高同窓会特損《ママ》	十二月	一〇、八〇〇
李培天	十二月	一、〇〇〇
前《ママ》吉春	十二月	一、〇〇〇
歓迎新聞記者団職員特損《ママ》	十二月	二二、〇〇〇
総計		七七二、九四五

※ついでながら章宗祥が七、八、一〇の各月に百円ずつ寄付をしながら、一一月に四百円と一挙に金額をあげたのには、一〇月一〇日のアメリカへの電報料の問答がかかわっていよう。

経常総収入（明細表略す）＊	三〇二、〇〇〇
前期残余金	五二〇、一五〇
前期庶務残余金	二一、一五〇
共合計金	一六一六、二四五
特別総支出	六三九、三一五※1

（一）電報費

摘要	月份	欵額
致大総統及各省電費	七月	一二、三〇〇
致憑《ママ》総統及段司令	七月	三、一五〇
致国会従員	八月	八、七三〇
致林権助	八月	一、七三〇
祝非常国会	九月	九、三三〇
致大総統	十月	一、七八〇

摘要	月份	欵額	摘要	月份	欵額
致駐美公使及華僑	十一月	一七〇、四五〇	致大総統	十一月	一、四八〇
合計		二〇八、九五〇			
(二) 宣言書及印刷費					
宣言書印刷	七月	一一、〇〇〇	祝非常国会伝単	九月	三、一八〇
代表選任状	七月	四、〇〇〇	大高代印文件費	十月	七、〇〇〇
対内宣言書印刷	七月	一〇、〇〇〇	宣言書費	十月	二一、〇〇〇
対内宣言書郵費	八月	一一、四〇〇	通告及選挙票	十二月	四、五〇〇
宣言書信封費	八月	一、二〇〇			
合計		六三、二八〇			
(三) 開会用費					
討逆大会々場及雑費	七月	三八、二〇〇	追悼黄蔡二公	十一月	五四、四七〇
祝非常国会大会	九月	六二、二六〇	全体職員歓迎記者団	十二月	三二、三二〇
国慶紀念	十月	六八、三九〇	祝雲南記念大会	十二月	六三、四〇〇
合計		三一九、〇四〇			
(四) 雑費					
代表会用費	七月	一、七〇〇	水上運動会奨品	九月	一〇、〇〇〇
経費委員会	八月	、四四五	饒果二公赴横浜旅費	十一月	一、五〇〇
職員照相	八月	五、〇五〇	印刷原稿用紙手張《ママ》	十一月	三、八〇〇
合計		四七、九四五※2			

経常総支出（明細省略）＊　四二七、四一〇
共合計金　一〇六六、六二五
除支残存金　五四九、六二〇
中華民国六年十二月二十六日　發

※1一一月に特派代表として帰国させた李國英ら三人の旅費が計上されていない。李國英は少なくとも一八年三月までは本国で活動していたから、翌年度の精算に持ち越したのか、疑問を留めておく。
※2雑費項下では掲出した各件の金額と合計額とは二五円四五銭の差異がある。理由は不明。

（46）前出「総会ノ沿革」。また、外秘乙第一五五号（大正八年）三月三日　では内訌は一八年三月に起こったとする（第三章注参照）。なお、一六年の会計報告（附録ＩＡ）には選挙に関する支出は見あたらない。

第二章　日中秘密軍事協定反対闘争

一　一斉帰国前夜

学生総会の内訌がどういう理由で起こったのか、それを知る手がかりはない。総会の麻痺には正副幹事長を大会で直接選挙する方式にも問題があったと、後に反省されている。一六年の総会における神州学会のように中核になるグループがあるときはよいが、三千人を越え、平素接触の機会が多くもない学生が、無準備のまま「多くて七八百人、少ないときには二三百人」の大会に集まって役員を選ぶ、目立ちたがり屋・野心家にしてやられた「痛ましい歴史」があったというのは、この年のことを指しているのかもしれない。[1]しかし、極東モンロー主義を掲げて中国独占を意図する日本の露骨な諸施策への反発は様々な形で噴出した。先ず、留学生陣営を純化し、日本の影響力を遮断すべしとする動きがおこった。中国人が日本女性と交際することに反対し、日本人を妻とする留学生を「漢奸」として「口誅筆罰」を加えるべしと、「誅漢奸会」を名乗る伝単が配付されたのは一九一七年暮れのことだった。龔徳柏と阮湘が張本人であったというが、「まったく衝動に駆られ、よく考えもせず、理屈も十分には通らない」文章だったと本人が述懐しているように、一部で厳しい批判もうけたが、当年の留学生間の気分を反映した挿話でもあった。[2]一八年二月にも、周恩來が「一部の留学生は日本人と往来する者を見ると、あいつは漢奸だと罵る」。「己を知り彼を知れば百戦して百勝す」というが、これでは日本の国情を知る道を閉ざすようなものだ、「日本に留学することも無用だと云うことになる」と日記に記している。[3] 直後に燃え上がる秘密軍事協定反対、一斉帰国運動の下地は、すでに準備されていたのである。

続いて、日中間の情報格差を自分たちの手で埋めようとする努力もはじまった。当時、日本のニュース、情報は東方通信社（共同通信の前身）が独占しており、日本側のフィルターをへた情報が中国の新聞社に提供される。上海などの有力紙は個別に東京に通信員を特約していたが、速報性・組織性にかける。ここはなんとしても中国人自身の手によるニュース・情報の組織的な配信が不可欠だと、一八年二月二六日にそれが話題になって以来、四川からきて中央大学に留学していた曾琦らは一ヶ月間奔走した。かくて三月二七日、大塚の一学生の家に二〇余人の留学生があつまり、華瀛通信社の結成大会が開かれ、唐有壬（壽田）、丘仰飛（天羽）、荘善昶（仲舒）の三人が理事に選出された。曾琦の日記によるとそれからが忙しい、「章程」（規約）を作り、事務所を整え、原稿を書き、手分けして印刷し、四月一六日に第一次「社稿」を発送したのを皮切りに、つぎつぎと「数十份」ずつを「国内報館」に郵送した。「思うに予は近ごろ通信社を組織する事に因り、功課に荒み、一書をも閲まず、徳は修めず、業は進まず、一たび念及ぶごとに、輒ち神明に疚《いた》む、徒《た》だ以《おも》うに茲《こ》の事、私に損有りと雖も、而も公に補する無しとせず、予既に倡議したれば、勉めて其の難を為さざるを得ざるなり」（四月二〇日）。「思うに人の神智を益する物は書に過ぐる莫し。而して予近日通訊社を経営するの事に因り、乃ち幾んど書と絶縁す。思路の閉塞して智識の進む無きを惑う無からんや（無惑乎）」（二三日）。「思うに予近日来未だ一書も読まず、毫も進益無きは皆通信社を辧ずるの故と為す。甚だしきかな、事務の人の神智を耗するや」（二九日）と、曾琦はぼやきながらも華瀛通信社にほとんど全精力を注ぎこんでいた。[4]

同じころ、曾琦もその一人である四川籍の私費生は当座の生活資金の支給をめぐって留学生監督、公使館ととりわけ厳しい交渉を重ねていた。前年、段祺瑞の武力統一方針のもとで四川の軍閥戦争が激化し、為替がストップしたため、学生たちは学生監督に「維持費」を支給するよう要求した。先例もあることなので、監督（彭清鵬）は章公使の許可を得て、二ヶ月分だけ維持費を出し、旅費を支給して帰国させることにした。学生たちがそのうちに事態も収まり、送金が復活するだろうと模様を見ていたところ、戦乱は続き送金も停まったまま、貰った帰国旅費も使い果たしてしまった。おりからの物価高も加わって切羽つまった学生たちは、あらためて一人一ヶ月二十円の維持費を平和回復まで支給（貸与）するよう求めて監督処（金之錚代理監督）とかけあったが埒があかず、四月七日、多数の私費生が公使館に押しかけたのである。公使館側は、四川籍の学生は人数が多く、また期限もつけられないとあっては膨大な金額になる、さらに他に先例を開くことにもなると即答をせず、北京政府に電報で指示を仰いだ。学生らは監督・経理員を信用せず、公使館もその場逃れしかしないと思っているから、翌八日午後、ふたたび公使館に座りこんだ。章公使は館員を動員して解散を勧告したが効果なく、ついに警視庁に警官の出動を求め強制排除した。もみ合いの中で楊闇公（東亜予備校生、二〇歳）をふくむ八名の学生が公務執行妨害として逮捕された。[5]

四月一三日、「北京政府教育部及国務院」は東京からの照会に応えて、四川省自費留学生には月額二〇円を三ヶ月にかぎり支給すること、物価高によりかねて学費増額を要求していた官費留学生[6]にたいしては今後六円を加給することとの電訓があり、当面の問題は落着したが、大きな問題を残した。先ずは、中国公使館が自国学生を排除するために日本の警察力を借り、逮捕者までを出す最初の例を作ったことであり、次いでは学生に威望がなく、ことごとに公使にまで問題の処理を持ちこむ監督の資質であった。章宗祥は政府にたいし、今後留学生の派遣にさいしては官公費、自費を問わず、資格を厳重に審査し、いい加減な派遣をせぬように各省に指示すること、監督職は資格・人望・学徳いずれにも優れた人物を選び、外交・教育両部が共同で推薦し、大総統が任命するようにして格式を高くすることを進言した。(7) 元司法総長江庸の監督としての来任は、その直接の結果であった。

この事件は直後に一斉帰国運動が起こったためにかすんでしまったが、八名の被逮捕者のうち五名が公務執行妨害傷害として起訴され、同年九月六日、姚作賓ら三名が懲役二個月（執行猶予二年）の判決を受け、他の二名は無罪とされた。その間、法政学校長寺尾亨が二回にわたって特別弁護人として出廷し、話題を呼んだ。(8)

二　日中共同防敵軍事協定

袁世凱にたいする強面から、段祺瑞との「親善」へと姿勢を一変させた日本政府は、欧州大戦中に既成事実を積み上げようと、着々と手を打っていた。青島守備軍に民政署を設置したのは一七年九月であったが、山東占拠を恒久化する意図を示すものだと、一八年一月から山東省民の抗議運動がたかまり、外交問題化した矢先、日中秘密軍事協定が急浮上する。ロシアで社会主義革命がおこると、日本は干渉戦争を準備し、中国を侵攻基地として使用し、かつこれを機に軍事的影響力、支配力をいっそう強化しようと、二月初めから中国政府に軍事協定の締結を強要したのである。三月、ロシアの革命政権がドイツとの単独講和条約を締結するや、ドイツ軍が極東に姿を現すという、有りうべくもない事態を想定して、さらにこれを正当化しようとした。独澳の東漸云々は煙幕で、実際は日本の野心の拡大であることは誰の目にも明らかであった。日本が協定は政府間のもので、しかも軍事問題は機密であるべきだとして、交渉自体を極秘で行い、日本国内でも一切の報道を禁じた。三月二一日の東京『朝日新聞』は、日中間に某重大交渉が始まっていると報じただけで、発売を禁止されたが、(9) 翌二二日には北京の英字紙『京津タイムス』が日中交渉の進行を暴露した。協定は「事実上支那ヲシテ日本ノ軍事的支配ニ帰属セシムルモノニシテ勢ヒ二十一ヶ条要求中ノ第五項ヲ自ラ実現セシムルモノニホカナラズ」と評論したのである。(10) 以来、英字紙が先ず報道し、中文紙がそれを転載するという形で交渉は表沙汰となった。中国側の交渉当事者が、日本側の要求を牽制するために意識的にリークするというのは、二十一ヶ条のさいと軌を一にした。

周恩來は、四月三日、青年会備えつけの英字紙で「日本政府がまた二十条の要求を我が国に提出したと知った」と日記に記しているから（以降、周恩來にかかわる叙述はその『旅日日記』による）、留学生たちが事態の進行に気がついたのはその前後であろう。反対と抗議の声で嘩然としてきたのは当然である。おそらく総会執行部が機能を停止していたからであろう、四月二一日以来、各省同郷会聯合会（一六省が参加）が組織され、一・内外各重要機関に通電し一致して此の亡国密約を否認する、二・各省同郷会は数名を選んで帰国させ国民大会を呼びかける、三・中文英文二種の宣言書を発布し、全国民に警告し、かつ各友邦の道義的支援を求めるという方針を決めた。同聯合会主催で四月二八日正午から衛生会を会場に、おりしも来日中の南方軍政府の要人・唐紹儀の歓迎を名目に留学生全体大会を召集し、唐不出席のまま外交問題すなわち秘密軍事協定について集中して討議した（唐は病気欠席と報告されたが、翌日彼は関西に赴いている。欠席を承知で大会を開いたようだ）。

同郷会聯合会の提案した上記三項は異議なく採択されたが、「条約が公布され、また代表が活動して効果のなかった時は、即ちに全体一致帰国すべし」との付帯決議も通過した。一連の方針が決定したあと、決意表明にたつ者があいついだが、なかでも四川の「李君は、吾人は今即ちに帰国を準備するべきである。前次、五月七日の開会の時［二十一ヶ条のさいは?］、みな回国を主張したけれども、その後、人心の相違から一致回国ができず、外人の嘲笑を買った。今回は必ず早くから予備すべきだ。私は敢死隊を組織し、その場になって回国しない者があれば強硬手段をもって対付することを主張する」と激越な演説をし、人々を緊張させた。最後に運動の経費にあてるため募集した、会場での自由捐が数百元にのぼったが、さらに官費生からは二元を徴収し、自費生からも同郷会の責任で募金することを申し合わせて午後四時におわったという。[11]

四月二八日の大会は常識的な線でいちおうはおさまったものの、すでに強硬な一斉帰国への導火線は引かれていた。それに点火したのは、留日学生中のエリート集団とも称すべき一高の学生たちであった。[12]軍事協定の日本がわ提案が全二〇条からなることは、周恩來が看た英字紙の記事にすでに報道されていたが、その全容はまだ判明していなかった。しかし、四月二四日、いわゆる二十個条の全文が、扇動的な前書き付きで上海の『時報』、『時事新報』で公表され、掲載紙は大会後に東京に届けられたのである。「四月三〇日殉国団同人謹白」「請フ亡国条件ノ全文ノ発布ヲ看ヨ」なる檄文（警視庁訳）は、上海『時報』からとして二〇条の全文と称するものを掲げるが、「此回全文ノ発表ヲ得タルハ劉崇傑（現外交部参事）ノ洩ス所ナリ蓋シ日本政府の我国ニ向テ交渉を提出セル時即チ我政府ニ強制シ両国軍事委員会ヲ組織シ数回交渉セリ外交部ハ之ヲ与リ知ラサル内秘密神速ナル手段ヲ用ヒ開キタリ此一場ノ公案ハ外交総長陸徴祥憤テ暇ヲ告ケ北京各新聞モ又政府ノ罪ヲ痛論セリ政府ハ已ムヲ得ズ外交部ノ参与ヲ許シタリ是ニ於テ陸氏ハ劉崇傑ヲ派遣シ会議ニ加入シ第四会議ニ至リ劉崇傑ハ委員長靳雲鵬ト意見衝突シ遂ニ該条件ノ全文ヲ漏洩スルニ至リタリ」と、留学生にも馴染みのある劉崇傑が、内容のあまりの苛酷さに驚いてやったことで、出所・信憑性は絶対確かであるという説明までが東京では付け加わっていた。[13]さらに、上海全国学生救亡会の留日学生への痛烈なアッピールをはじめ、各種の印刷物が上海から送りつけられ、学生たちの激情をあおった。[14]

中国の国境守備軍は日本軍の指揮下に入り、一帯は軍政下におかれる、軍人に日本語を習得させるために日本人教官が配置され、警察は日本によって編成される、兵工廠・ドック・鉄道は日本が管理し、この状態は平時においても適用される等々、中国が実質上日本の支配下に入るような協定内容に、二八日の大会では少数派であった急進的主張が一気に事態の主導権を握った。「一般学生」の一人であった周恩來は五月二日の日記にこう記している、「七時青年会に往き会話を学ぶ。授業が終わって新聞をしばらく観た。国事は益々悪化している」。「一両日中、中日新条約が成立しそうだというので、この間、留学生に全体帰国の論議がある。一高生殷汝潮がまっさきに云いだし、一高同窓会が会議して賛成し、代表八人を出し遊説して歩き、伝単を配付し、各省同郷会・各校同窓会の意見を徴集している」（殷汝潮はおそらく殷汝邵の間違い）[15]。翌三日には、「晩青年会に至り授業に出た。留日学生が全体回国を発起せんとするを聞く」。「一高同窓会が今日、帰国の主張を宣布することを実行した。方法はまだ論じていない。□域は一高に学ぶ、発難中［決起についての議論の中で］指を切って血書した者があった」と書いた。さらに四日（土曜日）、「今日各省同郷、会議して留日学生全体帰国の事を議論する。午後三数の省が帰国を評決した。余はこのことについては消極的反対主義を持し、口を閉ざして発言せず」と記し、「吉林同郷会はまっさきに今日午後開会し、帰国賛成を表示した。奉天省はこれに継いだ。晩にまた数省が賛成の表決をした、黒竜江などの省だと聞く。今晩、総会に各省会長及び評議員が集まり、総会を解散する会議を開いた」と書き付けている。周恩來が軍事協定反対運動に強い関心を持ちながら、一斉帰国論あるいは留日学生中のファナティズムに同調しなかったことが窺われる[16]。

ところで日本の警察は軍事協定反対の動きが明確になると、留学生の挙動に目を光らせるようになった[17]。四月二八日の大会に関してさえ、外務省に情報を提供した痕跡はないのに、五月四日から警視庁外事課はにわかに連絡を緊密に取るようになる。「目下日支両国間ニ於テ協議中ナル日支交渉案件ハ中華民国ヲ滅ホスナルモノナルヲ以テ一同帰国シ鉾ヲ執テ起タザルベカラズト称シ左ノ排日的檄文ヲ所々ニ配布シ又ハ貼付シ各省同郷会其他ノ集会ヲ開催シテ排日的気勢ヲ昂メ以テ一同聯袂帰国セント称シ居レリ本日集会シタルハ奉天、吉林、陝西、各同郷会并ニ早稲田大学留日学生同窓会ニシテ明五日開催セントスル集会ニシテ判明セルハ湖南、四川、湖北、雲南、貴州各同郷会、神州学会、明治大学留日学生同窓会等ナリ」とし、同日までに流布している檄文の翻訳を付けた。前出の「請フ亡国条件ノ全文ノ発布ヲ看ヨ（中華民国七年四月三十日殉国団同人謹白）」のほか、「警告大中華民国留日学生全体文（同窓会全体謹啓）」、「上海全国学生救亡会啓」「諸君ハ果シテ亡国奴タルニ甘スルヤ如何」「請看亡国条件已調印、一髪千鈞在此一挙」の五種である。[18]なお、周恩來が記しているように、四日夜には各省同郷会長・総会評議員らが留日学生総会事務所に会議し、総会の解散を決定したことはこの報告には漏れていたようである。[19]

明けて五日（日曜）、警視庁は前日までと対応を一変させ、未曾有の強硬措置に出た。神州学会はこの日午後、例会を開くことになっていたが、会長馬鳴鸞は午前一〇時、神田西署に出頭を命ぜられ、そのまま留置されて、深夜一時に釈放された。そのさい拘留の理由を質したところ、治安妨害を予防するためというのが答だった。「会合はまだ開かれていないのだから予防禁止すればよいではないか、かつ自分は此の会の代表にすぎないのになぜ拘留したのかと言うと、暴行の恐れがあるから予防した、なぜそれが判るのかと問えば、おまえの態度からだと答えた」[20]。馬鳴鸞が放りこまれた時、留置場には湖南の学生三名が先客としてすでにあったが、彼等は午前七時、「約百三十四名」が神田の貸席で同郷会を開催し、「政治ニ干スル論議ヲ為ス可カラサルヲ警告シタルニ……之レヲ肯セス」検束されたのであった。貴州省の学生「約五十名」は牛込の貸席で午前八時から会合、「政治ニ関スル集会ヲ為ス可カラサルコトヲ警告セントシタルモ之レヲ聞キ入レス」、つまり問答無用で司会者ら四名を引致、雲南省留学生「約四十名」は東亜予備校で午前八時から同郷会を開催したため、警告をあたえ私服の監視下に議事を進めさせた。[21]別に午後五時、陝西省同郷会「約六十名」が牛込の貸席で開会しようとしたため、「司会者ヲ所轄署ニ呼ヒ出シ」「政談」禁止を通告したが、肯んじないので検束し、かつ会議を解散せしめた。午後六時から神田で行われるはずの四川省、湖北省の同郷会は、貸席に会場貸与を拒否させ流会に追いこんだ。(22) この日検束留置された中国人学生は計九名であった。

もっとも、流会したはずの四川同郷会は青年会に移って開会し、曾琦を代表に選任した。(23) 周恩來の日記によると直隷・河南・江蘇・山西・山東などの同郷会も同日会合し、いずれも帰国賛成を決議したとあるから、すべての集会を警察が掴んでいたわけでなかったことがわかる。さらに、周恩來は「五日の晩、各省同郷会・同窓会の各幹事あるいは代表が大高聚［俱］楽部で会議した」と記し、日記の五日・六日・七日の本文欄を費やして留日学生救国団組織大綱十四条を書き写している。(24) この大綱は同日中に警視庁も入手し、留日学生の集会情況とともに外務省に写しを配布しているから、同郷会・同窓会聯合会議の開催を知らなかったわけはないが、中国人帝大生・一高生の賃借している建物という大高俱楽部の性格上、貸席や学校と違って警官が踏みこむわけにはいかなかったのであろう。ただ、警視庁が入手した大綱と周恩來が書きとめた記録とのあいだに、かなりの差異があるので原文を対照しておく（警視庁情報を底本とし、周恩來の記録で補充もしくは訂正した部分を【　】内に示す。底本の傍線部分は【　】内に対応する部分である）。

前者は一六条からなるのに対し、後者は一四条であるが、最後の「十六」条の内容から見て、警視庁が入手したのは五日当夜の大高俱楽部での会議のために準備された大綱（案）であり、翌六日夜の「源順号」料理店での開会通知を条項内にふくんでいるように臨時的性格のものであった。周恩來が日記に書きこんだのは、これを整理・加筆した最終的な大綱だったようである（上海『時事新報』一八年五月一六日「留東学界之大風潮」同「内外要聞」が紹介する救国団組織方法とまったく同文）。

五月五日晩各省同郷会々長及其代表并各校同窓会々長及其代表開聯合大会於大高俱楽部議決大綱如左

【五月五日、留東各省及各校代表会議議決事項：各代表以外患緊急、祖国危殆、群議組織団体、共図挽救之法。其組織方法如下：】

一、本団定名為「大中華民国救国団」【由全体留日学生組織之】
二、本団々員皆一致対外決不干渉内政【以一致対外決不干渉内政為宗旨】
三、由各省同郷会長或其代表及【并】各校同窓会々長或其代表組織之
四、本団挙幹事長副幹事長各一人【幹事長一人、副幹事長二人】
五、本団分下記之五部【分設五部如下】
(1)文事部　(2)庶務部　(3)会計部　(4)招待部【招待兼糾察部】(5)糾察部【交際部】
六、本団遇有重要事件【重大問題発生】時得由幹事長召集全体公決之【各部長開臨時会議処置之】
七、本団組織大綱有欠陥【應修改】時得召集全体公決之【由幹部全体会議修改之】
八、帰国弁法【帰国時】由各省同郷会々長及其代表統率之一致帰国【該省学生取一致之行動】
九、各省各校先派四人以上半往北京半往上海命名同先発隊【各省各派四人以上之先発隊、半往北京半往上海、籌備一切。各校各派四人以上之先発隊、半往北京半往上海、襄助各省先発隊辦理一切】
十、先発隊出発期日定為五月七八両日【先発隊由東京出発、日期定為七、八両日】
十一、先発隊旅費由本人或各省各校自籌【凡各人帰国旅費、由各省自籌之】
十二、本団経費分下列三種弁法(1)総会経費撥出　(2)向留日華僑募捐　(3)各同郷同窓会自由捐助【本団公金以下列方法籌之：(1)向在日僑商募集捐款；　(2)各省同郷会及各校同窓会公金須量力撥帰本省公用；(3)前留日学生総会所有公金全部撥充本団公用】
十三、挙代表在留日各華僑勧捐
十四、募捐代表由広東浙江福建山東四省選出毎省二人

【十三、向僑商募捐員、由広東、浙江、福建、山東四郷同郷会各挙二人由本団給予信任状、前往分頭募捐[25]】

十五、本団職員由各同郷同窓会各挙代表一人互選

【十四、本団幹部由各省同郷会、各校同窓会各挙一人、互選正副幹事長及各科辧事員】

十六、各同郷同窓会代表限六日挙斉即於是晩六時斉集源順商議一切［該当個条なし］

おそらく五月五日、警視庁の圧力で留日学生青年会の幹事ウィルソンは、青年会を政治的集会に使用することを禁じ、五月六日夜、先発隊帰国の打ち合わせの会合は、会場を他に求めねばならなかった[26]。前夜に通知された源順号には、当然、警察の干渉が予想されたからか、当日になって会場は同じ神田の中国料理店「維新号」に変更され、会食を名目に各省、各校の代表ら四〇数名が集まった[27]。遅かれ早かれ警察に知られると覚悟していた学生たちは、正副幹事長の選出など、手短に議事を進めていき、見張りから合図を受けると、さりげなく食事に移った。しかし、会食の場に踏みこんだ警官隊は、学生たちの予測していた強制解散ではなく、最初から全員を逮捕することを目的とし、三九名を警察署に連行した。逃れたのは二階の窓から飛び降りるなどした少数者だけであった。殴打されて血を流し、服は破れ釦はちぎれ、なかには靴を失い、裸足のまま神田の街を連行されていく留学生に、見物に出た日本人のあいだから嘲笑・罵声が浴びせかけられたとは、当夜、青年会の三階の宿舎から情況を目撃したという王拱璧（璋）の証言である[28]。神田は中国人留学生の集中して下宿するところである。学生の代表たちが受けた暴行・迫害はたちまちに留学界に知れ渡り、帰国運動は一挙に爆発した。

五月七日午前、代表たちは拘束を解かれた。先発隊に予定されていた一高生王希天ら二人は、なぜか釈放が昼過ぎにずれこんだが、その日のうちに横浜で乗船し帰国の途についた[29]。同日中に留学生総会の事務所も引き払われた[30]。まだ帰国を決定していなかった省もその日のうちに決議を終わり、華瀛通信社の同人も当夜曾琦の住まいに「十余人」

が集まり、「即日停辦」を決定、上海で改めて「外交新聞」（外交ニュース）社を組織することを申し合わせ、残金は曾琦がしばらく保管することとした。[31] 七日に投函された上海『時事新報』の「東京特約通信（大公）」（一三日掲載）は云う、「留学界は新交渉のことで憤慨激昂、収拾すべからざるに至った。留学生総会が当時決定した三つの辦法でなら問題はなかったのだが、救国団・救亡団・敢死団・殉国団とかが次々に起ち、伝単を播き、停課を要挟し、一致帰国を迫った。同郷会も同学会も反論できず、主張者の言辞が激烈なので、この潮流に順わざるをえない勢いだ。だからもう一致して帰国を決議し、神田の一隅で留学生が頭を寄せ集め、たがいに私語している。ただ帰国の問題をどう解決するかだけで、将来どうやっていくのか（進行辦法）など考える余裕はない」。筆者はいわゆる穏健派に属する人物だろうが、日本の警察の慌てふためいた対応が、軍事協定の本質を自ら露呈するものと留学生たちの確信をいっそう強めたことは疑いない。

三　留日学生救国団

「支那留学生の不穏　四十名引致さる　民国救国団の密議後　旗亭に於て密議中　★帝大、一高、高工生等も加わる」と維新号での弾圧を報じた五月七日の『東京日々新聞』は、同じ記事のなかで、「既に気早の連中は非常なる憤慨の口吻をもらしつつ続々として帰国の途に就き昨夜［六日夜］八時東京駅発の下関行列車にて二百余名、同十一時発の列車にて数十名は日本を去り更に神田北神保町一一上野館止宿の六十余名、三崎町三崎館の七十余名を始め各下宿に在る者は何れも行李を纏めて帰国の準備を急ぎつつあり」と報道した。新聞の記事は例によってそうとうに誇大であったが、三日にもう始まっていた授業放棄（罷課）は一挙に拡大し、救国団側の強引な帰国強要も加わる総引き揚げの風潮に、神田や本郷の下宿屋（旅館）も恐慌をきたした。留学生のみを対象に経営している東亜高等予備校・東京同文書院・法政学校・成城学校をはじめ、明治大学・早稲田大学・法政大学・中央大学・慶應義塾・女子美術・東京女子医専など「都下十一校」の代表は一一日、連名で告示を出して学生を慰撫し、かつ法政学校長寺尾亨ら四人を選んで文部省・外務省・内務省・警視庁等を歴訪し、善後策を要望した。外務省は九日、「軍事協定反対ノ国論喚起ノ為」帰国する留学生にテロ活動の恐れすらありと、厳重取り締まり方を北京政府に申し入れたところであったが、「十一校」にも、一三日、協定の範囲は対独共同防衛にのみ限定されていることを保障する外務大臣の言明を手交した。思わぬ事態の展開に日本側の当事者は狼狽し、とりわけ非常識な弾圧が一斉帰国を激発したと警視庁への風当たりは強く、警察もしばらくは運動の調査、情報の収集に活動を限定せざるをえなかった。[32]

さて、国立学校を中心に全国各地にも留学生はおり、すでに四月二八日の大会にも地方からの参加者が見られた。留日学生救国団の成立を受けて各地でも学生の授業放棄は始まったが、形勢を観望する傾向にあり、帰国への熱度には東京との差異は否めなかった。しかし、一二日午前、幹事長王兆榮らが全国各学校在籍者代表会議を大高倶楽部で開催し、一斉帰国へ意思統一したのを画期に運動は地方でも前進した。なお、王兆榮はこの会議をすませて午後には下関行きの列車に乗り、一三日夜、関釜連絡船で先発隊を追ったのである。[33]

さて、眼を東京から転じて京都でのこの前後の動きを見てみよう。ここには京都帝大に二三名、第三高等学校に二四名、府立医学専門学校八名、高等工芸学校一〇名その他二名、計六七名（内私費一名を除き全員官費生）が在籍していた。

「最近日支両国政府間ニ新密約成立セラレ其内容ハ支那統治ニ関シ軍事警察教育等ヲ日支両国間ニ於テ共同施政セントスルニアリト喧伝セラルルヤ彼等留学生間ニ憤懣ノ念ヲ生シ遂ニ其有力ナルモノ五十有余名ハ［京都帝大］学生

集会所ニ会合シ其善後策ヲ協議セルカ其一部ハ（急激派）斯カル密約ノ締結ヲ見ルハ独立国ノ態面ヲ失フモノニシテ大国民ノ観過スベキ問題ニアラズ侮辱モ甚ダシキモノナリ此際個人的ノ利益ヲ顧慮スルノ遑ナシ宜シク自己ヲ犠牲トシテ国家ニ殉シ一同手ヲ提ッテ帰国スベシト主張シ他ノ一部（温和派）ニ於テモ前記ノ密約ノ内容事実ナラバ留マルニ忍ビサルモ其真疑詳カナラズ且ツ内容ノ誤伝ナルヤモ知ルベカラザルニ軽挙妄動シテ他日ニ嘲笑ヲ受クルニ至ルハ甚ダ遺憾ナルヲ以テ事ノ真相ヲ究メ沈思熟考去就スベシト主張スルモノアリ衆議一決セサリシガ遂ニ無記名投票ニ依リ多数者ノ意見ニ一致センコトニ決シ結果二十七対二十五ヲ以テ温和派ノ主張ニ一致スルコトニ決シ京都帝国大学工科大学生胡嘉詔外一名ヲ代表トシ其他六七名ハ有志トシテ其真相ヲ極メン為東上シツツアリ多分本日帰洛ノ予定ニシテ其ノ帰洛ヲ挨テ解決ヲナサントスルモノノ如シ元来當府ニ於ケル留学生ヲ個人的ニ観察スルトキハ滞留ヲ希望スル者多数ナルモ全国留学生ノ趨勢ニ依リテハ孤立ノ状態ニ陥リ結局他ノ秕《ママ》難攻撃アルハ勿論ナルヲ以テ全国留学生ノ行動ニ殉ゼザルベカラザル立場ニアルモノノ如ク此点ニ関シテハ支那留学生ノ存在スル府県ニ於テハ充分ノ警戒ヲ要スルモノト認メラル尚本問題ニ関シテハ多少ノ影響アルモ南北両派ノ別ナキノ感アリ」。

京都府知事名の上記の報告は一二日に発されたが、留学生会々長胡嘉詔の帰洛を受けて一四日に開かれた会議では、「昨日迄留学ヲ主張シタル者モ忽チ帰国論ヲ主張スルニ至リ出席者五十（欠席九）中四十一対九ヲ以テ帰国ニ決シ」、「旅費及家計ノ都合モアルヲ以テ一ヶ月以内ニ日本ヲ離ルル条件ヲ附」したという。「全国各地ノ留学生団ハ沈黙ヲ守ルヲ主義トシ表面平穏ニ見エタルモ其実十四日ノ京都ノ帰国決定ハ殆ト最終ノモノナリト聞ケリ」と付言していた。(34)

福岡では九州帝大（医科一〇名工科一名）の学生は「極メテ穏健ニシテ過般来在東京同志ノ飛檄ニ依リ帰国ノ準備ハ整ヒ居ルモモノノ如キモ暴虎馮河ヲ渡ルカ如キ軽挙盲動ヲ避ケ徐ニ行動スル筈」と見こまれたが、戸畑（北九州市）にある「明治専門学校生徒艾植元葉紀元ノ両名ハ四五日前上京ノ処残留学生十二名ハ昨夜［一二日］突如トシテ退学ヲ迫ルニ至タリタリ職員ヲ始メ同校経営者タル安川敬一郎等交々訓誨ヲ与ヘテ彼等ノ反省ヲ促ス処アリシニ彼等ニ於テハ祖国ノ急ヲ救済センカ為メニハ高貴ナル天職使命ヲモ放棄セサルヘカラスト其決心牢固トシテ抜クヘカラサルモノアリ遂ニ本日午前十時四十三分戸畑発列車ニテ帰国ノ途ニ就」いたのであった。「追而明治専門学校経営者安川敬一郎ハ本件留学生退学問題ニ関シ本日午前十一時戸畑発列車ニテ上京シタルニ付申添候」と。退学届を提出して帰国したのは、まさに破釜沈舟、一斉帰国でも突出した例であった。[35]

岡山では五月一六日朝、「第六高等学校竝岡山医学専門学校在学支那人全部挙テ無期欠席届ヲ差出シ目下各々帰国ノ準備ヲ致居候」と報ぜられ、名古屋には第八高等学校二十九名、愛知医学専門学校二十四名、名古屋高等工業学校二十一名の留学生がいたが、「彼等ハ在東京留学生団ヨリ帰国ノ勧告ヲ為シ来リシ為メニ漸次動揺ヲ来シ第八高等学校生徒危浩生外五名ハ本月十一日突然休校シ上京セシ模様ナルモ其ノ行先キ判明セス去ル十五日危浩生一名一時帰名シ翌十六日一切ノ書冊衣類其ノ他日用品等ノ処分ヲ為シ急遽出発シタル儘再度行先不明トナリ其ノ他ノ同校生徒等モ去ル十六日ヨリ悉ク休校スルニ至レリ医学専門学校生徒モ過日来内々協議ヲ為シ去ル十七日ニハ十三名ノ内拾名ノ欠席者ヲ出スニ至リ帰国ノ準備ヲ為シツツアル模様ナルモ猶リ高等工業学校生徒ハ目下無事通学シツツアリ以上ノ如ク彼等ノ大半ハ帰国ノ準備ヲ為シツツアリト雖モ其真意ヲ察スルニ留学半途ニシテ帰国セルヲ好マサルモ東京留学生団ヨリ熱誠ナル勧告ニ対シ冷然之レヲ拒絶スル能ハス且ツ全国各地ノ学生団一致帰国ニ決セハ独リ当地ノ留学生ノミ残留スルコト能ハサル事情アルヲ以テ止ムヲ得サル場合ニ立至レハ帰国スルモ本年内ニハ再渡来スルノ志望ヲ有スルモノノ如シ」と報告されている。[36]

さて、警視庁は一〇日から連日「支那留学生ノ動静」として集会状況、帰国者数（東京駅出発者数とその累計、乗船券購買者数とその累計）、檄文印刷物配布状況とそれらの要旨、登校状況などについて形式を統一した報告を出し、かつ神奈川・大阪・兵庫・山口・長崎など中国行きにかかわる港湾をもつ府県に命じて、帰国者の数、日時さらには氏名まで調査・報告を求めた。たとえば五月一五日の登校状況は都下三六大学・学校で総員数二、七八三人中欠席者二、六七〇人であり、帰国者数は五月二七日調べで総計八七八人、六月一二日調べで合計一、二〇七であった(37)。これには前出の『東京日々新聞』の記事が報道した最初期の帰国者は含まれず、実数は二、三百名は上回ると推定されるが(38)、しかし、帰国学生は留学生の二分の一には達しなかったわけで、その意味では活動家に重大な挫折感が残った。一斉帰国に参加しないことをつとに決意していた周恩來は、留学牛のセンター的な役割をはたす留日基督教青年会館に毎日のように出かけ、また友人との往来をつうじて多くの情報を入手し、運動の実際を末端から注視して、日記に書きとどめている。しばらくはそれを手がかりに、運動の様相をみてみよう。

五月九日「留日学生の李國英、張光亞等十八人が〝南華生〟なる署名で《罪言》〔敢えて直言するの意〕を配布した。李國英らのやったことだと調査してわかった(39)」。「救国団は李國英、張光亞らの罪状を宣布した」。李國英が前年に留日学生総会の幹事であり、石井ランシング協定に警鐘を鳴らすため、総会を代表して帰国・活動した人物であることは前述したし、張光亞も後述するように一方の旗頭であり、二人とも留学生のあいだに一定の影響力を持っていたと思われる。彼らが一斉帰国に公然と異を唱えたのにたいし、救国団が反撃を加えたのは当然であった。「劉鈞（江西の人）が《回国応取方針》七ヶ条を発布した」。「江蘇先発隊が宣言書を出した。〔王〕希天が神戸に行けば乗船券が買えると発布した(40)」。「高等工業の同窓会が明日から全体が授業放棄し、帰国することを決議した。明大がそれに続いた」。「今日、留学生監督が各省同郷会会長、各同窓会会長を集めて全体学生の帰国を制止することを議した。衆議紛々として要領を得ず、監督が先きに引っこんで二度と出てこない。皆はその場を借りて救国団との連合の件を議論したという」。

五月十日　「今日、慶応大学が授業放棄と総帰国を議決した。救国団が桂乃瑾、徐冠、周發榮三人の〔帰国妨害の〕罪状を宣布した。湖南同郷会先発隊が明大生周某の罪状を宣布した。北京に赴いた先発隊が血書をこちらの同人に送ってきた。先発隊六百余人が宣言書を発し、総帰国を促した。此の数日間、外県の中国学生がそれぞれ代表を東京に派遣してきて詳細な状況と帰国の方法を探っている。某某が《励志文》〔誓いの文〕を発布した」。

五月十一日　「誅奸団が、段政府は二十万で留学生を買収し、総帰国を阻止しようとしていると宣布した。鉄血団が李國英らに対処する最後的手段を宣布した。昨夜、李國英らのために伝単を配った人が殴打され、病院で死んだという話が伝えられた。また、数人がこのことで殴られたともいう」。もちろん事実ではなかったが、帰国に反対する学生が殺されたという噂は京都の留学生間にも流れ、上海『時事新報』の「時評」でも取り上げられていた[41]。

五月十二日　「今朝、〝留東学界同人〟なる署名で帰国前後の辦法十九条が発布された。桂乃瑾が（救国団）調査部の宣布した罪状は個人が公衆名義を借りて攻撃したものだと弁明した」。その後に前日、松室法政大学学長ら一一名の私立大学長・校長連名で告示した「中華民国留学生諸君ニ告グ」の訳文を記し、「奉天先発隊より今朝来電あり、奉天着を報じ、未帰国者の速帰を促す。帰国の真義宣言を発布した者があった」と書き加えている。

五月十三日　「〝留東学界同人〟が《罪言を駁する》文を発布した。張光亞が個人の行動であると宣言し、彼を罵る者の無礼を痛詆した」。「留日学生監督が一昨日発布した教育部訓令は電文の語句の歯切れが悪く懇切さを欠いている[42]」。

五月十四日　「聯合会は調査して〝中堅会〟の伝単は日本人の偽造したものだと宣布した。振華学会および南華生等の伝単も同じく攻撃された」。「〝帰国同人〟との署名で《救国団と鉄血団に警告する》という文章を発布した者がある」。「福岡高等工業はすでに全体が授業を放棄し、帰国した」〔工科の学校であった前出明治専門学校のことか？〕。「昨日、十一私立学校の四代表が文相・外相・警視総監を訪問したところ、外相は中日協約には他の項目は含まない、ただシベリア出兵問題に関わることだけだ、軍事行動なので当然双方秘密を守るのであって、新聞の宣伝はでたらめであると発言した。同時に《覚書》を発布し、今日の新聞に公表した。各学校もその通り貼り出している」。

五月十五日「安徽人呉我（鵑魂）が辯白文［弁明書］一篇を発布した。北京の先発隊が条約がすぐにも調印されそうだと電報で知らせてきた。岡山から全体が授業放棄し帰国すると電報してきた。上海に返る四百余人が、神戸から手紙で全体の速帰を催促してきた[43]」。

五月十六日「京都の全学生が今日から全部授業放棄し、帰国を候つと宣言した」。「呉我がまた辯白書を発した」。「四川の先発隊が上海から電報をよこし、招待所の設置を報じた」。「江庸が留学生監督に任命されたとの消息あり」。

五月十七日「早く起きて東遊篇大綱を起草し、それから［登校］授業に出る」。「四川同郷会が帰国方法を定めた」。「今日日本の各新聞は、条約がすでに昨日午後、北京で調印されたと報じた」。

五月十八日「救国団は緊急通告を発して帰国を促した。同時にまたもう一篇の文章があったが、趣旨は同じ」。

五月十九日　午前、早稲田大学生童啓顔（冠賢）の紹介で南開学校の同学を中心につくる〈新中学会〉に入会したが、その午後には、五月七日に「不帰国の真正の方針、反対派として自処する立場」について、ともに論じた相手である童の帰国を駅まで見送った（童啓顔は翌二〇日夜下関にて関釜連絡船に乗船）[44]。「四、五人が《罪言を駁する》一文を発布した。帰国演説団の組織を呼びかける伝単が出た」。

五月二十日「神戸から電報があり、東京にいる学生は速やかに返れと勧告した。淮陽の人・周發棨が冤罪を訴える伝単を出した」。

曾琦は四川同郷会代表として帰国を推進する側にあった[45]。『戊午日記』によると、彼はこの日午前、大高倶楽部での会議に出席した後、千葉医専に赴いている。「午後、貴州の胡天鵬・同郷の漆樹芬及び夢九［張尚齢］の三人とともに火車に乗って千葉に赴き、医学を専門とする諸人を訪ねて、罷課・回国に同調するよう勧めた。蓋し［東］京内外の各校は皆な已に罷課し、近日帰国する者が已に千余人あるのに、惟だ該校のみが独り異議を持している。だから、外人に我が国民の行動不一致を笑われないように、勧説に出かけたのである。予は罷学帰国について、初めから主張していた者ではないが、日本人が亡国の民として我々に対処する情況を目撃し、勢いに逼られ、帰らざるを得ない苦衷があるのだ。金・陳二君と晤い、長時間辯論して、晩、火車に乗って帰ってきた。時に十一時」。文面から察すると説得は不首尾に終わったようである。

ふたたび周恩來の日記。

五月二十一日「救国団の調査によると各省の帰国人数は、月末には三千になると云う。救国団は早稲田の卒業試験受験者に手紙を出し、中途退学するよう勧告した」。

五月二十二日「救国団が留東の全部に速やかに帰ることを促した。広東の同郷が最後通牒を定めて青年会に発布した。」

「今日の新聞によると、北京の高師と大学と二校の学生計一千余人が、昨日の朝、大総統府にいき馮総統に会った。馮総統は数人の代表を引見し、今回の条約は純粋にシベリアでの共同作戦に関するもので、他のことは全て新聞のデマであり、決して信用してはならないと云った。この言葉がもしほんとに本当なら、私もそうであることを望んでいるが、おそらく秘密の内容はどうしても口外はできないであろう。たとえ多くのことが出兵にだけ関わることであったとしても、兵を出してしまえば日本はもう優位に立つ。ことが終わったらすなおに引き揚げるだろうか。これはまた一つの問題である」。

周恩來は翌二三日、日中陸軍共同防敵軍協定一二ヶ条の全文を日記に五日分の本文欄（二七日まで）をつぶして筆写している。北京の政府系新聞がリークしたのには、かならず国民を欺瞞しようという裏があると見て、第六条・七条には「この条要注意」、九条には「この条は前条と重複の嫌いあり、本物でないことを示す」などとコメントを加えながらである。しかし、すっぱぬかれた協定が正確なものであることは、当時から日本側の認めるところで(46)、北京で五月一九日、総統府に関係の深い『大中華報』が掲載し、翌二〇日、北京の各紙が転載したのだが、二一日に学生の総統府請願がおこなわれたことを考えれば、その意図したことは明らかであろう。

四　留日学生救国団在天津・北京

ここで眼を帰国留学生の活動に転じよう。王希天ら北京を目指す先発隊一一人は、五月一三日午後天津に着き、その夜、留日学生の運動、中国国内での軍事協定反対運動の動向を熱心に報道している天津『益世報』社を訪ね、留日学生救国団の趣意と今後の構想について、記者と問答を交わした。スポークスマンは王希天であった。彼らは帰国の経緯について説明し、当面まず上海に救国団本部、北京に分部を設置して運動を進め、光明正大を旨とし、偏激の行動はとらぬと説明した。具体的には各界の人士、在野の有力者と連絡してその手助けをする一方、（申包胥の）「秦廷七日の哭」に倣い、代表を挙げ、もし「条約」が主権を損なうことのないものなら、ただちに公開して疑惑を一掃するよう、政府に要求する、それなしに調印されるなら、絶対に承認しない、万一、政府が脅迫されて拒否できぬというのであれば、学生は一切を犠牲にして政府の後ろ盾となり、条約拒否の目的を達するまで堅持する、同時にまた学生はそれぞれの出身省に帰り、紳・商・学・警の各機関と連合し、共同で電報を発して一致闘争する存念である、

「どの場合でも法律の範囲を外れることのないよう自戒したい」と述べた。経済困難で帰れない学生への対策は？という質問にたいしては、「救国団本部・分部が工面して送金し、一人も日本に滞留させないようにする」とまで云いきり、「明日（一四日）には上京し、商会の北京駐在代表と運動の進め方について連絡するつもりだ」と付言して辞去した。商会とは当時天津で開催中で、軍事協定反対の態度を表明していた全国商会聯合会を指し、帰国学生がこれと連携することに日本側は神経を尖らせていたのである。学生たちが『益世報』を訪ねたのは、もちろん紙面を介して救国団の趣旨を広報することを目的としてであったが、期待にそむかず、一五日の同紙は記者「夢幻」と王希天との談話を論説代わりとして発表するという異例の取扱をし、在天津日本総領事館を驚かせた。(47)

中国駐在日本国公使林権助は、外務大臣にあてた公函（公大一四一号　大正七年五月三一日　⑤）「軍事協定ニ対スル北京学生界ノ反対行動ノ件」で、こう書いている。

「日支両国共同出兵ニ関スル軍事協定ニ就イテハ」「協議開始ノ当初ヨリ各方面ニ渉リ反対ノ機運漸ク熾ンニ現ニ本使先般長江一帯視察ノ際ニモ官商民間ニ論ナク此種反対ノ気勢ハ明カニ認メラレ上海ノ商務総会側ノ如キモ本使歓迎ノ宴席ニ於テサヘ円滑ニ民意尊重論ヲ掲ケテ反対ノ口吻ヲ漏ラシ居レル有様ニテ要スルニ内容一切秘密ニ附セラレ第三者ノ揣摩憶測或ハ反間煽惑ノ説アリ一般危惧ノ念ヲ惹起シタルニ外ナラス」

と秘密協定反対の世論の広範さを指摘し、

「又北京天津上海福州等全国各地ニ渉レル学生ノ反対運動ニ至ツテモ其原因ハ要スルニ以上ノ諸点ニ帰着スルモ其主動タリ原動力タルハ今回帰国セル在日本留学生ニシテ在日本ノ留学生ヲ煽動シタルハ東京ニ於ケル政治外交研究通信ノ機関タル華瀛通信社ナルモノ尤モ其主動者タルカ如シ」

と、理由は述べないが、とくに華瀛通信社を名指ししているのが注目される。彼は先ず上海で帰国留学生の運動と遭遇した。

「本使カ五月十三日上海着前日六十余名ノ留学生一団上海ニ帰着シ各方ニ遊説シタル結果ニヤ在上海各省学生王達民以下二百余名カ各自署シタル連名ノ書面[48]ヲ本使ニ郵送シ外間傳フル所ノ出兵条件ノ如キハ是レ親善ノ名ヲ籍ツテ我国ヲ第二ノ朝鮮視スルモノナリトテ政府ニ転達シテ補救ノ道ヲ講セラレタキ旨ヲ求ムル等電報信書檄文類ヲ各方へ馳セ陸続運動ヲ開始スルニ至レリ」

林が北京に帰ると、王希天ら先発隊に続いて留日学生救国団幹部が入っており、湖南会館を本拠に活動を始めていた。

「代表王兆栄・阮湘・張有桐・張黄・喩［義］・張心沛・李培天・温立等書ヲ当道各方ニ寄セ　一、独逸人勢力カ此際到底東方ニ及フ能ハス　二、敵俘ノ実力到底東亜ヲ擾乱シ得ス　三、過激派ノ陰謀ハ虞ルルニ足ラスノ三点ヲ指摘シ而カモ外間伝フ所ノ共同出兵条件ノ如キハ直チニ是レ前年第五項ノ変相ナリトテ断然拒否ノ体度《ママ》ニ出テラレンコトヲ求メタル一方」、

北京大学はじめ各校の学生に働きかけた。五月一六日、日中共同防敵陸軍協定が調印されると、前述のように、厳秘のはずの内容が一九日、総統府系の新聞『大中華報』に掲載され、翌二〇日には他紙にも転載されたのは、おそらく二一日に予定されていた学生の大総統府請願を意識してのことであったろう。公函はデモに先きだつ学生たちの会議、蔡元培北京大学校長の勧阻などの経過を述べ、当日の情景に移る。

「此日新華門ニ集マレルハ高等師範学校生徒二百余人ヲ第一着トシ北京大学生千六百余人之ニ亜キ工業専門学生亦之ニ次ク約二千余人」、十一時、三校の代表（法政専門学校生徒ハ後レテ之ニ参加シ其新華門ニ到達シタルハ正午ニ近ク《ママ》為メ同校ノ代表者ハ大総統ニ謁見スルニ至ラス）十三名が大総統馮國璋に引見され[49]、協定への署名拒否を要請した。

馮は協定は条約と性格を異にし、政府の承認で発効して大総統の「調印」を必要とせず、またその内容も新聞等の報道は「真象」ではないとして、協定文を読み上げ「逐条解釈ヲ加ヘ」てみせた。この請願行動についての周恩來の記述はすでに紹介したが、当時まだ東京に留まっていた曾琦は翌二一日「新聞を看るに、北京大学学生二千余人、中日交渉の事により、総統府に赴いて馮氏に畫押［署名］拒絶を請求したりと。往時の太学生の叩閽の挙に類せり。士気尚お盛んに人心未だ死せざるを見るに足る。悲憤すること予の如きも、亦たこれが為め一喜を禁ぜず」と、その感動を記している。公車上書以来というべき学生の国事への公然たる意思表示がもった画期的な意義を感じとったのである。

「此ノ一番ノ風潮ニ対シ教育総長ハ五月二十四日ノ政府公報ヲ以テ先ツ帰国セル日本留学学生ニ対シ布告ヲ発セリ……本総長ハ各学生ハ速ニ日本ニ赴キ鎮静学ヲ求ムヘキヲ希フ若シ猶ホ国是ニ藉口シテ学ヲ廃シ或ハ直接間接阻礙挑撥ノ手段ヲ施スモノアレハ亦タ厳重ノ制裁ナキ能ハスト厳諭セリ然ルニ前記帰国ノ留学生代表王兆榮等ハ再ヒ書ヲ大総統府ニ呈シ　一、此度ノ協定タル共同防敵ノ一種ノ規約ニシテ直接作戦方法ノ軍事計画ニ非ス　二、列国参戦ノ外交ハ公開主義ヲ取ル　三、対内政策上人民ハ政府ヲ疑フノ三点ヲ指摘シ此協定ノ秘密ニスヘキ《ママ》非スト云ヒ其宣布ヲ迫レリ北京ノ当局教育部ハ勿論警察庁総監呉炳湘ノ如キモ此等帰国代表者ニ対シテ再接見ノ上協定内容ノ毫モ懸念スルニ足ラサル所以ヲ説明シ又五月三十日ノ政府公報ヲ以テ教育部布告ヲ発シ帰国ノ日本留学生ハ一律ニ六月十日以前北京ヲ去リ各本校ニ回リ継続スヘク又代表ノ王兆榮等ニ対シテモ同様六月中旬以前回校スヘク若シ尚遷延観望シテ常軌ヲ逸シ政治干渉ノ咎アルカ如クハ最重ニ処分スヘキ旨別々ニ布告ヲナシタルニ該学生代表等ハ更ラニ教育部ノ前後両回ノ此布告ニ対シ更ラニ痛烈ヲ極ムル反駁的呈請書ヲ提出セリ[50]」。

留日学生救国団は五月一六、二〇、二三日と教育部に赴いて陳情を繰りかえし、林が述べるように教育総長との布告・呈請の応酬があったが、警察の厳重な監視のもと行動の自由を失い、かつ上海の救国団本部との連絡も遮断された。退去の日限、六月一〇日を前にした六月七日、呉炳湘の仲介で阮湘など救国団の九人の代表が国務院総理段祺瑞に直接請願する機会を与えられたが、もちろん何の結果も得られなかった[51]。硬軟を交えた当局の強圧に、六月一七日、北京分部はついに撤退を決定、離京宣言を発して天津に移り、新たに北方の拠点を確立しようとした。

天津に集結した帰国学生は、留日学生救国団天津支部を組織して活動した。七月五日、彼らは直隷教育庁長を訪ね、率直に自分たちの行動計画について語っている。「昨日午前一一時、留日学生代表任翱・王希天・阮湘等は、直隷教育庁公署に往き、王叔鈞庁長に面謁した。阮君が代表して発言し、大略こう述べた、我々は昨日北京から天津に移駐した（事務所はイタリー租界イタリー領事館□門の向かいの第三号宅内に開設）[52]。……［我々は］北京に在って、とくに北京各校の学生と討論を重ね、大中華民国学生愛国会を組織して恒久的対外機関とし、愛国精神を鼓吹し、国民の元気を保ち、同仇敵愾、協力して外侮を禦ぐこととした。彼の国の対支同志会・対支同盟会などの諸機関にそうして対抗しようというのだ。現在、北京学生愛国会臨時総会は已に成立し、上海および各省はまさに進行中である。昨日、我々がこちらに来て天津の各校学生と支部の設置を諮ったところ、彼らもたいへん賛意を表し、今準備中であり、夏休み後には必ず成立の運びになるであろう」と。ただ、留日学生の背後に党人の煽動があるとするデマが流され、迷惑している、そのようなことは絶対にないので安心してほしいと、つけ加えたのであるが（『益世報』七月六日「留日学生代表与教育庁長之談話◎関於学生愛国会事」）、至誠が通ぜぬはずはないとする姿勢は、天津は安徽派と矛盾をもつ直隷軍閥の管下とはいえ、あまりにも楽天的だった。

学生愛国会の結成はすでに六月中旬から呼びかけられていた。北京での「四校請願」のあと、「永久機関」を組織して全国の学生との連絡を図ろうと、まず北京で発起されたのである[53]。天津『益世報』は六月一九日、二〇日と「中華民国学生愛国会簡章」を分載し（上海『民国日報』が同簡章を載せたのは七月一二日号）、七月五日には「大中華民国学生愛国会縁起（専稿）」を掲載した。

天津支部は労動部を設け、財政活動と救国宣伝を結合し、津浦線・京奉線の駅や車内で図書・国産品を販売するなど、活発に活動したが、(54)七月二二日、内務部は北京退去後の留日学生が、なお天津にあって「救国団、愛国会の名義でもって各校生徒を招引して集会、結社し、かつ各地に支会、分会をつくるなどしている」として厳重取締を各省長などに命じた。(55)直隷教育庁長は天津支部を解消し、速やかに日本に渡り学業を継続するよう命令し、救国団は七月三〇日、「留日学生救国団天津支部留別各界父老昆季書」を発して、天津での活動を停止することを余儀なくされた。(56)

一方、上海へは帰国学生の主力が集中した。駐上海総領事有吉明は五月二一日付の報告でこう述べている（機密第四〇号「支那留学生帰国後ノ行動ニ関スル件」）。

今次日支交渉ニ憤慨帰国セル支那留学生中今日迄当地ニ帰着セルハ所謂中華民国救国団先発隊ト称スル者既ニ約六百余名ニ達シ彼等ノ揚言スル処ニ依レハ天津及ヒ鉄道ニ依リ満洲方面ヘノ帰国者ヲ合スルトキハ千名ニ上ルヘク尚ホ東京ニ在ル約三千五百名ノ学生モ全部不日引揚ケ帰国ノ手筈ナル旨吹聴致居候而シテ当地ニ於テ彼等ノ発表セル意見書其他ハ処《ママ》リ綜合スレハ今次彼等帰国ノ原因ハ勿論所謂日支新交渉ニ存スルモ彼等ヲシテ断然帰国ノ決意ヲ為サシメタル動機ハ東京警察官憲ノ態度ニ憤慨セルニ因ル模様ニ有之候即チ当初二三外字新聞紙及支那新聞紙カ日支交渉ノ内容ニ関スル謡言ヲ掲載セル矢先キ東京ニ於テ諸新聞紙ニ其掲載ヲ禁止シタルヨリ一層疑心暗鬼ヲ生シ「日本ハ日支親善ノ美名ノ下ニ共同出兵ニ藉口シテ支那併呑ノ野望ヲ遂ケントスル」モノノ如ク揣摩憶測シ該交渉案件ヲ呼ンテ『亡国条件』ト為シ極力反対ノ気勢ヲ張ラントセシモ警視庁ノ干渉ヲ受ケ殊ニ其間二三警察署員カ彼等ニ侮辱ヲ加ヘタリトテ憤懣シ一同帰国ニ決シタル趣ニ有之候

而シテ彼等帰国後ノ行動方針ナルモノヲ見ルニ先ツ国会議員、長江各督軍、曹宣撫使、張検閲使、奉天督軍ニ通電シ又聯合各国政府、議会及大新聞社ニ宣言書ヲ送リテ該条約ノ成立ニ反対シ更ニ帰国学生ノ善後策トシテハ各地方学生ノ離散シテ団結力ヲ減センコトヲ防ク為メ可成上海又ハ天津ニ集合センコトヲ努メ又各団体ニ於テ其所属学生ノ人名、修学科目、年級等ヲ精査シ支那相当学校科程ニ入学ノ便ヲ計リ又ハ西洋留学ノ途ヲ講シ更ニ上海ニ於テ一大学ヲ創設シテ学問ノ独立ヲ計ラントシ是等実行方法トシテ先ツ上海ニ於テ全国総機関ヲ組織シ全国学生会ト聯合シテ今次日支協約ニ反対シ他方在日本留学生全部ヲ帰国セシメ各省ニ於テ機関ヲ設ケ上海総機関ト聯絡シテ各地有志ヲ鼓舞シテ六月二十日迄ニ各地ニ国民請願会ヲ組織セシメ中央政府及西南護国軍ニ兵争ヲ熄メ一致シテ外ニ当ランコトヲ電請シ尚ホ八月一日ヲ期シ上海ニ於テ全国国民大会ヲ開キ以テ全国民ノ歩調ヲ一ニセントスルノ計画ノ由ニ候

聞ク処ニ拠レバ彼等ハ当地帰着匆々北京教育部ニ打電シテ該日支条約ニ反対シ駐日章公使カ彼等ノ行動ヲ党人ノ煽動ニ依ルモノト為スノ誣ヲ訴ヘ之ヲ査究センコトヲ電請セル由ニテ尚ホ彼等ハ当地ニ於テ孫洪伊一派並ニ米国留学出身者等ト往来シ仏租界ナル陸建章ノ住宅ニ会合シテ右条約ノ打破並ニ未タ日本ニ留マリ居ル支那学生ノ帰国ヲ催スコトニ決シ又毎日寰球中国学生会（The World Student Federation）及中華基督教青年会（両会共米国人及米国留学出身者ノ勢力ノ下ニ在ルモノ）ニ集合シ何事カ画策シツツアル模様ナルモ何分資金ニ乏シク一般ノ同情モ予期ノ如クナラス就中地方出身ノ学生中其郷里ニ帰去セルモノモ不少有様ニテ如何ナル程度迄叙上ノ方針ヲ遂行セントスルヤ頗ル疑ハシク而シテ当地支那新聞社ノ態度ハ過般来日本ノ対支新要求ノ風説ニ神経昂ブリシ際トテ這般帰国学生ニ同情ヲ寄セ中ニハ却テ之ヲ奨励スルト共ニ駐日章公使ノ態度ヲモ攻撃セルモノモ有之候モ畢竟彼等ノ常套タル慷慨激越ノ文字ヲ弄スルニ止マリ果シテ幾干ノ反響ヲ波及シ得ルヤハ疑問トスヘク多分日ヲ逐フテ

鎮静可致ト被察候(57)

上海の救国団本部は有吉の報告にあるように、寰球中国学生会（欧米留学生出身者の社交団体）と中華基督教青年会を帰国してくる学生の窓口として、受け入れ業務に当たっていた。しかし、五月下旬には千名にも達した帰国学生の住・食の問題を解決するのは容易なことではない。『時報』『時事新報』『申報』などが一斉帰国に批判的な態度を示すなかで、社会的支持も学生たちの期待したほどには広がらなかった。もちろん、上海には一時滞在するだけで出身省に組織工作の任務を持って帰郷するものもあったが、有吉の指摘するように、そのまま帰省してしまう場合も少なくなかったようである。未帰国の留日学生に罷課を解除し、講義・授業への出席を呼びかける「留東学界全体」と署名する伝単を見たと、周恩來が六月一日の日記に記していることはすでに紹介したが、おそらくこれと同一の「印刷品」（敬告同人書　留東学界公啓）が、東京から時事新報社に送られ、同じ一日の記事に附載された(58)。

我々は同郷会・同窓会の決議に従い、旅装を整えていたのだが、実際に締結された内容は、伝えられていたような苛酷なものではなかった、これは我々の帰国闘争が日本人を譲歩させたか、政府が反対の世論を背後に「厳重交渉」したことの「効果」か、いずれにせよ留学生の「身を捐《す》て学を輟《や》め」ての行動が些か国事に貢献したのだ、当面の成果を得たからには将来を慮ばかるべし、「若し仍《な》お前意に執《こしつ》して帰国し、中道にして学を廃せんか」、国家将来にとっての遺患は大きく、愛国者の取るべき道ではない、「現に吾等は凡て我が留学界にして尚東京に在る者は不日、照常上課せんことを決議せり、其の已に帰国せる者にも亦已に返校を函告せり」。救国団側は他の帰国反対論・慎重論に対すると同様に、これを留学生中の敗類・日本人の仮冒の仕業として攻撃し反論したが、周恩來の日記には救国団が未帰国者に再三再四早期の帰国を呼びかけているなかで、すでに五月下旬から罷課破りが出始めていることがわかる(59)。「敬告同人書」は東京で撒布されただけでなく、本土の諸新聞にも掲載されて帰国学生の受けた衝撃は小さくはなかったと思われる。

六月六日午後、復旦公学に会場をかりて最初の全体大会が開かれた。[60] 参加した団員は四百余人、警察の弾圧のために通信の自由さえ奪われた北京支部からは代表が特派されてきた。北京・上海の活動経過が報告された後、まず全ての前提として「不再渡日求学（日本に再渡航して復学しない）」ことを挙手採決した上で、議案の審議にはいった。中日密約が「拒絶」されないかぎり救国団は存続し、団員は勝手に離脱できない（国内あるいは欧米で就学することは可）、全国学生聯合会が成立すれば、救国団もその構成員として永続的機関となる方針が確認され、帰国学生を収容する新大学の設置を推進するため、特別に籌辦大学委員会を設置すること（副幹事長張有桐が提案）、すでに愛国宣伝と財政活動を結合して創設されている労働部の活動をいっそう推進することなど、多くの項目が採択されたが、全員帰国のさらなる推進とあわせてクローズアップされたのが、一高受験阻止の問題であった。帝国大学進学希望者は第一高等学校特設予科（定員五〇、一年間）に合格して予備教育を受けた後、第一－第八高等学校に分配されて三年の課程を終え、大学に進むのであるが、予科合格によって無条件に官費生の資格を得られるため、貧しい留日学生には背水の構えで受験に挑む者が多く、例年数百人の受験者があった。周恩來もその一人であった。

この年の一高入試は七月三日・四日に予定されており、東京の救国団は『旅日日記』にみるように、五月下旬から受験阻止を標榜していた。[61] 六月六日の全体会議では「将来進行之方針」丙項の三として「本団事務所より各省経理員に致函し、東京一高を投考《じゅけん》する諸人を阻止する手だてを講ずるよう要請する。即え考取《ごうかく》するも、本団より此の種無廉恥の官費生を誓って承認せざることを宣布す」と決定した。しかし、一五日、周恩來は一高受験生が一九〇余名に達したことを聞かされて嘆声をあげた。[62] 例年より格段に少ないとはいえ相当の数である。救国団の受験阻止は失敗におわった。

東京で帰国を組織していた曾琦は『戊午日記』によると、六月八日夕に張尚齡とともに東京を出発、翌朝、神戸三宮に着き、康寶思（心之）兄弟の家に泊まる。一三日午後、曾琦らは康兄弟およびその家族と大智丸に乗船[63]、大連をへて二四日夕、天津に上陸した。しかし、留日学生救国団天津支部と連絡を取ろうとした形跡は、少なくとも日記からはうかがえず、翌二五日、かれらはそのまま北京に入った。二人は友人陳淯（愚生）の家に寄寓し、かねて連絡を取っていた同郷の友人王光祈らとの協議を詰め、三〇日、独自に少年中国学会を結成することを決めた。王が留日学生の帰国にあたって「同人の今後の活動は系統的で、かつ秩序あるものたるべきを力説し、学会の規約大綱数十条を起案し」提示したところ、曾琦も学会を建設する構想を持っており、曾は同志の雷寶菁（眉生）を先に帰国させて王光祈と協議させ[64]、書信の往復も加えて、すでにいちおうの合意には達していたのである。曾琦の提案した学会名は「復興社」であったが、王は少年中国学会の名を用いたほうが「含義がより明瞭」だと主張し、諸人の賛成を得たのだという[65]。協議に与ったのは留日帰国学生の曾琦・張尚齡・雷寶菁と元留日学生の陳淯、留日の経歴はないが曾琦と同郷の王光祈・周無（太玄）の計六名、後に留日の先輩李大釗を加えて七名が発起の会員となったことは周知の通りである。五四運動時期、もっとも長期にわたって活動し、もっとも強い影響力をおよぼした社団・少年中国学会は秘密軍事協定に反対する留日学生の一斉帰国運動を契機にして生まれたのであった。

五　救国日報

曾琦は七月五日、北京から天津に移り、救国団支部に住みこんで活動するが、一二日にはふたたび北京にもどり、救国団の文書類の起草などに当たる一方、もっぱら王光祈らと少年中国学会の準備活動をおこなっていた。天津支部の解消にともない、彼は張尚齢と共に二八日北京を離れ、二九日上海に向かう船に乗った。[66] これより先、七月五日、留日学生救国団は上海で機関紙『救国日報』を創刊した。それまで内部向けに発行していた「日報」（おそらく油印程度のもの）を発展させたのである。[67] 社長は救国団長つまり幹事長王兆榮があたっていたが、資金その他問題は山積しており、上海に着いた曾琦はもっぱら救国日報社を中心に活動するようになった。

『救国日報』については後述することとして、まず北京に始まった学生愛国会の組織化について記そう。六月（おそらくは下旬）、上海の各校四〇名の学生が連名で学生愛国会の設立を発起し、七月二七日、準備会を開くことを呼びかけた。当日は復旦大学など七校と留日学生救国団・華僑学生会の代表五〇余人が参加し、北京の学生易克嶷・天津の学生諶志篤から京津の組織状況の報告があり、救国団の喩育之（義）が来賓として演説をした。[68] 各校の愛国会を九月二五日までに、上海の愛国会総会を一〇月一〇日に正式結成することを期して「籌備会」が発足したのであるが、目論見どおりにはいかなかった。前述の内務部の禁令もあってか、北京・天津でも愛国会は正式には成立せず、北京の学生活動家を中心に上海・天津・留日の学生有志が参加する形で一〇月二〇日、国民雑誌社が成立したのは周知のとおりである。

帰国学生のために上海に大学を創立することは当初から留日学生救国団の大きな目標であった。先に引いた林公使の報告（公大一四一号）は、こう続けている。

「追テ此度陸続上海ニ帰来セル留学生ノ数已ニ一千余ニ達セル趣ニテ上海教育総会モ五月二十四日之カ善後策ニ関シ談話会ヲ開キタル由当日出席ノ浦東中学校長朱叔源氏ハ傅教育総長ニ書面ヲ寄セ大要左ノ如キ主張ヲ為シ居レリ曰ワク一、学生ノ公憤ハ欽佩ニ値スルモノアルコト　二、其対外的行動ノ静粛秩序アリ常軌ヲ逸セサル又欽佩ニ値ス　三、故ニ此等学生ハ充分同情シテ善後策ヲ講スヘシ今仮リニ日本留学生三千五百人トシ其十分ノ四ヲ官費生毎人一年ノ学資五百円ト計算セハ毎年七十万元トナル故ニ此経費ヲ以テ国内ニ学校ヲ興シ学生ヲ収容スヘシト」「此建言ノ如何ナル程度迄実行セラルル到底覚束ナキハ勿論ナカラ兎ニ角一面ノ主張トシテ茲ニ附記致候」

林が多寡を括っていたように、政界・財界・教育界の援助を得て「国民大学」を創設する計画は難航した。寄付金募集に名を連ねた名士を迎えて国民大学籌備処をつくったが、九月一日、江蘇省教育会で開いた会議には誰も集まらず、一五日夕、基督教青年会の「大餐館」を会場に再度会合を開いた。留日学生救国団の来函として『時報』の報ずるところによれば「この日、黄任之先生〔炎培〕は定刻より早く来られ、すぐに他所にいかれたが、寄付金の三分の一以上がきちんと確約されるまでは決して計画を発表してはいけないと言い残していかれた。蔣觀雲〔智由〕先生はたまたま先約があり、聶雲臺〔其傑〕先生は最初昼間はだめだが晩ならと云われていたのに、結局お出でにならなかった。出席されたのは浦東中学校長朱淑源先生と澄衷中学校長曹微吾〔慕管〕先生のお二人のみ、救国団側は幹事長王兆榮・交際科長喩義・交際科員張民權の三人であった。両先生は提議して云われた、『学校設立には尽力したい気持ちは山々ながら、諸方面の情況を綜合して観ると、もはやこれ以上の進展は望めず、停頓をよぎなくされている。もとよりその志望は失せたわけではなく、機会があればなんとか手だてを講じたい。まもなく各省教育会聯合会が開かれるので、再提起してもよい。当面は救国日報を維持することが急務だと思う』と」。色を正して起立した張民權は、一貫して学生を支持してきた朱・曹両氏に先ず丁重な謝意を表し、「社会には西洋人のために奔走したり、つまらぬことでしゃしゃり出たりする人物はたくさん居るのに、国家垂急の時にあたり、育材救国を求める者だけは寂として見あたらないのは悲痛にたえない。救国団員が陸続と東に返るのは、多くはこれと因果関係がある。蓋しこの社会の冷遇を受け、積極的には救国をはたせず、消極的には籌学〔学校新設〕できず、進退に寄る辺なく行き場を失ってしまった。かくて辱を忍んで学を求め、他日に報国せんと期するのだが、まさに苦衷である。社会が政府を助けて暴虐を働くと云っても過言ではあるまい」と切々と訴えた。最後に張民権は指を断って「白布一幅」に「事急矣大家快拿良心出来救国」の十三字を血書したという（一九一八年九月一七日「留日学生之籌学惨劇」）。

これより先、八月二五日夜、救国団はその事務所で大会を開き、運動の進行と『日報』の維持について討論したが、「到る者五十余人」、曾琦は「文事部長」に推され、『救国日報』に深く関わることになった。[69] 日本側の史料によれば、[70] この会議は救国団本部員全体大会で、主要な議題は救国日報社の株金募集であった。一株五円、四千口を目標に、留日学生はすべて株券購入の義務ありと決議したという。幹事長王兆榮は前述のように社長を兼ね、若干名が上海に留まって救国団の活動を堅持し、二人の副幹事長阮湘・張有桐をふくむ多くの幹部がふたたび渡日して学校に復帰し、留学生間での株金の募集・日本の動向についての通信の責任を持って日報の発展を支えることも決まったと推測される。事実上、「不再渡日求学」の方針は変更され、「敬告同人書　留東学界公啓」の現実論に屈した形となったのである。[71] 一斉帰国に参加した学生の大多数は挫折感に苛まれながら、「辱を忍び重きを負うて重ねて扶桑に渡った」。上海に残り、「寧ろ学業を犠牲にしても社会に服務せんと、あるいは報務に任じ、あるいは演講に任じ、以て最初の主張を貫徹せんと期」する者は一〇月、なお「数十人あり」と報ぜられたが、[72] 救国団・日報社にはこれだけの人数を抱えていけるだけの力量はなく、歳末、曾琦は「此のたび帰国せる者二千余人、僅かに吾輩数人を留め、ここに在りて報（日報）を辦ず」と述懐せねばならなかった。彼は『救国日報』のために記事を書き、論文を連載し、「時評」を草し、広告を作り、「招股啓」（株式募集趣意書）を起案するなど奮闘し、一〇月には日報社の急場をしのぐために華瀛通信社解散のさいに預かっていた「日幣三百四十五元」を社の「経理人」であり、華瀛の同人でもあった喩義に引き渡した。「為華瀛通信社捐款救国日報事」の「函稿」を作り、旧同人に送付するのも彼の仕事であった。[73]

加えて租界当局の弾圧である。一〇月二五日、王兆榮は『救国日報』の「言論が激烈である」としてフランス租界の巡捕房に公訴され、会審会堂で罰金「五十元」の判決を受け、曾琦、張尚齢、羅増益（季則）らが有り金をはたいて納付した。翌一九年三月一七日には、留仏華工についての記事を載せたことで、ふたたび会審会堂に召喚された。おりから王兆榮が帰省中とあって代理に出廷した温晉城が罰金三百元を宣告され、拘置された。「後ち該報の喩育之・朱侶雲・王獨清・姚作賓・張夢九・闕元藏・王功一・蕭柏年・黄界民・田厚卿・郝兆先の十一君が典質して三百元を湊集し、総経理喩育之および朱侶雲・王獨清が持参納付して、やっと釈放された」(74)。

経済的危機を乗り切り、日刊を堅持するために株式募集は喫緊であった。上海を始め中国国内での募集も順調であったとは思えないが、留日学生のあいだでは難航したようである。この年、シベリア出兵の準備も加わって物価は異常に騰貴し、七月から八月にかけて米騒動が全国に広がった。生活苦が留日学生を直撃するなかでの醵金はむつかしく、留学生監督江庸の干渉がこれに加わった。言微が学生に糾弾されて以来、歴任の監督は学生の反抗に手を焼いてきたが、前述のように章宗祥公使は、これを個人の資質のせいにし、四月の四川私費生問題の直後、教育部にたいして資格徳望ともに高い人物を監督として派遣するよう要請した。これに応えて選任されたのが元司法総長江庸で、赴任の前、五月二六日午後、阮湘ら在北京の救国団員を北京法学会に招き、勉学への復帰を説得した経緯がある(75)。彼は六月に着任して後、留日学生総会が解体している状況下で、監督事務所の影響下になんとか統一組織を作らせようと画策していた(76)。救国団幹部が、一〇月一〇日、私立衛生会で開かれた国慶祝賀会（おそらく監督処主催）で学生らが救国日報の社員（すなわち株主）の勧誘をしようとするのを制止し、一二月には各校の同窓会長、各省の同郷会長を呼びつけ、強い警告を発した(77)。運動の失敗から救国団の影響力が低下していたこともあって、同年一二月現在、募集できた株金は一千余円、留学生の購読部数は百余部、『救国日報』の発行部数は千部というのが、警視庁および上海総領事館の報告であった(78)。

六　帰国学生の各地での活動

このほか任務をもって出身省に帰った学生たちは、それぞれに省政府、公法団体、学生などに運動し、学生聯合会の結成を呼びかけ、国民大会を実現するという救国団の趣意によって活動を試みた。湖北警察処長は管下各警察署長にたいし以下のような訓令を発している（翻訳は在漢口日本総領事館による）。

六月二十二日湖北省出身留日学生代表周傑、王夔清、常鈺濂、張葆誠等本署ニ来リ曩ニ日支密約条件ハ以テ国ヲ亡ボスニ足ルモノナルニ因リ留日学校生徒ハ各其ノ代表ヲ挙ケ東京中国館舎ニ於テ会合ヲ催セル処突然日本警察ノ干渉ヲ受ケ遂ニ代表者中勾留セラレタル者ヲ生ゼリ斯ノ如キ屈辱ヲ受ケ且言論ノ自由ヲ失ヒタル為メ之レニ憤激シ帰国ノ上政府ニ之レカ交渉ヲ請願セント各省出身留学生ノ帰国スル者続出スルニ至レリ而シテ湖北人ニシテ帰国セルモノハ已ニ百余名ヲ算シ自分等ハ推サレテ代表トナリ暑暇ヲ利用本月［六月］十日帰省シ鄂州旅館並ニ當陽学社ニ分宿シ居レルカ帰国学生中已ニ原籍地ニ帰レルモノモ不尠又現ニ省城ニ踏ミ留レル学生ノ数モ明ナラサレトモ兎ニ角各処教育会ニ於テ開会シ以テ日本警察ノ加ヘタル侮辱顛末ヲ宣佈シ聊カ学生同人等ニ刺撃ヲ与ヘンカ為メ昨日政務庁長何佩瑢ニ面会具ニ事情ヲ訴ヘタルカ許可ヲ受ケ開会スルニハ先以テ警務処ト接洽ノ必要アリ云々ト申立テタリ因《ママ》科長ヲシテ婉曲ニ説諭ヲ為サシメ一方省長ニ対シ之ガ処置方伺出テタル処省長ヨリハ日支条約ハ全ク敵国ニ対スル軍事協商ナリ学生等カ海外ニ在リテ伝聞スル処ハ元ヨリ誤解ニ属ス学生ハ自ラ須ラク安心勉学以テ上達ヲ計ルヘク教育会ニテ集会ヲ企テル如キハ国政ニ干与スルモノナルヲ以テ決シテ許ス可カラストノ訓令ニ接シタルヲ以テ厳密取締ヲ励行シ之レガ成行ヲ随時報告スヘシ[79]

帰国学生の愚直なまでの合法主義と、愛国運動に一定の理解を示しつつも、結局は禁圧方針を指示する現地官憲の対応をよくうかがうことができる。湖北省は、北洋軍閥に属するとはいえ、安徽派には直接はつながらぬ王占元が当時省長として権力を握っていた。

湖北のほか長沙・南京・福建・広東・雲南・四川・安徽・江西・貴州・広西などで帰国学生の活動および地元の学生・教育界の呼応する動きが見られたが[80]、概して東北や安徽派軍閥の直接支配地域では厳しい弾圧・制限を受け、南方軍政府の影響下にある省では比較的広範な世論の支持をうけた。広東では帰国留日学生同郷会事務所が成立し、おそらく、その影響下に広東省学生聯合会が結成され、省レベルの国民大会実現に向けて努力がされた。帰国学生の活動は省城に止まらず、汕頭など地方都市でも見られたようである[81]。ことに雲南の場合は上海に集結した学生が代表を選び、香港・ベトナムを経て帰郷させたが、途上さまざまな困難に遭い、山野を跋渉して省都昆明にたどり着いたのはやっと八月の初めであったという。救国団の運動は全体としてはすでに退潮期に入っていたが、彼等は留日学生救国団雲南支部をつくり、一八年一一月には上海のそれと同名の機関紙『救国日報』を創刊し、少なくとも二一年初めにはまだその発行を堅持していたことは特記すべきであろう[82]。

注

（1）「中華民国留日学生総会会務紀要・改組啓事」『留日学生季報』一号（一九二一年三月）四三一頁。

（2）「打公使館後不久、我又鬧出新花様来了。……那時候、殷汝耕在東京作親日活動、很使我們討厭。推其原因、是他有日本老婆・其他還有討日本老婆的、也態度曖昧、不積極与我們合作。於是我写了一篇短文章、主張凡討有日本老婆者、都応視為漢奸、並挙殷汝耕与曾天宇両人為例。文章中説：我們已組織「誅漢奸会」、任何人凡賛成我們宗旨的、都是会員、対於漢奸（即指討日本老婆的人）都有口誅筆罰的権利与義務。我這篇文章完全出於衝動、没有経過仔細考慮、且理論亦不十分正確。我把文章写好後、給阮湘看、他加以修改、於是就用油印機印刷出来、郵寄各処（但未署名）、於是惹出大反響了。曾天宇四川人、帝国大学高年級生。他已三十多歳、由満清時代留学日本、本可早日畢業回国作事。但他或者是因日本老婆不願回国、年々留級、已経好幾年了。我們宣言書発表、他的朋友王兆榮（即後来辦上海救国日報之王宏實）与文元模、大為不平。……「彼は大高俱楽部の集会で詰問され」王宏實大声罵道：理論不通。我説：「現在不是理論通不通的問題、我們之組織此会、是表示我們対日本的憤慨、誰叫他們討日本老婆。……這是民国六年十二月某日的事。」（『龔徳柏回憶録』二四―二六）

（3）周恩來「旅日日記」一九一八年二月四日。

（4）曾琦「戊午日記」。彼が華瀛通信社成立までに協議した人物で日記に登場するのは羅益増（季則）、周宏業、李邦藩（石岑）、荘善昶（仲舒）、趙（阿難）、易家鉞（君左）、蕭陔、張奎光、周伯勛、丘仰飛（天羽）、丘引夫、瞿國眷（仲彌）、唐有壬（壽田）、黄嘯崖の一四人。なお、彼は成立大会で「由予報告籌備経過情形及應討論之要件」という任務をもっており、通信社設立の中心人物の一人であったし、成立後の役割から見ても、当然なんらかの要職にあったと思われる。華瀛通信社は四月一〇日、帝大青年会で湯濟武（化龍）、林宗孟（長民）、藍志先（公武）、陳博生（溥賢）の歓迎演説会を開き、彼等の講演と同人の質疑を送稿した。これが第一回の配信だったかも知れない（上海『時事新報』一八年四月二五、二六日に「◎東京通信湯林藍陳四君之談話」として華瀛通信社のクレジット付きで掲載されている）。

（5）⑫第二巻　外秘乙第二三九号（大正七年）四月九日「支那四川省留日私費学生ノ暴行ニ干スル件」

支那四川省私費留学生約五十名ハ昨八日午後一時ヨリ三々五々支那公使館ニ押寄セ公使ト面会ヲ求メタルニヨリ午後四時頃荘参事官代リテ面会ヲシタルニ本国内乱ノ為メ送金杜絶シタルヲ以テ学費ヲ貸与セラレタシト申込ミタルモ荘参事官ハ本件ニ干シテハ已ニ本国政府へ電照中ナルヲ以テ回答ニ接スルニアラザレバ明答スルコト能ハズト答フルヤ彼等中ヨリ四五名ノ者一斉ニ荘参事官ヲ殴打セントシタルヲ以テ同公使館ヨリノ出願ニ因リ出張シ居リタル私服巡査二名ハ之レヲ遮キリ同人ヲ避難セシメタリ然ルニ彼等ハ硝子窓ヲ破リ且ツ他ノ館員ニ暴行ヲ加エントシ剰サヘ巡査ニ負傷セシムル等形勢不穏トナリ更

ニ之レガ鎮圧且館外追放方出願アリタルヲ以テ所轄署ヨリ警部一、巡査二十五名ヲ派遣シ之レガ鎮圧ニ務メ遂ニ全部ヲ退出セシムルト同時ニ粗暴過激ニシテ首謀者ト認メラルル左記八名ヲ麹町警察署ニ引致シタルニ午後七時四十分頃全ク退散セリ

一、然ルニ公使館ヲ退散シタル彼等ノ中約三十四五名ハ夫レヨリ赤坂区霊南坂町支那留日学生監督事務所へ押シ寄セタルヲ以テ所轄署ヨリ警部補一、巡査八ヲ派遣シ代表者トシテ左記四名ヲ残シ他ヲ解散セシメタリ然ルニ事務所員ハ皆該所ヲ避難シタルヲ以テ代表者ハ已ムヲ得ス午後九時三十分退出セリ因リテ其後ノ行動ヲ内偵警戒中ナリ

支那公使館来襲者中ヨリ検束シタル者

一、府下戸塚町字諏訪一〇四　愚斉方　東亜予備学校生　楊闇公　當二十年
一、　仝上　仝上　陳　新　當十八年
一、府下戸塚町一七三　鈴木方　仝上　呉　熙　當二十年
一、府下千駄ヶ谷町一七九　白石方　学校未定　姚作賓　當二十四年
一、小石川区原町一二六　馬方　高等師範学校生　乾　鯤※
一、　仝区竹早町一一六　光岳寺内　東亜予備学校生　秦正樹　當二十年
一、本郷区弓町二ノ八　本郷館　仝上　林天樞　當十八年
一、　仝区　仝町一ノ二　玉川館　法政大学生　刁成鈺　當二十八年

二、監督事務所へ押寄セタル代表者

一、小石川区竹早町　中華践実斉《ママ》方　劉世榮
一、本郷区菊坂町　菊富士ホテル方　李叔堯
一、府下戸塚村《ママ》下戸塚諏訪一〇四　張雨耕
一、　仝村二九　下渋谷館　雷宏聲

※　乾は韓の誤り。上海『時事新報』一八・五・一八「留日四川自費生要求津貼風潮之経過」に四川同郷会長「韓君」

が騒ぎを聞いて駆けつけ、警官に「申辯」しようとしたところ、そのまま連行され投獄されたとある。なお、彼は高等師範生として官費生であった。また、東京『朝日新聞』一八・七・二〇「寺尾博士が志願出廷暴行支那学生辯護の為に」の記事では年齢「(二四)」となっている。

同前　外秘乙第二四〇号　（大正七年）四月十日　「支那四川省私費留学生ニ関スル件」

一、支那四川省私費留学生約二十名ハ昨九日午後二時支那留学生監督事務所へ押寄セ金代理監督ヘ面会シ一昨八日公使館ニ押寄セ暴行ヲ為シタル為メ所轄署ヘ引致セラレタル八名ノ留学生ノ放還方ノ尽力並引致理由ノ弁明方ヲ公使ノ手ヲ経テ日本官衙ヘ交渉セラレタキ旨公使館ヘ懇願セラレタシト申出テ何分ノ回答アル迄ハ全所ヲ立チ出テサル旨強請シタルヲ以テ金代理監督ハ直チニ公使館ニ赴キ学生ノ意志ヲ伝エタルモ公使館ニ於テハ斯カル事件ハ公使館ニ於テ容嘴ス可キニアラスト申渡タサレタルヲ以テ其ノ趣旨ヲ電話ニテ学生等ニ伝ヘ直接麹町署ヘ出頭出願ス可キヲ告ケ自己ハ用事ノ為メ飯所セサルコトヲ附言セリ故ニ彼等ハ已ムヲ得ズ所轄署員ノ注意ニ従ヒ午後三時三十分退散セリ

二、一方彼等ハ全日午後七時四十分ヨリ三々五々支那公使館ニ集合シ仝八時二十分頃約六十名ニ及ビ引キ続キ来集スル者アリタルモ門ヲ閉鎖セラレオル為メ入館スルコトヲ得ス門前ニ約三十名集合シ更ニ立チ去ル模様ナカリシヲ以テ所轄署ニ於テ注意退散セシメタリ

三、門内ニ集合セル一団ハ直チニ公使ニ面会センコトヲ求メタルモ折柄来客アリタルヲ以テ面会ヲ拒絶シ来客ノ退散即チ午後十時ヲ期シ王書記官代ッテ面会スルコトトシ代表者ヲ選定セシメタルモ代表一任ヲ肯セサル者多数アリタルヲ以テ其儘午後十時ヲ待ツコトトセリ

四、然ルニ午後九時三十分頃ニ至リ仝省出身官費生王兆榮（帝大生）来館シ居中調停ヲ試ミルコトトシ王書記官ニ面会シ（一）公使ヨリ検束セラレタル留学生ノ放還ヲ交渉スルコト（二）学費貸与方ヲ申出テタルモ已ニ公使ハ睡眠中ナリシヲ以テ明朝九時ヲ期シ一二名ノ代表者ニ面会事情ヲ聴取ス可シ学費ハ監督ヨリ申出アレハ何トカ都合セント曖昧ナル答ヲ得テ午後十一時五十分一ト先退散セリ

五、如上ノ如ク不満足裏ニ退散シタルヲ以テ再ヒ襲来スルヤモ計ラレサルニヨリ目下警戒中ナリ

同前　外秘乙第二五一号（大正七年）四月十二日「支那四川省私費留学生暴行者送致ノ件」

支那四川省私費留学生ハ本月八日支那公使館ヘ押寄セ暴行ヲ為シタル結果公使ノ要求ニヨリ之レガ鎮圧ノ為メ出張シタル警察官ニ反抗シ負傷セシメタル為メ其首謀者ト認ムル者八名ヲ引致シタルコトハ既ニ報告セリ其後所轄署ニ於テ取調ノ結果公務執行妨害罪トシテ十日午後九時東京地方裁判所検事局ヘ送致シタル処同罪ニヨリ令状ヲ発セラレタリ

なお、『東京朝日新聞』大正七年四月九日には「●支那公使館に押寄す　▽留学生七十名　▽学費増給の為　在京支那留学生百数十名は去る二日夜赤坂霊南坂町十三の留学生監督所に押寄せ物価騰貴のため学費の増給を請求し、監督彭雲伯は章公使と交渉して何とか応分の増加に取扱うべしとして一同を退散せしめたるが、其後彭雲伯は何等回答を与えざりしより留学生等は大に憤慨して其中七十名は昨日午後三時麹町区内永田町なる自国公使館に押寄せたれば麹町署にては急報により署長以下多数急行し鎮撫に尽し午後六時漸く退散せしめたり」とあり、当初は官費増額問題と四川私費生の要求とが同時並行的になされていたのかも知れない。

（6）　⑫外秘乙第二六四号（大正七年）四月十四日

支那留学生監督事務所ニ於テハ這般官費生并四川省自費生ノ学費補給ノ件ニ関シ本国政府ニ照会中ナリシ処昨十三日北京教育部及国務院ヨリ左ノ電報アリタリ因リテ仝事務所ニ於テハ即日之レヲ示達スル筈ナリ

一、官費留学生ニ対シテハ自今一ヶ月六円宛増給スルコト

一、四川省自費留学生ニ対シテハ一ヶ月二十円宛向三ヶ月間維持費トシテ給与スルコト

「教育部公布経理留学日本学生事務暫行規程令」一九一四年一月一七日（『中華民国史檔案資料匯編』第三輯「教育」）で、帝国大学生は月額四二円（授業料をふくむ）、高等学校・高等師範・高等工業・千葉医専の学生については月額三六円（授業料をふくまず）と規定され、四年余りそのままであった。欧州大戦にともなう日本経済の好況は、インフレ的物価騰貴を引きおこし、官費生たちは学生監督を通じて教育部に陳情をくりかえしていた。主として送金にたよる私費留学生は、おりか

らの「銀貴金賤」（元高円安）傾向で一般には相殺されていたというが、内戦による混乱で送金の停止した場合の困難は云うまでもなく、支援を求めて監督所や公使館と紛糾を生ずるのは四川に止まらなかったようである。このころ外務省では（秘）『支那人本邦留学生情況改善案』（大正七年六月調査　B5活版四一頁）を編纂中だった。その草稿（表紙に七年四月十一日、至急印刷ノコト　小村　と墨書してある）が⑭に綴じ入れられているが、その「十二、金融関係」に活版本では削られた次の一節がある。

「支那内地所在ニ動乱アルノ結果官費生、私費生共ニ時々故国ヨリノ送金絶エ其際ニハ在本邦支那公使館又ハ中華民国留学生監督事務所ニ補助ヲ願出ヅル者少ナカラズ（斯カル場合ニ当リ支那公使館等ニ於テ出来得ル丈ノ便宜ハ計リ居ル趣ナルモ尚時々留学生等ノ反感ヲ買ヒ甚シキニ至リテハ瓦礫等ヲ公使館及監督事務所ノ窓硝子ニ投ゼラレタルコト再三ニ及ビタル由ナリ）此等ノ点ニ就テハ余リ立入リテ世話スルハ却テ彼等ノ感情ヲ損フノ虞有之ルニ附充分ノ注意ヲ以テ支那公使館、留学生監督事務所等ト協議ヲ遂クルヲ要スル義ナルカ之ヲ打捨テ置キテハ無頼漢ヲ養成スルノ結果ト為ルノ虞アリ」と。四川私費生の事件に先だって起草されていたものと思われる。

（7）「留日学生与章宗祥」『民国日報』一九一八・四・一八。細部に相違はあるが、一連の経過と背景にについて詳しい。ことに七日に四川私費生の公使館陳情があったことについては他に言及したものはない。「留日学生風潮之由来」（上海『時事新報』）同五月二日は「四川省留日学生公啓」を紹介するが、三月末、月額二〇円の貸与を四川省経理員に申しこんだところ、省経理員は学生監督に回し、監督は公使館に行けと云い、この間種々挑発行為もからまって警官導入にいたった、我々は罠に陥れられたと主張する。なお、責任上交渉にあたった四川同郷会長韓鯤（天鵬　高師生）は監督により学籍（官費受給資格）を革除されたという。

（8）起訴されたのは姚作賓、韓鯤、陳新、刁成鈺、呉熙。うち刁と呉は無罪を判決された。楊闇公、秦正樹、林天樞の三人は起訴されず、おそらく四月中には釈放されていた。「寺尾博士が志願出廷　暴行支那学生辯護の為に」『東京朝日新聞』大正七年七月二十日、「支那暴行留学生辯護に寺尾博士の出廷」『法律新聞』一四二九号（大正七年七月二十三日）、「暴行留学生

の公判　寺尾博士の無罪論」『法律新聞』一四四七号（大正七年九月八日）、「暴行留学生判決」『法律新聞』一四四八号（大正七年九月十日）。なお、曾琦『戊午日記』に四月二十二日、新宿の東京監獄に往き陳新と面会したこと、五月一日四川経理員処に往き貸与金二十円を受け取り、内、十円を訴訟費用としてカンパしたこと。また帰国前の六月二日、拘置中の同郷人を救援することを友人と協議したことが見える。

ここでは寺尾の弁護と判決の記事を資料として紹介しておく。

法律新聞一四四七号（大正七年九月八日）　暴行留学生の公判　寺尾博士の無罪論

麻の如くに乱れた母国の絶えざる政変より遂に学資の仕送りを断れた憐な支那留学生四川省生れ姚作賓外四名が昨年八月学資の貸与を受けんとて多数学生と共に麹町区永田町なる支那公使館に押寄せ公使に会見を迫り学資の貸与を求めんとして麹町署の鈴木以下数名の巡査と衝突した公務執行妨害被告事件は二日午前十時より東京地方裁判所刑事第二部田山裁判長竹内検事寺尾博士、《ママ》（特に許可を得て）池田卓二、秋山襄の諸辯護人列席の上開廷され当時の支那の状態竝に暴行状況に付き公使館員曾天宇の通訳により事実の訊問をなしたが被告は支那一流の慷慨的態度で暴行の事実を否認し事実の取調を終り検事の簡単なる論告ありて寺尾博士は「假令本件は起訴の如き事実ありとするも斯る軽微なる犯罪に対し有罪として刑を科するが如きは国際情誼の上に面白からざる結果を呈しはせぬか」と無罪の大体論あり続いて池田秋山の両辯護士は細に亙り無罪の辯論をして閉廷した

法律新聞一四四八号（大正七年九月十日）　暴行留学生判決

支那留学生姚作、賓《ママ》漢昆、陳新、呉熙、張成《ママ》力外数十名が去る四月十七日同国公使館に至り章公使に面会を強要して不穏の状を示し警戒に出張せる麹町署の巡査二名に暴行を働きたる公務執行妨害事件は六日東京地方裁判所刑事第二部田山裁判長より姚、漢、陳の三名は懲役二個月に処し二年間執行猶予、張、呉等は証拠不充分にて無罪となれり

なお、軍事協定反対の一斉帰国運動が収まった九月十五日午前十一時、四川省出身留日学生曾天宇（帝大）外八十四名が、上野精養軒に「寺尾博士外九名（山根、川崎、竹内、秋山、池田、木下、松本、吉沢、丸山）」を招待し、「感謝懇親会」を

催した。警視庁の記録では曾が代表して「日本ノ政策ヲ曲解」「無断帰国シタル留学生ノ多数ニ上」ったことを陳謝したとあるが、この集まりが四川私費生裁判での寺尾らの尽力に感謝することを趣旨としたことは疑いない。⑪外秘乙第七七八号大正七年九月十五日

(9) ⑤第一冊に綴じこむ切り抜きによれば「◎日支重要交渉△近く開始されん　政府は近く支那に対して或重要なる交渉を開始すべく政府各方面の意嚮は既に決し居りて林公使は帰任と共に或は既に交渉を始めたるやも知れず其内容は茲に明白に記述するの自由を有せざるも日支両国協力共助時局に対応すると共に我国の産業発達支那開発に裨益せんとするものにして両国の為に極めて重要なる性質を帯ぶるものなりと云えり」という簡単な記事であった。

(10) 『日本外交文書』大正七年第二冊上三〇三、三〇六

(11) 「留東全体大会記事」『時報』一九一八・五・一五

(12) 高等学校・高等師範・高等工業・千葉医専の四校は指定校とされ、留学生枠が設けられており、合格しさえすれば自動的に官費生となった。一高には定員五十名の特別予科がおかれ、　年の過程を修了したあと、一高から八高までに配分されて日本人学生と区別なく学習し、卒業後帝国大学に進んだ。特別予科を含め一高、東大には多くの学生が在学しており、かれらは当時別に家を借りて「中華留日大高学生倶楽部」（本郷区西須賀町森なす方）を設置していた。この倶楽部が後に見るように、運動の拠点となった。

(13) 二〇条になにか根拠があったのかどうか不明。協定の交渉は相互の軍関係者の間で行われ、日本外務省が交渉内容を知らされたのは、四月初旬であった。日中「協議の基礎案（甲案）」（『日本外交文書』大正七年第二冊上三一九・三二〇）は全一〇条、修正の上、実際に締結された協定は全一二条（同前三七六）である。また、劉崇傑が漏洩の当事者であったとする情報はほとんど信じられない。なお、『時報』の記事は「北京所伝佈之中日新密約全文　△北京市上之伝単」と、密約に憤慨した関係者の一人が、内容を伝単として公開したという設定である。「日本乗俄徳媾和之機、借口我国聯防、提出要求二十款、由日本外交当局与我政府秘密交渉。該条件之拡大及内容之苛酷、比一九一五年所謂第五項者尤甚。各報所載、尚未窺其全豹。

余係与聞此事之一人、當以此項要求関係我国存亡、曾面当局者一再力争、無如当局之人、均被日人利誘、重視二千万元之酬金［殉国団の伝単では二十萬元とする］、不惜売国肥己、罔恤人言、更賄買新聞紙為之辯護、冀欺世人之耳目。試思目前之危急、及将来之惨痛、有不忍言、不忍不言。茲特披露於世警告国人、聊盡匹夫之責焉。

一　中日両国為保全遠東地位及勢力、阻止徳人之侵入、須共同防禦之。
二　為達第一項目的起見、所有両国間之行動、須由両国軍事委員会随時妥議。
三　中国出征及聯防各軍隊、由日本編成且率領之。
四　両国軍用品及軍械等須互相補充。
五　両国須互換軍用地図。
六　凡両国間軍事設計及軍隊調遣訓練指揮等事、得互相代行之。
七　日本得於中国国境相当地点、設置斥候、屯駐兵隊。
八　日本得於中国国境相当地点、設置要塞。
九　日本兵隊所到中国国境、得発行軍用手票。
十　中国政府対於人民妨害日本兵隊之行動、須出示禁止之。
十一　中国為出征軍費所需、有整理財政之必要、日本得以貸款助其整理。其条款另定之。
十二　中国未許与他国及劃帰日本勢力範囲内各礦山、日本得自由開採之。
十三　中国兵工廠船廠之製造、須由日本管理。
十四　日本為軍事運輸之便利、得臨時管理中国之鉄道。
十五　中国各軍官教育、須添用日本語学科、聘用日本人為教師。
十六　中国警察制度、由日本組織之。
十七　内外蒙古満洲及山東等処、日本有設置官署与中国官吏互相管轄民政事務之権。

十八　以上各条辦法、平時亦有効力。
十九　以上各条両国外交当局議定後、須経両国政府批准、方発生効力。惟両政府須□□秘密之責任。
二十　両国間某方□増改或廃以上各条款時、須六個月以前互相通知。有一方不同意時、仍得継続有効。
以上各条文、係従新密約各項之大義譯出、与原条文字雖稍出入、然各条条文之範囲及其内容実無遺漏。日本□避去条約二字名目、称為中日聯防各項辦法、冀巧避世人耳目。所最奇者、以如此関係重大之外交、日本乃不与外交当局妥議、直接与総統総理及政府所派之軍事委員秘密接洽、四月十六日閣議、経外交総長提及此案、各国務員方討論一次。現由国務院交由靳雲鵬与外交部接洽辦理。是此事正在危険之中、将来交渉結果、此時雖不可知、未必有幸可言也」。

なお、同日の上海『時事新報』「中日秘約全文」は、次の前書きを付けて二〇条を掲載した。「▲此為存亡関鍵▲敢乞全国注意　以下所列中日秘約各条係譯自英文滬報、拠該報云、乃由某軍事委員処覓得者、該軍事委員反対此事、故肯洩之於外。該委員並謂聞日本已備有二千万元、為運動通過之用云云」。（後書きはない）

五月一六日、陸軍協定が調印されたあと、一八日の京津『タイムス』は「吾人ノ得タル報道ニ依レハ協約全文ハ元二十個条ヨリ成レルモ其後十二ヶ条ニ減セラレタリ」として、削られた「九項」を上げ、「本協約ニ責任アル支那当局ハ極力何等支那ノ利益ヲ侵犯スルモノニ非ザル旨ヲ強弁スト雖」、他に秘密協約が存在すると推測して、三月の最初のスクープ報道との整合をはかった（『日本外交文書』大正七年第二冊上三六三別電一）。

（14）天津『益世報』は留日学生の動向を上海の各紙以上に熱心に報道したが、一八年五月一〇日、「特別記事　留日学生議決全体帰国伝単」を転載している。「留日学生為中日新約事、自接上海全国学生救亡会公啓（公啓録後）後、即開全国同郷大会、一致賛成帰国、現正籌劃帰国手続。如有不従者以武力臨之。伝単四布、読之令人流涕。各学校均於三日起停課。各省均開同郷会討論大旨」として、伝単〈請看亡国条件已調印〉〈救国上策惟有帰国〉の全文（五月四日発行のものらしい、省略）を載せ、学生救亡会公啓を後に付けている。

留日諸君鑒　国家之亡亡於民、而尤亡於有知識之国民。吾為此言特為諸【君】）発耳。〇〇【倭奴】提出亡国条件、喧伝已両月余、国内父老昆弟痛禍至無日、昼夜奔走呼号不遺余力。諸君身留敵国、知識較高、見聞尤確、而乃噤若寒蝉、視若無覩、戴上亡国衣冠、猶号称曰国民優秀分子。豈不大可哀哉。試問将来域中誰【何処】是諸君立足地。滅種慘禍不堪言状。諸君諸君奮起奮起、保国保種責毋傍貸。若曰学生不足以作大事建大業、不見夫希臘之独立意大利之統一、非学生而何。且諸君之一挙一動、国人為馬首是瞻、諸君如果甘心倣奴、国無望矣。前此条約全文未見、無所動作、尚似穏健。今全文大露、国人誓死反対、諸君猶在夢中乎。処夷為家、視仇若主、罪莫大焉。儻能一致回国、共襄大挙高樹○【対倭】之旗、救祖宗垂亡之土。此同人所引領切望者也。若其眷恋○【倭】島徘徊不帰、坐以待亡、決非黄帝子孫也。大中華民国上海全国学生救亡会啓

（⑫外秘乙三五九号・五月四日に「留日学生諸君　大中華民国上海全国学生救亡会敬白」として訳文がある（最後に「条約後ニ附ス」とあるので二十個条が付されていたと思われる）。訳に間違いが少なくないが、『益世報』が顧慮して伏せた字句の復元や誤植の訂正には参考となる。【　】内にそれを示した。）

また、四月二三日ごろ上海から「『一髪危機、半条血路、生死存亡問題』ト題スル百頁位ノ秘密出版物」が多数持ち込まれ、留学生間に配布された事実あり、「今次在本邦支那留学生ノ反対運動モ或ハ之ニ起因スル所多キヤニ思料セラル」として、外務大臣から在中国公使に中国当局に差し押さえを交渉するよう、五月八日電報した（『日本外交文書』大正七年第二冊上三四三）。この冊子に言及する留学生側の資料は知らない。なお、著者・印刷所・印刷者いずれも該当なしとの上海フランス租界当局からの調査結果が、五月二二日、返ってきている（⑤有吉総領事発第七五号電）。

（15）⑤警外発第四五号　大正七年五月十日　永田内務省警保局長より小幡外務省政務局長宛「支那留学生ノ行動ニ関スル件」（本文は『日本外交文書』大正七年第二冊上三四四）別紙に「日本要求我国之真相　譯四月二十日密勒氏評論報〈上海報〉」「為水口山鑛事敬告湖南及全国父老書」（湖南留日同郷会　四月十五日）「大中華民国七年　殉国団同啓」（前出の「請フ亡国条件ノ全文ノ発布ヲ看ヨ」の原文と思われるが、抄写の誤りが多い）とともに陝西同郷会にあてた一高の伝単が付せられている。全文以下の通り。「全体公鑑。敬告者、此次倭奴向我国政府提出二十条要求条件、業経中外各新聞陸続発表。初以両政府厳守秘密、加以倭国新聞秘而不載。故至今方昭然披露。事実確鑿、毫無可疑。要求内容、十分苛刻、有一於此、等於亡国。

吾儕学成、将無所用。業経迭次抄印伝告、諒在洞悉。吾儕應乗政府未承認之前、極力反対。而反対辦法、如打電宣言派代表等、実無大効。無已、惟有一致帰国、協力鼓吹国民全体反対、並共籌種種積極辦法、誓不達到政府拒絶要求条件之目的不止、庶或有済。待目的已達（至多不過数月）而後、再従頭求学未為晩也。弊校已全体決議、一致賛成回国、惟綿力薄弱、望貴省・校俯察苦衷、共表同情、而済艱鉅、或可救国於不亡也。想亡国痛苦、人所共懼、而愛国熱腸更不待激而後興也。弊校已挙代表八人、分頭任事、亦願貴省・校、速即召集開会、表決回国、並挙代表共策進行。嗟嗟、錦繍山河、神明華冑、豈能低首下心、任人宰割奴役耶。聞倭政府催促我政府承認甚急。時不可失、速起速起、遅則無及矣。中華留日一高同窓会全体同叩」。なお、上海『時事新報』一八・五・一五「留日学生帰国前之激昂」に「第一高等学校同窓会布告云」として収録している。

（16）当時、留日学生は原則として各自の出身省の同郷会と学校ごとの同窓会と二重に組織されていた。ただ、周恩來が在籍した東亜高等予備校は千名ほどの学生を抱えており、同窓会の組織は厳密ではあり得なかったろう。来日後、彼が頼ったのは南開中学出身のグループであるが、必ずどこかの省の同郷会に入れてもらっていたはずである。私は彼が吉林省の同郷会に所属した可能性が高いと見ている。彼がもともと東北と浅からぬ因縁をもったこと、親友で南開の学友であった張瑞峰（蓬仙）が吉林長春の人であったこと（二一年三月当時、張は吉林同郷会長であった）、そして来日早々、周が吉林人王希天と知り合い、親密な交友関係が生まれたのも、同郷会の線で説明されるのではないか、ということを挙げておこう。ところで、五月四日の日記は、それとは書かぬものの、奉天・吉林同郷会の会議に出席した上での記述だと、私は推測する。

（17）天津『益世報』一八・五・六「留東学生之真現象　東京通信」。四月二八日の唐紹儀歓迎の大会を報じたものだが、その一節に「自段内閣与日本訂条件後、日本警察対於中国留学生厳加査考。履歴年歳籍貫名字、甚至乳名、調査至為清楚」と。

（18）『日本外交文書』大正七年第二冊上三三七。なお、原文書外秘乙第三五九号に附属する「上海全国学生救亡会公啓・附条約他二種は『文書』では省略されている。これらはいわゆるスパイを通じて入手した場合もあろうが、留学生への取締・検問を強化するなかで捜索・没収したものが少なくないと思われる。たとへば江蘇省代表の一人「葛君」は「大会閉後、余歩回旅店時、遇日警。詢余何往、余答以旅店。日警即動手向我全身捜検。余忿而謂余未曾犯警章、何得侵犯自由。言未竟、彼如扇之掌、已覆諸吾頬、……未幾、日警復従吾衣装中、得伝単一紙、及議案草稿二紙、即不問情由、連頬三四下……。更執余赴警署、誣以違反警章四大字、而拘留二日夜」（上海『時事新報』一八・五・二六「扶桑帰客一夕談」）という具合であった。これは時日を特定できないが、彭湃の例（後述）もあり、検問・所持品検査は当時当たり前に行われていた。

なお、五月四日午後から夜にかけての状況は⑫外秘乙三六〇号　五月五日「支那人ノ集会ニ関スル件」に、

昨四日支那留学生ハ日支交渉案件ニ関シ反対ノ気勢ヲ高メンガ為メ会合セル状況左ノ如シ

一、奉天、吉林両省同郷会ハ午後一時ヨリ神田区北神保町十番地中国基督教青年会館ニ約三百名集合シ同郷出身者以外ノ者ノ混入ヲ絶対ニ禁止シ秘密裏ニ日支交渉案件ニ関シ極力反対ヲ為スベク協議ヲ為シ都合ニ依リテハ之レヲ実行スル為メ一同帰国スベママ申合セヲナシタリ［周恩來も参加したはず］

一、陝西省同郷会幹部員十八名ハ牛込区清風亭ニ集合シタルガ決議等ハ不明ナルモ再会ヲ期シテ解散セリ

一、留日学生早稲田大学同窓会幹部員十三名ハ府下豊多摩郡下戸塚町五番地喬木方へ集合シタルモ何等決議ナク本五日夜同所ニ再会スル申合セヲ為シ解散セリ

一、大高倶楽部員（帝大生及一高生ノ支那人ヲ以テ組織セルモノ）ハ午後四時ヨリ其事務所ニ約二十名集会、此際各同郷会ヲ開催シ一致ノ歩調ヲ取ルベク協議ヲ為シ尚地方ノ高等学校生徒等トモ之レガ連絡ヲトリツツアリ而シテ同所ニテハ客月廿八日頃日支交渉案件ニ関シ反対ノ檄文ヲ印刷セシ模様アリ同夜モ謄写板《ママ》ヲ用ヒテ何等カ印刷シタル形蹟等アリ尚之レニ要スルモノト認ムベキ半紙数帖備付ケアルヲ発見セリ

大高倶楽部を嗅ぎまわり、夜間無人のさいには忍びこむことも敢えてした官憲の様子がうかがわれる。

なお、同外秘乙第三六二号　五月五日「支那人ノ檄文配布ニ関スル件」（三六〇号、三六一号に続く同一日に三番目の文書、警視庁の緊張ぶりがここからも窺える）に上記の「再会」を申し合わせた早稲田大学同窓会の開会通知が抄録されている。

早大同窓会評議執行両部諸公鑒。敬啓者、中日交渉近来甚形険悪、内地商界業已排斥日貨、東京各校亦多籌有抵抗方法、独我校毫無動揺。特定於今晩六時、假府下下戸塚町大字戸塚五番地喬木方開評議執行両部職員籌備会、討論一切。届時務祈貴《ママ》

臨時太倉卒、不告郵片通知乞恕此頌《ママ》
学祺　　　早大同窓会評議執行両部啓　五月四日
文面によれば四日夜にこの会議は行われたはずで、事実五日の留日学生の動静を報じた外秘乙文書には早稲田の動向は報ぜられていない。

(19) 周恩來『旅日日記』五月四日に「今晩総会集各省会長及評議員開解総会会議」と。曾琦『戊午日記』同日条に「晩偕夢九眉生若飛赴留学生総会討論帰国事。至十鐘始散会帰」とあって、留日学生総会の解散がいつ、どこで決定したのかを知る唯一のてがかりである。

(20) 馬鳴鸞「拘留警署二《ママ》時記」(『時報』一九一八・六・六)

(21) 『日本外交文書』大正七年第二冊上三三八「湖南貴州雲南各省出身中国留日学生ノ集会情況ニ関シ報告ノ件」。馬鳴鸞は「他ヲ煽動シテ日支交渉案ニ対スル反対論議ヲ為サントスルノ虞アリタルニヨリ検束セリ」と記す。

(22) 『日本外交文書』大正七年第二冊上三三九「陝西四川湖北各省出身中国留日学生ノ集会情況ニ関スル件」。

(23) 曾琦前掲日記五月五日に「晩赴三崎町吉田屋四川同郷会議事、因警察禁止、乃赴青年会開会、予被挙為代表、八鐘散会」と。

(24) 『旅日日記』の五月五日に、「近早外間議論益岐、余因蓬・滌　希三兄均為返帰主幹人物、故今日首見滌衍与代議辦法多条。下午……」とある。五日午前にまず呉滌衍に会い、与《とも》に辦法多条を代議した、その「辦法多条」とは影印本日記では五、六、七日と三日分の本文欄を使って筆録されている「五月五日、留東各省各校代表会議議決事項」、すなわち救国団組織方法一四条に他ならないと断定し、周恩來も他の三人と同じく一斉帰国運動の「主幹人物」であったとする主張がある（たとえば劉武生「周恩來与王希天」『王希天研究論文集』長春出版社一九九八）。はては王希天らが周恩來と呉滌衍に議決事項の「議訂」を委託したとまで断定する（王永祥・高橋強主編『留学日本時期的周恩來』中央文献出版社二〇〇一）。これは贔屓の引きたおしというべきであろう。かりにそうだとすれば帰国もせず、後に救国団の方針に反して一高入試を受けた周恩來は裏切り者ということにならないか。

五月三日の全体会議で帰国の総方針が決定し、四日から六日にかけて各省同郷会、各校同窓会が続々と開催される中で、五日晩の各省各校代表者会議にかけられる組織方針が、当日の午前になって、「消極的反対主義」をとり発言をしない周恩來を加え、あるいは委託して急遽起草されることがあるだろうか。本文で示したように別に一六条の大綱を警視庁は入手しており、五月六日午後一時、牛込の貸席で開かれ、解散を命じられた早稲田大学留日学生同窓会において「朗読」された大綱も同一文書であった（⑤外秘乙第三七四号　五月六日「支那人ノ集会ニ関スル件」）。一六条が一四条に先行して存在したことは疑いない。想像されるのは、運動のなかで準備されてきた組織大綱が、五日の会議で確認されるべく配布されていた。しかし、最終的に留日学生や関係方面に配布するためには、さらに体裁を整える必要がある、周恩來が手伝ったとすれば、一六条から一四条への整理・定稿の過程ではなかったろうか。その作業に協力したからといって、彼も帰国運動の主幹人物の一人であったとはいえない。

六日、彼は本郷に王希天、呉滌愆を訪ねるが会えず（王は先発隊として帰国することが決まっており、また同夜維新号の会議に参加して逮捕されるわけで、そんな暇はなかった。逆から云えば周恩來は王のそうした事情を知る立場になかった）、その夜は峰兄・張瑞峰のところに泊まる。翌日朝、「今早往訪冠賢、与論不帰国真正之方針及反対派自処之地位」。童冠賢は早稲田に在籍し、早稲田派は帰国反対と称された事を併せ考えると、周恩來も帰国反対の旗幟をここで鮮明にしたと考える方が自然である。七日の昼、釈放されたばかりの王希天に会うが、王はすでに帰国の途にあり、そのまま彼は横浜まで見送るのである。その後王は周に中国から頻繁に手紙を出しているが、年下の有為の友人を必死に説得しようとしたのではないか。

（25）⑫兵外発秘第八六〇号　大正七年六月四日兵庫県知事「日中軍事協約発表ニ対スル在留支那人並ニ留学生ノ意嚮ニ関スル件」。「南方派有力者王敬祥（中華商務総会々長）」の談として「本月一日在東京留学生三名ハ態々自分ヲ訪問シ来リ……自分ノ意嚮ヲ糺シタルヲ以テ」過激な行動には賛成しないと述べた旨、警察官に語ったとする。三名の来訪の主目的が助捐の要請にあったことは容易に推察できる。他に僑商への募捐についての史料は知らない。

(26) ウィルソンが青年会の使用を禁止した正確な日取りは不明。「因神田青年会館、已為日警所干渉不能集会。於是仮中国酒菜館会議」（上海『時事新報』一八・五・一三「東京特約通信（大公）」）。「中国基督教青年会幹事美人威爾遜以伝道名義、拒絶中国学生在該会開会。其余地点、日警厳為禁止。以故未回国学生、近日亦極憤慨。」（同一八・五・一六「留東学界之大風潮」）、「中国基督教青年会幹事美人威爾遜、以伝道名義、拒絶中国学牛在該会開会。広東学生開会、威爾遜不允、限二十分鐘全体撤浄。目下各省同郷会已不能開会。日警干渉甚厳、如有事会議、皆低声商量、尤不敢聚百人以上。其状亦惨矣。」（天津『益世報』一八・五・一二「留日学生議決全体帰国記《ママ》事録」）など。電報など本国との通信手段も制約された。「査中国学生自留東以来、凡開大会、被日警干渉者、自今日始、前未之見。……華字電報已不通四日、往電報局拍電者数人、皆被局員拒絶。」（同一八・五・一五「留日学生帰国前之激昂」）

(27) 王拱璧『東遊揮汗録』（一九一九）五。集合した四六名（内三名が女子）全員が逮捕連行されたとする。被逮捕者の一人劉蒙によれば各省各校の代表三六名と帰国先発隊の一一、二名計「四十余名」の外、「来此小酌者」もいっしょに連行されたという（上海『時事新報』一八・五・一九「悲哉留日学生帰国」）。逮捕を逃れた学生のいたことは「某女士跳窓逃避、致跛其足」などと上海『時事新報』一八・五・一三「留日学生対於此次重要交渉之哀鳴略紀、三〈留日学生全体帰国之主張〉」に見える。『東京日々新聞』五月七日「支那留学生の不穏」では四〇名、内二名婦人とするが、『時事新報』同日「留学生騒ぐ」では「帝大法科二年王兆榮以下婦人二名を加えて廿五名を引致」とあるなど、新聞報道はまちまちである。後に警視庁の作製した「大正八年概要」では三九名としているので、これを採った。なお、この件について当然「外秘乙文書」があるはずだが、外務省には届けられなかったのか、まったく保存されていない。

(28) 王拱璧同前。なお、周恩來は七日の日記に「昨日各省同窓会幹事代表聚議於維新号假宴会為名、選挙帰国総機関幹事。事畢、被日警拘去、旋釈」と書いている。この夜、幹事長には王兆榮（宏實　四川　東京帝大）、副幹事長には張有桐（百高　江西　一高）・阮湘（湖南　一高）が選ばれたようだ。

(29)　天津『益世報』一九一八年五月一五日「記者与帰国留日学生之談話（夢幻）」。注47を参照。

(30)　「大正八年概要」「五月七日留日学生総会事務所ヲ引揚ゲ一切ノ書類器具等ハ中国青年会館ニ運搬セリ」

(31)　周恩來は七日昼、王希天に会い、横浜まで見送った。「昨日議決回国者有広東・浙江等省。至今日各省都全体表決矣」と書いている。華瀛通信社の閉鎖については曾琦「戊午日記」五月七日を参照。

(32)　『日本外交文書』大正七年第二冊上三四三、同三四四（附記一）（附記二）。

(33)　『東京日々新聞』大正七年五月一三日「支那留学生団の幹部も　下関行列車にて引揚ぐ」、東京『時事新報』同前「各校在籍者代表会　卅名鳩首」など。なお王兆榮（宏實）が一三日夜の高麗丸に乗船したことは⑫　高第四二九六号大正七年五月三十一日「支那留学生帰国ニ関スル件」　山口県知事　に見える。

(34)　⑫高秘第七七一号　大正七年五月十二日　京都府知事発「支那留学生の動静に関する件」および『日本外交文書』大正七年第二冊上三五六。

(35)　⑫高秘第八三一五号　大正七年五月十三日　福岡県知事「支那留学生動静ニ関スル件」。同高秘第八五六一号　大正七年五月十八日　福岡県知事「支那留学生動静ニ関スル件」では、「過般文部大臣ヨリ九大総長ニ宛テ本件ニ関スル注意方訓令セラレタル趣ヲ以テ九大学生総監督中山医学博士ハ昨今各留学生ノ住宅ヲ訪問シテ彼等留学生ノ反省ヲ促シツツアル」こと、上京していて遅れた明専生徒葉紀元は去る十六日帰国準備整い昨十七日門司出帆の相模丸で天津へ去ったことを報告している。

(36)　⑫機第一五五六号ノ二　報告　大正七年五月十六日　岡山県知事「留学支那人ニ関スル件」、同特秘収第一八九四号　大正七年五月二十日　愛知県知事「支那留学生ノ動静ニ関スル件」など。

(37)　帰国学生と一般旅行学生とは混同しないように努めていた。たとえば⑦外秘乙第五〇八号（大正七年）六月四日「支那留学生ノ動静」には、六月三日の「帰国者数　東京駅発十二名　累計九百五十六名（昨報二十九名ハ観光学生ノ帰国ニ付累計ヨリ削除ス）」とある。

（38）『日本外交文書』大正七年第二冊上三六四（附記一）（附記二）（附記三）。なお、乗船地の府県を督励して作製した名簿（姓名・年齢・所属学校名）も、当然学生側の抵抗にもあったため、精粗不統一であった。しかも調査記録が作製されたのも、下関の関釜連絡船は五月八日分からと、わりに早かったが、神戸は九日から、横浜は一一日、大阪は一二日、長崎に至っては二六日からであった。⑫外秘乙第三九一号（大正七年）五月十日「支那留学生ノ動静」は「一、先発帰国者数　本月七日ヨリ仝九日マデニ帰国シタル数百九十名ナリ」としているが、関釜連絡船を利用した者以外は後の累計数字に含まれていない可能性がある。たとえば七日に横浜から乗船した王希天らや　東京から列車で長崎に直行し、定期船で上海に帰った龔徳柏らはこの数字の外にあったはずである。また後述の曾琦らのように自覚的に帰国運動に参加しながら、帰国が六月一二日以後にずれこんだ者も当然含まれない。ただ、救国団側の公称が二千五百とか三千とか誇張されていたため、最近の中国の研究書でも『外交文書』のこの数字を採っている場合があるが、一見精緻にみえる「警視庁調」にも思わぬ空白部分のあることを知る必要がある。それでも例えば⑫神高第一秘収第二四六〇号　大正七年五月二十三日　神奈川県知事「支那留学生帰国ノ件」で姓名のみが列記されている兪頌華以下四五名のうちに、彭湃・李春濤の名があり、彼等が二十二日正午横浜出帆の筑後丸で上海に向け帰国したことが知られるなど、有用な史料が外交史料館には保存されている。

（39）「罪言」は上海『時事新報』一八・六・一三「留日学生南華生之意見（留東学界一分子南華生等十八人同啓）」であろう。全文一千三百字余、「敢含涙茹痛、草為罪言、冀我同胞、平心静気、一垂聴之」として「主張全体帰国之無益也」「帰国必先示方針、俾有主裁也」「停課之不宜」「不宜頻開会議、致遭干渉也」「不宜与警察相抗也」の各項について論じている。彼らが釜底抽薪の法として提唱するのは「鼓吹南北商民全国罷市」であった。なお、別に声明などは出さなかったが、初期の総会の有力指導者であった李翰章（墨卿）も一斉帰国に反対したらしく、二度にわたって脅迫状を受け取ったことが⑫外秘乙四三六号（五月十八日）、同四五六号（五月廿三日）「支那学生ノ動向」に見える。概して総会の元リーダーたちは運動の態様に批判的であったようだ。

（40）横浜から乗船した王希天らはおそらく九日、神戸に寄港したと推測される。神戸まで行けば乗船券を買えるとは、そこで入手した情報を留日学生救国団に連絡し、それが公示されたのであろう。

（41）滬報報道は謡言である、各省同郷会会長・同窓会会長を通じて学業を継続するよう説得せよとの教育部の訓令を受けて、五月八日付けで学生監督が地方各校に告諭を出した。全文は⑫兵外発秘第八〇七号大正七年五月二十九日に見える。

（42）京都では「東京留学生団中ニハ暗殺組ト称スルモノ」が「態度不鮮明ナル者若シクハ帰国反対論者ニ対シ暴行脅迫ヲ為シツツ」あり、「過般青山練兵場附近ニテ殺害セラレタル者アリ其他二三名ハ重傷ヲ負ヒタル者アルモ極メテ秘密ニナシツツアリ」と、五月一五日以前に噂が飛んでいた（『日本外交文書』大正七年第二冊上三五六）。五月二〇日の上海『時事新報』「除自戕同胞外一無所能」は「有友得日本来函、主張帰国之鉄血団、殺死不願帰国之留学生二名」として「此之謂亡国根性」と慨嘆している。この流言が飛んだについては日本政府・警察側の作為もあるが（前掲『文書』三四三がその一例）、救国団側がことあるごとに非同調者に対する「激烈手段」を口にしたことの責任も小さくない（同前三六四の二種の檄文がその例）。

（43）⑫外秘乙第四二四号　五月十七日「支那留学生の動静　五月十六日」に見える檄文「神戸碇泊伏見丸・山城丸中四百余人公上」であろう。

（44）童冠賢が二〇日晩に下関で乗船したことは⑫高第四二九六号　大正七年五月三十一日　山口県知事「支那留学生帰国ニ関スル件」別表に見える。

（45）彼にとって一貫した関心事は帰国失学した学生の落ち着き先であった。五月三日、一高で全体帰国の火の手が上がると、「回国宜入北京大学、免致荒廃学業」と伝言し、四日、留学生総会（周恩來がこの日の『日記』で、「今晩総会集各省会長及評議員開解総会会議」と記しているように、留日学生総会の解体が決定された）での討論では彼も帰国を主張したが、「惟所斷斷者、回国後之辦法如何耳」とし、一〇日には「写上梁任公一函、交眉生回国帯呈、勧其出而辦学校、以収容近日廃学帰国之青年也」、一一日には東京滞在中の湯化龍を訪ね、「勧在国内辦一学校、以収容此帰国失学之青年」というように、心を砕いていた。

（46）『日本外交文書』大正七年第二冊上三六六、三六九。

（47）天津『益世報』一八年五月一五日「特別文件［代論］（夢幻）記者与帰国留日学生之談話」。「我国留日学生先発隊王君希天等、由東京航海帰国、於十三日下午抵津。行装甫卸、王君偕同袁君李君等九人於当夜来館投謁。記者當即延入晤談」［文中にみえる袁君は阮君＝副幹事長阮湘の誤りと推察される］

（記者問）諸君在東時之状況、略已聞之。惟行前之状況如何。

（王君答）予當自議決一致帰国後、三日因借歓迎唐少川先生為名、日警絶不干渉、故得従容討論。所有一切辧法、多於此日議決［唐紹儀歓迎を名目に留学生の大会を開いたのは、本文で述べたように、四月二八日であった。三日にそのような会合があった形跡はない。たぶん記者の側の聞き違いであろう］。五日各省留学生各開同郷会、因預発伝単、致被日警當場禁阻、未能開会而散。六日夜各省各学校代表三十余人擬往料理店（即飯館）託名会食以便解決救国団手続及公挙正副幹事長幹事等。不意該店因受日警飭□、臨時拒絶。余等遂改至中国飯店。□議尚未終、即来有日警五十余人、毎両人挟学生一人出門、同赴警署、致被管押。至十一点鐘由警員一一傳訊、余等異口同声、皆云討論中国南北妥協問題、絶不渉外交、遂分別釈放。惟予与袁君至七日下午釈出。

（問）諸君在東何日起程、同行幾人。

（答）予等於七日晩附輪帰国。同行二十余人、皆各省各校挙定之先発隊。六日晩挙定、七日成行、異常匆促。今日来津者十一人、其余附他輪徑往上海。予等在津勾留一二日即晋京。

（問）諸君帰国後之宗旨何在、行動若何。

（答）入手辧法即擬尅日在滬組織救国団本部、由赴滬諸君任之。在京組織分部、由予等任之、以免渙散之病。宗旨務取光明正大、不渉偏激之行為。組織略定、一面分投接洽各界人士、以及在野巨公、助其不逮、一面公挙代表、作秦廷七日之哭、要求政府、如果所訂条約無礙主権、速即明白宣布以釈群疑、如竟貿然簽押、無論如何、学生等誓死不肯承認。萬一政府果被迫脅、無法拒絶、学生等更願犠牲一切、為政府後盾、務必達此目的。同時再由各省学生各帰本省、聯合紳商学警各機関、公同発電一致争持。惟相戒必不越出法律範囲以外。

（問）諸君今已回国、其未回国之各学生、是否別有阻力、川資如何籌措。
（答）阻力甚多。而以郵船不售学生船票為第一阻力。然尚可設法購置。川資一層、除由各人自籌外、並由本分両部代籌匯寄、決不会有一人滞留日本。

談至此時已過晩、王君等遂告辞而去。臨行時、拠王君云、明日（即昨日）即須晋京、与商会駐京代表聯絡進行云々。此前晩談話之大概情形也。

全国商会聯合会と帰国学生とが連携することへの危惧は『日本外交文書』大正七年第二冊上三四八、駐天津総領事のこの記事に関する電報は同三五五。

（48）『民国日報』一八・五・一三「学生勃起救亡」に見える「各省旅滬学生警告全国父老昆弟書」であろう。署名者のなかに劉慎徳、程学愉、孫鏡亜ら前年の全国学生救亡会の関係者、狄侃、朱承洵（仲華）ら翌年の上海学聯の中心となった人々の名が見える。署名者の数からして、この声明書が留日学生の帰国以前に準備されていたことは疑いなく、おそらく全国学生救亡会名義の伝単を作製し、送った人々と関係があろう。なお、同上五・一一「招待帰国学生之籌商」に「昨日本阜某君、得有確息、第一批附船帰国者、約二百余人、約明日即可到滬、……某某数君等籌商預賃住所招待、以免諸生多耗旅費云」とあり、一二日当日埠頭に数百人が、あたかも凱旋将士を迎えるが如く、帰国学生を歓迎したというのも、彼等の活動と関係があったのであろう。

（49）李新・陳鉄健主編『中国新民主革命通史』Ⅰ「偉大的開端」八―九頁は「王希天・李達・鄧中夏・許徳珩・易克嶷・段錫朋等八名学生代表」が馮國璋に会ったとするが、何に拠ったのであろう。少なくとも王希天・李達ら留日学生救国団のメンバーはこれに加わってはいない。林は一三人を「北京大学代表雷國能、段錫朋、許徳珩、王改※、易克嶷、方豪ノ六人、高等師範代表劉裕房、劉昂、熊夢飛ノ三人、工業専門代表朱發祥、魯士毅、鄧翔海、夏秀峰ノ四人計十三人」とする。

※上海『時事新報』五・二八「総統与学生談話詳誌」は王政としている。

（50）上海『時事新報』一八・六・三「留学生又上教育部書」。文中「自生等全体帰国、日本朝野大受□動、頗有悔心、知我人心

之未死、而気節之可畏耳」と自負し、「及抵都門得聞今日簽字之約、与最初提出原文、大相逕庭。此固当局折衝樽俎之功、亦未始非民気之助也」と反対運動の役割を強調する。しかるに秘密協定を公開せず、復学を迫るのは、学生に「人格気節」を放棄せよと云うに等しいと抗議している。なお、林権助は「要スルニ今回ノ各方《ママ》反対運動タル国本不安人心動揺ノ此際支那各方面ノ士民カ日本ノ政策ヲ危惧スルニ出ツルモノ即チ第一独勢ノ東侵ニ対スル疑　第二日本出兵ニ対スル疑　第三日本カ出兵ノ真意ナクシテ此協定ヲ強フルノ疑　第四日本カ其対内関係上此協定ヲ成立セルニ依リ其真意ナク其必要ナキニ籍ツテ或ハ出兵ヲ誘致シ此協定ヲ実施スルノ結果支那ノ軍事財政交通権ヲ壟断スルニ至ルノ疑乃チ日本カ其多年抱懐セル大陸主義ヲ実行シ支那ヲ第二ノ朝鮮視スルモノトナスノ危惧心ニ出ツルモノト認ムベク商務総会側ノ運動ト云ヒ又タ学生運動ト云ヒ一概ニ現内閣ノ反対派或ハ第三者ノ煽動ニ出ツトハ認メラレズ候」と続けているが、陸軍主導の軍事協定についての林自身の批判的意見を反映するものであろう。

（51）張恵芝『〝五四〟前夕的中国学生運動』（山西人民出版社　一九九六）一一三―一一八頁。また、上海『時事新報』六・一一「段総理与留日学生之談話」。

（52）『時報』一八・六・二八「救国団之報告」によれば、六月一七日、北京分部の解体と天津移住を決定した後「十九二十両日赴天津者絡繹於道。即租法界老西開平安里五十九号房屋為寓舍、……団員到津後即組織労動部、分向各校売貨、各校学生招待慇懃、成績頗佳。……現京津団員計有二百余人、侯副幹事阮君来津後、即行分部辦事而照支部章程組織也」とあるが、上海『時事新報』同日号「留学生代表出京」は二六日の「晩車」で天津に赴いたとし、「帰国留日学生団駐京支部同人」の「来函」を載せている。「事務所」の住址も平安里五十九号で同じ。また『益世報』紙上には六月二四日、救国団天津支部の「敬告津京学界書」が見える。ここで云う昨日とは責任者阮湘が天津に入ったのが七月四日ということであろう。その間にフランス租界から追い立てられ（おそらく日本の要求による）、イタリー租界へ移転を余儀なくされたと思われる。

（53）『時報』同前「北京学界自全団罷課往《ママ》総統府後、即大惹各界注意。学校職員監督更厳、学生幾無活動余地。於是北京大学・匯文・高工等校代表、倡議組織永久機関、聯絡全国学生、以共禦外侮、提倡国貨為宗旨、由各代表奔走連日、先開籌備会議、将章程擬定後、假某大学、於本月（六月）十五日開成立大会。因到会人数太多、会議未竟、被警察強行解散。是以幹事以各科職員、概改用函選挙。已於前日開票、不日当具体発表也」と。

（54）天津『益世報』七月七日「救国団天津支部労動部之宣言」は「暢銷国貨改良国貨」を標榜していたが、七月八日「救国団労動部之盛況」は「昨日留日学生救国団天津支部幹事長以次全体職員冒雨出外、買書籍（美人所著之日本在中国之勢力及日人所著之支那問題解決論等）国貨往天津火車站、十余人上午十一点半鐘分入津浦京奉火車内、勧人購買並就地演説、痛言日人謀我之野心与我国之危状以及購買〇貨之自殺、気憤辞悲、満車旅客大為感動」と反日救国の宣伝に重きをおいていた様子がうかがえる。曾琦は「悼王希天并勗留日学生救国団同志　民国十二年」（『曾慕韓先生遺著』一九五四年）で愛国会ならびに労働部の活動を回顧してこう述べている、「……及予入京時、政府已令警庁駆逐帰国留学生、不許逗留都門。予乃与王君等組織留日学生救国団天津支部於天津。時法領事亦受当局之運動、不容吾人居法租界。予等乃租会所於意租界、……王君則仍時往京津、運動学界、擬組織全国学生愛国会、以謀根本之改造焉。当時吾人除為文字之宣伝外、並組織国貨販売部、以実行抵制日貨。王君躬自販売国貨於京津両地車站、其勤奮為同志冠。予向未習学之事、亦受其精神之感動、随衆持貨販売於市、執途人而告以排日愛国之義、初不問其能解与否」。

（55）『五四愛国運動檔案資料』（中国社会科学出版社　一九八〇）一五三頁。天津での弾圧状況は『日本外交文書』大正七年第二冊上三八九を参照。

（56）天津『益世報』七月三一日「留日学生救国団天津支部留別各界父老昆季書」。同「留日学生救国団天津支部声明」。前出曾琦「悼王希天并勗留日学生救国団同志」を参照。王希天は支部解散後故郷の東北に帰り、曾琦は上海に至って『救国日報』の発行に従事した。なお、曾琦『戊午日記』七月二三日には「晨代天津救国団支部草留別父老書一首……托人帯交津部」とあるが、これが「留別各界父老昆季書」であるかどうか、もちろん断定はできない。

（57）「全国学生会ト聯合シテ」云々という全国学生聯合会は、あるいは中華全国学生救亡会を指したのではないか。一斉帰国の契機に同会名義の伝単が作用した可能性が大であることは本文で触れたが、上海で帰国学生が学生救亡会と組織的に接触した形跡がない。救亡会がつとに実体を失っていたことは二七頁で程天放の回憶を紹介しておいたが、留日学生は当初それを有力な組織と錯覚していた可能性がある。ただ元幹事長孫鏡亜は一貫して帰国学生と接触があったと思われる。次章注36・37参照。

(58) 上海『時事新報』一八・六・一「帰国留日学生善後問題▲教育部限令返校」に「本報又得一東京寄来之印刷品」として全文を附載。『時報』は六・五「留東学界敬告同人書」に「於北京某報載留東学界公啓一紙、特録之於後」として同一文章を掲載。

(59) もちろん学校側の切り崩し・説得もあった。たとえば

⑫高秘第八五八号　大正七年五月二十五日　京都府知事より内務大臣・外務大臣・文部大臣宛「支那留学生動静ニ関スル件」

支那留学生ノ動静ニ関シテハ曩ニ申報致置候通リ当時全国留学生ノ意向及言動ノ趨勢ニ鑑ミ事態止ムヲ得ザルモノト思料シ帰国ニ決シ全部休学帰国準備ヲ為シツツアリシガ元ヨリ他動的一シテ根本的ニ帰国ノ意志ナキ当地留学生ノ多クハ種々ナル口述《ママ》ノ下ニ時日ヲ遷延シ今日ニ及ビタルガ最初日支協約ハ絶対国辱的条件ナリトノ報導ヲ信ジ居タル彼等モ近来各地ノ情報ニ依リ前報導ヲ盲信スルヲ得サルモノアリト感知シ早クモ一部ハ帰国決議ニ不平ヲ抱キ帰国反対ノ意向ヲ表ハシ来タルヲ察知シ大学ト協議ノ上大学側ニテハ鈴木学生監個人ノ名義ヲ以テ上官邸ニ茶話会ヲ開催厚意的戒告ヲ与フルコトトナリ其結果閉会後帰国反対者ガ帰国主張者ノ圧迫及暴行等ノ言動ヲ受クルコトアルヤモ難斗ヲ慮リ警察側ニ於テハ之ヲ隠ニ警戒スルコトニ打合シ本月二十四日午後八時ヨリ留学大学生廿一名ヲ招致シタルニ曩ニ学生監ヨリ召集戒告ヲ与ヘタル際ハ僅カニ五六名ノ出席者ナリシニ反シ今回ノ茶話会ニハ旅行中ノ六名ヲ除ク外全部（拾五名）出席シ学生監ノ厚意的戒告ヲ衷心ヨリ感謝シ一部ハ断ジテ帰国ノ意志ナキコトヲ明言シ胡学生会長モ自分ハ元ヨリ帰国ノ意思ナク問題突発以来滞留ニ努メタリシモ当時多数帰国主張者ヲ制スルヲ得ズ遂ニ帰国ノ表決ニ従ヒタル次第ナレバ自分一個ノ行動ハ会長ノ立場トシテ已ニ決議ニ依リ帰国シタル者モアル関係上両三月中ニ一度ハ帰国スルモ直チニ引返シ来ル意思アル旨ヲ述ベタル有様ニシテ大勢帰国ヲ欲セサル意向ヲ示シ午後十一時三十分頃退散シタルガ帰途帰国ヲ強要スルガ如キ行動更ニナク各宿舎ニ帰リタリ然シテ其会同ノ

席上ニ於ケル各自ノ意向ノ真偽ヲ内偵スルニ極メテ真面目ノ告白ト認メラレ今後ハ各自ノ任意ノ行動ニ委スコトトナリ居リ多少帰国スル者アラムモ今後新事実ノ発生セザル限リ多クハ滞留スルナラムト認メラルル形勢ニ有之尚本日迄ニ已ニ帰国シタル者ハ拾名位ニシテ其中ニハ本問題外ニ豫テヨリ一度帰国シタキ者モアリ本問題ニ連座シテ帰国シタル者ハ当地留学生六十七名中極メテ少数ニ有之右及申報候也

同前機密第一五六五ノ三報告　大正七年六月六日　岡山県知事「支那留学生ニ関スル件」

（岡山では六高七人、医専四人計一一名が帰国、その他は休校のまま情勢を観望していたが）「第六高等学校長ハ二日、郭開貞外八名ヲ自宅ニ招致シ今日ヨリ登校スルニ於テハ本期試験ヲ受ケシムベシト雖モ否ラサレハ落第セシムルノ已ムナキニ至ルヘシト懇々諭示シタルニ何レモ暁ル処アリシ如ク仝三日ヨリ登校致居候趣ニ有之候」として学生九名の名を列記している。東京では五月三十一日の「登校状況」は「前日ト大差ナキモ出席者数稍々増加セリ」（外秘乙第四九五号「支那留学生ノ動静」六月一日）」と報じ、六月五日には「前日ト大差ナキモ早稲田大学生ハ受験ノ為メ五十名出席セリ」（外秘乙第五二五号　同六月七日）と報告している。

（60）『時報』一八・六・八「帰国留学生全体大会紀事」。「主席喩義君謂、……本団大会本在十余日以前即当召集。徒以不能尋得会場、故延至今日方得開会」と。大会の状況・決定事項については同前六・一〇「留学生不再渡日求学之宣言」、「学生救国団将来進行之方針」を参照。

（61）天津『益世報』一八・六・八［来稿］「敬告酔心官費者　救国団啓　五月二十四日」は一高予科入試の受験申込者への警告であるが、「……於公等報名官費事証之、本団決不能公等以少数之私欲、而壊我国民全体之名誉、必将有以処置之也」としている。

（62）周恩來『旅日日記』六月一五日「下午輪扉［張鴻誥、一高志望の友人］来、告吾以報考一高者達百九十余人。嗚呼！□矣」と。彼は五月二三日に「第一高招考章程、発表於東亜学校内」、五月三〇日に「救国団勧不帰者速帰、切勿逗留図投考一高」、六月五日に「午間訪輪扉、得考一高章程」、六月六日に「救国団発布《阻止考一高者》伝単」と記している。なお、周佛海はこの年の受験で一高予科に合格したが、受験生は六〇〇余であったとする。明らかな誇張である。例年ならそのくらいはあったであろうが、一八年の入試は周恩來の記した数字が正確であろう。周佛海は一斉帰国に参加したが郷里・湘西には帰る意思はなく（かといって上海に留まって活動するつもりもなく）、友人の紹介で東北安東近辺の厘金卡で働くことにしたが、一高の入試が近いという東京の友人の手紙で、試験の二週間前（ということは六月中旬）に東京にもどったのだという。本当に帰国したのかどうか疑問はのこるが、参考までに紹介しておく（蔡徳金『周佛海』河北人民出版社　一九九七　一二－一五頁）。龔徳柏は周佛海の合格は例年より競争率が低かったことと、彼が事前に試験問題を入手していたせいだと書いている（『龔徳柏回憶録』三〇－三一頁「周佛海考取一高的秘密」）。なお、この年の一高合格者には鄭伯奇もいた。

(63)　⑫兵外発秘第九三八号　大正七年六月十五日　兵庫県知事発「支那留学生ノ動静ニ関スル件」によれば、「一、原籍北京南城兵馬司中街第四号　住所　神戸市葺合町二一〇九番ノ五　神戸高等商業学校留学生　康寶思　同校留学生〈寶思弟〉康寶志　〈寶思〉妻并ニ子供二名下女一名同伴　東京日本大学留学生　張梦爾　東京中央大学留学生　曾揚」（このうち張梦爾は張夢九、曾揚は曾琦であることに間違いはない）「右ノ内神戸高商留学生〈康〉兄弟ハ肩書住所地ニ一戸ヲ借受ケ〈家賃一ヶ月廿五円〉居リタルガ本月十三日荷物取纏ノ上市内栄町通一丁目田中屋旅館ニ妻子ト共ニ投宿シ居リタルモノニシテ又東京留学生二名ハ本月十三日午前七時一九分三宮着列車ニテ来神シ前記旅館ニ投宿シ居リタルカ共ニ昨十四日午後二時旅館出発当地碇泊中ノ汽船大智丸ニ便乗シ本日午前七時出帆ノ同船ニテ門司経由天津ニ向ヒタルカ〈康寶思〉ノ言ニ依レハ暑中休暇終了次第帰国スヘキ旨ヲ述ヘ居リタリ」とある。他はともかく汽船出帆の日時を官憲が間違えるはずはないから、曾琦の日記細部の信憑性には問題があるだろう。なお、曾琦は滞日中、曾揚の学名を名乗っていたと思われる。

(64)　『戊午日記』では五月一〇日、東京駅に雷を見送ったとしているが、⑫兵外発第七五六号　大正七年五月二十二日　兵庫県知事発「支那留学生動静ニ関スル件」では「第一高等学校留学生　雷寶菁」は「本月十五日来神シ神戸高等商業学校留学生康寶思方ニ滞在中ノ処昨廿一日午前九時出帆ノ汽船大信丸ニテ天津ニ向」ったとある。東京神戸間に五日は要しないから、途中で下車したのでないかぎり、前注と同じく『戊午日記』のほうに問題があるようだ。

(65) 王光祈『少年中国運動』(中華書局　一九二五)「序文」。拙稿「五四運動前後の王光祈」(『花園大学研究紀要』第二二号一九九〇)では、周太玄の文章(「王光祈先生与少年中国学会」『王光祈先生紀念冊』一九三六)によって、曾琦・雷寶菁・張尚齢ら留日学生グループが「少年中国主義」を主張し、王光祈が自己の「若干の左傾過激の主張を犠牲にして」妥協したと書いたが、前掲の「序文」によって訂正する。

(66)『戊午日記』七月二八日条に「(午後)五鐘往謁梁任公、以［少年中国］学会章程及公函呈閲、請渠為賛成員、得其允許、並相与傾談良久」と。曾琦は五月九日、「発梁任公天津一函」、同一〇日、「晨写上梁任公一函、交眉生回国帯呈、勧其出而辦学校、以収容近日廃学帰国之青年也」と梁に期待するところ大きく、七月五日午後には天津イタリー租界にいた梁啓超を訪ね、「十年景仰之懐、至今始達」と喜んでいる。その日は座にあった蒋方震ともども「相与傾談良久」と。

(67)『旅日日記』五月三一日に「上海救国団寄来日刊両份、宣布於青年会」と。これが東京で救国団『日刊』に言及した唯一のものである。

(68)『時報』七月二八日「学生愛国会籌備会紀要」。六月に出た四〇人連名の公啓に「北京学生創始於前、天津学生継起於後。両処会部既成立、会章亦擬具大綱。乃遣派代表、道先来滬、促滬会之組織」とあり、北京・天津の愛国会代表が上海に来ることは、早くから予定されていた。許徳珩がその回憶録で、一八年の暑暇、彼と易克嶷とが派遣されて南下し、天津→済南→武漢→九江→南京と各地の学生活動家と連絡しつつ上海に入ったとしているが、その時期が七月下旬と特定できる。ただ、上海で接触した学生として八人の名をあげているが、内、聖約翰の瞿宣穎を挙げながら愛国会籌備会長だった復旦の閔憲章に触れていない。閔・瞿はともに国民雑誌社社員となり、同社の上海での京外経理員を担当した人物であった。なお、学生愛国会が救国会と改称した時期は判然としない。『戊午日記』一二月三一日には「午後黄嘯岩来、約同夢九赴復旦大学、訪閔憲章君、商議学生愛国会事」と年末になっても愛国会の名称を使っている。

(69) 八月二五日の総会については曾琦『戊午日記』同日条。

(70) ①外秘乙第１０７９号　大正八年一二月一四日「支那上海ニ於テ発行スル救国日報ニ関スル件」

本年四月日支両国間ニ軍事協定締結セラレントスルヤ在京支那留学生等ハ該協約ハ支那ヲ滅亡セシムルモノナリトテ蹶起反対ノ決議ヲナシ救国団ナル排日団体ヲ組織シ約三分ノ二ノ学生ハ相率ヒテ帰国シ上海佛租界ニ本部ヲ置キ各地ニ遊説シ又ハ新聞雑誌ニ投書シテ排日思想鼓吹ニ努メタルコトハ既報ノ通リニシテ爾来彼等ハ仝地ニ於テ救国日報ト題スル日刊新聞ヲ発行シ名ヲ外情ノ紹介ニ藉リ内實引続キ排日思想ノ宣傳ニ努メ居レリ其概況左ノ如シ

一、救国日報社設立主旨

救国団創立并救国日報発行ノ主旨ハ彼ノ石井特使ノ宣言及日支軍事協約ハ中国ヲ亡ホシ第二ノ朝鮮タラシムヘキモノナレハ之ヲ本国父老ニ告ケ国民一般ノ警醒ヲ促シ以テ此危急ヲ救ハサルヘカラストノ主旨ニ出テタルモノ、如ク左ノ記事ハ彼等カ此計劃ニ要スル資金募集ノ宣言ニシテ又以テ本趣旨ノ在ルトコロヲ窺知スルニ足ル近時国変多キハ有識者常ニ之ヲ憂フ然レトモ未タ乱ヲ息メ救亡ノ道ヲ得サルハ則チ国内ニ正確ナル言論機関ナキカ為メ各方面ノ真實ヲ傳ヘ輿論ト剛強ノ民気ヲ喚起シ内ヲ安シ外ヲ攘ハサルカ為ナリ　凡ソ一国ノ盛衰ハ恒ニ其民気ノ消長ニ関ス民気ハ一時ニ表現スルモノニ非ス之レヲ鼓舞シ激励シテ始メテ起ルモノナリ而シテ之レカ任ニ當ルハ即チ新聞紙ノ功用ナリ往昔清政府ノ国権振ハサルヤ憂国ノ士憤然トシテ起リ種族革命ヲ起シテ之ヲ倒シ袁氏ノ専制四民ノ怨憤ヲ買フヤ第三革命ヲ起シ之レヲ斃シタルモ亦新聞ノ鼓吹ニ依ル言論ノ結果ナリ蓋シ民気ハ水ノ如シ激スレハ溢レ激セサレハ額ノ汗ニ過キス其ノ平流ニ任スレハ届ク処ヲ知ラサルナリ近来外患日ニ急ニシテ国勢ノ危キコト前ニ百倍ス然ルニ民気ノ盛ハ却テ昔日ニ如カス之レ固ヨリ国人内訌ニ忙殺サレ外情ヲ察セス党派ノ私ニ没頭シ国事ヲ緩ニスル為メナランモ實ハ国内ニ正確ノ言論機関ナク世界ノ体制ヲ詳論シ廣ク列国ノ實情ヲ輸入シ以テ国人ヲシテ対外的眼光ヲ起サシメ民族ノ自覚ヲ喚起セサルカ為メナリ中日秘密協定発生スルヤ吾人ハ身日本ニ居リ明カニ強敵ノ陰謀を覩亡国ノ日ナキヲ懼レ相率イテ皈国シ共ニ輓救ノ策ヲ謀リ既ニ政府ニ請願シ且哀ミヲ国民ニ告ケタリ然ルニ不幸数月ナラスシテ言フ所皆事實トナレリ満州里ノ出兵ハ既ニ主権ヲ喪ヒ種々ニ秘密借款ハ一トシテ国ヲ亡スモノナラサルハナシ吾人ハ大厦ノ将ニ傾カントスルヲ覩テ弥々匹夫ノ責アルヲ覚ユ是ニ於テ株券ヲ募集シテ本報ヲ拡張セント欲ス云々

一、資金及経営

救国団員ハ皈国後直チニ新聞ノ発行ヲ計劃シ各有志ノ寄付ヲ仰キタルモ意ノ如クナラザリシニ之レヲ聞キタル米国人ハ自ラ進ンテ新聞発行ニ要スル一切ノ機械器具等ヲ提供シタリトノ説アリ然レドモ爾後ノ維持費ニ乏シキヲ以テ本年八月廿五日上海ニ於テ救国団本部員全体大会ヲ開キ株金募集ノ決議ヲ為シ九月一日ヨリ之レニ着手セリ

本邦ニ於テハ救国団員ノ重立タル者張有桐（一高）阮湘（一高）張心肺《ママ》（一高）林騤（農大）韓天鵬（高師）張黄（高師）彭述（高工）姚薦楠（計理員）等ガ直接間接斡旋を執リタル形跡アリ現ニ十月十日大日本私立衛生會ニ於ケル国慶紀念大会席上ニ於テ之レガ勧誘ヲ為サント欲シタルモ多数ノ反対者ト江学生監督ノ注意ニ因リテ仝席上ニ於ケル勧誘ヲ中止シ爾後各校同窓會長各省同郷會長ト連絡ヲ取リ之ガ勧誘ニ努メツツアルモ應募者比較的尠ナキモノノ如シ

参考　株券ハ二種ニ分チ一ハ救国団員及国内外学生ニ対スル株券ニシテ之レヲ社員株券ト称シ轉賣ヲ許サズ他ハ其他ノ各界ノ支那人ニ対スル株券ニシテ特別株券ト称シ外国人ニ轉賣スルコトヲ許サヽルモノトス而シテ一口ノ株金ハ五円ニシテ四千口ヲ募集セリ

一、紙面ノ記事并色彩

一、外国ノ事情（主トシテ日本ノ対支政策）

一、日本研究

一、世界大勢及各国外交政策

一、實業及教育

一、国内外学界消息

一、国産奨励

一、国内事情

ヲ掲載シ国民ノ愛国心ト自覚心トヲ喚起スルヲ以テ宗旨トス

始メ本紙ハ日支軍事協約並借款反対ノ為メ皈国シタル留日学生ニヨリ創立セラレタルモノナルヲ以テ排日的色彩濃厚ニシテ反テ親米的ノ色彩ヲ帯ブルモノナリ之ヲ購讀スル者モ亦此思想ヲ抱持スル者多シ

一、発行

（イ）初版發行　大正七年七月五日

（ロ）号数　十二月五日　百五十四号

（ハ）部数　全体ノ部数詳カナラザルモ本邦ニ於ケル購讀数約百部位ナリ

一、社員及職員

社員ニ三種アリ

（イ）社員（救国團員及内外学生ノ株券所有者）

（ロ）特別社員（其他各界支那人ノ株券所有者）

（ハ）名誉社員（個人又ハ団体ノ寄付者）

職員

（イ）社長　救国團長ヲ以テ之ニ当ツ現社長ハ帝国大学生タリシ王兆榮ナリ

（ロ）総経理　現任者ハ王兆榮之ヲ兼ヌ

（ハ）総編輯　現任者ハ早稲田大学生タリシ馬鳴鸞ナリ

（ニ）其他総経理ノ下ニ収發員庶務員会計員廣告員経理員数名アリ総編輯ノ下ニ編輯員通信員訪員校対員数名アルモ其氏名不詳ナリ

一、記者、寄書家

（イ）李培天（早稲田大学生）李待琛（帝国大学生）

（ロ）鶴天、漢児、天民（葛天民ナラン）、天柱、曾琦、曲江、經庸、界民、黄日葵、愚公、鏡塞、悔菴、亜、峙冰、岷源

等ナルモ氏名詳カナラズ

一、一般支那学生ノ感想

該新聞ニ対スル一般支那学生ハ救国日報ノ主旨タル外情ヲ紹介シ国民ノ愛国心ト自覚心トヲ喚起スルニハ賛成ナルモ初刊以来記載シタルガ如ク徒ラニ排日思想ノ宣傳ヲ以テ唯一ノ目的トスルガ如キハ元ヨリ賛成スル処ニアラスト為スモノ多キガ如ク現ニ帝大生中ノ有数ナル一、二ノ者ハ穏健ナル方針ヲトルヘキ旨勧告シタリト云フ従テ近来ハ稍々論鋒ヲ和ゲタルガ如シ

在上海留日学生救国團全体大会ニ於テハ留日学生ハ総テ株券購入ノ義務アリト決議シ募集ニ着手シタルモ一般支那学生ハ目下諸物価騰貴ニ伴イ給与額又ハ本国ヨリノ送金額ニテハ之レニ應スルノ余裕ナシトテ應募者少ナク偶々出金スル者アルモ其趣旨ニ賛同シ應募スルニアラズシテ其経営者トノ私交関係上ヨリト一面若シ出金セザレバ彼等ヨリ攻撃セラレンコトヲ慮リ應募シタルモノノ如シ因ニ本邦ニ於ケル應募額ハ一千円余ナリトノ説アルモ明カナラス

(71)　王兆榮は六月一〇日ごろ北京から上海に着き、天津支部の責任者であった阮湘は六月末には上海に移ってきたようである(『時報』一八・六・一二「留学生与華僑結合之先声」、同六・二八「救国団之報告」参照)。龔徳伯は帰国運動の主要人物であったが、父の死に奔喪して上海本部の活動にも参加できなかった。彼は九月二八日、上海から長崎に入港し、鉄路東京に向かっている(⑫外高秘第三六九二号　大正七年九月三十日　長崎県知事発)から、上海で留日学生救国団とは当然連絡をとったはずであるが、再渡日を躊躇させるような情況はなかったと思われる。阮湘・張有桐の再渡日の日時は確認できないが、学年の開始に合わせて復校したものと推測される。ただし、東京大学に復学することを大いに躊躇した成仿吾の例もあることだから(『成仿吾伝』中共中央党校出版社一九八八ならびに郭沫若『創造十年』)、この方針転換は公開的ではなかったのであろう。

(72)　『時報』一八・一〇・三一「救国団之幻灯講演」。標題は張民權らが各学校を回って講演に幻灯を併用して成績を挙げていることを報道したもの。

（73）『戊午日記』八月三〇日、三一日、一〇月一日、一一月一八日、二〇日、一二月一六日各条。ただし、元留日学生の黄介民（界民）、鄭貞文（心南）、陳承澤（慎侯）などが協力を惜しまなかった（「悼慎侯并勗孤軍社同志」『曾慕韓先生遺著』中国青年党中央執行委員会一九五四）。
（74）『戊午日記』一〇月二五日条、「救国日報被罰記」『民国日報』二〇年三月一八日。
（75）『時報』一八・六・八「帰国学生全体大会紀事」
（76）⑫外秘乙第五九三号　七月一日　「支那留学生談話会ノ件」六月三〇日、監督事務所主催で新任監督の披露会（来会者約三百名）を開いたさい、江庸は挨拶の中で留学生との関係を緊密にするため「之ガ機関トシテ諸君ハ二三ノ団体ヲ組織サレンコトヲ望ム」、ただし、政治問題は論議しないようにと、述べたという。
（77）⑰外秘乙第一一一四号　大正七年十二月廿八日「支那留学生監督ノ救国日報社株金募集者ニ対スル警告ノ件」支那留学生監督江庸ハ本月十五日ヨリ姚薦楠、李國英、陳適、趙之茂等ノ各学校同窓会長並ニ各省同郷会長等ヲ日々十名内外宛呼ヒ寄セ諸物価騰貴ノ為メ学費増額ノ必要アル機ニ当リ各留学生ニ対シ救国日報社ノ株式募集ヲ強請シ又ハ之レニ応スルガ如キハ学生ノ本分ニ反スルヲ以テ注意セラレン事ヲ望ム旨ノ警告ヲ為シ且ツ其筋［つまり日本官憲］ニ於テモ本件ニ関シ相当調査中ナル旨ヲ告ケタリト云フ
（78）同注70。部数に関しては①機密公第五四号「新聞紙ニ関スル調査報告ノ件」大正八年五月十七日　在上海有吉総領事発に上海発行の新聞を一覧表としているが、大正七年十二月末現在として次の記載がある。「救国日報（持主又ハ総理主筆）王兆榮（派別　發行部数）排日過激派　一千（摘要）大正七年夏日支軍事密約ニ憤慨して帰国セル留日学生ニヨリ組織セラレ極力排日ヲ鼓吹シツツアルモ何等勢力ナシ」
（79）⑤在漢口瀬川総領事発外務大臣宛　公信第一一七号「帰国留日学生ニ対スル地方官憲ノ取締ニ関スル件」大正七年六月二十二日

（80）張恵芝前出書一五〇－一五八頁は主として『民国日報』によって、それを紹介している。広西については本書には記述がないが同報一九一八・一〇・一四に「留日学生救国団広西支部通電」（段〝逆〟を糾弾し、新国会の無効を宣言したもの）を載せて、同省でも救国団の活動があったことが知られる。

（81）⑤第三巻　在南京清野領事館事務代理発外務大臣宛　南領機密第二八号　大正七年七月八日　「上海留日学生救国団ノ南京地方ニ於ケル排日活動ニ関スル件」に、救国団が南京で配布した「留日学生救国団労動部啓事」一葉、「勧世白話第二張在日本的留学生為什麼要一斉回国呢」二葉、「救国団労動部之精神」一葉、「全国父老！請看亡国条件‼」一葉、「中華留日学生救国団泣告全国父老昆弟書」二葉、「日警擅捕留学生紀略」二葉、「此次中日密約条件之解釈」二葉半（以上は油印）、携行し販売した上海群益書社『日本潮』第一編（中華民国四年八月出版）、大同編輯局印行『安重根』（発行時期不明）、政学士殷汝驪編纂・泰東図書局印行『亡国鑑　附国恥録』（民国四年六月初版・六年十月訂正三版）、呂思勉編・中華書局印行『国恥小史』上下冊（民国六年二月）、対倭同志会印贈（米人柏来士原著）『日本在中国之勢力』（民国六年十二月重刊）、いずれも「留日学生救国団労動部　拒約紀念」と記した朱印を捺した冊子の原件を付しており、宣伝活動の一端を窺わせる。

また、⑫外秘乙第四五六号　五月廿三日「支那留学生ノ動静」は五月廿一日の「広東同郷会布告」を訳出している。「本会ニ於ケル一致帰国ノ決議ニ基キ愛国心ノ熱烈ナル同郷諸君ノ幾分ハ已ニ帰国シ国民ノ多数ト共ニ亡国条約ヲ取消シ祖国ノ危急ヲ挽回セント尽力セラレツツアリ然ルニ猶多数形勢ヲ観望シテ帰国セザルハ志士ノ恥ズベキ所ニアラサルヤ元来吾省諸君ハ義ヲ重スル愛国精神ノ熱烈ナル快男児トシテ人ニモ押サレ且ツ自ラモ誇リトシ居タルニ躊躇シテ未ダ帰国セザルハ従来ノ名声ヲ失墜スルノミナラス倭奴ノ笑ヲ受ケ引ヒテハ国家ノ面目ヲモ保全スルコト能ハサルニ至ル可シ因リテ本会ハ評議部、幹事部ノ聯合会ヲ開キ六月十五日迄ニ全体帰国スルコトヲ決議セリ右布告ス

二伸　評議部今般広東ニ帰リ宣言書ヲ発布シ及内地ノ各団体ト連絡シ共ニ進行ノ策ヲ構ゼンガ為メ委員部ノ設置ヲ可決シ委員ニ何春帆、張資模（高師）鐘《ママ》鈺靈（帝大）何香疑《ママ》（女）陳廷烱、黄炳蔚（高師）丘崇［琮］、唐煕年（農大）ヲ選挙シ同郷会ヨリ之レガ費用トシテ一百円ヲ支出セリ而シテ委員部ハ幹事部ノ帰国ヲ待ツテ之レト交代スベキモ若シ六月三十日迄ニ幹

事部帰国セサル時ハ責任ヲ解除セラレタルモノトス該委員部委員ハ本月二十四日出発スベシ」と。『日本外交文書』大正七年第二冊上　三九一　機密第一九号　大正七年八月十二日　在汕頭領事館発　「日支軍事協約ニ反対シ帰国セル留日学生ノ排日行動ニ関シ稟報ノ件」では汕頭で帰国留学生が汕頭「大風日報社」内に通訊処をおいて活動し、「留日広東学生同郷会事務所臨時発行『警鐘』（民国七年七月七日刊行非売品）を持ち込み、さらに奥地に転送したほか、同新聞社で重版し、地元で配布する予定といい、現に同新聞社で該小冊子の一節「国民平其一攻中日軍事密約之用意」（留日広東学生同郷会同人刊発）を一張の印刷物にして多数印刷配布している云々と報告しているが、その原件⑤に附せられた『警鐘』（留日広東学生同郷会事務所臨時刊行　七年七月七日　A六判総六〇頁の小冊子）「各界籌開国民大会詳情」（同書五二―六〇頁）よれば、同事務所同人と学生聯合会学生救亡団幹事が六月二一日から、国民大会開催のために奔走して各界の賛同を得、七月六日、国民大会籌備処を組織した。七月一四日、広州清水濠の孔教堂で大会を開く予定であるが、「籌備処一切経費及大会時用款」は委員長に選ばれた孔教堂主任林福成が捐助することになっているという。列記されている職員二〇名中、前出帰国学生の何春帆、陳廷烱、黄炳蔚、丘崇琮の名が見える。また、彭湃の友人であった陸精治（南海県、当時東京帝大農学部在学。北京出版社『澎湃伝』巻頭の合影を参照）も庶務部職員であった。なお、「国民大会進行大綱草案釋」「国民大会進行大綱草案私議」（同三九―四六頁）では広東大学の創立、「永久機関」としての各界聯合会の設立が強調されている。ただし、国民大会が予定通り開催されたかどうか、つまびらかにしない。

（82）③台湾軍参謀部　南支情報七六号　大正一〇年五月四日「雲南諸新聞の論調」に付した「在雲南省城諸新聞概見表（大正十年四月調）」「（雲南）救国日報　経理倪守仁外五名　主筆張相時外十五名　【経理・主筆両項を一括して】合議制トス　創設民国七年十一月　毎日ノ発行部数約五百［省城最大の新聞「民声報」でも八百、表中の九紙中の三位］　主義及ヒ政党ノ関係　排日主義、文化運動　対日態度　極端ナル排日主義　摘要　民国七年対日問題ノ為ニ起リ上海救国団ノ分派ナリ唐継堯在滇中ハ比較的排日記事緩和セラレアリシカ昨今内容ニ若干ノ改正ヲ加ヘ排日的記事満載セラレ活動盛ナリ」と。なお、該表に「備考一、警察庁ニテ各新聞ニ毎月五十元宛ヲ補助シアリ」と附記している。

第三章　五四運動

一　留日学生運動の再起

第一次世界大戦にともなう日本経済の過熱は急激な物価騰貴をもたらし、一九一八年夏、国民的不満は「米騒動」として爆発した。寺内内閣はその責任をとって九月に退陣し、「援段政策」の道をふさがれた段祺瑞も、一〇月、国務院総理の座を降りざるを得なくされた。一一月、ドイツは降伏し、中国でも各地で「戦勝」が盛大に祝賀された。安徽派の一時的後退によって中国では南北抗争を平和的に解決する希望が生まれ、一九一九年一月、パリで招集された対独講和会議に北京政府は広東軍政府代表をも含めた統一代表団を送りこんだ。人々は大戦後に「公理」と「互助」の世界が実現し、「東洋のドイツ」＝日本軍国主義が国際的に当然の制約を受けることを期待していた。

留日学生は一斉帰国の挫折から大きな打撃をうけていた。前述した一八年の国慶紀念は、おそらく留学生監督処の主催であったと思われるが、その機会を利用して『救国日報』の社員（株主）を募ろうとした活動分子の企図が監督江庸によって阻まれたらしいことは、さきに触れた。一九年一月、上海から喩義と羅増益（二人とも元華瀛通信社同人であった）が代表として乗りこんできて、直接留日学生に働きかけ、『救国日報』の「基金募集」ならびに在日通信員体制を固めていった。資金面では期待した成果は得られなかったようだが、義務通信員を引き受けた者は一五名、鄭伯奇・田漢・易家鉞ら一斉帰国に同調しなかった留学生が少なくとも三人、その中に含まれていることはファナティシズムの失敗から学んだ救国運動の成長をしめすものではなかったろうか(1)。学生の態勢はすこしずつ回復してきていた。

決定的な衝撃は外から加わった。一九一九年二月二日、駐北京日本公使小幡酉吉が北京政府外交総長代理陳籙を「恫喝」した事件が発生したのである。パリ講和会議で中国代表は膠州湾（青島）租借地および山東省における旧ドイツ権益の直接返還を要求し、租借地・権益の継承を権利として主張する日本をいらだたせていたが、中国側が日中間の秘密協定公表の意思ありと表明したことに小幡は抗議し、個別の中国代表の召喚を要求し、「個人の意見とことわった上で」日本には「待機中」の五〇万トンの軍艦と百万人の兵士ありと脅しをかけたというのである(2)。「東洋のドイツ」はますます跳梁をほしいままにしてきた。中国国内は騒然とし、国際的にも波乱はおよんだ。二月から上海で始まった南北議和会談も、安徽派軍閥――その背後には、云うまでもなく日本が控えている――の抵抗で、すでに暗礁に乗り上げていた。

二月八日午後一時、神田小川町の朝鮮基督教青年会館で朝鮮人留学生六百人が集会・討議し、独立宣言書を決議した。警視庁はこれを臨検・解散させ、六〇余名を連行して二九名を拘置し、うち九名が同月一五日の判決で「過激なる決議及宣言書」の「編輯人、発行人、印刷人」として禁錮一年から七ヶ月半に処せられた。事件からわずか一週間のスピード審理であった(3)。この事件について、中国有力各紙と特約している東京通信員たち（そのほとんどが留日学生）は当然に関連の記事を送ったが、なかに筆名「我聞」という『晨報』特約通信員は直接朝鮮留学生幹事「某君」から取材していた。「某は深く日本政府の強暴を憤って謂う。我輩《われら》は死すら懼れないのだから監禁ぐらいは何ということはない、日本人が我輩を謀叛罪に処してもまったく異存はないのに、些細な無関係の出版法を適用してきた、我輩はこの重罪を避けて軽微な罪に問うやり口を許せない。日本人の思惑は太平を粉飾し、世界各国に我が朝鮮民族はみな日本の順民・良犬であると示すことにあるのだと」。アイルランドのように先ず選挙権・教育権を手に入れることから始めたらどうかという記者の問いに、「それだと我輩が日本の臣民だと自認するわけだ。これは死んでもできない」と答えたのであった[4]。

日本の野心が中国を「第二の朝鮮」とすることにあるとは中国人共通の認識であった。他ならぬ神田を舞台とした朝鮮人留学生の捨て身の闘争が、留日学生を鼓舞したことは云うまでもなかろう。それまでも朝鮮人留学生との交往がなかったことはあるまい[5]。しかし、在日の中国人が朝鮮問題をあげつらうことは虎の尾を踏むに等しく、交往も同情も水面下にとどまっていた。通信員「我聞」の独立運動家への直接取材はその意味で特筆に値することであったし、小幡公使の「恫喝」事件を契機に、我が身につまされる思いで朝鮮人への共感・関心が、留日学生のあいだで高まったことの反映でもあった。

これより先、江庸は、もちろん監督処の影響下の組織としてであろうが、学生総会を復活させたいとの希望をもち、前年末から各省同郷会長・各校同窓会長を集めて協議させていたが、なかなか話はまとまらなかった。そこへ「日使恫喝」事件の突発である。二月八日、中国基督教青年会で開催された各省各校代表者会議はこの問題を取りあげて留学生の奮起を呼びかけ[6]、同一七日、臨時総会が組織された。

中華民国留日学生総会ハ客年三月来仝会幹事長王賡颺派ト副幹事長余鴻郷《ママ》派トノ勢力争ヒノ結果統一ヲ欠ギ《ママ》遂ニ仝年五月十六日解散スルニ至リタルカ江庸氏カ留日学生監督トシテ就任後之レカ復活ヲ計ラントノ希望ヲ有シ仝処雇員張光亞ヲシテ暗々裡ニ各方面ニ活動セシメタル為メ客年十二月頃各省同郷会長各校同窓会長等相集マリ之

レカ復活ニ関スル協議ヲ為シタルモ同郷会ヲ主トスルヤ亦ハ同窓会ヲ根軸トスルヤ何人ヲ座長ニ押スヤ等ノ為メ異論百出シテ決定ニ至ラサリシガ客月十七日会合ノ際総会復活準備トシテ中華民国留日学生臨時総会ヲ組織セリ(7)

学生自身は二一年に出した『留日学生季報』「総会之組織・縁起」でこう回顧している。「留日学生総会は成立後久しいが、民国七年夏、軍事協定に反対して留日学生が総帰国したため、自然と消滅した。この年の冬、ふたたびこの邦に来る者が多く、八年一月パリの我が国の委員が中日秘密協定を発表したことで日本公使小幡が大いに外交部を鬧《さわ》がしたことから、総会を恢復して闘おうということになった。そのさい、従前の大会で職員を選挙したさいの弊害に鑑み、規則［会章］を改訂して、各省同郷会会長および各校同窓会会長とで評議部を組織し、また評議部が執行部幹事を推挙することにした」。

学生はそれとは記さないが、経過からみて監督処がお膳立てした各同郷会・同窓会の会合を、換骨奪胎して急遽、臨時総会を作るにいたったもので、当然ながら江庸はそこで手を引くことになったらしい(8)。申し合わされた「暫行簡章」の有効期限も選出された職員の任期も「正式総会」の成立までという「臨時」性に、学生たちの危機感・焦燥感が現れていた。取り組むべき課題は猶予を許さぬ喫緊のものばかりであったから。

二　アジア学生会反対

二月二四日、臨時総会は二十一ヶ条の無効・「青島」の無条件還付・軍事協定の「解除」・各種借款「条約」の廃止などを訴えた「対外宣言」を配布し、三月一日には「中華民国学生会全体対亜細亜学生会宣言書」「反対亜細亜学生会敬告学界」を発した。前者が一般的な呼びかけであったのにたいし、後者はその翌日に迫った亜細亜学生会の発足式典にたいする対抗行動の名分を明らかにするためのものであったようだ。(9) これより先、年初からアジアの青年学生の「親睦提携」を主旨とする組織の発足準備が進み、二月二日には発起人会が開かれ、二一日には「亜細亜学生会趣旨宣伝演説会」が催されて、中国人や朝鮮人の学生からも参加者があった。これに対して留日学生のあいだではすでに「国賊予防会」を名乗る反対の檄が飛び、学生会に参与する中国人学生に警告を発し、明治大学の留日校友会も反対を呼びかける伝単を配布していた。(10) さて当日、

三月二日　築地精養軒ニ於テ発会式ヲ開キタルニ開催ニ際シ一高生支那人龔徳柏［臨時総会庶務主任］ハ幹事ノ阻止スルヲ肯ンセズ突然壇上ニ現ハレ我々民国学生ハ全部反対ナリト称シテ妨害ヲ為シ且ツ場外ニハ洋杖ヲ携帯シタル支那学生逍遙シ居リタル模様アリ而シテ仝人ハ左ノ檄文ヲ支那人間ニ配布セリ

余ハ総会ヲ代表シテ委任状ヲ携帯シ日人ノ催セル亜細亜学生会ニ赴ケリ場ノ内外ハ装飾美観ヲ極メ殆ンド凱旋将軍ヲ歓迎スルガ如キ観アリテ其費用ハ千円以上ニ達スベシ其入場料ハ一円ノ規定ナリト雖モ之ヲ納ムル者ナシ然レトモ其費用ノ何レヨリ支出セラレタルヤハ想像ニ難カラズ而シテ大臣及各国使臣ノ出席アリト吹聴シタルモ其隻影ヲ認メス只植原某軍国主義者長瀬鳳輔木下友三郎等参会シ各自中米両国間ヲ離間スルノ演説ヲ為シタルノミ余ハ席上ノ間隙ヲ利用シ中華民国留日学生ノ代表者トシテ意見ヲ発表スベキ旨ヲ計リタルニ満場拍手シテ賛成シタルニ依リ反対ノ演説ヲ為サント欲シタルニ会長岡田某怒号シテ之ヲ許サス故ニ中華民国留日学生全体ハ此ノ会ニ反対スト宣言シテ降壇セリ然ルニ一日本人ハ突然余ノ頭部ヲ欧《ママ》打シ且ツ十数人余ヲ囲繞シテ種々ノ侮辱ヲ加ヘタルモ該会一幹事吾人数旬ノ経営モ汝ノ一言ニヨリ破壊セラレタリト云フヲ聞キ痛快ニ堪ヘサリキ而シテ新聞記者ニ導カレ一室ニ於テ該会幹事ト約一時間ノ問答ヲ為シタル際亜細亜会《ママ》ガ亜細亜聯盟ヲ提唱スルハ世界ノ平和ヲ破壊スルヲ以テ反対スル旨明ラカニ宣言セリ

終リニ臨ミ吾国民ニ声明スベキハ日本軍閥ノ野心アル事及代表者ノ資格ヲ以テ臨席シタル余ガ日人ニ凌辱サレタルコト是ナリ云々

以上ノ外之ニ類似的檄文数種ヲ在京支那人及本国各省各督軍並ニ各新聞等ニ配布セルモノナリ

全会ハ三月二日発会式ヲ挙ケシモ前記ノ如ク支那人ノ反対アリタル為メ遂ニ纒ラズ有耶無耶ノ中ニアリテ目下本邦人ノミニテ計画ヲ為シツツアリ(11)

すでに「公理」の実現への幻想は吹き飛んでいた。パリでは大国間の露骨な分捕り合戦が進行し、イギリス・フランスは日本の山東問題での要求を支持し、アメリカも日本が最初から取引材料として提出した「人種平等案」に牽制されて腰砕けの情況であった。パリに響けと「独立万歳」を叫んで決起した朝鮮の「三一運動」は、日本の武力・警察力によって無惨に圧殺されつつあったが、中国の青年・学生にあたえた衝撃は非常なものがあった。要求は既成勢力への「請願」によって叶えられるものではなく、自らの力によって獲得されねばならない。三月九日から上海の「国民禦侮会」名義の「排日」伝単が連日のように留日学生にたいして郵送されてき、旬日余で計十三号にのぼったというのはそれと無縁ではあるまい。第一章で述べたように、一九一六年七月、一部の留日学生（警視庁側は「雲南・湖南」系と目していた）は雑誌『民鐸』を東京で創刊したが、「排日記事」を理由に第一号を警察に押収された。同人たちは学術研究会をつくって東京での活動を継続するとともに、『民鐸』雑誌社そのものは上海に移して発行を継続したが、一八年の一斉帰国運動以後は研究会本部をも上海に移して、東京のそれは支部と称した。「国民禦侮会」とは同社同人の組織したものだと警視庁は判断していた。(12)

三　ラマ僧歓迎

臨時総会は亜細亜青年会の策動を成功裏に失敗させたのに続き、内蒙古のラマ僧を籠絡しようとする大陸浪人の策動と対決しなければならなかった。[13] 一八年四月、僧侶となった大陸浪人田中舎身は、二六人のラマ僧を観光団に組織して来日し、六日東京駅に着くとその足で二重橋前に連れていき、先ず「皇居」を「参拝」させるという演出をした。四月八日は午前浅草本願寺で「日蒙仏教聯合協会」の発会式が挙行され、午後には神田中央仏教会で釈尊降誕会（花祭り）が盛大におこなわれた。各新聞、とりわけ『朝日新聞』は連日大きく紙面を割いて報道し、仏教を通じての日蒙提携を鼓吹した。留日学生はまったくの無準備で、東京駅頭に「五色旗」を持ってかけつけ、あわてて歓迎の示威はしたものの、日本側接待者のガードを、どうすることもできなかった。公使館も手の出しようもなく、すべては浪人側のペースで進んだという。[14] 日本の内蒙古への野心はかねてより隠れもない、日蒙仏教聯合会とは「蒙日領土合併会」の別称にほかならぬと、まなじりを決した学生たちは前年の轍は踏まじと、この年は三月から周到な手配りをしていた。

新たに来訪したのは前年の「小喇嘛」とは格違いの最高位のラマ僧が率いる七名の代表であった。学生総会は公使館はもとより横浜・神戸の領事館とも事前に打ちあわせ、各地の華商とも連絡して歓迎体制をととのえ、留日仏教研究会の学生を動員して接待員とした。ラマ団は四月四日神戸に着き、五日に東上したが、神戸・大阪・京都・名古屋で学生・華商に駅頭での歓迎を受けた。学生とラマ僧の接触を阻もうとする随行の日本僧は、突然予定を変更して横浜に途中下車し、歓迎体制の攪乱を企図するなどの小細工を弄したが、六日午後、東京駅には千人を超す留学生が国旗の小旗を手に集まり[15]、公使館からも出迎えがあった。駅頭では宮城参拝に連れていこうする日本側と、先ず公使館に表敬すべきだとする学生側と紛糾し、ラマ僧自身の判断で公使館が選ばれるという一幕があった。八日午後は日比谷で花祭りへの参加が予定されていたが、午前、総会は私立衛生会でラマ僧の歓迎集会を「国慶紀念」の名目で開催し、「二千余人」が集まり、「公使・領事・監督、均しく会に莅んだ」という[16]。記念講演に立った賛揚舎靈大師が中国の仏教各派の衰退・分立を憂い、「仏教統一会」の設立に支援を要請したところ、議長はさっそくこれを会場に諮り、「統一会援助案」が決議として採択されたのであった[17]。ラマ僧招請によって日蒙親善を宣伝し、内蒙古侵略（分離独立）の一助にしようとした浪人側の「陽」謀は打撃を受け、諸新聞の報道も前年に比して格段に低調だった[18]。しかし、基督教青年会の、王希天を含む篤信の「教友」たちでさえもが、「政治問題で宗教にかかわり、はては愛国問題のために自己の信仰を舍却してラマと周旋」奔走するのを目の当たりにして、青年会幹事馬伯援は嘆声を発せずにはおれなかったようである[19]。

四　章宗祥「歓送」

ラマ僧歓迎の経費は留日学生の拠出、華商の義捐にも頼ったであろうが、かなりの部分を公使館に負うたであろうことは想像できる。八日の集会には章公使も江監督も顔をそろえたのであった。日本在任二年半に及び、かねて離任が伝えられながら延び延びになっていた章宗祥公使は、その三日後に帰国することになっていたが、在任中留日学生の反抗・抗議に手を焼き続けた彼も、ラマ僧の接待における留学生との協力で掉尾を飾り、安堵の感があったかも知れない。だが、東京駅頭では最後に思いがけぬ「歓送」が演出された。一部の留学生は極秘裏に計画を練り、見送りの内外高官・有名人士で雑踏するプラットホームに集合した。警視庁の報告はこう記している。

四月十一日　本邦駐劄支那公使章宗祥氏賜暇帰国ノ為メ家族同伴午後七時東京駅ニ至リ仝駅午後七時二十分発列車ニテ将ニ進行セントスル刹那突然見送中ニアリシ支那留学生十四五名ガ各々懐中ヨリ半紙或ハ新聞紙ニ（遂ニ獣人ヲ食フ）（密約）（賊）（売国賊成金）其他同公使ヲ侮辱セルポンチ絵等ヲ記載シタル小旗ノ如キヲ一斉ニ取出シ之ヲ打振リツツ売国奴又ハ賊ト絶叫罵倒シタリ[20]

『朝日新聞』の記事は「多数の支那留学生の一団は小旗を打振り打振り歩廊に集合して来て其賑やか一方ならず」と当たり障りはないが、『東京日々新聞』は「民国留学生百余名見送り留学生五十余名は各自小旗を手にし盛に振舞しては気勢を揚げた其の旗は皆支那の借款を風刺したもので〈禍国〉と大書したのや〈鉄道でも◆炭礦でも　持ってゐらっしゃい〉と書いたものもある、また外国人が大包を抱えて行く所や某国人が山を掘ってゐる有様などを描いた漫画もあった　公使は微笑し乍ら之を眺めつつ故国に旅立った」と報道している。[21]章宗祥「歓送」は呉一峰・龔徳柏ら二三の幹部の思いつきから始まったことだと云い[22]、組織的決定によるものでなかったが、四月二四日、総会は全体学界の名義による声明でこれを追認し、かつ後任の公使と学生たちが目した江庸を、新たな攻撃目標に設定した。

章宗祥公使トナリテ数年国権ヲ喪ヒ国ヲ売ルノ行為筆紙ニ尽シ難シ其帰国スルニ際シ吾人既ニ旗ヲ振リ鼓ヲ鳴シテ追フヲ見テ去レリ江庸ハ即チ其虚ニ乗シテ其後任ヲ窺視スル最モ切之ヲ得ントスル最モ力ム彼レ江庸ハ監督ノ任ニ膺リテ一歳ナラントス其ノ言動ノ劣悪ナル歴々トシテ数フベキモノアリ謹ンデ国人ノ為メ之ヲ告グ彼レハ日本ニ来リテ以来初メヨリ誠意公道ニ出テス徒ラニ小利ヲ以テ其党ヲ買収ス無恥ノ徒ハ楽ンデ其爪牙トナリ党ヲ集メテ私ヲ謀リ恬トシテ怪トナサス青年ノ人格ヲ破壊スルガ如キ或ハ弱国ニ不利ナル秘密外交ヲ以テシ某国ノ暴力ニ屈シ締結スル所ノ条約ニ対シ挙国一致之ガ取消ヲ主張スルニモ拘ラス江氏ハ反テ之ニ反対ノ言ヲ発スルガ如キ

米総統ノ弱国ノ為メニ世界平和ノ為メニ国際連盟ヲ主張スルヤ某国己レニ不利ナルヲ以テ之ヲ動カサントスルニ江氏又之ヲ賛スルガ如キ或ハ所謂亜細亜学生会ヲ発起シテ自ラ之レガ監督ノ任ニ居リ［その事実は確認できない］日華協会ヲ設ケテ学生ヲ篭絡スルガ如キ或ハ陰に私党ヲシテ総会ヲ左右セシメ日警ヲ買《ママ》テ学生ヲ威嚇スルガ如キ其誠意廉恥ナク或ハ公私費ヲ混淆シ医薬費ヲ減シテ学生ノ生命ヲ顧ミザルガ如キ或ハ外人ト結託シテ公使タラントシ或ハ其機智才幹章宗祥ノ如クナラズシテ章宗祥ニ倣ハント欲シテ害ヲ国家ニ貽ス鳴呼国ニ人ナカランヤ若輩ヲシテ跋扈セシムル斯ノ如シ国民ヨ起ッテ賊ヲ逐ハザルヤ

中華留日学界謹啓　四月廿四日[23]

留日学生の章宗祥「歓送」は周知のように、北京の五四事件の一つの触発要因となった。しかし、主要打撃の目標を江庸へ転移したことは留日学生界に却って混乱を持ちこんだのであるが、それについては後述しよう。

五　五七巷戦（流血デモ）

五月四日、北京の学生デモで曹汝霖の私邸が焼き討ちされ、居合わせた章宗祥が重傷（一時は死亡説も伝わった）を負ったという衝撃的ニュースに、東京でも各新聞が争って号外を発行した。「五日午後二時、神田青年会の執務室に居ると、号外！号外！の売り声が絶え間ない、買って見ると北京の学生がデモをし、曹汝霖・章宗祥の住居を焼き討ちし、後頭部に負傷させたのだという。号外を看た学生は続々と集まり、万歳を唱え、快哉を叫び、議論が沸騰した」と馬伯援は記す[24]。留学生の集中して住む地域ではどこでも出現した光景だったろう。その日のうちに臨時総会はパリ講和会議中国代表団、上海和平会、山東省議会にあてた三本の電報をうち、かつ代表三名を公使館に派遣して、七日、国恥紀念集会のために会場を提供するよう申し入れをおこなうとともに、留学生には同日公使館に集合するよう呼びかける文書を発した[25]。荘代理公使は即座にこの要求を拒否し、かつ六日の各新聞に公使館は集会箇所を貸与せぬ旨の広告を載せた。

五月六日、総会は五四事件（北京騒擾）に関し、大総統・北京学界・『救国日報』・北京上海の各新聞社に打電し、かつ代表二名王俊・廖方新を帰国させた[26]。他方で集会の準備は進められたため、「公使館ニ於テハ学生ノ暴力闖入ヲ慮リ所轄麹町署ニ対シ公使館並ニ館員保護方請求アリ」、周辺一帯すでに厳戒態勢の下にあった。一方、同夜館内ではおりから日本来演中の梅蘭芳一行を招き、代理公使以下「清興」を尽くして、学生たちをいっそう憤激させたのであった。明けて七日、皇太子（のちの昭和天皇）の成年式ともかち合って、警視庁は最大級の警備を布いた。『東京日々新聞』によれば、警視庁監察官、本富士署長、富坂署長、表町署長、麹町署長、警視庁外事課長らが出張し、公使館内の一室を警戒総本部にあて、構内には「巡査約五十を伏せ」、赤坂憲兵屯所よりは五六十名の騎馬憲兵の来援を仰ぎ、配置した警官総数は明らかでないが、各署とも「非番」巡査をも招集するものものしさであった。「二千名の支那留学生　帝都を騒がす　不穏の長旒二十枚を蔵しつつ　独大使館側を本城として集合　公使館に闖入を企つ　警視庁と憲兵隊協力して鎮圧」「警官隊と格闘す　永田町交番所口より　警戒を突破せんとて」、五月八日号には大見出しが躍った。

警視庁は次のように述べている[27]。

（A）「五月七日　神田北神保町中国青年会館ニ約百五六十名ノ支那人集合ノ上〈条約撤廃〉〈軍国打破〉〈青島直接還付〉其他不穏ノ文字ヲ記載シタル旗（長サ約六尺）並ニ支那国旗及半紙製ノ小旗ヲ携帯シ三々五々支那公使館ニ向ヒ出発セリ午後零時五十分ニ至ルヤ永田町独逸大使館前ニ約五十名ノ一団押シ寄セタルモ警戒ノ警察官

ヲ以テ之ヲ阻止シタリ然ルニ其後続々集合シ午後一時五十分頃ニハ約四百名ヲ算スルニ至リタルヲ以テ説諭解散セシメタルニ日比谷公園ニ赴クカ如ク装ヒ独逸大使館ヲ一巡シテ警戒ノ間隙ヲ窺ヒ携帯セル旗ヲ振翳シ喊声ヲ揚ゲ突破セント試ミタルモ漸ク阻止シタリ因テ彼等ハ二団ニ分レ其一団約百名ハ英国大使館ニ赴キ数名ノ委員ヲ挙ゲ面会ヲ求メタルモ拒絶セラレ其侭神田方面ニ引キ揚ゲ退散セリ他ノ一団約三百名モ英国大使館ニ向ヒタルヲ以テ三宅坂ニ於テ之ヲ阻止シ解散セシメタリ」

（Ｂ）「午後一時三十分頃葵橋附近ニ約五十名位ノ一団集合シタルヲ以テ解散セシメタルニ彼等ハ虎ノ門公園ニ至リ更ニ集会シ午後一時五十分頃約百名ノ集団トナルヤ中華民国留日学生監督処ヘ押寄セントテ進行シタリ故ニ之ヲ阻止スルヤ彼等ハ約千名《ママ》米国大使館ニ侵入《ママ》シ此処ニ於テモ亦委員ヲ挙ゲ同大使ニ面会ヲ求メタルモ拒絶セラレ直チニ瑞西公使館ニ向ヒタルヲ以テ途中ニテ之ヲ阻止シタルニ彼等ノ中ヨリ李培天、王希天外三名ガ委員ニ挙ゲラレ公使ニ面接ノ上陳述書様ノモノヲ提出シ（面接ノ際ハ六本木警察署長、東京憲兵隊長立会ス）夫レヨリ彼等ハ露国大使館ニ至リ委員ヨリ面会ヲ求メタルニ一等書記官之ニ面会シ陳述ヲ聞キタルニ依リ直ニ退去シ駈歩ヲ以テ葵橋ニ至リ同所ノ警戒ヲ突破シ支那公使館門前ニ至リ暴力ヲ以テ門内ニ突入セント企テシモ之ヲ阻止シタリ此時約四百名位ナリキ彼等ハ其中ヨリ王希天外四名ノ委員ヲ支那公使館ニ赴カシメ入館方交渉ヲ為シタルモ拒絶セラレタリ然レトモ彼等ハ退散スルノ模様ナカリシヲ以テ午後四時五十分葵橋ニ於テ解散ヲ命ジ漸次退散セシメタルニ彼等ハ神田方面ニ向ツテ退去シタリ」

便宜上、Ａ・Ｂ二項に分かったのは警察が学生の隊伍を大きく二手に分けて捉えているからである。しかし、Ｂの隊伍が最初「五十名位ノ一団」から「約百名ノ集団」になり、ついでアメリカ大使館構内に進入したさいには一挙に「約千名」に膨れあがった経過にはなんの説明もない。デモ隊の陽動や外国公館訪問を巧みに利用した「作戦」に振り回された観がある。(28)とりわけスイス公使が学生代表を接見したさい、六本木警察署長・東京憲兵隊長はいったいどんな口実で同席を強要したのか、外交の最低の常識すら疑われる。赤恥をかかされただけに、騎馬憲兵をも動員しての弾圧は凄惨であった。

追ツテ彼等中ニ兇器（出刃庖丁）ヲ持シ警戒ノ巡査ニ負傷セシメタル者一名アリ之ヲ検挙シタル外携帯シタル旗等ヲ以テ警察官ニ暴行ヲ為シタル者及ビ群衆ヲ煽動シ又ハ助勢シタル者等首謀者ト目スベキ者三十五名検挙セリ(29)

検挙は免れたものの重軽傷を負った者多数、警官は解散させた学生が電車を利用して神田に引き揚げることも許さず、やむなく徒歩で道を辿らなければならなかったという。

然シテ留学生集団中ノ重立《おもだ》チタル者ハ午後七時頃ヨリ中国青年会館ニ引揚ケ徹宵被検束者ニ対スル善後策并ニ之レガ慰問方法等ニ関シ協議セリ尚龔徳柏外二名ハ日本警察ハ本日留学生ヲ捕ヘテ死刑ニ処セントストノ電報ヲ本国各新聞社ニ発送シタリ(30)

北京では五四事件にたいする国民世論の盛り上がりを前に、政府は七日午前逮捕した学生全員を釈放するとともに、同日午後中央公園で予定されていた国民大会の開催を禁止するという措置に出た。この日、国恥記念日を期して全国各地で集会・デモがおこなわれたが、肝心の北京では、釈放実現で学生は罷課を解き、戒厳状態下に国民大会は流会した。しかし、東京での流血のデモの報道は衰えかけた火勢にふたたび油を灌いだ。五四事件は周知のように「外に国権を争い、内に国賊を除く」五四運動に発展し、六三闘争の爆発をへて六月一二日、曹汝霖・章宗祥・陸宗輿ら親日派三要人の罷免、六月二八日、パリ対独講和条約への中国代表団の調印拒否となって、日本は重大な外交的敗北を喫することとなるのである。

六　留日学生界の内訌

　しかし、留日学生の運動は、警視庁の推計で千数百、学生側の諸記述で二千余の大動員を果たした「五七」の昂揚後、逆に混迷をきたした観がある。喫緊の課題は被検挙学生の救援であったが、五月八日夜、まず二三名が釈放され、職務執行妨害罪として送検された一二名のうち七名が起訴され、残りは処分保留のまま、一三日に釈放された。代理公使荘景珂はもちろん学生監督江庸をも学生弾圧の元凶とみなす総会の幹部たちが反対するなか、馬伯援らは「万難を排し、衆議を払い」、江庸に依頼して訴訟費を負担させ、吉野作造の援助を得て辯護士を依頼するなど、被逮捕者の救援のため必死に奔走した(31)。五月二九日、東京地方裁判所は、胡俊に懲役拾ヶ月、趙雲章に同六ヶ月の実刑を言い渡し、劉國樹・黄傑（各四ヶ月）、杜中・石子雲・陳祚蔭（各三ヶ月）の三年間執行猶豫付きの判決をくだした。吉野らは下獄覚悟の胡・趙両人を説得して上訴させ、辯護スタッフを強化して公判にのぞみ、一〇月中旬ついに全員の執行猶予をかちとったのであるが、それは後の話である(32)。

　これより先、五月六日、江庸は各省同郷会長・各校同窓会長を招集して七日のデモを中止するよう説得し、甲斐なしと知るや、北京教育部に辞職を打電し、七日には当日の状況を報告するとともに、再度辞意を表明することがあった。九日にはまずは臨時総会を代表して高等工業生呉一峰が監督所を訪ねた。「警視庁ガ支那留学生ヲ逮捕シタルハ江庸ノ依頼ニヨリタル旨」学生が警官から聞かされたが、事実かどうかという詰問・抗議である。まったくの事実無根、その証人として名を挙げた三人の学生（当日の被検束者）を同道して出直すよう江庸は要求した（約束は実行されず、呉らの非難はさらにエスカレートし、江も公開で反論した(33)）。同夜には一転して学生「趙欣伯外十名」が私宅に来訪し、官費留学生全員の連署で留任要請状を提出する、ついては教育部に打電した内容の公表は、物議を避けるため中止せられたい、また拘留中の学生釈放に尽力してほしいと、これはまたうって変わった陳情であった[34]。

章宗祥の「歓送」、五七のデモと相次ぐ緊急事態と公開討議になじまぬ行動の隠密の準備、指導は姚薦楠（梓材、子材）、龔徳柏、阮湘ら少数の幹部に事実上集中した。会長葛天民（総務主任が会長と称されたようだ）をはじめ、前年来の経緯で江庸に親近感を持つ総会職員はもちろん、少数幹部の強引な指導に批判・反感をもつ職員が次々に辞任するなかで、彼等は綱渡りのような総会運営をよぎなくされた。支えは一般学生の愛国感情だけだったといってよい。先ず本国の闘争との連帯活動を進めねばならない。五月一〇日、五七流血デモの報告のために取りあえず「委員」三名を帰国させ[35]、一一日にはさらに「幹部会」を開いて総会から二名、各省同郷会・各学校同窓会から代表者として各一名以上を選抜して一週間内に出発帰国せしめることを通告した。留日学生運動の貴重な証言として残されている『東遊揮汗録』は、そのさい河南省同郷会の代表に選ばれ帰国した王璋（拱璧）が、日本の中国侵略思想の根深さ、留日学生の反侵略闘争の具体相について記述し、報告・執筆し、河南法政勧用国貨団が開封で石印に付したものであった[36]。

当然、留日学生は全員帰国すべきであるとの主張も提起されたが、前年の一斉帰国の失敗の教訓から反対の声も大きく、総会幹部も実質上各人の自由意思に任せる方針をとって、急進派の不信を買った。同郷会・同窓会はあいついで総会を開き、罷課・帰国問題について討議したが、五七の昂揚の過ぎた後とあって盛り上がりに欠け、五月一七日夜、「基督教青年会館階上講堂ヲ密閉シ一切ノ日本人並ニ資格ナキ留学生ノ出入リヲ禁ジ」て開かれた各省同郷会各校同窓会代表会議は、参会者三六名中、帰国問題については「帰国賛成十二名　仝　反対　六名　賛否保留　九名　白紙投票　五名」ということで、形式上では「一致帰国」が多数で決定されたものの、賛成票が実質三分の一とあってははなはだ迫力に欠けた。次いで提案された「江監督排斥問題」は「江監督ハ学生ノ愛国ノ叫ビヲ顧ミザリシヲ以テ之ヲ排斥スベシトノ動議ヲ出シタルニ一致帰国ニ決シタルヲ以テ其必要ナシトスルモノ多数アリタルモ一致帰国ニ賛成セズシテ残留スル者アルヲ予想シ各経理員ヲシテ国務院ニ排斥ノ打電ヲ為スコトニ決セリ」という歯切れの悪さであった。ただ、この会議で「臨時」の二字を外して正式に学生総会と称することが決定されたらしく、これがまた物議を醸すことになるのである。

この決議を承けて東亜高等予備校、日華学院、成城学校など罷課にはいる学校もあったが、一週間ともたなかった。前年は帰国闘争の牽引車役を演じた一高・東京帝大等の官費生は総じて罷課にも帰国にも慎重（事実上は反対）であった。五月二一日夜、ふたたび青年会で開かれた「同郷会同窓会代表第二回協議会」は、「代表参会者二十一名」で、今回は「陪観者約二百名」の入場も認められたが、座長龔徳柏は

「第一回代表者会ニ於テ一致帰国ヲ可決シタルヲ以テ本会ニ於テハ其方法ヲ協議スベシト云ヒ、団体ヲ作リ一致帰国スルハ吾人ノ理想ナルモ、船舶其ノ他ノ関係上到底実行シ難キヲ以テ、三々伍々帰国シ帰国後ハ山東問題解決セザレバ決シテ再ビ渡日セザルコトノ二条件ヲ提出シ、賛成ヲ求メタリ。之ニ対シ代表者中三名ハ反対ノ意見ヲ陳述シ、亦青年会館幹事馬伯援ハ局外者トシテ皈国ノ不利ヲ説キタリシガ、投票ノ結果賛成者十二名投票セザル者九名ニシテ結局原案通リ可決セリ。尚龔外三名ノ委員ハ一致帰国反対者タル高師代表李松風、帝大代表呉善、高工代表柳飛雄、一高代表張心沛、千葉医専其ノ他ノ代表者ヲ青年会館ニ誘致シ一致皈国ヲ力説シ以テ本決議ノ貫徹ヲ期セント申合セタリ。……(37)

以上ノ如ク代表者ノ出席者半数ニ満タサルノミナラズ出席者中辛フシテ帰国ノ決議ヲ為シタルモ一般学生ノ意向ハ昨年ノ帰国ニ懲リ再ビ皈国スルヲ悦ハサル状況ナリ」。

総会が姚薦楠ら少数者によって専断的に引き回されている、「臨時總会ハ留学界ノ代表機関タルモ目下ノ状況ヲ見

ルニ總務部交際部ニ人無ク庶務、会計、文牘ノ各部ニ僅カ一人宛ヲ剩スノミナリシモ此二三輩ハ阮湘、龔徳柏、吳一峰等ノ私党ニシテ仮リニ総会ト云フモ吾人ノ代表ニアラサルナリ」と、ことに江庸を支持する元総会職員から批判が加えられた。「張光亜、趙欣伯等の一派」が、一八日、「握留学界最惨之黒幕」と題する印刷物五百枚を配布したのを皮切りに、元会計幹事の李光鑑が、龔の経理の乱脈を指弾するなど、誇張もまじえた批判文書が次々と現れた。(38)

これに田中招宴問題が加わる。『報知新聞』（大正八年）五月二十日号は「◎田中陸相昨夜支那学生を招待」として、「近頃めっきり如才のない陸相　後楽園に靉々気分を漲す」と小見出しも付け、次のような記事を載せた。

> 近来外相のお株を奪ひさうに或は米人を招待して一夕の宴を張り列国大公使や館員を招して九段の大相撲を見せるなとおさおさ如才のない田中陸相は十九日の　◇夕六時から小石川砲兵工廠内の後楽園に此間中示威運動なとに排日気勢を挙けた支那学生中の代表者とも見るへき周天爵、龔徳柏、王希天、吳善嬰《ママ》、國青《ママ》等二十名と支那公使館の武官岳少将を招待して懇親会を開いた、陸軍側からは一戸教育総監、菊地中将、福田参謀次長等のお歴々のお顔も揃ひ八時　◇食堂を開き　陸相は起って徐に「諸君よりも隔てのない意見を述へて戴くこと、そして互に打解けて将来東洋和平の為相携へて日支親善に努力したい」といふ様な挨拶かありて支那学生側の謝辞かあり兎も角も和気靉々の裡に十時頃散会した。

このことを報道したのは『報知新聞』一紙のみであり、総会幹部たちは事実を否認したようだったが、(39) 日本「軍国主義」との戦いのさなかに、軍閥の領袖と「排日」の学生とが「歓談」するとはそれ自体が醜聞である。反総会派は「五七」の弾圧への抗議が、日本の警察・軍部にたいしてでなく、荘代理公使にたいしてでもなく、学生監督江庸を標的に据えて行われているのも、さてこそだといきり立った。関係者が口を噤むなかで、学生と田中義一陸軍大臣のあいだで仲介の労をとったのは、東大教授吉野作造その人であったと噂され、まもなく姚薦楠が「江庸排斥」をも使命の一つとして北京に発つと、江庸支持派の学生も田中との「醜聞」を暴露した大量の文書を携えてあとを追い、それが下関で警察に押収されると云う一幕もあった。(40) 葛天民が学生総会幹事の肩書きで北京政府に江庸の留任要請の電報を打ち、総会側から肩書き詐称だとして攻撃されるのもそのころであった。(41)

つい数ヶ月前、ともに臨時総会を立ち上げた幹部間の対立・内訌に、五月二四日召集された各省各校代表者会議（参会者三十二名）は爾後は総会の呼称を廃し、各省各校代表者「聯合会」の名を用いることをいったんは申しあわせたのであるが、総会の再興をめざし再度召集された代表者会議は結局組織の分裂に結果した。

昨三十日午後八時ヨリ中国基督教青年会館ニ於テ各省校同郷同窓会代表者会ヲ開キ龔徳柏外五十余名参会ノ上留日学生總会ノ再興ヲ計リタルニ異論百出シ遂ニ椅子ヲ振リ上ケ相互争闘ヲ始メタルヲ以テ或ル者ガ場内ノ電燈ヲ消シ以テ気勢ヲ消キ且ツ青年会幹事馬伯援、謝鎮章ノ両幹事仲裁シテ其儘流会退散セシメタリ然ルニ総会再興賛成者約十五名ハ一旦上野館止宿姚薦楠ノ許ニ引揚ケ姚ト共ニ再ビ青年会館ニ赴キ約二三十分間何等カ協議ノ上散会セリ（⑧外秘乙第三三一号）

姚薦楠らは反対派を出し抜き、一種のクーデタによって臨時総会の職員改選を行ったようである。六月四日の同外秘乙三三四号は

曩キニ職員中辞職シタル者アリテ欠員ノ儘ナリシ処這般中国基督教青年会館ニ於テ各省校同郷同窓会代表者会ヲ開催シ之レガ補欠選挙ヲ為シタル結果左ノ通リ当選シタリ

と総務部主任曾天宇以下九人の新役員を紹介しているが、代表者会が何日に行われたか言及しておらず、欠員補充が前記の「総会再興賛成者約十五名」の画策した結果に相違ない。(42) 江庸支持派はもともと三〇日の役員改選で龔徳柏ら姚薦楠派を追い落とし、役員全部を自派で固める目算であったようだ。(43) しかし、総会側に既成事実を作られたからに

は、別に門戸を構え将来の吸収合併を期するほかはない。葛らはいわば「影の内閣」を組織し、公然たる分裂に乗りだす時期をまつことにした、と警視庁はみていた(44)。北京に姚派弾劾の伝単を持ちこもうとしたのも、彼等のメンバーであった。

他方で一斉帰国を主張する急進派からも臨時総会は突き上げられた。代表者会議で帰国を決議したにもかかわらず、龔徳柏らは自身の帰国さえ準備していない、「鉄拳」制裁を加うべしとか、田中の招宴に応じた後の態度の変化は「死刑」に相当するといった類の、名指しの伝単が五月下旬には出現した。留学生の内訌を憂えた帰国急進派の学生は五月二四日、双方の対立を止揚し、「全体帰国」を実現するために「中華民国留日学生泣懇救国団」を発起するにいたった。なによりもまず留日学生が意地の張りあいを止め、救国のため和衷共同するよう「泣懇」することから出発しようと訴えたのである(45)。この動きは建前として全体帰国の立場をとってきた総会派によって利用された。五月二八日、青年会で開かれた「全体代表会議（参会者十八名陪観者三十名）」は「一致帰国」は「同盟休校ノ上帰国ヲ理想トスルモ実効不可能ナルヲ以テ休校及帰国月日ハ各自ノ任意トス帰国学生ハ一律ニ今回設立スル上海中華民国留学生泣懇救国団本部ニ集会スルコト」を申しあわせるとともに、泣懇救国団簡章を改定して「暫行章程」を決定し、宣言を採択した(46)。二日後の三〇日午後には第一回の会員集会が開かれ、役員を選び、北京・上海に先行させる代表を決め、団員の帰国期限を六月二〇日に設定した。警視庁ではこれらの動きの背後には姚薦楠があると見ており、集会が前述の同郷同窓会代表者会議と同一日に、しかも先行して設定されていることはその意味で注目される(47)。

六月一日、上海学生聯合会は北京・天津・南京および帰国留日学生代表を招いて「非正式聯集《ママ》会議」を開き、恒久的に中華民国学生聯合会を組織することを討議し、全国各地の学生聯合会に二週間以内に代表を上海へ送るよう要請した。おそらくその直後、上海滞在中の留日学生五〇人余は集会をもち、留学生にたいして当面帰国を急がぬよう

「忠告」した宣言を発した。日本の侵略政策が中国国民の「公憤」を喚び「日貨排斥」に立ちあがらせたのであって、その責任は挙げて日本政府にある、留日学生は中国国民は決して日本国民を敵とするものではないことを、日本の経済界・学界に説明し、理解させるべきであって、そのほうが『全体帰国という消極的な行動』よりも、はるかに効果があるとしたのである。(48)それが東京に届いたのか、届かなかったのか、主要な目標は本国の国論の喚起にあるとする全体帰国論が、「六三」運動によって北京・上海の状況が新たな段階に入るといっそう強まっていった。

八日午後八時三十分ヨリ中国基督教青年会館ニ於テ（各校各省同窓同郷会）代表者会ヲ開催参会者龔徳柏外三十余名ニシテ劈頭龔徳柏登壇シ本国ニ於テハ北京ヲ始メ各地ノ大中学生ハ休講ノ上国事ニ奔走中ナルニ拘ラス我留東学生ハ意気沮喪シ日々冷淡ニ向ヒ恰モ対岸ノ火災視スルニ至リタルハ何ソヤ誠ニ憤死慚愧ノ至リニシテ斯クテハ何ヲ以テ郷党ニ見ヘン故ニ故人《ママ》ハ来ル十一日ヨリ同盟休課シ相呼応シテ国論ノ喚起ニ努力奮励セサル可カラス云々ト述ベタルモ一同ハ只静聴スルノミニシテ意見ヲ交換シタルモノナク約二十分ニシテ散会セリ(49)

龔徳柏は情勢の進展をふまえて訴えかけたことは明らかであるが、参会者の反応は冷やかで、一一日からの罷課もうやむやに終わったようだ。第一、総会執行部自体がどれだけの気迫で臨んだのであったか、泣懇救国団の学生は不信感をかくさなかった。北京大学学生で五四運動に奔走して病逝した郭欽光を追悼する集会は、北京では五月一八日に、上海では三一日に（この日「留日帰国学生」として凌炳が演説をしている）、それぞれ学生聯合会主催で大規模に行われ、「六三」にむけての総決起集会の意義をあたえられたが、東京では学生総会は動かず、六月一一日、泣懇救国団が「参会者約百三十名」を得て、青年会においてこれを開催した。しかも、そこでは現総会が「全体帰国」の障害であるとして、「帰国反対者」たる総会幹事長曾天宇・副幹事長龔徳柏・評議部長李生瑞の辞任を要求し、怠惰なる各省各校代表者を真の愛国者と差し替えること、腐敗者が参加を拒むばあいは、「愛国分子ノミ全体帰国ヲ実行スルコト」を主張する檄文が配付されたというのだ(50)。団長呉有容はすでに上海に在ったが、おそらく現地の運動の高揚に刺激されて呉は「来ル二十日迄ニ上海ニ帰国集合スベシ」と改めて要請してきた。「副団長黄耀武外約三十名」は、一四日、会合して「四五人宛一組トナリ各留学生ヲ訪問シ帰国ノ勧誘ヲ為ス可シトノ申合ヲ為シ」たという(51)。

　泣愬救国団の組織した帰国学生および上海集結後の活動については明らかでない(52)。泣愬団が当初、総会の決議にもとづいて組織されながら、次第に総会幹部への批判を強めていったことは前述のとおりであるが、六月二五日にいたって泣愬団を完全に無視した「留日学生総会通告」が配布されるにいたった。夏期休暇には大量の留学生が帰国するのが通例であるため、彼等に帰国後、北京・天津・上海・広州・漢口での「大団体」の活動に参加するか、各省都市で「小団」を組織するか、二九日までに申し出ること、「聯合《マ》会留学《マ》界」はそのために「全体留学生救国団」をつくり、「本部ヲ上海ニ設ケ昨年成立セル救国団ト聯合進行」し、天津に「特別支部」を、その他の都市に支部を設置し、「先発ノ代表者ト会合辦理スルコト」を要請した(53)。上海の留日学生救国団（救国日報社）は『救国日報』の発行を堅持しつつ、上海の各種集会に留日学生を代表して参加していた(54)。にもかかわらず、東京では帰国を論ずるなかで、名目的にせよ依然存続する留日学生救国団に言及することはなかったのであるが、ここにいたって初めて「聯合推進」がうたわれた。実際的効果よりも泣愬団の正統性を否定することに意味があったのかもしれない。

　しかし、留日学生の帰国の意義は前年とはまるで異なっていた。日中軍事秘密協定の成立阻止のために、破釜沈舟、二度と日本の土を踏まぬ覚悟で開始された一斉帰国は、大きな宣伝効果をもち、本国の学生を刺激して翌年の五四学生運動を準備した。帰国した学生の大部分が忸怩たる思いとともに再渡来し、挫折感は深かったとはいえ、五四事件勃発でふたたび彼等は奮起し、「五七」示威の流血で本国の運動に有力な呼応をした。だが、経過が示すように、総会は組織的にも思想的にも無準備のまま新たな運動の段階に突入したわけで、本国の各省・各地の運動に代表を派遣して連帯を表明するという当初の方針が、下からのつきあげで動揺し、泣愬救国団の運動にも引きずられて中途半端な対応となった。

それでは帰国した学生はなにをしたのか、駐京（北京）留学生総会代表者姚薦楠外十一名が、たぶん七月初めに整理した報告によると、大総統・国務院への上書、外交問題への通電、江庸・荘景珂の罪状暴露、各団体との連絡、各種集会への参加、六三被捕学生の慰問、六月二七日から二八日にかけての総統府座り込み（第一次請願）参加等々二五項目の活動が挙げられている(55)。上海での活動状況は全体の高揚のなかに埋もれてしまい、ニュースにもならなかったが、六月一六日の全国学生聯合会の成立大会には、日本留学界代表として廖方新・王之楨・凌炳・鄒衛・劉振群・盛世才が参加し、救国日報社々長王兆榮は「報界」来賓の一人として名を挙げられている。留日学生は全学聯の有力構成団体となり、劉振群は代表して理事に選出されたのであった(56)。

その他各地での帰国代表の活動状況はつまびらかでないが、唯一、広西南寧での例が台湾総督府陸軍参謀部の情報で報告されている。

青島問題世ニ公ニセラレ北京学生ノ暴動発生以来市中何トナク殺気立チタル観アリシカ五月二十八日突如上海留日学生十二名乗込ミ左記ノ文字ヲ記セル紙片ヲ各要所ニ貼付シ二十九日更ニ各戸ニ分配シ更ニ五月七日東京ニ於ケル支那留学生カ公使館ニ至ラントシテ日本巡査ノ為十数名殺害セラレタリ此ノ如キ暴行ヲ敢テスル国民ニ対シテハ須ラク暴行ヲ以テ報セサルヘカラサル等針小棒大ニ吹聴シ主トシテ学生間ヲ誘導セル結果此処ニ一層排日ノ気勢高潮シ各学校ハ小学校ニ至ル迄教師引率ノ下ニ六月一日大示威運動ヲナシ各町ヲ巡回シ日貨排斥ノ旗ヲ立テ商阜《ママ》地ニ至リ学生所有ノ各自ノ日本品ヲ焼却シ全市ヲ挙ケテ排日ニ傾注セシメタリ一方商人ハ日貨排斥ヲ決議シ各地ニ電報スル外一部ハ学生ト共ニ焼却ニ従事セリ而シテ上海渡来ノ学生ハ相当ノ効果ヲ認ムルヤ南寧ヲ根拠ト

シテ更ニ百色龍州方面ニ分離巡遊シ日貨排斥ヲ誘導スルノ計画ニアルカ如ク着々其歩ヲ進メツアリ……（③22「南支情報」第一二二号　大正八年六月二八日〈三、南寧ニ於ケル排日〉）

これは突出した例であるが、全体から云えば、王拱璧の場合が示すように、すでに高揚している地元での運動に連帯と支持を表明し、日本の中国侵略の野心と留日学生の闘争を報告するのが主要な役割であったろう。日中軍事協定に抗議し、本国各界を覚醒させようとした、つまり組織者たらんとして帰国した前年の場合とは基本的に異なっていた。挙国一致を標榜した泣懇救国団は、まさに一周遅れのランナーとして登場したのであり、当然ニュースにもならなった。

日本国内でも東京以外の地方では目立った動きはなかったようだ。京都では

今回ノ北京学生団盲動事件ヲ聞知スルヤ概シテ遭難者ニ好感ヲ有セサル留学生ノ多数ハ之ヲ快挙トナシ特ニ章公使死亡説ノ如キ寧ロ当然ナリト見做シ却テ学生団ノ行動ヲ正義ヨリ出ツル愛国心ノ発露ナリト賛称セルヤニ伝ヘラルル状態ナルモ何等彼等ニ呼応スルガ如キ形勢ナカリキ然ルニ在東京支那留学生ノ軽挙盲動続テ各新聞紙ニ詳報サルルヤ多少彼等ノ頭脳ヲ刺激シタル感アリテ漸々一部ノ者ヲ感激化シ行クノ傾向アリ嘗テ存在セシ在京都支那学生会ハ昨夏多数帰国後離散シ統一ナカリシヲ更ニ再起スベク昨七日午後一時ヨリ約五十名ノ留学生会合会則及役員選挙等ヲ為シタル際ノ如キ今回ノ事件ニ対シ自己勝手ナル議論ヲ為シタルモ団体トシテハ何等問題トシテ論議シタル形跡ナク各自互ニ相警メ軽挙盲動セザランコトヲ欲スルモノノ如ク本団若シクバ他留学生ヨリ迫害セラレ大勢不止得《ママ》モノアル場合ノ外自発的ニ狂態ヲ顕ハスコトナキ状態ナリ(57)

これは「五七巷戦」のニュースの伝わる前のことだが、翌五月九日以降も京都府からは取り立てた報告は上げられなかった。大阪では八日夜、高等工業学生二二名が下宿屋で集会したが「別ニ過激ノ決議ヲモ為スコトナク」散会し、

前年、大半の学生が退学願いを提出して帰国した北九州戸畑の明治専門学校では、一二二名の留学生が七日、寄留舎《ママ》（同校は全寮制）で国恥紀念日の「茶話会」を開いて北京への連帯の意を示したものの、「五七」の流血には興奮した動きは見られなかった。[58] 九州大学医学部に進学していた郭沫若は、七月一七日、友人と通信社「夏社」を組織し、日本での侵略的言論や資料を中国の報道機関に送ろうとした。[59](補) 東京以外で留日学生が通信社を組織したのは初めてであり、短命に終わったようだが、郭沫若の文学活動の重要な契機となったことは彼の自伝的回憶『創造十年』を参照。

一方でこれまでになかった華僑の登場は特記するに値する。逮捕・起訴された学生に実刑判決がでたことを知った大阪の華商は、「留学生ノ行動ハ真ニ憂国ノ至情ニ出テタルモノナレハ此ノ際在留支那人ノ結束ニヨリテ彼等ヲ救助セサルヘカラス」と、中華商務総会名で公使館に打電しようとして郵便局に受付を拒まれたため、委員二名を直接上京させたというのである。[60] こうした華商あるいは僑商の支援は表面にでたのはこの一例だけであったが、実際にはもっと広がりがあったろうし、中国での反帝国主義運動の発展とともにさらに拡大していったであろう。四年後の話で本書の取り扱う範囲を出るが、一九二三年、中華留日学生旅大収回後援会が発足したとき、その経費の八〇パーセント以上を僑商の義捐に負うたのである。[61]

ところで、『大正八年略記』は「山東問題」にかかわって「八月十日迄ニ帰国セシ留学生一千四百七十八人」と記し、前述のような運動の低調さにかかわらず意外に多く算定している。総会の統制外でも、「五七」後さっさと帰国した貴州の派遣学生の一団もあった。黄齊生（王若飛の舅父）に引率されて一八年三月に来日したグループ（官費生八名、半官費生八名と自費生若干名）は、その直後におこった軍事協定反対の一斉帰国には参加しなかったが、一九年、「五七」示威の流血の弾圧に王若飛ら急進派は「罷学回国」を主張し、黄齊生は二〇余人の学生をひきいて上海に引き揚げた。風潮が一段落すると、黄は「貴州実業考察団」の名目で学生をつれて江蘇南通など各地を参観し、一〇月上海にもどったあと、王若飛らは「勤工倹学生」としてフランスへ、すでに早稲田に学籍のあった謝六逸（光燊）らはふたたび東京にもどったという。(62) これは貴州同郷会の決定によったわけでもなく、泣愬救国団の呼びかけに応じたのでもなく、例外的な独自行動であったと思われるが、そういった特殊例を加えても、前年の一斉帰国参加者が六月一二日現在、一、二〇二名であったのに較べていかにも多すぎる。これは日付の誤記ではないかと疑いを存しておく。(63)

注

（1）⑰外秘乙第一三二号　大正八年二月十八日「救国日報通信員等ニ関スル件」
昨夏支那上海ニ於テ創立セシ救国団機関紙救国日報ノ件ニ関シテ曩《さ》キニ屡報シタルガ爾来在京留学生間ノ排日思想抱持者ハ終始諸般ノ情報ヲ為シ或ハ論文ヲ寄書シツツアル事実アリ更ニ今回別紙ノ如キ救国日報特約駐東通信員規約ヲ設ケ既ニ該通信員トシテ十五名ハ別記名者《ママ》ニ指定シ残余五名モ目下人選中ナルガ如シ同日報救済基金募集ノ為メ喩義及羅益増ノ両名ハ代表委員トシテ客月廿日上海ヨリ渡来シ在京浜支那人間ノ重立ツ者ニ之レガ交渉運動中ナルガ在京甲号要視察人姚薦楠ヲ筆頭ニ易希亮（東亜高等予備校）王喆（法政）劉蒙（高工）周宏業（成城）劉國樹（高工）蕭佐漢（早大）鄭浩然（早大）及在横浜朱有昀ノ如キハ熱心之カ斡旋奔走ノ任ニ在リ而シテ仝特派代表委員ハ相当ノ効果ヲ齎ラスヘク予期シタルモノノ如カリシモ事実ハ甚タ不成功ニ終ハリシガ如シ
救国日報社特約駐東通信員規約
一、通信員指定二十名
二、由通信員挙主任一人及書記一人
三、主任主持専電収支及其他一切事宜
四、書記掌理文牘事宜

五、遇有重大事由主任会随時通信員全商《ママ》

六、通信員輪流値日毎日暫定二人担任該当日探訪新聞及通信時宜　但値日通信員亦得為責任外之通信

七、尋常新聞由各通信員専函直接通達報社　緊要重大新聞由各通信員以最迅速方法（専電或速達郵便等）報告主任専電報社　但已在既新聞紙上発表之緊急重大新聞主任応無須俟通信員之報告即以専電通達報社

八、通信員皆係純粋義務　但郵電文具及其他實費由報社担任之竝日報社贈寄通信員救国日報各一份

九、通信員各有不得已事故不能担任職務時須推薦自代之人報告主任

十、本規約得以通信員多数之同意改訂之

救国日報社特約駐東通信員氏名

氏　名	別号	担当日	住　所
劉　蒙	文漢	逢一	牛込区早稲田鶴巻町三〇二　中村館
周宏業		〃	小石川区大塚坂下町四〇　岩谷社
羅俊奇	澣獻	逢二	芝区三田南寺町二四　瀬田方
張有桐	百高	〃	本郷区駒込追分町三一　※香雪軒
王　喆		逢三	牛込区早稲田鶴巻町三〇二　中村館
鄭伯奇	虚舟	〃	小石川区大塚坂下町六九　華柱口方
田　漢	漢兒	逢四	小石川区茗荷谷町九六　湖南省経理所
林文琴	子桐	〃	本郷区駒込追分町三一　※第二致正館
易家鉞	空谷山人	逢五	府下戸塚町字諏訪一七二　空谷方
瞿　国《ママ》	寥天	〃	牛込区早稲田鶴巻町一四一　※勢学社
莊善祀	蟄公	逢六	本郷区弓町　ノ八　本郷館

文元模　〃　※小石川区柿町七〇　□□方
陳震巽?　逢七　牛込区早稲田鶴巻町一三〇　風光館
汶杰甫　〃　仝区　仝町一二二　豊川方
殷汝邵　逢八　小石川区原町一三九　中原方
　通信所　上海法界（仏租界）貝勒路華盛頓里五号　王宏實（或ハ羅季則、曾慕韓）

※「大正八年略記」（十月末調）所記の表では張有桐の住所が「神田区三崎町二ノ一　渡辺方」、林文琴の住居が「第二致隆盛館」に、瞿国の住居が「新中学社」に、文元模の住所が「本郷区弓町一ノ八　本郷館」に、それぞれ変わっている。

（2）藤本博生「パリ講和会議と日本・中国――〈人種案〉と日使恫喝事件――」（『史林』五九巻六号　一九七六・一二）。

（3）『法律新聞』第一五〇九号（大正八年二月十三日）「朝鮮学生大検挙」、同第一五一二号（同二月二十日）「朝鮮学生判決」

（4）『晨報』一九一九年二月二四日◎東京特約通訊（我聞）△朝鮮学生之談話。同一月二九日◎東京特約通信（二十二日発、空谷山人）、二月一〇日◎在美朝鮮人之独立運動（空谷君通信）、◎三誌朝鮮人之独立運動△二月九日東京通訊員空谷山人、はいずれも易家鉞の送稿であった。

（5）例外の一つ、黄紀陶「黄介民同志伝略」（『清江文史資料』第一輯一九八六）によると、黄介民（界民）は日本留学中の一九一五年七月、「又与旅日朝鮮志士何相衍、申翼熙、張徳秀等及中国革命志士鄧潔民、易相［象］、王希天、陳其尤、余揆之、鄧天民、蔡北侖等組織新亜同盟党。主張反抗強権、互相協助、審察時機、先後図謀各地独立、締結一大同盟、主持亜洲大局、維持世界和平。……新亜同盟党成立不久、他們都還在日本、新亜同盟党改名為大同党之前、他提議須派代表到朝鮮内地聯絡真正独立人士同往中国革命。経討論決定派他和余揆之・何相衍三人従東京同往漢城運動。……到朝鮮之後、他們広結革命志士、積極従事朝鮮独立的宣伝鼓動」と。黄が一九一七年朝鮮を経て帰国したことは『民彝』三号に梅園（易象）の詞「大江東去（次韻贈界民由朝鮮帰国）」があることで知られるが、新亜同盟党の存在に触れた資料は彼自身の回想以外にない。しかし、後に大同党での朝鮮人共産主義者との深い関わりには、その呼称はともかくとして前史的段階があったとして不思議ではない。大同党については石川『中共成立史』一五〇－一五一頁を参照。まもなく留日学生救国団の活動がはじまると、彼は『救国日報』主編馬鶴天（鳴鸞）に頼まれ、上海に出て同紙の編輯となり、三年間無報酬で奉仕しつつ、一方で朝鮮独立運動を支援し、中華工業協会など労働団体にかかわったという。

（6）⑦「大正八年略記」。

「二月八日　都下新聞紙其他ニ日支両国講和委員ノ意見衝突並ニ駐支日本公使ノ抗議等ノ記事掲載アリタル為メ排日在京支那人ハ本日中国基督教青年会館ニ各省各校代表者会ヲ開催シ日支密約ノ発表、日本ノ主権干渉排除並ニ本国政府及講和委員ノ督励等ノ協議ヲ為シ之ニ対スル意見ヲ打電セリ尚各留学生ヲ感《マ》起セシムル目的ニテ排日的檄文ヲ各処ニ配布セリ」。

二月二五日、北京の新聞『国民公報』に「解散留日学生外交後援会」と題して「留日学生監督江庸昨電政府、呈報留日学生等組織外交後援会、擬電致欧州和会、主張一切外交上之重大問題、措詞異常激烈、深恐惹起外人之干渉、現已勒令解散、謹以奉聞云」と短い記事が出ている。日本の官憲資料や後の留学生の江庸糾弾にも、この件に言及したものを知らないが、留日学生臨時総会がパリに向けて打電しようとし、日本当局の干渉を懸念した江庸がそれを制止したとすれば、当然学生の反感を買って、後の事態の伏線となったであろう。

（7）⑦外秘乙第一五五号（大正八年）三月三日「中華民国留日学生総会復活ニ関スル件」

前総会の解散は前章に記したように一八年五月五日に決定されており、「五月十六日解散」とする理由は不明。本文引用史料は臨時総会の「規則並職員氏名等左ノ如シ」と以下の様に続ける。

中華民国留日学生臨時総会暫行簡章

第一條　本会定名為留学生臨時総会

第二條　本会辦理留日学生一切臨時事項為宗旨

第三條　本会以留日各同郷会各同窓会代表組織之

第四條　本会幹事部設左列職員

総務部主任　一人　幹事　二人
文牘部主任　一人　幹事　四人
庶務部主任　一人　幹事　二人
会計部主任　一人　幹事　二人
交際部主任　一人　幹事　三人

第五條　総務部総理本会一切事務　文牘部掌理本会往来之《ママ》件　庶務部受理雑務不属於他部事宜　会計部受理本会収支事宜

第六條　本会評議部以各同郷会各同窓会代表組織之　評議員互選評議主席一人

第七條　経代表三人以上之提議得開評議会

第八條　本会各職員選任規則如下

一、選挙　由各代表臨時票選

一、任期　以正式総会成立為期満

第九條　本簡章自臨時総会成立之日起施行至正式総会成立之日廃止

一、職員氏名

職　名	主　任	幹　事
総務部	葛天民（日本）	周維宗（政法）　蘇景三（甘粛）
文牘部	張永澤（中央）	張心沛（一高）　鄭　斌（不明）　羅耀楣（浙江）　鄺摩漢（江西）
庶務部	龔徳柏（湖南）	李含芳（高商）　孫徳修（高師）
会計部	呉　善（帝大）	李光鑑（湖北）　趙　炯（雲南）
交際部	張光亞（明大）	張光瑛（早大）　趙慎修（山東）　董敏舒（黒龍江）
評議部	李生瑞（陝西）	各同郷会各同窓会代表

一、臨時総会創立後ノ全会ノ檄文
A　対外宣言（二月廿四日配布）
イ、一九一五年五月九日中日条約應行破棄
ロ、青島應以無条件交還
ハ、一九一八年中日軍事秘密協約應行解除
ニ、各種借款条約当然作廃
ホ、各地駐屯軍應即撤退
B　中華民国留日学生全体対亜細亜学生会宣言書（三月一日）
C　反対亜細亜学生会敬告学界
イ、従外交上観之中国人決不應入亜細亜学生会
ロ、従会章綱領上観之中国人決不應入亜細亜学生会
ニ《ママ》、猶《ママ》其居指導地位顧問諸人観之中国人決不應入亜細亜学生会

(8)「大正八年概要」。
「本年ニ入リ江庸ハ学生ト意思ノ連絡ヲ図ル為メ留学生間ニ真正ナル一大機関即チ団体ヲ組織スベク奔走中ノ処偶々山東問題ガ都下各新聞紙ニ現ルルヤ留学生ノ重立者曩ニ解体セシ留学生総会ヲ復活セシムベク臨時総会ヲ組織シ葛天民会長トナリ其他ノ役員数種ヲ選定ス○江監督ハ茲ニ於テ団体組織ヲ中止ス」

(9) 同注7、A対外宣言、B宣言書、C敬告学界ともに骨子のみが記載されている。

(10)『大正八年略記』「亜細亜学生会ノ成立ト其現状」
本年一月廿日頃ヨリ早大生岡田隆文、長野清秋、支那人唐林、李含芳等ハ自ラ発起トナリ支那人収容ヲ目的トスル東亜予備学校長松本亀次郎、慶応義塾教授阿部秀助、支那浪人柴田徳次郎ヲ顧問トシテ頭山満、鎌田栄吉、田尻稲次郎其他知名

ノ士ノ援助ノ下ニ設立セル亜細亜学生会ノ組織ニ奔走シ本年二月二日神田松本亭ニ発起人会ヲ開キ綱領（吾人ハ亜細亜青年学生ノ親睦提携ヲ宣伝ス）及規約等ヲ協定発会式ノ準備ヲナシツツアリシ処支那人ヨリ左ノ如キ檄文ヲ学生間ニ配布シ極力反対セリ

日人ガ亜細亜学生会ヲ創立セントスルハ彼等ガ唱導スル亜細亜モンロー主義ヲ実現センガ為メノ準備ナリ日人ハ口ニ日支親善ヲ称フルモ之ヲ事例ニ徴セバ常ニ我国土ヲ蚕食シツツアリ吾人ハ臥薪嘗胆之ガ恢復報仇ヲ思ハサルノ日［？］ナシ彼ノ亜細亜学生会ナルモノモ我国ヲ第二ノ朝鮮タラシメンガ為メナリ若シ日人ガ真ニ日支親善亜細亜ノ連絡ヲ計ラントセバ先ツ第一ニ青島ヲ還付シ軍事協約ヲ取消シ諸種ノ特権ヲ放棄シ誠意ヲ披瀝シ以テ之ガ策ヲ建ツベシ我ガ同胞諸君日人ノ奸策ニ陥リ第二ノ曹汝霖トナリ売国賊ノ名ヲ負フコトナカレ吾人ハ国賊ヲ予防センガ為メニ国賊予防会ヲ組織シ至誠ノ忠告ヲ為サントス希クハ諸君日人ノ誘惑ニ陥リ愚弄セラル丶ナカラン事ヲ

国賊予防会

二月廿一日神田美土代町青年会ニ於テ亜細亜学生会趣旨宣伝演説会開催サル丶ヤ支那人戴克諧、王長春、李含芳、殷汝邵、盛沛東、鮮人李廷斗、鄭泰成、孔沈泰等出テ丶之レガ賛成演説ヲ為シタルニ更ニ左ノ檄文ヲ配布セリ

亜細亜学生会成立ハ

一、世界永久ノ和平ヲ破壊ス

種族聯盟ヲ称スルハ他族ノ反感ヲ惹起シ世界永久ノ平和ヲ破壊スルニ至ル

二、名実符合セズ

亜細亜学生会ヲ組織セントセバ須ラク亜細亜各国学生ノ同意ヲ得テ之ヲ組織シ之レガ事務所ヲ亜細亜ノ中心点ニ置カサルベカラズ　然ルニ該会ハ日本ノ学生ト我国二三学生ノ意思ニ依リ組織セントス之レ名実伴ハサル所以ナリ

三、学術研究ノ目的ト一致セズ

学術研究ノ目的ト云フモ其範囲広汎ニシテ其標準ヲ定メ難シ例ヘバ民主国タル我民国学生ト君主国タル日本学生ト国体問題ニカンスル研究ヲ徹底セント欲セバ各其国ノ憲法ニ違反シ刑律ニ触ル丶嫌アリ亦朝鮮学生ニシテ民族自決主義

ヲ論スレハ直チニ日警ノ干渉ヲ受クルガ如キ言論ノ自由ナキ現況ニ於テ何ゾ学術研究ノ価値アランヤ翻テ日本ノ我国ニ対スル干係ヲ見ルニ一、台湾ノ割譲　二、民国四年五月七日ノ条約　三、民生《ママ》署ノ設置　四、軍械経済同盟　五、南北感情ノ挑発　六、内乱助長　七、湖北巨賊ノ庇護　八、石井宣言　九、平和会議ノ於ケル我ガ使節ニ対スル発言ノ抑圧等我国ヲ毒スルコト枚挙ニ遑アラス何ゾ日本ノ甘言ニ乗セラレ斯会ニ入リテ彼等ニ利用セラレンヤ

明治大学校友会

なお、李含芳は臨時総会庶務科幹事、殷汝郘は一斉帰国のさいの活動分子であった。ただし、発会式には中国側発起人は一人も姿を現さなかった。

（11）「大正八年略記」。なお『龔徳柏回憶録』三二―三三頁にはこう書かれている。「二月間、日本報紙傳出消息、説中日両国学生若干人、発起組織亜細亜学生会。中国方面有唐有壬（此人作過汪兆銘的外交部次長後在上海被人暗殺）等若干人参加。我們看了非常着急、我們認為：這是日本学生、奉其政府命令的行動、就是使各国注意：你們幇助中国在巴黎会議、与日本抗争、而中国学生、則与日本学生聯盟、以対抗欧美各国。於是我首先活動。第一、向將要参加亜細亜学生会的中国学生、作個人的拜訪、説服他們、不要参加該会。第二、組織留日学生総会、由総会的力量、圧迫中国学生、不許参加亜細亜学生会。在我的活動之下、留日学生総会、不久就成立。在開幹事会時、約請將要参加亜細亜学生会的中国学生来会商談。他們大多数都没有出席、只唐有壬一個人出席、説明其理由、也未発生衝突、連辯論都没有。於是日本学生宣布；三月二日下午、在東京築地精養軒（酒席館）開成立大会、召請各国大公使出席。到這裏、他們的政治作用、已很顕然。於是我們的対策：派代表出席該会、表明中国学生不但未参加《ママ》；而且反対該会的存在。因為只有日本国的学生、決不能擅用『亜細亜』的名義。於是開会選挙出席該会的代表、推誰、誰也不幹。推来推去、於是有人対我説：『你去』。我就受之而不辞。並作成宣言書、譯成英文、先日在家中読得很熟、予備在会場向各国大公使宣読。

三月二日下午一時半、我就到会簽到。日本学生早已知道中国人反対該会、中国予備参加該会的学生、一個都未到、只我一個人到会。我報名要演説、他們絶対拒絶、並対我的行動、非常注意。我也不向他們抗辯、就坐在第一排傍辺座位上、俟機自

動発言、完成我的使命。開会後不久、恰有一二分鐘之間隙、我即站起来、用日本話説：『我是中国学生、擬説幾句話。』学生中也有不知内情的、都拍掌歓迎。我一跳就上台、而知道内幕的学生、就上来拖我下台、不許我説話。我一面被推下台、一面大声宣称：『我是代表中国学生来反対該会的。』説完、就坐下。不料後面就有人対我頭上一拳、我即刻站起、向大衆宣称：『我頭上被打了一拳』。於是会場大乱、有人上台向我道歉。這時新聞記者多人、就請我到別室談話。我侃々而談、毫不退譲、約経過一小時、談話完畢。我的任務也完成了、就不再到会場而退出。

次日上午、第一流新聞如朝日、日々之流、只略載；昨日亜細亜学生大会場内発生糾紛。至於什麼糾紛、則一字不提。而第二三流報紙、則全部登載出来。於是不但中国留学生知道我幹了一件事、即日本人亦多注意。……由這一件事、我成了留日学生不争之領導者了。」

龔徳柏が云うように『朝日新聞』『東京日々新聞』が当日の状況についてほとんど触れないなかで、『報知新聞』大正八年三月三日号は「◎民国と朝鮮学生か亜細亜会の妨害　発会式上て一波瀾を捲起す　一高在学中の民国学生」との見出しで「都下学生有志の主唱に係り東洋各国青年の親睦を計る目的で起った亜細亜学生会ては二日午後一時から築地精養軒て盛なる◇発会式を挙けた。会する者本邦学生は素より中華民国ビルマ等の留学生等約一千名来賓には日本中学校長杉浦重剛翁長瀬鳳輔氏明大学長木下友三郎氏植原代議士等あり各熱弁を振って同会の為に青年を鞭撻した。処か一部の民国及朝鮮留学生中には予てから会の　◇主旨を誤解し檄文を同志に配布し妨害大いに努め当日は同会に列席せんとする自国の学生を途中にて食止め剰へ一高の民国学生龔徳柏は会場に紛れ入りて檄文を配り五時余興の終りし時幹事の制止を肯かす壇上に上り反対演説を試み様としたので茲に忽ち　◇一大活劇を演し漸く新聞記者等の仲裁て龔は謝罪の意を表し改めて相方の代表者か会見の上意志の疎通を計る事としたか熱狂の頂点に在る来会者一同は交々立って火を吐くの熱弁を振ひ左の如き決議文を朗読して七時散会した。吾人は死を決して亜細亜学生会に対する誤解を繙き進んで世界の平和の理想に到達せん事を期す」。龔が言及せぬ朝鮮学生の反対・不参加を記述しているのが注目される。

（12）⑧外秘乙第二〇九号［大正八年］三月二十四日「国民禦侮會発行ノ排日激文ニ関スル件」

大正五年七月早稲田大学生丘哲、明治大学生李太《ママ》年等ノ支那留学生ノ一部ハ小石川区雑司ヶ谷町ニ民鐸雑誌社ヲ設立シ月刊雑誌民鐸ヲ発行セリ然ルニ該雑誌排日ノ記事アリタルヲ以テ差押ヘ処分ヲ受ケタリ故ニ表面民鐸雑誌社ヲ閉鎖シ学術研究会ヲ組織シ排日思想ノ注入ニ努メツツ雑誌発行ノ機ヲ窺ヒ居タルモ到底本邦ニ於テハ発行不能ナリトシ客年五月頃民鐸雑誌社ヲ支那上海佛租界貝勤路同益里三弄ニ移スト同時ニ学術研究会本部モ又同処ヘ移シ引続キ排日ノ煽動ヲ為シツツアリタルガ今般日支問題ニ関シ排日気勢ヲ昂メンガ為メ国民禦侮会ヲ組織シ本月九日ヨリ排日記事ヲ記載シタル伝単ヲ発行シ之レヲ本邦在留ノ支那留学生ヘ郵送シツツアリ民鐸雑誌社関係者中判明シタルモノ左ノ如シ
丘哲（早大生）李大年（明大生）鄺強（高工生）胡亡《ママ》任（慶応生）何飛雄（明大生）皤《ママ》培敏（高工卒業）丘仰飛（早大生）龔勃（明大生）王喆（法政生）張有桐（一高生）李邦藩（高師生）趙大勢・錢若水・李世忠・李四《ママ》［この名は他の関連資料に見えず］

追テ入手シタル伝単ハ一号ヨリ十三号迄ニシテ一号ノ要領ハ別紙ノ通リニシテ二号以下ノ表題左ノ如シ［以下省略］第二〇九号は伝単二一八号の表題を中文で掲出げているが、「大正八年略記」三月九日条は一号の要領の他、二〜一三号の表題を訳出しているので以下に紹介する。ただ。著しい誤訳は［　］内に前者の原題を示して対照に資し、欠落した表題は補って（　）内に示した。併せて当時の外秘乙文書の翻訳水準が不安定であったことの一証左とする。

第一号　請フ日本人ノ陰謀ヲ見ヨ!!

諸君今日何故ニ此貼紙ヲ散布セントスルカヲ諸君ニ知ラシメントス我国ハ日本人ノ圧迫ヲ受クルコト甚ダシ日本人ハ我国ヲ亡サント欲ス然ルニ我国民ハ之ヲ以テ仇ト為サス反テ徳ヲ以テ之ニ酬ユ政府ハ日本ヨリ借款ヲ起シ国民ハ日本ニ糧食ヲ供ス甚シキニ至テハ日本公使ハ我ガ外交部ニ至リ我国欧州派遣ノ講和特使顧維鈞、王正廷ノ両人ヲ召喚セシメンコトヲ要求セリ日本ハママ我国ニ対スル暴状此ノ如シ我国民ハ之レヲ覚ラス故ニ我輩ハ茲ニ禦侮会ヲ起シテ諸君ノ覚醒ヲ促サンコトヲ努ムルモノナリ

民国四年袁世凱ト日本ト訂結セル二十一条ノ密約青島山東省利権ニ関スル問題及去年段祺瑞ト日本トノ二十条ノ軍事密

約ナルモノハ我中国ノ権利ヲ剥奪セラレ《ママ》我中国ノ人民ハ日本人ヨリ打殺セラル、《ママ》モノナリ中国連年ノ内乱ハ日本ガ挑発セルニ依ル日本ハ軍費弾薬ヲ供給シテ我人民ヲ打ツモノナリ云々

第二号　請フ日人ノ陰謀ヲ見ヨ

○一条ノ内容ヲ読メ〔「念一条之内容」〕　○我国ヲ亡ホスノ根本〔「亡我国之根本」〕　○我ガ同胞試ニ之ヲ閲セヨ〔「○看髪指不髪指」の一項を欠く〕

第三号　請フ日人ノ陰謀ヲ見ヨ

○我ガ軍事権ヲ奪フ　○我ガ戦闘力ヲ滅ス　○濫リニ借款ノ根拠ヲ作ル〔「濫借債款之根拠」〕〔「○絶我同胞之命根」の一項を欠く〕

第四号　日人又我山東ヲ奪取セントス

○中国ノ政策ヲ滅亡ス〔「滅亡中国之政策」〕　○山東ヲ割譲スルノ要求　○人ノ視聴ヲ驚カス〔「○快謀対付」の一項を欠く〕

第五号　救国！救国！速カニ来テ亡国ノ密約ニ反対セヨ

○中日密約一条ヲ読メ〔「中日密約念一条」〕　○二十条軍事密約　○生死存亡　○今日ニ於テ決セヨ

第六号　速カニ日人ノ我ガ軍事権ヲ奪取スルヲ見ヨ

第七号　日人我ガ軍事権ヲ奪フノ再報

○外交団将ニ起テ干渉セントス　○国防軍日本軍変成ス〔「国防軍変成日本軍」〕

第八号　噫諸君！日人我ニ迫テ条約ヲ締結セントスルノ事実近キニアリ〔諸君呀！這幾次日人逼我訂結条約的事情〕

○外国人尚且ツ我レノ為メニ不平ヲ抱ク　○吾人如何デ之ヲ座視シテ顧ミザルヲ得ンヤ〔我們難道可以座視不顧嗎!!〕

第九号　日本国防軍ヲ利用セントスルノ陰謀　（九号以下は照合すべき資料を欠く）

○名ケテ国防軍ト為ス　○即チ是レ日本軍　○即チ我ガ軍ヲ以テ来テ我ヲ滅ス

第十号　速カニ日人ノ狼狽スル状態ヲ見ヨ!!〇日人ノ狡猾ナル行為　〇既ニ欧米人ノ看破スル所トナル　〇我ガ同胞挙国一致ヲ望ム　〇早ク倭禍ヲ排除セヨ

第十一号　国人速ニ来テ亡国ノ借款ニ反対セヨ

〇我ガ武人ヲ篭絡ス　〇借款六億円　〇同胞ヲ殺戮ス　〇我ガ国権ヲ奪取ス

第十二号　中日又密約ノ風聞アリ

〇毎月ノ貸付ケ二百万　〇期限ハ継続二十年　〇練兵ニ供スルノ名ヲ借ル　〇陰ニ我レヲ滅スノ実ヲ行フ

第十三号　日人合弁事業ヲ以テ我レヲ滅スノ陰謀ヲナス

〇我ニ合弁事業ヲ勧誘ス　〇我ガ財政ノ実権ヲ奪フ　〇□叫ビハ形無クシテ国ヲ滅スノ方法タリ

なお、『(東京)朝日新聞』四月九日号に「排日檄文撒布・七日福州特派員発」で、上海の国民禦侮会から同福州分会に一―十三号の檄文が送られてきたことを報じている。『民鐸』雑誌社同人が禦侮会の名義で作成・送付したというよりも、同人のルートが配布に活用されたと見るべきかも知れない。

(13)　王拱璧(璋)『東遊揮汗録』「喇嘛団東渡情形」が、留学生側から見たもっとも詳細な記録である。外務省所蔵文書にも関連の記録はなく、他に新聞記事がある程度である。以下とくに注記せぬかぎり上記「喇嘛団東渡情形」に拠る。

(14)　『朝日新聞』の記事見出しのみ紹介しておこう、大正七年三月二六日「日蒙仏教提携△ラマ僧の観光団」、四月一日「喇嘛僧の歓迎△仏教徒の国際的活動△聯合協会発会△喇嘛式降誕会△大歓迎会其他」、五日「蒙古僧の日本観光団△廿六名昨朝△下関に上陸」、六日「本日着京する喇嘛僧△滞京中の日程△先づ宮城参拝」、七日「右手を挙げて喇嘛式礼拝　二重橋前にて△一行東京着」、八日「日蒙仏教聯合協会発会式(昨日午前九時より浅草本願寺にて)と釈尊降誕会(神田中央仏教界にて昨日午後二時より)」(写真二枚)、同日「喇嘛僧一行を迎えて△発会式を挙げた日蒙仏教聯合教会《ママ》」、その他一〇日、一三日、一五日にも喇嘛僧一行の消息を報じている。なお、留日学生・公使館の対応の遅れについては、第二章で述べたように当時官費の値上げ、四川私費学生の救済をめぐって両者が緊張関係にあったことも響いたと思われる。

（15）『東京日々新聞』大正八年四月七日「ラマ僧の入京　支那学生の万歳を浴び昨日東京駅に着す」では「二百人」とする。

（16）『東遊揮汗録』によれば「八日、上午、我留日学生全体、開国慶紀念於大手町日本衛生会、兼以歓迎喇嘛。到会者二千余人、公使領事監督、均莅会。有日僧及浪人五六、要求参列、遂亦允之」「是日会場係日人通常出租之産業、総会於三日前託人租借。日人知為招待喇嘛、堅不出租。後経使館派人訂定為国慶紀念、乃允借用四小時。僅一会場、索至百余円之巨云」。名目上の主催は公使館だったと思われる。

（17）これはその場限りのリップ・サービスではなかった。五月一四日午後、銭能訓総理に「謁見」する機会を得た留日学生代表陳定遠、莊善昶は第一に蒙蔵ラマ問題を提起した。同日午前には「晋謁蒙蔵院貢［貢桑諾爾布］総裁、除述明喇嘛団在東経過之情形外、并請蒙蔵院対於ラマ及蒙人民生計予以相当之注意。貢総裁比経《ママ》承諾竭力進行、即対於襄助喇嘛組織中華仏教統一会一節亦表示具体賛助之意云」と、それなりの努力をしている（『晨報』一九年五月一五日）。

（18）『朝日新聞』も東京到着後の動静はほとんど報道しなかった。

（19）馬伯援『三十三年的賸話』「民国八年　己未　一九一九」六五―六六頁
歓迎喇嘛：不是吾喜譚政治、因為東京的留日学生、所受的激刺太多、愛国救国、無論是那個時代的留日学生、都有他的機会、絶不譲他們有向隅之嘆。政治上的事情不必説、就是宗教上、鬧来鬧去、也成了政治問題。東京中華留日基督教青年会、在東京的日本人看来、是美国人的宣伝機関、用以反対日本人者、政治也。在中国的人看来、許多帝国主義的走狗、不懂中国文化、全然仰西人鼻息、呼為洋奴、政治也。就是東会的地位、無日不在政治中生活、二月十二日、南北統一紀念日、青年会不開会、怕談政治、学生找着某幹事、罵其無国家思想、政治也。衛爾遜総幹事、一日同学生談話、説你們的要求不多、只十三条、還僅只有日本的十分之四、因日本対中国為二十一条、惹起風潮、政治也。不僅基督教如此、而仏教也生問題、日本人田中舎身、自命為蒙古王、利用黒龍会的組織、深入蒙古、鼓動了幾個喇嘛僧人、身着法衣、手執木魚、口中唸唸有詞、彷彿天津・上海出喪的様式、本不動人聴聞。但日本報紙、大吹特吹、説什麼「日蒙親善」、日本浪人田中豊功偉績。這麼一来、就惹動了愛国学生、全体動員、歓迎喇嘛、四月六日、姚薦楠君代表教会去歓迎喇嘛、但於数日前、吉林教友王希天、湖南教友周天爵、甘粛教友張永澤、蒙古教友胡石光、均因政治問題、渉及宗教、甚至因愛国問題舎却自己信仰、而去与喇嘛周旋、時代之転移人心大矣哉。

(20) 『大正八年略記』。以下とくに注記のないかぎり、事実の記述および引用はこれによる。

(21) 『朝日新聞』大正八年四月一二日「帰国せる章公使」、『東京日々新聞』同日「故国へ　章公使夫妻」。

(22) 『龔徳柏回憶録』三三―三四頁「送売国賊回国促成五四運動」に「四月底、駐日公使章宗祥奉召回国、日本報紙宣布：四月二十九日（実際は四月一一日――引用者）午下、由東京出発。於是呉一峰找我、説我們都到東京車站送他回国、各人懐一紙旗、上写「打倒売国賊章宗祥」。我到東京車站時、已人海人山、中国学生已有千人左右。呉一峰発動此事、未以総会名義来発号施令、何以有這麼多人来、我也出乎意外。加以日本人送章氏回国者、較中国人更多。因章氏予定不再回東京了、所以有多人来送行。車将開行時、車站月台、已布満了人、中国学生一声吼、各人把紙旗都拿出来、対着火車、高呼「打倒売国賊章宗祥」。章太太与章宗祥站在一起、看見那麼多的紙旗、請章宗祥汴意、章宗祥只作没看見、而章太太則転回頭痛哭去了。這件事作得很秘密、很迅速、日本警察一点不知道、我們向車站集中、他們以為是真正送行的、一点不干渉。章宗祥在這様場面下、仍然向日本与外国送行的人打交呼、直到車行遠、看不見為止。而代理他的人鬨人――荘景珂、見我們拿出小旗、就狼狽而逃。他不及章宗祥遠矣！

這一幕活劇、次日二三流報紙都登出了、並且有照了相的、連照片也登出了。於是「駐日通訊社」、又把此事源源本本向国内報告。該通信社是私人辦的、没有資本、北京発稿、是委託神州通信社代為分送。不料神州通信社這批傢伙、黒着良心、把中日通信社的稿子不発、另行印刷、作為他們的特稿、向北京各報発出……。

なお、王拱璧『東遊揮汗録』は「喇嘛東渡情形」に大きな篇幅を割き、王と龔徳柏との密接な連携を述べながら、アジア青年会・章宗祥「歓送」については一言も触れていない。

(23) 『大正八年略記』。江庸とアジア青年会との関係は今のところ確認できない。

(24) 『三十三年的賸話』六七頁「民国八年」七〈五七運動〉。

（25）『大正八年略記』【訳文】「五月七日諸君速カニ来レ」茲ニ五月七日午後一時我ガ大中華民国駐日公使館ニ於テ開会ス仝時刻ニ至リ各位全体ノ御来会ヲ祈ル　大中華民国留日学生臨時総会謹啓　五月五日晩
規約　一、来会者ハ宜シク静粛ヲ守ルベシ　二、館員ニ対スルニ宜シク礼容ヲ以テスルコト　三、倭服ヲ着用スルコトヲ禁ス

（26）『晨報』一面広告欄に五月一四日から二六日号まで連日「留日学生代表啓事・代表等因外交問題帰国　暫假順治門外爛縵胡同湖南会館為辦事処　如蒙各界賜教請逕至該処為祷　王俊　陳定遠　荘善昶　張景銘　謹啓」を載せる。王俊は北京に赴き、一方一三六頁に見るように廖方新は上海へと任務を分担したようである。王以外の三人が北京に入った経緯は不詳、あるいは五七後に東京を離れたのかもしれない。

（27）⑧「支那留学生行動に関する件」大正八年五月九日　警視庁本間官房主事より外務省政務局　小村第一課長宛は経緯を別の角度から叙述している。
「本月三日神田北神保町中国基督教青年会館ニ於テ留日学生臨時総会ノ評議部会ヲ開キ何等カ凝議スル処アリシガ仝五日ニ至リ仝会代表者五名支那公使館ニ赴キ国恥紀念会場貸与方ヲ申出デタルモ之ヲ拒絶セラレタルガ為メ彼等ハ激昂退散シタリ、公使館ニ於テハ右形勢ノ穏ナラザル処ヨリ所轄署ニ対シ六、七両日間同館并ニ館員ノ保護方請求アリ一面江監督ニ於テモ六日午後一時評議部員四十余名ヲ監督所ニ招致シ公使館ニ於テ国恥紀念会ヲ開クハ穏当ナラズトテ中止スベク懇諭シタルモ彼等ハ之ニ服セザルニヨリ江監督ハ辞職スル旨ヲ告ゲ一面本国政府ニモ此旨ヲ電送セリ越テ翌七日中国青年会館ニ集マレル百五六十名ノ学生ハ「条約撤廃」「軍国主義打破」等ノ文字ヲ記載シタル旗ヲ携ヘ三々伍々支那公使館ニ向ヒタルニ正午十二時頃独逸大使館前ニ於テ警察官ニ阻止セラレタル為メ彼等ハ二団ニ分レ其一団ハ（約百名）英、仏大使館ヲ訪ヒ自然退散シ他ノ一団ハ尚支那公使館ニ赴カントスルモノノ如ク其機ヲ窺ヒ居リシモ遂ニ退散スルニ至レリ是等退散セシ者ハ米国大使館前付近ニ在リシ数十名ノ者ト合シ米国大使館ニ到リ更ニ瑞西公使館ヲ訪ヒ夫ヨリ露国大使館ニ到リ此ノ時約五百名計リノ学生ハ支那公使館ニ向ヒ喊声ヲ挙ゲ暴力ヲ用ヒテ館内ニ闖入セント試ミシモ其目的ヲ達セズ午後五時頃三々

伍々解散シ其後公使館付近ニ於テハ何等ノ異状ナカリキ
彼等ガ暴力ヲ用ヒテ公使館ニ闖入セントスルトキ并ニ葵橋、三宅坂、独逸大使館前ノ各警戒線ヲ突破スル際警察官ニ暴行シ或ハ群集ヲ煽動シ助勢スル者等首謀者ト目スベキ三十五名ノ学生ヲ検束シタリ而シテ此ノ検挙者中十二名ハ令状ニ依リ勾留セラレ他ハ翌日説諭放還セリ
以上ノ実況ニシテ本件ノ首謀者ト目スベキ葛天民、周天爵、姚薦楠等十数名ノ者等ハ七日□来昨今ニ至リ検挙者ノ釈放其他□善後策ニツキ凝議シツツアルガ今日九日ハ留学生監督所 一六名ノ経理員訪問シ切リニ拘留者釈放ノ運動ヲ迫リ居ルモノノ如ク又江監督ニ対シ留学生総会ノ基本金中ヨリ九百円ヲ渡スベク要求シ且ツ官費留学生千三百人ニ対スル六月分ノ学費中ヨリ各々一人一円宛テヲ控除シテ之ヲ学生ニ渡スベキコトヲ申入レタルモ之ヲ拒絶セラレタリト云フ因ニ該金員ハ検挙者ノ釈放ノ運動費等ニ充ツト云フ
（欄外に以下の書き込みがある。「九日警視庁外事係長訂正電話要領　『留学生総会の基本金中ヨリ九百円ノ払渡ニ付テハ江監督ハ承諾ヲ得《ママ》タリ』ト」）

※留学生総会に基本金があって、それを学生監督が管理しているということは、ここでしか言及されていない。あるいは江庸が監督の立場から組織させようとしていた学生組織のために用意した資金があったのかもしれない。

（28）
龔徳柏『龔徳柏回憶録』三六頁
五四運動勃発後、東京中国学生当然受衝動、接着五七国恥紀念到了。是日下午、中国学生都集中青年会、我請阮湘代我発号施令、他頗有辦法、分派十隊人馬、都向中国公使館集中。他的統帥術使我敬服、頗似九里山韓信十面埋伏、真是大将之才。惜乎、此人未遇時、只當短期県長。後来辦学校。五十多歳就死了。使他遇一有地位的知己、出将入相、都是行的。話説我們這十路人馬、浩浩蕩蕩向中国公使館集中。這時警察早已知道、調動了大隊人馬、各路防備。我帯的人、由三宅坂（日本参謀本部所在地）向中国公使館進行、到了公使館小路口、警察阻住、不許通過。我們依恃人多、向前衝鋒、警察把我擒住、派数名警察、把我左右手夾住拖向警視庁。我帯的人、見我被擒、都鬆下了、未再攻撃、有一部分人、由警察手中把

我搶回。他們人少、我們人多、我終於走脱了。我又帯領残部、在東京市内執旗遊行。日本人民也有打我們的。一路打去、由北向南、打算到日比谷公園解散。但到警視庁門口、被日本人民或者便衣警察、脱木屐打我們。我的頭被打破了、流很多血。用手巾包着、仍回青年会集中。到了青年会、才知道別路人馬、比我們更慘。雲南人李培天帯的一隊、打到公使館門口、有京兆密雲県人胡駿、帯一把刀、拿出刀来、把警察的手指砍掉一個、於是警察把他們捉了十四個、李培天・胡駿在内、並送往警視庁去了。我包着頭向大家報告経過、到黄昏時、才各自回住所。

龔の『回憶録』はその後の被逮捕者救援の件を含めて、東京での留学生運動にほとんど言及しない。留日学生の分裂に触れたくないのかもしれない。

『東遊揮汗録』は学生のデモ隊が、それぞれ市電の葵橋停留所と三宅坂停留所付近とに集結する二大隊伍をつくり、各五「小隊」に分かれて隊長、交渉員、旗手を定めていたとし、龔の回憶と符合する。また、出刃包丁を揮って警官と渡り合った胡俊は「記五四運動前後留日学生的愛国運動」（『五四運動回憶録』続　中国社会科学出版社　一九七九）でその経緯を述べている。

（29）『東遊揮汗録』は、重軽傷を負った二七人の氏名・籍貫と症状（例、彭湃　広東　頭部手足破皮流血）を記すが、総会に届け出のあった者だけで、実数はこれに数倍するとしている。被逮捕者三五名の氏名も、八日夜、釈放された二三名、送検された一二名（内五名は一三日〈正しくは一二日〉釈放、七名は起訴）と区分して載せている。なお、⑧には「令状ヲ発セラレ勾留中ノ者」として「氏名」「在学校名」「出生省名」を記した紙片が綴じ込まれている。

石子雲	第一高等学校	安徽省
胡　俊	慶応大学	直隷省
雷大法	正則予備学校	江西省
劉国澍	東京高等工業学校卒業生	雲南省

雄《ママ》振邦　成城学校　仝　［田振邦の誤記］
杜　中　第一高等学校　山東省
姚壽齢　東京高等商業学校　貴州省
王鼎新　東京高等師範学校　広東省
陳祚蔭　東京高等工業学校　陝西省
李培天　明治大学　雲南省
黄　傑　早稲田大学　広東省　［すなわち黄卓凡］
超《ママ》雲章　東亜学校　直隷省　［趙雲章の誤記］

なお、『東遊揮汗録』によれば逮捕拘留され、翌日までに釈放されたのは易亮　湖南、李光鑑　湖北、李濟安　山西、楊玉光　山西、姚子材（薦楠）安徽、張伯強　山東、黄霖生　広東　方治　江蘇、余卓鳴　広東、廣汝毅　湖南、夏聲　浙江、張協邦　湖北、李敬安　湖南、黄季陸　四川、徐冠　湖南、陳景新　吉林、陸又之　安徽、向郁堦　湖南、譚政　湖南、周芳岡　湖南、蔡興民　吉林、崔藩　山東、謝瑛　貴州の二三人である。

（30）⑧外秘乙第三三六号　大正八年六月六日「支那留学生ノ言動ニ関スル件」の「五、龔徳柏等ノ脅迫」に「排日扇動ノ首魁者龔徳柏外二名ハ客月七日青年会ヨリ日本ノ警察ガ留学生捕《ママ》ヘ死刑ニ処セントスト云フ電報ヲ発シタルニ之レニ対シ葛天民ガ直チニ該事実ヲ否認シタル打電ヲ為シタリトテ仝人ヲ脅迫シ且ツ李光鑑ガ留学生監督ニ買収セラレタリトテ之レ亦脅迫シ居レリ」と総会職員の内部対立が五七直後に顕在化したことを覗わせる。なお、阮湘は五七直後から総会の諸行動に名を現さないが、しばらく神戸に身を潜めていたらしい。同外秘第三五二号　大正八年六月十九日「支那留学生ノ言動ニ干スル件」に「三、阮湘　都下留学生ヲ扇動シ客月七日ノ騒擾ヲ惹起セシメタル仝人ハ警察ノ視線ヲ脱センカ為メ神戸市ヘ逃走潜伏中ノ処本月十日皈京目下通学中ナリ」とある。龔徳柏が回憶するように五七デモの総指揮者が彼であったとすれば当然の配慮であったろう。

（31）馬伯援・前掲書六七―六八頁『五七』運動：「(五月）六日……而学生中的阮湘・龔徳柏・姚薦楠、出入青年会、策画一切。記者因係幹事、只得座鎮、並向各方面解釈。七日為「五七」紀念、又伝言章宗祥已死、学生愈集愈多、三十人座談五十人立談、楼上楼下、教室客室、無処不是学生、東京新聞記者帯着照相的人員、找着記者、問是否開会、記者曰此間不開会、只聞本日下午、在公使館開会、時事新報記者問、你們下午是否開会？我答曰：不敢説、又問現在不是開会嗎？記者曰：談話不能禁止的、開会無司会者、誰負責任。新聞記者問罷、警察来問、忙忙半日、看看過去、忽有便服警察来報告、云学生数十人、携帯凶器、与警察衝突、現已抓了数十人矣！消息伝来、会中情形、寂静下去、而事警察署中的救援、八日・九日・十日、均是為着営救学生事、未得休息、且感自己力量不足、請王夢廸・唐夔賡等協助、又請吉野作造幇忙、幾経奔走、鮮克有効、終請辯護士而依法起訴。

八、裁判紛糾：「五七」運動的当日、入獄者甚多、即時釈放者、有二十余人、内十七人提起訴訟、非経裁判不可、……記者排万難・払衆議、請留日学生監督江庸墊訟費、請陳延烱先生作譯人、経過半年時期、始了結這段公案。

『大正八年略記』では「(五月」十七日中国基督教青年会館幹事馬伯援留日中華聖公会牧師兪顯庭ノ両名ハ江監督ヲ訪問シ拘禁セラレタル留学生ノ保釈出願ニ必要ナリトテ金五百円ノ出金ヲ要求シ之ヲ受領シテ退出セリ」とする。しかし、反江庸の総会幹部たちは、監督処が辯護士費用を負担した事実を認めたくなかったようで、⑫外秘乙第三二八号大正八年五月廿八日「支那留学生ノ言動ニ関スル件」には「四、日本留学生監督処庶務科ニテハ龔徳柏ガ個人ノ名義ヲ以テ兪牧師馬幹事ニ依頼シ辯護士ヲ頼ミタリト云フ弁駁書ニ対シ該辯護士ハ監督処ニ於テ金五百元ヲ支出シ依頼シタルモノナリトノ反駁書ヲ配付セリ」とある。

（32）馬伯援・前掲書六八頁「裁判糾紛」によると一審は辯護士三木・片山哲を依頼し、五月二十九日の判決では杜中等三名監禁三ヶ月、黄傑等二名監禁四ヶ月、胡俊監禁十ヶ月、趙雲章監禁六ヶ月であったとし、「軽者李培天等五人執行猶予」、つまり李等以外は実刑判決であったと回憶しているが記憶違い。「九月三日、上訴後審判期到、劉國澍等否認警察之控告、判官乃将警長所示之調査・証拠・出而作結論。中川孝太郎博士、恐不利於此件、要求延期判決、乃宣布十月一日、即退庭、因中川之面子也――学生有罪不能釈放、特由吉野博士転請中川出庭、希望判官等給老教授的面子――此事既過、中川邀大家談話、決議四項。(一)取消劉國澍等四人上訴。(二)要求更換翻譯員。(三)胡俊等出席、不説日本話。(四)未開庭前、須聚商一次。(四)十月一日、午前十時半開廷、譯員換了広東的陳延炯、陳君学法律、長辯論、十分尽責、片山就中日親善上立言、三木就法律上解釈、中川老博士、則法律与親善上兼而言之、中情中理、不抗不卑、恰到好処、果未幾而宣布執行猶予」。ここでも「劉國澍等四人上訴」云々は記憶違い、上告したのは胡・趙の両人のみであるが、吉野の斡旋の功を示す好個の資料である。馬伯援の回憶を信ずると、一審で実刑判決のあった胡・趙二人のほか、執行猶予の付いた劉ら四人も有罪を不服として控訴したことになる。中川博士は劉らの控訴を取り下げさせ、事実を争わず、情状を酌量させる方針を取ったのである。なお、七人とも五月二七日には保釈されていたことは『晨報』同年六月四日◎東京特約通訊(五月二十九日兆明)△留日学生事件続聞に見える。なお、『法律新聞』大正八年十月十八日一六〇七号「支那留学生判決」は控訴審で胡俊(記事は胡像と誤る)・趙雲章が執行猶予三年となったことを伝えるが、判決の日時を記さない。

(33) ⑧外秘乙第三一五号　大正八年五月十四日「支那留学生ノ言動ニ関スル件」別紙一号

「日本留学生監督処訓令」八年第六九号

令総会代表呉一峰

本月九日、據該生面称、此次学生被逮、由監督指揮日警逮捕、此語係聞之方治・謝瑛・張伯強転述日警之語等情。當嘱該生転約方治等来処質証、以昭核実。該生自承即日照辦、事隔数日、迄未見到。経本処函詢詳情、茲據覆函内称、方治等住址尚未查明、祈小等待等語。

査該生前述各節、是否属実、亟応該証明。該生一再延宕、顕係推諉卸責。究係如何情形、合令仰該生、限於本月十二日午前約同方治等三人前来。逾時不到、即是該生有意造謡、自有応負之責、仰即遵照。此令。

日本留学生監督

中華民国八年五月十日

五月一四日、呉一峰らは江庸を罵った檄文二通を配付した(「大正八年略記」)が、江庸はさらに訓令を発し、声明を本国の新聞社等に送った。

同外秘乙第三一八号（大正八年）五月十七日「支那学生ノ言動ニ関スル件」別紙

留日学生監督処訓令　　八年第七三号

令総会代表呉一峰

該代表以箇人名義、遍発伝単、捏造外交談話、意図揺惑人心。伝単内有共誅国賊等語、実搆成刑律第三百二十八条第三百六十条之罪。日本刑法亦認為犯罪行為。本監督為国家体面計、為学界名誉計、固不必訴之外人法庭、然我国刑律、凡本国人在外国有此類犯罪行為、仍応照本国刑律治罪。其行為或結果有一在本国区域内者、即与在国内犯罪無異。本監督随時可以向本国法院告訴。該代表勿以本監督犯而不校、遂任意誣蔑、藉図陥害也。此次姑予寛仮、勿再造謡生事、致干未便。此令。

中華民国八年五月十六日　　留日学生監督　江庸

同前［日付不明だが五月二三日以前、十七日以降］

各報館政学各界公鑒　留学諸生憤於外交之失敗、以五月七日要求使署仮地開会、以籌雪恥之法。事既未遂、乃聚集千余人、整隊執旂示威道上、致干警令、旋被拘捕、辱我国体、累我青年、恥且増甚、雪於何有。庸也身為監督、自審責任之所在不敢放棄。故於事前竭力譬解、並以去就相要約、以期息事、事後又不敢宣布意見、以冀諸生幡然憬悟、使学界秩序帰於寧静。前電具在、想我国人猶憶之也。乃者諸生鬱憤之余、継以遷怒、以為事変之起、庸不応阻止於前宣布於後也、於是攻訐之不足、則継之以誣蔑、馳函駁詰之不足、則継之以伝単、近以擾学界之安寧、遠以乱国人之観聴。此則庸之名誉所在、責任之所存、不容不亟亟以辯之也。彼罪庸者其詞有二、一則謂日警捕人出於庸之指□。試思彼国領土以内、其警察執行職務、猶必□外国官憲之指揮、則其国之主権将孱弱至於□地。且庸又何故而越俎之謀乎。使被捕在□督処猶可説也、今在通衢大道之上叫囂奔走、□方干渉一方抵抗、交閧不已、遂至見縶。此万目□覩之事、而謂庸実使之、豈非大謬也耶。継則謂青島直接還附問題、庸対於呉一峰柳飛雄二人、曾有反対之言論。然庸抵東以後、其職守限於管理学務已耳、政治上外交上之一切問題、自有□其責者主持其事。庸又何故犯思不出位之訓以誹之。且留学生之研究政法通達世界大勢者亦夥矣。又何為独対於一二学習工業之学生、而語以国家大計耶。試問数月以来、庸対於政府有無如何之建議、対於大衆有無如何之演説、其他則新聞雑誌紀載歴歴、其中有無如何之宣言。而乃不顧事実、不論情理、趁外交緊急民気勃興之時、強為之辞以行其誣蔑之計。其甚者至加庸売国之名称。庸自顧生平経歴、並未一厠足於外交界。以過去言則司法事業上、並無売国之事跡。以現在言則教育事業上、又無売国之機会。抵任以来為施行学務起見、与彼国之教育家以及行政機関、往来酬歓感情融洽、固無庸諱。然与外人並□□一合同、借一款項。謂之売国其誰信之。庸抵任以前一年之間、大小風潮凡十次。東渡後儘心籌措、孜孜不敢怠、以迄於茲、肇事之案此其第一次耳。倘庸而脂韋□滑、以希容悦、事前不禁阻、事後不勧諭、則決不至於払諸生之怒、以一身為衆矢之的、如今日者。顧其如責任何也。庸奉国家之命而来此、此無異諸生之父兄師保、親以其管理之権授之我也。倘於一事之起、初不警以利害使之改変、終不暁以事理使之悔悟、俾我留学界陥於意気用事真理泯滅之境、則庸即無異於逢悪長悪之人、上之将以無対国家、下之亦無以対諸生之尊長、庸所懼者在此不在彼也。諸生迷而不悟、以好為讐、忠告之言等於仇敵、初則以勧止学生開会為売国、近且以撫慰受傷学生、及援用裁判手続、救済被告為市恩、指摘交加莫知所道。庸也徳薄能鮮、既無以善其始、復無以持其終、日夜旁皇曷勝内疚。已歴電陳請政府免其現職。但念学界秩序日乱一日、今日之事如此、他日之事可知。後此一年一開会、一会一風潮、滅裂之愚恐尚有甚於今日者、我国人其有以挽救之否也。聊布愚衷、敢希明察。

留日学生監督　江庸

※原件はいずれも石印、句読は引用者が付した。□は判読不能の文字を示す。

呉一峰らの発した伝単は残っていない。『五四愛国運動資料』（科学出版社一九五九）二五〇頁に釈放された被拘学生の言として「拠日警官之言曰：〝此非吾人之咎、乃承貴国公使及監督命令而行者〟」と。

（34）⑫外秘乙第三一二号　大正八年五月十日「支那留学生ノ行動」「二、昨九日午後七時三十分頃趙欣伯外十名ハ小石川茗荷谷ノ江留学生監督方ヲ訪問シ左記事項ヲ要求セシモ拒絶セラレタル趣キナリ　（一）官費留学生一千七百四十一名連署ノ上江監督ノ留任勧告状ヲ呈ス　（二）這回ノ留学生ノ行動ニ就テ本国へ江監督ガ打電シタル内容ノ発表ヲ中止スルコト　（三）拘引セラレタル留学生ヲ釈放スベク運動ヲ就《ママ》ルコト　以上」。趙らの動きと注（27）でいう「六名ノ経理員訪問」との関係、前注の馬伯援の画策との関連は明らかでない。なお、⑧「留日学生」監督処通告」八年第四号（五月十二日）に「［学生が送検されたについては］仰諸生即日公挙公正明達者数人前来本処、商酌辦法。所有聘用辯護士及其他訴訟上必要費用、均由本処代為籌撥、以資接済……」（句点は引用者）とある。

（35）同前「四、留日学生総会ノ幹部員ハ時々中国基督教青年会館ニ集合シ被拘留者ノ釈放運動並差入物等ノ件ニ就キ協議シ一面留学生ヲ代表シテ委員ヲ帰国セシムルコトニ決議シ其委員ハ神田区北神保町中国基督教青年会梁方欽、麹町区土手三番町十五凌炳外氏名不詳ノ三名ニシテ神戸迄ノ切符ヲ購ヒ帰国ノ途ニ就キシガ見送人ハ安祥、羅集議《ママ》、呉善外五十名位ニシテ何等異状ナカリキ但シ委員出発ニ就テハ沿道注意方電話シ置キタリ」と。

（36）王拱璧（璋）一八八六―一九七六　河南西華の人。一九一七年国費で「学事視察」のため派遣され、早稲田に籍をおいたという。帰国後は郷村教育家として貢献し、人民共和国成立後は河南省図書館副館長などをつとめた。一九八六年に集捐刊行された『王拱璧誕辰一百周年記念冊』には「聘任状　茲聘任　王　璋君為本会文牘部臨時職員办《ママ》理五七受辱応付時宜　此状　臨時総会　中華民国八年五月十日　印」と被逮捕者救援の臨時職員を委嘱されたことを示す聘任状と「委任状　為外交問題委任　王　璋君為本会代表帰国請願當局喚起輿論　此状　中華民国留日学生総会　中華民国八年五月十七日　印」と帰国に当たって発せられた委任状との写真が付されている。⑧外秘乙三一五号五月十四日「支那学生ノ言動ニ関スル件」に拠れば各帰国代表者は五月十七日午後六時に青年会に集合することになっていたので、委任状はそのさいに渡されたにちがいない。なお、発行者が聘任状は臨時総会、委任状は学生総会となっている点に注意。臨時総会が「臨時」の称を廃した時日を確定する上で重要な意味をもつ。ちなみに警視庁が「中華民国留日学生聯合総会（臨時総会ノ改名）」と明示するのは同外秘乙三二八号（大正八年五月廿八日）においてである。また同外秘第八七〇号大正八年五月二十三日大阪府知事「支那留学生ノ動静ニ干《ママ》スル件」は河南籍学生への以下の通知写を収めている。「啓者、頃因外交事、各省分遣代表皈国。本会既推王璋

君膺任、惟川資須由会中担負、當経仝人議定、自由生納金一元《ママ》五角、官費倍之。茲以閣下相距遼《ママ》、事前未遑通知、今特修函奉聞、是否賛同尚乞賜復。　即頌文祺。　留日河南同郷会啓　五月十九号　大阪高等工業学校　陳振巧・劉基厚・曾昭華　先生　東京牛込区鶴巻二五一番栄楽［?］館」（句読は引用者）とある。

また、⑧大正八年六月四日　中第一・三六三号　憲兵司令官より（外務）次官宛「時局ニ対スル支那人ノ動静・第十帰還留学生ノ行動ニ関スル件」は胡乾一ら四人の名を挙げ、「右四名ハ何レモ山東省出身日本留学生ニシテ今回ノ山東問題ニ関シ東京留学生団体ヨリ選挙セラレ其ノ代表者トシテ帰省セルモノナルカ内二名ノ使命ハ山東省ニ於テ排日運動ノ奔走ヲ為スヘク他ノ二名ハ北京ニ到リテ大総統ニ面謁シテ留学生ノ同盟休校ノ決心ヲ述フルニアリテ五月十七日午後入港ノ台北丸ニテ日本ヨリ青島ニ至リ直ニ済南ニ向ケ出発セリ」とあって一七日を待たずに帰国した代表もあったようだ。

（37）⑫外秘乙第三二八号　大正八年五月廿八日「支那留学生ノ言動ニ関スル件」に「三、東京帝大・東京一高・東京高工・東京高商・東京高師・千葉医専各同窓会ニテハ青島問題失敗ハ悲憤ノ極ニシテ日貨排斥ノ国民大会ヲ開催スルハ吾人ノ斉シク賛成スル処ニシテ一致帰国シテ国論ヲ喚起スルハ愛国ノ士ノ将一為ス可キ処ナリ然レ共一旦帰国スルモ直チニ渡来スルガ如キハ外人ノ笑ヲ受ケ軽視セラルルノミナルヲ以テ熟視ノ上決セリル可カラス故ニ吾人ハ五千ノ留学生ガ一人ヲモ残サス一致帰国シ且ツ保証ヲ得ハ大ニ之レガ後援ヲ為ス可シト云ヒ暗ニ帰国反対ノ意見ヲ記載シタル檄文ヲ配布セリ」と。

（38）『大正八年略記』は五月二十日、「四川省外五省の学生五十三人、早稲田大学外八校の学生七十一人仝啓」の「詰臨時総会」と題する文書の概要を載せる。個人攻撃に堕したものが多い中で比較的系統的な批判であるので、大阪府警から送付された原文の写しを紹介する。

⑧外秘第八七〇号　大正八年五月二十三日　大阪府知事発「支那留学生ノ動静ニ関スル件」

［前略］「本月二十一日在東京同国留学生ヨリ当地留学生ニ対シ別紙写ノ如キ来翰有之」※

※私信を開封して内容を写したもので、漢文の素養を欠く者の作業であるため、多くの誤りは避けられない。例えば文中の「款」字はすべて「疑」となっていたものを改めた。字が読めずに字体だけをまねた場合もあり、判読不能なも

のは□、推定できるものは［　］内で示した。脱字誤字が予想されるばあいは当該箇所に「ママ」を付した。資料としては不完全なものだが、当時の留日学生界の状況を知る好個の材料である。句読は引用者。

詰臨時総会　　告留東学界全体

蓋聞名不正則言不順、言不順則事不成。縦使暫成有名可假、選不自公、事不経議、以区区数人活動机関、代表四十［千］余衆留学分子、専擅恣睢、犠牲同志、若臨時総会者、吾等久有所責問、祇以時値多事外交迅近、不欲自生内訌見恥於人。頃者風潮略稀、人心稍平、同人等謹挙所懐疑者数端、敢以□之、臨時総会諸君、尚能明以見示、則豈唯去同人之疑、亦可明示留学全体使免異言。想執事諸君必不吝教也。質者如左。

一臨時総会之出現、原因正式総会不能産生、故由各校会《ママ》同郷会代表暫時維繫、権責有限、事須公允。乃貴会発現以来、始籍仏教統一会事、委員四出捐数千余元、継籍外交事捐数千元、近復為国恥会事得款数百、尚未満足、進行不已。統計三月以来動款三千余元、成效何在、始不［深究］。試問如此出入大宗款項、是否臨時総会応有権限。若曰有之則与正式何異。貴会始猶冠以臨時二字、近意去之直称総会代表全体。何時行即真典礼、是否為衆承認。此応質問者《ママ》。

二各校友会同郷会當時所派赴代表、不過□臨時性質、并非永遠代表各校各郷也。臨時総会牽強成局已不成話。近日所行鹵莽滅裂、人言嘖嘖、同人等質問本校本郷各代表、均不負責、謂貴会所弁《ママ》各事、并未経議、縦有会議略陳意見、亦被拒絶、由少数把［持成］事、故擬退出免代分謗云々。頃見正副幹事長葛周辞職、交際科主任張某同之、益可［訟］信、又蛇無頭不能行、総務部既已解体、諸君猶欲把持、名更不正、言益不順、以何名義而存在乎。此応責問者二。

三使館開会理不可行、聞総会関於此事、□経□会犠牲祇由庶務龔徳柏擅出主意、呉一峰二三人和之、早々通過、不審重軽、即発傳単、号召全体、有議者多不附和、横駆数十同胞、被陥□□。該主動人龔徳柏呉《ママ》阮湘観望。最要者辯護士是也。諸君剛愎自用不恤人言、妥具志《ママ》以逞己意。乃以日□選乎□超過為題、又亦委員四出分頭捐款。揣貴会之意、一諸人出獄、即恐無捐款机会者。然無怪人言総会諸《ママ》犠牲他人不犠牲自己、吾人対此不平已極。此應質問者三。

吾人非□攻撃、有所詰難也。祇以日来各方人言、対於執事諸君不平已極、謂以少数私人活動机《ママ》関、謬妄恣睢、代表全体、言動逾軌、法理不明、実為吾留東全体若之、此事質之本校十省同郷会長、僉不負責、僭歩此行動是否逾越、範《ママ》有無《ママ》責之人請明示。一面敬告我留東全体同人。諸君捐款欲救同志也。而総会歩《ママ》人偏欲犠牲之以逞己意、監督之言不理、弁［辯］護之説不行、彼等日惟籍詞捐款妥享《ママ》料理、是而可忍孰不可忍、敢請大［衆］実行糾問、毋任少数奴隷全体、自能改造真正代表全体机関。又告臨時総会内諸君、毋逞意気。又漢奸或荘江偵探誣人、須知同人等向荘江絶無交際、此事与対外問題無関、按諸法理逐条質問、執事諸君須対［?］等負責、三《ママ》之内明白答復。

謹此佈告、俾衆周知。

四川学生	十人	広東学生	六人
直隷学生	七人	広西〃	十二人
雲南〃	八人	江蘇〃	十人
早稲田〃	八人	明治〃	十四人
中央	四人	法政〃	九人
帝大	二人	慶応〃	五人
日本	六人	政徳《ママ》〃	三人
東亜	二十人	無記名	

中華民国留学生一同

（39）警視庁も事実を公式に記録しないが、『大正八年略記』五月二十日条には「田中陸相ノ招待ニ応シタル王希天、李培天、呉善等ハ全招待ニ対スル感想トシテ左ノ如ク語レリ

彼ノ招待会ヲ七日以前ニ催サレシナランニハ吾人ニ多少ノ好感ヲ与ヘタルナランモ支那各地ニ排貨排日ノ声盛ナルノ今日ニ至リ之レヲ開催シ私的会合ニ於テ吾人ヲ欺瞞セント欲シタルハ吾人ノ取ラザル処ナリ今日ニ於テハ寧ロ堂々ト日本政府ノ対支対策ノ根本ヲ内外各新聞ニ発表声明シタル方最モ有利ニシテ支那国民モ之レニ因リテ安心ヲ得日支親善ノ実ヲ掲《ママ》クルニ至

ル可シ云々

中華聖公会牧師兪顯庭（英国人エルウィンノ部下）ハ本日中国基督教青年会館ニ於テ王希天外二三名ニ対シ諸君ハ国家ノ為メ日本軍閥ノ頭統《ママ》タル田中陸軍大臣ノ術策ニ陥ラザル様注意セラレ度シトノ意味ヲ語リタリト云フ」とあって警視庁は「招待」があったことを前提に報告をあげている。二四日には「龔徳柏等ハ田中陸相ニ招待セラレタル事実ナシト云フモ砲兵工廠トノ問答並ニ尓後彼等ノ態度一変シ加フルニ姚薦楠ガ代表者会ニ於テ吾人ニ対シ『決シテ噪ク勿レ勉学スルベシ』ト云ヒタル言ニ徴シ明カナリ実ニ龔徳拍等ハ吾人ヲ売リタルヲ以テ死刑ヲ宣告スルモノナリ云々ト云フ檄文」（帰国同人啓「告別同人并豫悼同人」）もあり、学生間では広く信じられたようである。

なお、劉則民「愛国先駆者的足跡」（『王希天研究論文集』長春出版社　一九九八）は、おそらく謝介眉編著『王希天君小史』（一九二四）に拠って、王が一九年五月、五七闘争の被捕者救援に奔走し「親赴日本外務省与日本陸軍大臣田中義一当面交渉、要求釈放被逮学生」と述べている。王希天が個人で陸軍大臣と会えるはずはないので、招宴の機会を利用しての陳情であったろう。

（40）⑧高第四三七五号　山口県知事発　大正八年六月三日　には一日午後四時、岩国駅で広島県から尾行を引き継いだ後、二日午後九時半、釜山桟橋で釜山警察署に引き継ぐまで尾行した姚薦楠（当三十七年）が、釜山駅で周天爵、趙思平、王希天宛にそれぞれ「信書」を投函した旨報告がある。姚は六三闘争の高揚期に留日学生代表として北京に赴いたわけだが、同外秘乙第三四一号　六月十二日「支那留学生ノ言動ニ干スル件」「三、総会反対者葛天民一派ノ行動　留日学生監督江庸ノ内命ヲ受ケ葛天民一派カ別個ノ総会ヲ組織セントスルコトハ既報ノ処彼等ハ愈々役員ノ選定ヲ終リ夏期休暇ノ際過激学生ノ皈国中ヲ利用シ之レガ起会式ヲ挙行シ彼等ヲ葬ラント時機ヲ待チツツアリ一面彼等ハ這般姚薦楠カ過激派学生ヲ代表シ江庸監督排斥ノ為メ皈国シタルヲ察知シ之レガ対抗策トシテ師尚謙、張瑛、水懐智、陳定遠ノ四名ニ檄文ヲ（下関憲兵隊ニ於テ押収シタル旨山口県ヨリ通知アリタリ）数通ヲ携帯セシメ排日ノ頭目ニシテ常《ママ》留学界ヲ攪乱スル姚薦楠、周天爵、龔徳柏、阮湘等ヲ排斥センカ為メ北京ニ赴カシメタリ」とある。

山口県からの通知は以下のとおり。

高第四五九七号　大正八年六月十日　山口県知事「支那留学生ニ関スル件」

甘粛省秋道県　師尚謙　明治大学卒業生　三十三年
同　張瑛　同　二十五年
同　定西県　水懐智　同　二十五年

右ハ本月八日八時四十分下関着列車ニテ東京ヨリ来関、朝鮮経由帰国ノ途ニアルモノナルガ下関税関官吏ニ於テ携帯荷物ノ検査ヲナシタルニ別紙添付ノ如キ印刷物百参拾部及本年五月二一日付東京報知新聞第一五一七八号（第七面ニ田中陸相支那学生を招待ト題スル記事アルモノ）二十二枚ヲ携帯シ居リタル一依リ取調ブルニ『留学生監督江庸ノ排斥ニ過ギズ』ト称スルモ印刷物中ノ文意ニ依リ下関憲兵分隊長ニ通報シ共ニ追求セシニ東京出発ノ際法政大学生陳雅軒、明治大学生黄文中ヨリ北京大学生ニ配布方ヲ依頼サレタルモノニシテ何レニ於テ謄写セシヤ不明ナリト称シ餘ヲ語ラズ而シテ本人等ノ大貨物ハ既ニ同日午前出帆セシ関釜連絡船津島丸ノ船底ニ積載シアリシニ依リ取調方釜山警察署へ通報シ置キ印刷物ハ憲兵隊ニ押収シ同人等ハ同日午後九時三十分発連絡船高麗丸ニテ帰国セリ

右及申（通）報候。

また、同高秘第一〇六八〇号　大正八年六月十五日　福岡県知事発　「支那留学生檄文発見ニ関スル件」によると、師尚謙（當三十年）、張瑛（當二十五年）、水懐智（當二十三年）は六月八日朝下関着、関釜連絡船に乗り換えるさい、門司税関下関出張所で所持の檄文六十通を発見されたのである。外秘乙第三四一号に付する油印の原件、留東同人公啓「誅漢奸周天爵龔徳柏」、中華民国留日学生護国会謹叩「北京大総統国務院教育部各省督軍省長省議会各報館鑒」、中華民国留日学生会謹啓「留東学界風潮善後計」、留日学生救国会啓「請看姚薦楠之罪悪」、留東同人公啓「嗚呼漢奸団耶総会耶」五件である。前二件はいずれも吉野作造と総会幹部の関係を取りあげ「周龔二賊受吉野作造之籠絡、献媚田中陸相、強成総会、軟化全体、滅五七之功、消日警之罪、将排日之大好資料、付諸流水、謂為江庸所為、暗示与日警無干之意、使同人対日敵愾之志頓減、一変

而為対江、仗量巧□、使多数人堕其術中。五月三十日東京日日新聞大書使留学生不帰国、乃吉野之功、此中之暗幕、已大暴露、請同人平心静気一思因果、並考査五七後彼賊等之挙動、及報紙所載之朱《ママ》絲馬跡、皆証明彼等已受日人買収、而為之鞠躬尽瘁……」（留東同人公啓）、「……（五七事件以後）同人等悲憤交集、一方籌画帰国、一方請不能帰国者勉力求学、以為国用、不幸総会幹事周天爵龔徳柏等、由吉野作造之介紹、与日本田中陸相聯歓、五月十九日田中陸相在砲兵工廠後楽園、与彼等宴会。二十日報知新聞已経登載。周等遽然変節、大発傳単、欲将日本之罪悪嫁之江庸、籍為日人洗刷、謂日警捕人乃江庸指使。……同人等憤極、群起攻撃総会、使之解散、以免彼等売友辱国、旋即組織各省各校聯合会、以籌進行……」（留日学生護国会）と論じている。臨時総会が章宗祥の次の目標に早くから江庸を設定していたことは一二四頁を参照。吉野が留学生と田中の橋渡しをしたかどうか、『吉野作造選集』14（岩波書店　一九九六）『日記二』では確認できないが、当時吉野は起訴された七人の学生の救援に奔走していた時期であり、田中との接触がなかったとは言えない。

（41）　葛天民の打電の正確な日時は明らかでない。⑧外秘乙第三三六号　大正八年六月六日「支那留学生ノ言動ニ関スル件」によれば、八日午後開催される江蘇省同郷会の議題の（ハ）が葛が「江庸ノ留任打電ヲ為シタル件」についてであるから、それ以前であることは間違いないが、後に引く「弁駁文」ではまだ総会幹事在任中のことだというのだから「五七」直後だった可能性がある。同外秘乙第三四三号　六月十三日「支那留学生ノ言動ニ干スル件」「二、荘代理公使ノ各省各校同郷同窓会長ニ対スル命令」駐日公使館訓令第九十号（中華民国八年六月）では「国務院ノ電報ヲ見ルニ留日学生総会ヨリノ電報ハ葛天民氏已ニ總会ヲ辞職シタルニモ拘ラス即チ濫リニ總会幹事ノ名ヲ用ヒ留学生監督江庸ノ留任打電セリトテ衆情憤激セリ」とあり、葛の電報の存在を知った学生総会が国務院に抗議の電報を打ったのである。「本公使館ハ江監督ノ辞職ノ件ヲ調査スルニ業《す》テニ国務院ヨリ懇切留任ヲ為セリ学生葛天民ノ留任ヲ要求シタルガ如キハ感情上応サニ然リト為ス所衆情檄憤ストハ當サニ事実ニアラス」と弁護している。同外秘第三五二号　六月十九日「支那留学生ノ言動ニ干スル件」は

「一、葛天民ノ弁駁文

仝人カ過般留日学生総会幹事ノ名義ヲ用ヒ江監督ノ留任方ヲ本国政府ヘ電奏シタル件ニ干シ反対派ヨリ独断専権ナリトテ

攻撃セラレタルニ對シ今般左記要領ノ弁駁文ヲ発シタリ凡ソ事ヲ論セントセンニハ須ラク平心静気ナルヲ要ス客気ニ駆ラレ徒ラニ伝単ヲ乱発シテ悪口罵倒スルハ士君士《ママ》ノ採ラサル処ナリ夫レ此回余ガ留任打電ヲ為シタルハ二種ノ観念ヨリ出ヅ即チ

（一）江監督ガ日警ノ派遣ヲ請ヒタリト云フニ疑問アリ

（二）江監督ハ平時公益ニ熱心ナリ

之レヲ細説スレバ

（一）五月七日吾人ガ会場ヲ貸借セントシタルハ公使館ニシテ監督所ニ非ラス故ニ日警ノ請派ハ公使ノ権能ニシテ何ソ監督ノ容喙スル処ナランヤ

（二）江監督ハ任ニ莅ミテヨリ熱心ニ留学界ノ公益ヲ計リタルハ諸君ノ知ル処ナリ即チ全国球《ママ》団聯合会各省運動会、萃明雑誌、新勢力雑誌、喇嘛教歓迎会并民国総会ヨリ発シタル電報費等ニ寄付シタル金ハ数千円ヲ下ラザルノミナラズ又近ク留学生会館留学生運動場建設ノ計劃アリト云フ

以上ノ二項ヲ以テ余ハ留学生界ノ前途ノ公益ノ為メ江監督ニ對シテ北京大学生ガ蔡校長ニ致シタル例ニ倣ヒ政府ニ急電留任運動ヲ為シタル次第ナリ

打電ノ時総会職員ノ認可ヲ経サルハ総会ノ名義ヲ以テ打電シタルニアラス総務幹事個人ノ名義ヲ以テ打電シタルモノナルヲ以テ何等過チ無シト信ズ終リニ一言センニ外交急迫ノ際徒ラニ一些事ノ為メ内訌ヲ事トスルハ国家ノ為メ吾人ノ採ラサル所ナリ余モ久シカラスシテ皈国シ国内青年派ニ随ヒ国民一分ノ職ヲ尽サントス云々」と。

江庸の着任当時は、寺内内閣の援段政策のもと北京政府の財政状況がよく、彼も様々な抱負を口にできたのであろうが、一九年になると官費生の学費支給さえ困難な状況になった。五月、すでに彼の辞意は固く、二二日には先ず家族を帰国させたと『大正八年略記』は記録している。

（42）⑦外秘乙第三三四号　大正八年六月四日「支那留学生ノ言動ニ関スル件」

一、中華民国留日学生臨時総会職員改選

臨時総会ハ曩キニ職員中辞職シタル者アリテ缺員ノ儘ナリシ處這般中国基督教青年会館ニ於テ各省校同郷窓会代表者会ヲ開催シ之レガ補欠選挙ヲ為シタル結果左ノ通リ當選シタリ

職名	氏名	省別	学校別	官私費別
総務部主任	曾天宇	四川省	帝国大学	官費
総務部幹事	張育海	江西省	帝国大学	官費
仝	龔徳柏	湖南省	第一高等学校	官費
庶務部主任	閔星熒	江西省	帝国大学	官費
文牘部主任	張永澤	甘粛省	中央大学	私費
会計部主任	呉善	安徽省	帝国大学	官費
交際部主任	王希天	吉林省	第一高等学校	官費
仝《ママ》	李培天	雲南省	明治大学	省費
評議部主任	李生瑞	陝西省	明治大学	私費

なお、『大正八年略記』は「六月四日　中国基督教青年会館ニ各省各校代表者会ヲ開キ職員ノ改選ヲ為シ總務部主任曾天宇外九名ノ役員ヲ選出セリ」とするが、三三四号の日付を代表者会開催日と誤認している。なお、同号にはこれまで同様のばあいに明記していた出席者数を欠くが、実質上の演出者であった姚薦楠が、注40にあるように六月三日には釜山にあった（遅くとも六月一日には東京を離れた）ことを指摘しておく。

（43）　⑧外秘乙第三三八号　大正八年六月九日「支那留学生ノ言動ニ干スル件」「二、留日学生総会ノ内訌」

江庸派ハ姚薦楠一派ガ総会ノ実権ヲ掌握シ政事問題ニ容喙シテ過激的言論ヲ弄シ留学界ヲ紊乱スルヲ以テ之レヲ打破セント欲シ其根底ヲ覆サンカ為メ這般ノ役員改選ノ際役員全部ヲ自派ニ収メント欲シタルモ反対激烈ニシテ遂ニ相互争闘ヲ演

出シタルヲ以テ一時ノ応急策トシテ聯立ノ已ムナキニ至リタリ茲ニ於テカ江派ハ計劃ヲ変更シ今般別個ノ留日学生総会ヲ設立シ時期ヲ見テ合同ヲ策シ一挙シテ姚派ヲ排除セント密密協議中ナリ。

「聯立ノ已ムナキニ至リタリ」の意味が不分明である。注42に見るように曾天宇など帰国反対派、すなわち自派に属すべきメンバーを取りこまれたということか。

(44)　⑦外秘乙第三四一号　六月十二日「支那留学生ノ言動ニ干スル件」「三、総会反対者葛天民一派ノ行動」

留日学生監督江庸ノ内命ヲ受ケ葛天民一名カ別個ノ総会ヲ組織セントスルコトハ既報ノ処彼等ハ愈々役員ノ選定ヲ終リ夏期休暇ノ際過激学生ノ皈国中ヲ利用シ之レガ起会式ヲ挙行シ彼等ヲ葬ラント時機ヲ待チツツアリ

葛一派ノ役員候補者氏名左ノ如シ

一、総幹事　葛天民
幹　事　趙欣伯　董敏舒
庶　務　陳亞軒　黄文中　趙□
文　牘　李國英　問《ママ》積松　徐鳳瑞
会　計　張光亞　張興□　李光鑑
交　際　王維屏　芦《ママ》思彼《ママ》　問積瀚
調　査　張　軫　陳龍○《ママ》　張朝選
評議主任　蘇景三
糺査部　萬鳴程　呉静瀾　丁尚謙
北京代表　張　瑛　水懷智　師常謙　陳定遠
編輯部　呉懷珊　黄阿臧《ママ》　陳龍□　鄺摩漢　陳　適
童一心　問積崧《ママ》　趙之成　趙光瑛　蕭積祺　徐鳳瑞

留東週刊

注40に見える伝単携帯の三名がみな役員候補名簿にあることに注意。留東週刊はおそらく彼等が発刊を考えた刊行物名であろう。

（45）⑫外秘乙第三二八号　大正八年五月廿八日「支那留学生ノ言動ニ関スル件」

五、中華民国留学生泣懇救国団同人ヨリ別紙該団発起旨趣書ヲ配付セリ

中華民国留日学生泣懇救国団発起之旨趣

同人等目撃我留学生学界近日之現象心傷。廿一《ママ》晩大会之結果、痛不帰国者之利害敝胞□知鉄血之未堪実行、爰効申公包胥秦庭七日故事、組織泣懇救国団、近之謀我留東同胞消除意気、和衷共済、「全体帰国死力挽回」早成事実、遠之冀「青島直接交還」「亡国条約一律取消」「南北分裂早日統一」「日貨排除静《ママ》尽」而「我留学生善後辧法告成」。七日不足継以十日、十日不足継以百日、再接再厲、前仆後継、期以必成、此本団唯一之宗旨也。然茲事件大非頼群策群力不為功、而其進行方法則極簡単而極易行、「至誠可以動天」、況我同胞父老乎。果然能各具申公七日之決心、則今日我中華民国最危険之外患内憂、不無二《ママ》線希望、而我留学生最難解決之善後問題、可以冰釈矣。熱心救国諸公、有賛同同人等之説、而願身体力行者乎、蓋速題名加入以促本団達於完満足之結果、民国幸甚、同人等幸甚。

本団簡章摘要録下。

第一条　名称　本団定名為中華民国留日学生泣懇救国団

第二条　宗旨　本団報国熱誠以泣懇救国以宗旨

第九条　団員有犠牲一切泣懇救国之義務

第十四条　本団各職員及各組織泣懇救国団事項如左

甲　各職員除辧会外進行各組泣懇救国等事務

乙　紅組　暫留日本泣懇留東全体帰国死力挽救（事畢合黒組分赴各省）

丙　黄組　即赴北京泣懇当局曁各社団。其泣懇事項（一）挽回青島（二）取消亡国条約（三）速促南北統一（四）力倡振興国貨（五）廃止留東速籌善後辦法（将留東学款及他項的款、派遣欧美留学生、建設新大学及高等専門或□□原有大学及高等専門、以安插現在留東学生及将来学生）

丁　藍組　即赴上海泣懇南北和会曁各社団、其泣懇事項同黄組

戊　白組　即《ママ》泣懇護法当局曁各社団、其泣懇事項同黄組

己　黒組　分赴各省泣懇各省当局曁各社《ママ》、其泣懇事項同黄組。但人数不足時、代以函電

望閣下看畢、拿到朋友処、約定大家一同入団、或即閣下一人亦無不可。惟望多々益善、借此可以達閣下素抱之愛国熱誠、目的非宣言無為之可以此也《ママ》

入団手続

一、在中華青年会館牆上掛有一冊、請諸君随時填入之。

一、明日午前八時起、在中華民国《ママ》青年会館二階講堂磋錯之間一切及辦公《ママ》請□君到該処報名亦可。

一、所□最望者、諸君勿以為耳旁風、必須沈心静気熟思之。

中華民国留日学生泣懇救国団同人等　謹啓

諸君閲畢転示他人、快来入団以達目的

中華民国八年五月二十四日（礼拝六）晩敬贈

※句読は引用者が付した。

（46）『大正八年略記』五月二八日。簡章は李培天・李榘正ほか二名が起草したという。「中華民国留日学生泣懇救国団宣言」（五月二十八日）は⑧外秘乙三三六号　大正八年六月六日「支那学生ノ言動ニ干スル件」に写を添えるが全文二千余字、「死争山東」「誓滅国賊」を訴える悲憤慷慨の文で新味はない。また藍晒の褪色と誤写とで判読に苦しむ箇所が多く、紹介は控える。同外秘乙第三四三号　六月十三日「支那留学生ノ言動ニ干スル件」「一、中華民国留日学生泣懇救国団暫行章程」には「客月

三十日泣懇救国団員会ヲ開催シ暫行章程ノ修正ヲ行ヒ役員選挙ヲ為シタル旨既報ノ処其ノ確定修正章程並役員ノ氏名ハ別紙ノ通リ」とある。

中華民国留日学生泣懇救国団暫行章程

第一章　名称　第一条　本団定名為中華民国留日学生泣懇救国団

第二章　宗旨　第二条　本団本救国熱誠以泣懇救国為宗旨

第三章　事務所　第三条　本団事務所設於上海

第四章　組織　第四条　本団設団長一人副団長一人及文牘会計庶務交際四部、毎部皆設主任一人

第五章　選挙職員手續

第五条　本団職員除各部主任由各部互選外皆於大会時選挙之

第六章　経費　第六条　本団経費分為団費及特別捐二種

（甲）凡為本団団員須納団費二円

（乙）本団経費困乏時須挙待特別捐

第七章　団員之権利義務

第七条　団員之権利義務如左

（甲）本団団員皆有選挙被選挙之権利

（乙）本団団員皆有提議表決及発言之権利

（丙）本団団員皆有保全本団名誉之義務

（丁）本団団員皆有犠牲一切泣懇救国之義務

第八章　職員之権限

第八条　職員之権限如左

(甲) 団　長　処理本団一切事務及執行議決事件
(乙) 副団長　讃助団長処理本団一切事務及執行議決事件若団長缺席時可代行其職種
(丙) 文牘部　掌理本団文稿函件一切事宜
(戊) 庶務部　掌理本団一切庶務事宜
(巳) 交際部　掌理本団一切交際事宜

第九章　本団進行事項

第九条　本団進行事項分為四種
(一) 収回青島 (二) 取消亡国条約 (三) 力促南北統一 (四) 提唱振興国貨及排示日貨

第十章　附則

第十条　本章程有未尽善之処経全体職員三分之二以上通過修正即可修正之

本団各種職員如下

団長　呉有容　　副団長　黄耀武
文牘　辛鐘霊　殷超淵　譚子修　王停《ママ》雲
会計　唐君本　范祚介　安祥
庶務　藍英達　葛蹟　彭大猷　畢道
交際　江夏聲　王世楷　郭雲亭　唐君源　戴錦心　陳逸　程鵬飛　王泰鈞　彭柱　鄭帝《ママ》楊　蔡興民

前注に掲げた「泣懇救国団簡章摘要」で「第十四条・丙」(暫行章程の本団進行事項に相当)の「(五)廃止留東速籌善後辦法(将留東学款及他項的款、派遣欧美留学生、建設新大学及高等専門或□□原有大学及高等専門、以安挿現在留東学生及将来学生)」が削られている。また、丁・戊・己各項が北京での活動に準じて想定されていたのが大幅に修改されている。

(47) さらに三〇日に決定した人事も短期間に見直されたようだ。同外秘第三三一号　大正八年五月三十一日「支那留学生ノ言動ニ関スル件」「一、泣懇救国団ノ組織」では

「昨三十日午後一時ヨリ中国基督教青年会館ニ於テ泣懇救国団員ノ第一回集会ヲ催シ蔡興民外三十一名参会ノ上職員選挙等ヲ為シ午後五時散会セリ其状況左ノ如シ」（「暫行章程ノ修正ヲ行」ったとは記さない）と、

A、参会者

黄耀武、蔡興民、安祥、呉澤春、王士揩　度忌本《ママ》、唐君源、夏載、外二十五名《ママ》

B、役員

団長　一名　蔡興民

会計　一名　度忌本

庶務　二人（氏名不詳）

文牘　三人　夏載外二名

交際　七人　王士揩唐君源外五名

C、帰国代表

（イ）呉澤春、丁世芳ノ両名ヲ六月五日迄ニ北京ニ赴カシム

（ロ）氏名不詳者二名ヲ六月十日迄ニ上海ニ赴カシム

D、一般帰国

団員ハ六月二十日迄ニ全部帰国スルコト

E、事務所　神田区表猿樂町二番地遠藤方安祥居室

F、後援者並勢力

姚薦楠一派ノ者ガ私学派ノ年少者ヲ操縦シテ組織セシメタルモノニシテ目下頻リト入団ヲ勧誘シツツアルモ勢力振ハス

※「F」に姚薦楠一派が云々とあるのは、泣懇救国団を総会派が自派の影響下に組みこもうと操縦を試みたことを意味するのではないか。泣懇団を公認しつつ、前年の一斉帰国の路線を踏襲して留日そのものを否定する簡章十四条丙の（五）を

削除させたのもその一つではなかったか。それはまもなく泣懇団側の反発を招くのである。

（48）『五四愛国運動資料』（科学出版社一九五九）二五七頁「京津学会与上海之聯合」、二五九頁「半淞園留日学生開会」。旅滬留日学生の集会は、原載の『学界風潮記』（上海中華書局　一九一九・九）の文脈から見て六月一日以後五日以前であったと思われる。

（49）⑧外秘乙第三三八号　大正八年六月九日「支那留学生ノ言動ニ干スル件」「三、各校各省同窓同郷会代表者会」。

（50）⑧外秘乙第三四一号　［大正八年］六月十二日「支那留学生ノ言動ニ干スル件」

一、郭欽光ノ追悼会

民国四年五月七日二十一ヶ条ノ条約締結セラレ支那各地ニ排日運動熾ナルヤ袁総統ハ集会結社ヲ禁セリ然ルニ郭欽光（北京大学生廣東人）ハ率先シテ国恥会ヲ東園ニ開キ軍警ニ圧迫セラレタルニ拘ラズ二十一ヶ条ノ反対演説ヲ為シタルコトアリ復本年五月四日章宗祥ノ襲撃ニ加入シ□警ニ撃傷セラレテ佛国医院ニ入院中仝月七日遂ニ死亡シタルモノナリ故ニ泣懇救国団員ハ仝人ヲ烈士ナリトシ昨十一日午后二時ヨリ追悼会ヲ中国基督青年会館ニ開催シタルニ参会シタル者約百三十名ニシテ黄耀武開会ノ辞ニ次ギ追悼文ノ朗読并ニ二三者ノ悲憤慷慨的追憶演説アリテ午后五時散会セリ

二、泣懇救国団ノ檄文

左記要領ノ檄文ヲ配布セリ

祖国ハ今ヤ各処ニ内訌外侮頻々トシテ起リ危急ノ際ナルヲ以テ最良ノ方法ヲ構シ之レガ挽救ノ策ヲ計ラサル可カラス然ルニ「現総会ナルモノアリテ吾人ノ愛国心ヲ阻害ス蓋シ総会ハ吾人ノ総機関ニシテ吾人ノ意思ヲ代表スルモノナリ現総会ハ僅カニ二三時間ニ小数代表者ニヨリテ協議セラレタルモノニシテ真ノ代表機関ニ非ラス故ニ公意ヲ蔑視シ一致帰国ニ反対シ外人ノ笑ヲ招クニ至リタルハ祖国ニ対スルノ罪大ナリト云フ可シ因テ幣《ママ》団ハ国家ノ為メ此ノ組織ヲ改メ全体帰国ヲ主張センガ為メ左ノ提案ヲ為ス云々

（イ）皈国反対者タル総会幹事長曾天宇、副幹事龔《ママ》徳柏評議部長李生端ヲ辞職セシムルコト（ロ）各省各校代表ヲ招集シ緊急会議ヲ開キ愛国者ヲ総会役員タラシムルコト若シ会議ニ列セサル各省各校代表アルトキハ該省該校ニ照会シ愛国者ト代ラシムルコト（八）腐敗者参会セサレバ愛国分子ノミニテ全体皈国ヲ実行スルコト

『大正八年略記』によれば六月二一日、泣懇救国団は「外交ノ失敗ヲ痛撃シ国人ノ排日気勢ヲ喚起スル等頗ル尽瘁シ遂ニ疾病死ニ至リタル徐哲（當十九年）ヲ国難ニ殉シタル烈士ナリトシ」、「中国基督教青年会館ニテ追悼会ヲ開催」（参会者三十余名）したとあるが、徐哲についてはつまびらかでない。

（51）⑧外秘乙第三四六号　［大正八年］六月十七日　「支那留学生ノ言動ニ関スル件」

「一、泣懇救国団」「右ハ本月十四日午後一時中国基督教青年会館内ニ於テ協議会ヲ開催シタルニ参会者副団長黄耀武外約三十名ニシテ黄司会者ト為リ団長呉有容（在上海）ヨリ各省各校代表者ヲ説得シ尚広ク同志ヲ糾合シテ来ル二十日迄ニ上海ニ帰国集合ス可シト通信シ来リタル旨ヲ告ケ之レガ賛同ヲ求メタルニ一同之レニ賛同シタルヲ以テ四五人宛一組トナリ各留学生ヲ訪問シ皈国ノ勧誘ヲ為ス可シトノ申合ヲ為シ午後三時三十分散会セリ」

実は同前外秘乙第三三八号　大正八年六月九日「支那留学生ノ言動ニ干スル件」「八、泣懇救国団檄文」に「左ノ意味ノ檄文ヲ配布シタリ　我国ノ外交窮迫シテ国賊横行スルハ諸君ノ知得スル処ノ如シ故ニ吾人ハ此一髪千鈞ノ危機ニ際シ速カニ帰国シ之ガ救済ヲ為ササルベカラス因リテ昨夜（六日）臨時大会ニ対シ左ノ提案ヲ為セリ故ニ陸続帰国シ救国ノ責任ヲ尽サレ度シ云々（一）各校同胞ニ通告シテ即日休校スルコト（二）七月十五日迄ニ全体帰国スルコトノ決議ヲ六月三十日迄ト改ムルコト」。以上二項の要求を臨時総会にたいして提起したらしい。当初、泣懇救国団は六月二〇日を期限に設定しており（一三五頁参照）、それが七月一五日に変更させられた経緯があったとしか思えないが、それがいつの時点であったかは明らかでない。

（52）『時報』一九一九・九・二九【来函一】敬啓者、本団同人自外交失敗、輟学帰来、創辦強国日報、以血忱与国人相見。日月《ママ》於茲蒙各界来函倶表同情、然以篇幅狭小、不能発抒所見、抱歉良深。久擬拡而充之、因経済困難、心有餘而力不足、是以暫時停刊、派員向各界熱心諸君募捐、以冀拡充大張、継続出版。乃所募之款、通盤計算、甚難支持、不克再行発刊。

然滬上諸君所恵之捐、既不敷拡充本報之用、自當完璧帰趙。挨数目結清、如数奉還後、再将諸君芳名一一登報声明。茲因経費問題、職員多半離滬、惟両三人清理一切事務。恐各界誤会特先報告。留日学生泣懇救国団啓

【来函二】啓者、留日学生泣懇救国団近日以来愈趨愈下、僕就良心上有不能已於言、兼有不能不脱離関係者、特将内容掲後、以告国人。敬懇貴報一賜登載而正人民、為荷。法界霞飛路仁和里一六三田厚卿躬

留日学生泣懇救国団之成立也、吾等在日以為猶是前日《ママ》留日学生救国団之招牌、故欣然入団充当団員会《ママ》帰国。査其実則已変相矣、予不覚唖然者再《ママ》、雖然其言論其行動者、皆可以救国、皆可以代表留日学生一般心理、与留日学生救国団宗旨相同、則雖有人立百救国団、又何妨也、以質之其団内辦事員、曰然。故當前月二十間帰時《ママ》促予住団内、予即入而為強国日報翻訳。住内未久、得悉内中、会計某私用公款百余元、余即已実《ママ》頭喪気矣。豈可以再益之、以向王揖唐屢次募捐乎、□大背我良心、而特背我良心、予決不盲従。今特完全宣佈、找脱離留日学生泣懇救国団関係。凡以後尚有以留日学生泣懇救国団名義、在外募捐、或其他行為者、予概不負責。特此申明。田厚卿

泣懇救国団が上海で『強国日報』なる小型新聞を発行していたが、財政難で停刊し、九月には活動を終息したこと、当時南北和議の北方代表として上海にいた安福派の王揖唐にも寄付を仰ぐという節度のなさが団員の不満を買ったことなどが判る。

（53）『大正八年略記』六月二十五日　大中華民国留日学生総会通告ト題シ左ノ意味ノ印刷物ヲ配布シタル者アリ

拝啓　五月四日北京学生ノ義挙以来全国活動ヲ開始シテ仇敵ニ当リ幾多ノ犠牲ヲ払ヒ国民ノ覚醒ヲ促セリ我留学生ニ於テモ始メ熱心ニシテ全体帰国問題起リタルモ中途其精神大ニ乱《ママ》未ダ実行ノ運ビニ至ラス然ルニ今ヤ暑中休暇モ将ニ来ラントシ学生ノ国内ニ分散セラル、時ナリ此ノ機ニ乗ジ学生ハ一致団結左記数則ニヨリ奮起シテ一致進行セラレンコトヲ希望ス賛成加入者ハ講演ニ従事スルト実行ニ従事スルトヲ問ワス各自ノ任意ナリ□北京、天津、上海、広東、漢口ニ赴キ大団体ノ進行ヲ幇助スルカ各省城市ニ赴キ小団ヲ組織シテ事務ヲ処理スルカヲ本月廿九日迄ニ神田中国青年会館内二十九番室ニ通知セラレタシ

一、勧誘方法

（イ）自ラ帰国救国ノ為メニ尽力セントスル者ハ人ノ勧誘ヲ待タズシテ速ニ申出テラル可シ

（ロ）長期ノ休暇ナルヲ以テ已ヲ得サル者ハ郷里ニ帰リ団体ノ進行ヲ幇助シ国家ノ為メ尽力セラルベシ

（ハ）帰国ヲ不可トシテ帰国セス海水浴或ハ旅行或ハ避暑等ヲ為スハ自己ノ肉体上ノ逸楽ヲ謀ラントスル為メナレバ国内ニ在リテ身命ヲ犠牲トスル同胞ヲ思ヒ帰国シテ救国ノ心ヲ奮起セザル可カラス又夏期温習ヲ為スモノ、如キモ僅カニ学業ヲ補助スルニ過キス内地ニ在リ学業ヲ犠牲トシ救国ノ美挙ヲ為スモノヲ思ヘハ暑中休暇ヲ利用シ蹶起以テ幇助ヲ図ラザルベカラス

（ニ）疾病或ハ船費不足ノ者ニシテ帰国スル能ハサル者ハ已ムヲ得ズト雖モ単ニ船費不足ノ者ハ此際何等カノ方法ヲ設ケ救国ノ目的ヲ達センコトニ努メラル可シ

二、帰国以前ノ方法ニ就テ

（イ）本月三十日以前ニ出発隊ヲ組織シテ出発セシメ残余ハ七月十五日前ニ全部帰国スルコト

（ロ）本会ノ通告後ニ各省同郷会長各学校同窓会長ハ代表員三人ヲ選出シ幹部会ヲ組織シ之カ進行辦法ヲ商議スルコト

（ハ）本会ノ推選《ママ》ニ由リ委員タル者ハ各地に赴キ支那商人ヲ勧誘シ日貨ヲ排斥シ並ニ特別義捐金ヲ募集スルコト

（ニ）市外各学校ハ本会及同郷会ノ通知ニヨリ一致行動ヲ取ルコト

三、帰国以後ノ方法ニ就テ

（イ）聯合会留学界ハ全体留学生救国団ヲ組織シ之カ簡章及規定ハ別ニ之ヲ設ク

（ロ）救国団本部ヲ上海ニ設ケ昨年成立セル救国団ト聯合進行ス特別支部ヲ天津ニ設ケ支部ヲ北京、広東、漢口、其他各省城ニ設ケ前回先発ノ代表者ト会合辦理スルコト

（ハ）本会ハ青島ヲ争回シ及ヒ中日一切ノ密約ヲ取消サシムル為メ全国ノ商工界ト聯絡シ国貨ヲ提唱シ日貨ヲ排斥シ一面全国人ノ覚悟ヲ喚醒シ並ニ教育ノ並《ママ》及ヲ謀ランコトヲ目的トス

（二）講演団ヲ設ケ労働部ヲ組織ス

この呼びかけが実効をもったとは思われない。たとえば、田漢は姻戚の易家鉞と同道して七月上旬に帰国したが、救国団の活動に参加した形跡はない。

（54）たとえば五月七日上海での国民大会では王兆榮（宏實）が演説し、国民大会事務所交際主任には李大年が就いた（『五四運動在上海』上海人民出版社一九八〇第二版　一八二・一九三頁）。また、曾琦は五月四日の消息を聞くや、病後の身を顧みず、記者として北京に急行し、六三闘争を親しく見聞している（『少年中国』一巻一期「会員通訊」）。

（55）⑰外秘乙第四六八《ママ》号［大正八年］七月十二日「支那留学生印刷物配布ニ関スル件」

駐京（北京）留学生総会代表者姚薦楠外十一名北京ニ於テ処辧シタル事項報告左ノ如シ

1、外交上ニ関シ二回大総統ニ書ヲ呈ス

イ、第一回上書内容　A絶対調印セサルコト　B欧州戦乱中締結シタル密約ヲ取消スコト　C売国賊ヲ懲罰スルコト

ロ、第二回上書内容　A調印ヲ拒絶スルコト　B速カニ統　ヲ謀ルコト　C国賊ヲ懲罰スルコト　D学生ヲ弁《ママ》護スルコト［これに該当すると思われる「留日学生上徐総統文」が『五四愛国運動史料』二〇二頁に見える］

2、国務総理ニ二回書ヲ呈ス

内容大総統ニ同ジ

3、留東学生全体ニ代リ全国上下ニ宣言書ヲ配布ス

内容　甲、調印拒絶　乙、欧州戦乱中日支間ニ締結シタル各条約ヲ取消スコト　丙、売国賊ヲ懲罰スルコト　丁、高徐済順鉄道ノ借款ヲ返還スルコト　戊、国貨提倡　己、国民大会開催

4、外交問題ニ関シ三回意見書ヲ全国ニ通電ス

5、蔡元培先生ノ留任電報一回

6、江庸、荘景珂ニ関シ二回大総統ニ書ヲ呈ス

イ、第一回内容　東京方面ニ於ケル五月七日ノ情況並ニ江荘ノ之ニ対スル罪跡

ロ、第二回内容　日本ニ対スル抗議提出要求並江荘ノ懲罰

7、東京ニ於ケル五七状況書ヲ外交部ニ呈ス

内容　A　日本ニ対シ抗議ヲ提出シ被捕学生及七名ノ徒刑君子釈放方交渉　B荘景珂ノ辱国喪権ノ状況ヲ痛切ニ陳べ
懲罰ヲ要求ス

8、大総統ニ面会ヲ求メ陳秘書ニ会見ス

9、国務総理銭能訓ニ二回謁見ス（一回親シク面会一回ハ郭秘書ニ遇《ママ》フ）

10、国務院代理総理龔心湛ニ会見ス

11、外交部ニ十一回到ル

12、教育部ニ十九回到ル

13、蒙古王公及在野名士ニ会見ス

14、在京各団体ニ接洽ス

一、北京学生聯合会　二、京師育務《ママ》総会　三、報界聯合会　四、外交協会　五、山東請願団
六、外交期成会　七、南北和平聯合会

15、天津学生聯合会ト接洽ス

16、在奉天ノ団体ト接洽ス

17、六月七日各団体ト聯合シテ国民大会ヲ中央公園ニ開催ス

18、北京ニ於テ捕ハレタル学生ニ対シ法科及理科ノ二大学ニ到リ慰問ス

19、東京ニ於テ捕ワレタル七君子ニ関シ陳外交次長ニ対シ交渉スルコト一回

20、荘景珂ニ対シテハ我等同人ノ請ニ従ヒ絶対ニ裁撤センコトヲ外交部ニ陳述ス
21、江庸事件ニ関シテハ現教育部員ヲ派シ査弁《ママ》センコトヲ求ム
22、湖北軍警ニ関シテハ学生ヲ傷害シタル事ヲ電報ニテ詰責ス
23、政府ニ対シ留東五校官費ノ件ニ関シ期満後ハ官費ノ契約ヲ継続セサルコト並五七紀念ノ事ヲ国民学校ノ教科書ニ入ル、コト
24、同人等ハ六月廿七日午後二時京中ノ各界ト共ニ総統府ニ赴キ左記ノ三件ヲ請願ス※
一、山東問題ニ関シテハ絶対ニ調印ヲセサルコト
二、高徐、済順鉄道条約ヲ取消スコト
三、国内ノ和平会議ヲ速カニ開催スルコト
露宿一夜廿八日午前九時ニ至リ始メテ総統ヨリ適当ノ答覆ヲ得テ返ル
※山東省全体代表の総統府請願に呼応しておこなわれた。五四運動史上、第一次請願と呼ばれているもの。
25、再ビ宣言書ヲ発セントテ目下起草中ナリ其内容左ノ如シ
内容
1独逸ヨリ直接青島ヲ回収スルコト　2民国四年五月七日ノ二十一ヶ条取消　3高徐済順鉄道契約取消　4各国在留領事裁判権ノ取消　5関税改正　6庚子賠款ノ取消　7軍隊ヲ減ジ国用ヲ節ス　8国内ノ和平ヲ促進ス　9国賊曹、章、陸ヲ懲罰ス　10国貨ノ提倡
26、代表者氏名
王俊　荊巨佛　盧復　張景銘　羅振邦　羅從權　陳定遠　張瑞峰　姚鷹楠　荘善昶　彭國律

（56）「全国学聯成立」（『五四運動在上海』上海人民出版社一九八〇第二版　六一八―六二一頁）。劉振群が理事となり、同年末をもって「留日学生団新選理事」姚作賓と交替したことが『申報』一九二〇・一・三「学生総会歓送劉振群紀事」に見える。

(57) ⑧高秘第四一九号　大正八年五月八日　京都府知事「支那留学生動静ニ関スル件」。

(58) 同前　外秘第七六八号　大正八年五月九日　大阪府知事「支那留学生ノ動静ニ□□ル件」、高秘第八二三七号　大正八年五月十四日　福岡県知事「支那留学生動静ニ関スル件」。なお後者には九州大学医科一五名、工科一名、明治専門学校二二名の氏名・年齢・省別・現住所を記入した名簿が添えられており、明専では前年退学帰国した一一名全員が復校していることが知られる。他に同前高秘第五三〇〇号　五月七日　熊本県知事「支那留学生ニ関スル件」は五高在学生が六日、北京の学生に打電して連帯を表示したことを伝えている。

(59) 夏社の唯一の史料が②青島民政部「民課」第八七号大正八年九月一六日に記録されている。

「排日通信機関ノ設置ニ関スル件」

従来日貨排斥ノ持久策トシテ北京ニ通信機関ヲ設ケ日本及支那各地ニ連絡ヲ取リ青島商務総会モ又通信ノ連絡アルヲ探知シ各方面ニ亘リ内偵中ノ処北京ニ夏社ナル印刷部ヲ設ケ既ニ民国八年七月十七日創立シ各方面ニ通信シ居レル事実アリ現ニ別紙訳文ハ九月三日北京ヨリ青島支那実業界ニ送付シ来リシモノナリ

訳文［訓読に疑問点あるも原件に従う］

支倭ハ両立存立ヲ共ニスル国ニアラス今ヤ救国ノ計専ラ小利ヲ犠牲トスルニ在リ以テ国仇ヲ排斥ス此我学会新聞界諸先覚ノ平素鼓吹スル所ニシテ我商界工業界諸同胞ノ現ニ実行スル所ナリ民気未夕死セス支那ハ亡ヒス排貨ノ義声天ニ普キ同然トシテ斯挙ニ充ルナリ十年ニ及ハスシテ蕞爾鬼（倭鬼ニシテ日本人ヲ軽ンジテ呼ブ称）方ニ坐シテ疲弊ヲ待ツヘシ同人等身具《ママ》ニ天ヲ頂カス顧慮大ニシテ杞憂実ニ多シ思フニ二人同心セハ金モ断ツヘク一滴ノ水石ヲ穿ツヘシ今後ノ事更ニ堅持ノ如何ニ在ルノミ頑冥不才ヲ顧ミス敢テ微力ヲ致ス爰ニ民国八年七月十七日夏社ヲ組織シ期スル同胞ノ振作衰敗ノ万一ヲ防クヲ以テス

本社々務ノ綱要

（一）謄写版印刷物ノ発行学課ノ余暇ニ訳述ニ従事ス毎月印刷物ヲ一二回各省至要ノ新聞社六商界各界ニ呈送ス同人等人数

原来多カラス万難ヲ期シ以テ広ク佈告ス若シ訳述セシ所ノモノ採用スヘキモノアラハ新聞界諸文豪之ヲ諸新聞ノ一端ニ転載シ商界学界ノ諸同志ハ之ヲ他ニ伝覧セシメラレンコトヲ希望ス

（二）国内各機関団《ママ》ヲ備ヘ凡ソ倭人ノ研究ニ関スルコトヲ通知シ親シク努力ヲ尚ブヲ攷察シ以テ回答ニ備フ（通信処日本福岡市九州帝国大学医学部郭開貞）

（三）視察者ノ招待　九州ハ乃チ実業ノ殷盛ナル地ニシテ福岡市ニハ医工農ノ各大学工場医院ノ所在地ナリ凡テ国人九州ニ視察ニ来ルアレハ先ニ通知セラルレハ同人等極メテ歓迎ヲ表シ種々ノ便宜ヲ謀ルヘシ

夏社同人　徐誦明　劉先登　陳中［君哲］　夏禹鼎　余霖　郭開貞　藕炳霊

北京発

なお、⑧高秘第八二三七号　大正八年五月十四日　福岡県知事「支那留学生動静に関する件」附載の支那留学生調によれば、陳中　三二年　江蘇、徐誦明　二九年　浙江、夏禹鼎　三一年　浙江、郭開貞　二七年　四川、余霖　二四年　浙江、劉先登　三一年　湖北、　以上九大医科とあり、藕炳霊のみ該当者が見あたらない。

（60）⑧　大正八年六月三日　中第一三四一号「支那商人ノ行動ニ関スル件」　憲兵司令官より（外務）次官宛

在阪支那商人二百余名ハ五月二十八日夜大阪市西区本田三番町中華商務総会ニ会合シ東京支那学生ノ免刑運動及山東問題ニ関スル打合セヲ為シタル事実アリ状況左ノ如シ

探聞

一、在阪支那商人約二百名ハ五月二十八日午後七時ヨリ大阪西区本田三番町中華商務総会ニ会合シ今回東京地方裁判所ニ於テ懲役ノ言渡ヲ受ケタル支那留学生※ノ免刑運動方法ニ執ヤ協議シタル結果東京駐在支那公使ニ宛テ大阪中華商務総会名義ニテ留学生ノ免刑依頼方打電セントシテ即座ニ電文ヲ作リ会同者ノ一名ヲシテ最寄川口郵便局ニ差出シタルニ同郵便局ニテハ右電文ハ一応所轄警察署ニ提出シ打電支障ナキヤ指示ヲ受クル要アリト云ヒタル為打電ヲ中止シ別ニ日本語ニ通シタル委員二名ヲ選ミ免刑運動ノ為メ上京セシムルコトニ決シ又会同者中ノ二三名ハ留学者ノ免刑運動及山東問題ニ関シ

演説ヲ為シタルカ其ノ要点左ノ如シ
　留学生ノ行動ハ真ニ憂国ノ至情ニ出テタルモノナレハ此ノ際在留支那人ノ結束ニヨリテ彼等ヲ救助セサルヘカラス云々
　又山東問題ハ日貨排斥ノ経済戦ニヨリテ解決セサルヘカラス云々ト説キタリ（了）
　※有罪判決が出たのは本文で述べたように五月二九日であった。憲兵隊の報告に錯誤があろう。

（61）⑨『旅大特刊』（民国一二年八月二十日発刊　中華留日学生旅大収回後援会編輯）「本会第一期会計報告（民国一二年一月一七日－民国一二年五月三〇日）」では、東京僑商特別捐款七二円（円未満の端数は省略、以下同じ）、横浜三江僑商八五円、神戸三江商人八〇五円、神戸広東商人六四〇円、神戸福建商人四〇〇円、大阪僑商八〇〇円とはっきり華商の義捐と確認できるものだけで二、八〇二円、総収入三、五二〇円の八〇パーセント、おそらく華商団体、個人ではないかと推定されるものは除外してである。
　なお、注（1）で『救国日報』のために斡旋奔走した一人として名のあがる「在横浜朱有昀」が華僑であった可能性もある。

（62）秋陽『謝六逸評伝』（貴州民族出版社一九九七）二四－三二頁。馬連儒・袁鐘秀『王若飛伝』（貴州人民出版社一九八四）、陳志淩・賀揚『王若飛伝』（上海人民出版社一九八六）はともに五月七日当日に帰国したとし、同じく「王若飛」（『中共党史人物伝』第二十巻一九八四）は、皇太子の成人式に五月七日を選んだことに憤激して、まず黄齊生が当日離日し、王らが後を追ったとするが、いずれも根拠は明らかでない。

（63）『大正八年略記』は日録的に記述するが、「七月五日　支那留学生監督江庸ハ東京駅ヨリ帰国ス」（九月帰任――引用者）とある次の条に「一、山東問題ニ関スル在京支那人ノ行動ハ以上ノ如クニシテ六月十日迄ニ帰国セシ留学生一千四百七十八人及帰国煽動者ノ危害ヲ恐レテ暑中休暇ヲ利用シ各地ニ旅行又ハ潜伏セルモノ約五百人ヲ除キタル残留者中ノ重ナル者ノ観想《ママ》左ノ如シ……」とパリ講和条約調印拒否後の見通しについて曾天宇、龔徳柏、呉善らを含む数人の意見を記している。前年は連日帰国者数、乗船券購入者数を外秘乙文書で報告していたが、この年はそういう記録は残されておらず、算定の根拠も明らかでない。六月が七月の誤りか、あるいは十日が二十日もしくは三十日の誤記か、いずれにしても「六月十日迄」という記述に疑問を留めておく。

（補）⑦外秘乙第五三四号　大正八年十二月十九日「排日支那人ノ通信社ニ関スル件」に東京府下豊島郡高田村三崎館止宿の明大生李培天・何飛雄・鄺強・鄺鴻才らが太平洋通信社を創立したことを報じ、救国日報社に宛てた「通信文印刷物［十一月四日第六次稿］ノ一部及仝社ノ牛耳ヲ執リ居ル李培天ノ書信［十一月二十三日付］」などの訳文を添付している。

第四章　北京大学学生団の来日

一　官費増額問題と江庸の辞任

狭義の五四運動が一段落したあと、急浮上したのが官費増額問題であった。日本の物価急騰は、家族からの送金にたよる自費生のばあい、おりからの銀高で相殺されたのにたいし、円建てで固定額を支給される官費留学生の生活を直撃した。

留日官費支那学生ハ既ニ帝大生一ヶ月金四十八円（月謝共）一高、高工、高師、千葉医専等ノ指定学校ノ学生ハ金三十九円（月謝ヲ除ク）其他ノ官費学生ハ四十二円宛［授業料をふくむ］ノ給与ヲ受ケツツアルモ諸物価漸騰ノ為メ留学生タルノ体面ヲ維持スル能ハス近来之等ノ関係上宿主其他ノ侮辱的待遇ヲ受クルニ至リタリトテ寄リ寄リ協議ヲ為シツツアルガ既ニ監督処ニ請願シタル結果四川、湖南、湖北、直隷、安徽ノ五省出身者ニハ七月頃ヨリ一人一ヶ月四円宛増給トナリタルモ其他ノ省ハ依然其儘ナル為メ頻リニ内々増額運動中ナリ然シテ雲南省出身者ハ客月廿四日同郷会ヲ開キテ十円増額決議ヲ為シ袁経理員ニ其旨申出テタルモ責任者タル監督不在ノ為メ拒絶セラレタリト右ノ状況ニシテ監督処員金之錚ノ談ニ依レバ官費増額ヲ絶叫スルハ正当ト認メ居ルモ未ダ正式ニ学生側ヨリ請願セシ事実ナキモ監督帰京後ハ学生ヨリ其声ヲ大ニシテ必ス多額ノ請願アルべシ元ヨリ官費ハ各省統一ノ方針ナルモ各省ノ財政ハ目下混沌タル状態ナレバ一時ニ多額ヲ増給スルコト不可能ト信ス現ニ千三百余ノ官費学生アリテ既ニ其支出ニ付キ某銀行ヨリ十万円ノ借財アリ夫レガ為メ監督ハ教育部ニ相談シタル筈ナリ云々（⑪外秘乙第三九六号　大正八年九月四日「留日支那学生ノ官費増給ノ件」[1]）

九月中旬、江庸が帰任すると二八日、各校各省の官費生は聯合会を結成し、同三〇日、物価急騰にたいする手当として臨時補助金を支給し、向後支給月額を増額して帝大生八〇円、その他六五円とすることを求め、七日間の期限を切って回答するよう要求した。激怒した江庸はその日限にしたがうことを拒否するとともに、国家・各省財政の極度の困窮を顧みず、大幅の増給を求めるのは学生の身勝手であると非難した長文の公開状を発した[2]。前引の資料が示すように官費は帝国大学学生、一高特別予科をへて第一－第八高等学校に在学する学生、東京高等師範学校・東京高等工業学校・千葉医学専門学校に直接進学する、いわゆる指定校の学生が自動的に受給資格を得るほか、各省が独自に選抜して官費受給資格を与えて送りこむ「其他ノ」留学生（国公立・私学をとわない）があり、いずれも学生の出身各省が経費を負担していた（後述するように指定校の〈養成費〉は教育部が負担）。その各省が財政の悪化・混乱のため送金が滞り、定額の支払いさえ困難になったのである。章宗祥が公使として在任中の一八年六月には、章の斡旋で例の西原借款から償還するという諒解のもとに朝鮮銀行東京支店から二〇万円を借り入れ、辛うじて急場を凌ぐということがあったという[3]。しかし、援段政策が停止され、五四運動が爆発した後とあってはもはやその手は封じられている。彼は四円増額の内諾を教育部から取り付けてはきていたものの金策に苦慮しなければならなかった。

在東京の留日学生のうち、総会の「支配スル」者「優ニ」六七百人、反総会の聯合会派の「潜勢力」は三四百人、趨勢として前者が後者を圧倒するであろうと警視庁は見ていた。総会側は五七事件以来、学生の非難にしばしば公開で反論する江庸にいっそういきり立ち、官費増額問題でも江庸は帰任後「僅カニ臨時費トシテ十二円《ママ》、本月分ヨリ四円ノ増給ニ努メタルガ如キハ誠意ナシ凡ソ学費ハ本国ノ財政ニ干係アリト雖モ一ハ江ノ無能ニ基因スルナリ」と江庸監督「排斥」を強めていた。[4] 一〇月一〇日、国慶紀念日には三つの集まりがあった。午前一〇時、赤坂の監督処では業務を休み、学生の来訪して祝意を表するのを受け、茶菓を供して接待した。午後一時、大手町の私立衛生会では留日学生総会主催の祝賀大会が開かれ、午後七時から神田の中国基督教青年会で盛大な夜会が行われ、後になるほど好い会だったと評された。[5]

この日、留学生監督処は不測の事態に備え、所轄署に警備を要請していたが、総会側も会場内に私服の配置を申し出ていた。これより先、総会側は大会終了後、「祝意」の表明に藉りて公使館および監督署にデモをかける計画をたて、聯合会派は百名ばかり会場に動員し、「示威的運動ヲ言論ニヨリ阻止スル事ヲ得ザル際ハ腕力ニ訴フルノ計画ヲ定メ」、最初から不穏な空気に満ちていた。[6]

> 既報ノ如ク本日午後一時ヨリ麹町区大手町大日本私立衛生会ニ於テ留日学生総会主催中華民国国慶紀念会ヲ開ク会衆約八百名其ノ種類ハ全部支那官私費留学生ニシテ先ツ主席閔星熒開会ヲ宣シ次イテ奏楽裏ニ一同万歳ヲ唱ヘタル後各省各校代表者ノ祝詞朗読アリ終ッテ自由演説ニ移リ中国基督教青年会幹事馬伯援ハ左記意味ノ演説ヲ為シ〔左記省略〕
>
> 次イテ明治大学生何飛雄、高工生劉國樹《ママ》、一高生龔徳柏、早大生田景奇、東亜予備学校生李守業、仝鄭書麟等各自政談論議ニ亘ラサル範囲ニ於テ孰レモ本会ヲシテ有意義ナル国慶紀念会タラシメントノ意味ノ演説ヲ為シ午後三時卅分閉会セリ

追テ本日演説中主宰者側ヨリ反対派（聯合会側）ノ者若干ノ入場シ演壇前ニ座席ヲ占メ居リテ何等カノ問題ヲ動機ニ事端ヲ醸スナキヲ保シ難キ気勢アル故警官数名ヲ其ノ付近ニ派シテ万一ノ警戒ニ任セラレタシトノ申出テアリタルヲ以テ不取敢三名ノ高等係ヲ特ニ演壇付近ニ配置セリ
又演説最中天候激変シ降雨ノ気配見エタルヨリ会衆ハ漸次退散シタルニ加ヘテ一面所轄署ノ警戒厳密ヲ極メタルヨリ突発的事端ヲ未然ニ防止スルヲ得タルハ勿論ナルカ特ニ主催者ヨリ閉会ニ先チ本日ノ国慶紀念ヲシテ国慶紀念ニ終ラシメヨ此ノ意味ニ於テ諸君ハ模範的ニ無事解散サレタシト宣シタルヨリ豫テ支那公使館留学生監督処ニ大挙押シ蒐ケントセシ計画ヲシテ中途ニ変更セシメタルヨリ結局無事ニ解散セシモノト思惟サル……（⑫外秘乙第三七一号（大正八年）十月十日「支那国慶紀念会ノ状況」）

「政談論議ニ亘ラサル範囲ニ於テ」の演説とは、云うまでもなく臨検の警官を意識してのことだった。前年、一斉帰国運動で大小の集会が弾圧され、はては全員検束までやられたのは「政談論議」を口実としてであったから。ともかく総会側の自制によって両派学生の物理的衝突は避けられた。一〇月二五日、官費生聯合会代表との会見で江庸は当面の増給について具体案を提示し、教育部の諒解を取りつけられぬまま、七月にさかのぼって月四円ずつ一一月分まで二〇円と年末手当として一〇円、計三〇円を自己の責任において、一一月二日から支給を開始した。台湾銀行からようやく借り入れた一〇万円が原資であったが、それも一二月・一月の二月分を支給すれば底をつく、江庸はいちおうの措置を終えたあと、ただちに辞任を宣言した。(7) 北京からは慰留、江からは再度の辞任聴許の要求と電報の往復の後、一二日辞任がようやく北京の承認を得、一一月二六日、江庸は帰国の途に就いた。(8) 在任一年五ヶ月、当初は一斉帰国の挫折後とあって学生の組織もなく、監督処の指導のもとに二、三の団体を結成させ、留学生会館や運動場などをも設置してと、大物監督としての抱負はあったのだが、北京政府の財政悪化・五四運動の爆発などによって、すっかり敵役にしたてあげられたのであった。金之錚がふたたび代理監督を勤めることになったが、一八年四月の四川私費生風潮のさいと同様、学生の追求を避けて逃げ回るもとのスタイルに戻ってしまった。(9)

二　福州事件と留日学生総会の再統一

一一月一六日、福建省福州で日本の領事館警察に指揮された日本人・「台湾籍民」が日貨摘発中の学生を襲撃し、重軽傷者多数を出す事件が発生した。日本側は軍艦を急派し威圧を加え、学生聯合会など「排日団体」の解散・弾圧を要求し、中国各地で抗議・ボイコットの運動が再度盛り上がった。しかし、東京では留日学生運動の分裂から抗議活動も別々に行われた。従来の総会派対聯合会の構図に、新たに規程通り大会における選挙によって新執行部をつくり、不正常な状況を是正すべしとする留日学生普通選挙団も登場した。(10)

一一月二一日、留日学生総会普通選挙団は本国に向けて通電し、留日学生聯合会は「留学諸君」にあてて檄文を発した。さらに他に「中華民国留日学生総会」の名で「緊急通報」とする檄文があり、龔徳柏の把持する「偽総会」が「田中陸相ト相通シ」「媚外ノ機関」となりはてている、「希望ス留東同人ヨ速カニ起チテ総会ヲ改造シ群策協力共ニ国家ノ危急ヲ救ヘ而シテ仇辱ヲ雪カレタシ」と呼びかけたという。(11)

すでに学生間の内訌の焦点だった江庸は北京に去り、問題は五月以来の変則的な総会運営の責任追及に移った。聯合会は普通選挙団と提携し、総会側でも両組織への対応が課題として意識されたようである。

在京支那留学生間ニ総会、聯合会及普通選挙団等アリ其内訌ノ結果聯合会ハ普通選挙団ト相合シテ現総会ヲ打破シ以テ別ニ彼等一派ノ所謂真ノ総会ヲ設立スベク奔走中ナリシ事ハ既報ノ処総会側ニ於テハ昨［一一月］六日午後一時ヨリ中国基督教青年会館ニ於テ大会ヲ開キ来会者二百名ニシテ福州事件ニ関スル本国学生団ノ運動経過ヲ報告シ併セテ代表派遣ノ件ヲ附議シタルモ異論百出シ纏ルニ至ラス結局北京政府并ニ福建督軍ニ宛テ督励的打電スル事ニ決議シ更ニ普通選挙団及聯合会等ニ対スル方針ニ就キ協議シタルモ之レ亦纏マラス仝四時散会セリ
然ルニ普通選挙団側ニ於テハ本日午前九時四十分ヨリ麹町区大手町大日本私立衛生会ニ於テ留日学生全体大会ヲ標榜シ役員選挙会ヲ開催ス其状況左ノ如シ
来会者約百名（総会側二三十名、主催者側五六十名）ニシテ留日学生監督処事務員張光亜開会ヲ宣言シ座長佟振声ハ同団ノ経過報告ヲ為シ次テ張光亜ハ留日学生団体ノ統一ヲ絶叫シ総会側ノ謝震ハ同会ノ昨日ニ於ケル経過報告ヲ為シ徐冠、王靖ハ総会ノ改善ハ普通選挙ニ依ルヘシトノ意味ニ於テ報告ヲ為シ次イテ左記留学生総会ノ役員ヲ選定シ座長ノ報告ニ際シ謝震之レヲ反対シタル為メ一時場内騒擾ヲ惹起シタルモ張光亜、童一心等ノ斡旋ニ依リ直チニ静粛トナリ午前十一時三十分無事散会セリ

左記

正幹事長（帝大生）　李待琛　　副幹事長（明大生）　于吉禎

副幹事長（□大生）　魏炳章

追テ右役員選挙ノ結果龔徳柏一派ノ所謂総会側ニ於テ是認スルヤ否目下疑問トセラレ居リ或ハ今後益々確執シ両々相降ラサルヤト観測サル（⑫外秘乙第五一八号　十二月七日「支那留学生ノ集会ニ関スル件」）

現総会側にしても普通選挙団側にしても、福州事件への対応を迫られながら、結集力は明らかに低下していた。後者は私立衛生会（という大会場）で留学生全体大会を召集しながら、約百名しか参加者を得られぬ大失態を演じ、しかも、なおかつ正副幹事長を選出している、本来なら集会をつぶしにかかって当然の現総会派出席者が反対派にたい

し、自分たちの集会の次第を報告したり、異議を申し立てても比較的おとなしく引き下がっていることなど、解せぬ点が多い。警視庁の観察とは異なり、水面下で統一の話し合いが進行し始めたのではないか。その意味で反総会派の旗頭であった張光亞が「留日学生団体ノ統一ヲ絶叫シ」たと伝えられることに注目したい。選出された役員は最初から取引の材料だったのであろうか(補)。

三　学生総会の改組

この後しばらく外務省所蔵史料から留日学生の消息は消える。一年後の学生側の文書によれば、三月一〇日、上海での全国学生聯合会総会に派遣する留日学生代表を選出するために大会が開かれた（場所不詳）。龔徳柏と方維夏の二人が代表に決定したのだが[12]、その席上、おそらくは唐突に総会規約の改正が提案された。出席者が慎重な審議を主張し、時間切れもあってその日は採択されず、同二八日召集された評議部・幹事部両部の会議で承認・施行された。

前述のように臨時総会は倉卒の間に各省同郷会・各校同窓会の会長を評議員とし、執行部幹事を評議部が推挙することで成立した。それはあくまでも権宜の措置であり、さまざまな弊害を生じた。新時代に即して選挙法を改め、各省同郷会は会員の多寡に応じて割り当てられた「専責」の評議員を選出して評議部を構成し、評議部が執行部の各科主任を公挙することで、いわゆる「頭目政体」を排して「共議政体」を実行する。学生はすべて同郷会に所属するのだから、各校同窓会から評議員をだすのは二重に権利を行使することになるので、当然廃止すべきである。一九一六年以来、正副幹事長は全体大会で直接選挙するのが建前であったが、大会を開いても出席者は多くて七八百人、少ないときは二三百人にも満たない、しかも平素接触の機会がないため、いざとなっても誰に投票してよいかわからない、でしゃばりでホラ吹きの野心家に簡単に会務をひっかきまわされた苦い経験を我々は過去に嘗めた、かかる事態を防ぐために「間接普通選挙」法を制定したという説明であった(13)。

総会再統一の動きのなかで、監督処との関係は一変していた。江庸の後任となった林鵾翔は、学生の圧力に耐えかねて北京にきた代理監督金之錚、金を追いかけてきた官費生聯合会代表とともに、教育部に増額を交渉し、一月、月額一〇円の加給を実現させた。この実績を手土産に二月八日、東京に着任した林新監督は学生総会に柔軟に対応し、江庸までの歴代監督が拒否してきた官費生会費の代理徴収を承知し、相当額の立替までおこなった。新総会の準備段階の経費はほとんどこれに負うていたのである(14)。総会側の計算で二一省約三千八百余人（内公費生一千二百四十人）、各省九九名以下は一名、百名を増すごとに一名を加える方式で計四十五人の評議員が改めて選出され、四月二五日第一回の評議員会が召集された。

在京支那留学生間ニハ由来総会派ト聯合会派トノ二大団体アリテ其ノ内訌久シカリシカ先般来両者間ニ之ヲ斡旋スル者アリテ漸ク其ノ妥協ヲ見ルニ至リ結局留日学生総会ノ役員選挙ハ在京留学生ノ普通選挙ニ依ル事トシ各省同郷会ハ右総会評議員ヲ其ノ会員数ニ準シ案《ママ》分比例ニ拠リ数名宛ヲ選出スルコトニ決シ爾来各省共其ノ選挙ヲ終了シ昨二十五日神田区北神保町中国基督教青年会館ニ於テ右評議員会ヲ開キ結局左記役員ヲ選定セリ尚来月七日午前八時ヨリ麹町区大手町大日本私立衛生会ニ於テ国事記念会ヲ開催スル事等ヲ協定シタルカ既ニ該会場ノ申込ハ之ヲ為シタリ

中華民国留日学生総会

総幹事長　任　翺　　　副幹事　荊巨佛　外一名

庶務主任　張光幹　外二名　　　会計主任　張資模　外二名

交際主任　閔星栄《ママ》外三名　　文牘主任　陳学《ママ》博外五名
評議部長　舒維嶽　　副評議部長　謝　震
追テ五月七日ハ所謂国恥紀念日（大正四年五月七日我対支最後通牒ヲ国恥トシ紀念セントスルモノ）ト称シ爾来毎年之カ会合ヲ催シツツアリ然ルニ来ルヘキ該会合ノ名称ニ関シ従来通リ国恥ヲ標榜スルハ日本官民ノ反感ヲ買ヒ不穏ノ嫌アレハトテ一部学生ノ提唱ニ依リ終ニ之ヲ「国事」トスルニ至リタルモノノ如シ（⑫外秘乙第六九号　大正九年四月二十六日「支那留学生ノ行動ト所謂国恥記念会会合ニ関スル件」[15]）

急転直下、統一が実現したことに警視庁もとまどいを隠さない、もちろん内訌の両者を斡旋したのは誰か、穿鑿する材料さえないように思われる。勘ぐれば、龔徳柏を上海に送ったのも統一への配慮だったかもしれないが、近づく北京大学遊日学生団の東京到着を前にぜひとも留日学生の分裂を克服しておきたいという焦燥も大きな推進作用をはたしたことであろう。五月七日は五四運動の成果を確かめ、さらなる前進を誓い合う意味で、ぜひとも成功させねばならぬ集会であった。集会の許可条件をめぐっては警視庁の関係者と水面下の折衝があったというが、「国恥」を「国事」と言い換えたのもその一つの露頭であったろう[16]。学生には集会届け出の名目にこだわる必要はなかった。事実、五月三日に総会名で配付された通告は直截に国恥記念の集会への結集を留学生に呼びかけていたのである[17]。

四　吉野作造と馬伯援

話はさかのぼるが、一九一八年五月、維新号に集まった留日学生救国団幹部を、警察が問答無用で逮捕・拘留した事件について、さっそくに痛烈な批判を浴びせたのは東大教授吉野作造であった。七日の新聞報道で知り、八日に投稿、九日に『東京日々新聞』に掲載された「支那留学生拘禁事件に就て　当局及国民の反省を促す」で、吉野は、「昨秋は支那留学生の発行する雑誌に過当の圧迫〔『神州学叢』発禁を指すか〕を加へて彼等の排日感情を唆った」ばかりなのに、「今また此事あり」、「再び憂愁の情禁ずる能は」ずとし、政府の措置およびそれを「黙過」する国民の責任を問うた。

「差当り今度の問題で支那留学生を取締ることは果して目的を達する所以であるかどうかを反省して貰ひたい支那人が日本人と全く独立した集会に於て論議したとて日本人に政府の秘密が漏れる筈はない尤も之が遠く支那の本国に反響して大に物論を醸す基となる事はあらう併し支那では日本に居る学生の伝聞するまでもなく物論は現に沸騰して居る学生等に無用の圧迫を加ふる事が却って此の紛議を一層促進する原因となるのではあるまいか」「平素親善を口に唱えて居りながら而も日支親善関係の確立を主たる政綱の一として起てる現政府が一箇月も前から動揺して居った支那留学生の愛国的言動をば今まで之を放任して突如霹靂一声警察に引上るといふのは留学生の言動そのもの以上に不穏の処置と謂ふべきではないか」「拘禁留置の厄に遭へりと報ぜられたる所謂首謀者の中には予の懇意な学生も数名ある是等の学生は平素は極めて温厚勤勉にして従来餘り此種の運動に参加せざりし青年で謂はば支那留学生中の優秀分子である事柄の善悪如何に拘らず前途有望なる此種隣邦の秀才を今度の様な目に遭はして訳もなく対日反感を抱いて帰らしむるは日本の為にも憂うべきことではないか」

吉野は民本主義の主唱者として高い評価を受けていた。帝大留学生を中心に、現代の東林党を自負して結成された丙辰学社は、前年（一七年）一二月、創立一周年の記念講演会に吉野を講師として拝請した。彼は「戦後欧州之新形勢」なるテーマで二時間半にわたる講演をしたが、そのさいの座長が同学社理事の王兆榮であった。[18]「予の懇意な学生」のなかに王が含まれていたことはまちがいない。吉野の留日学生弾圧にたいする抗議が、いっそうその影響力を強めたであろうことは、周恩來が二人の友人と、同年六月二一日（土曜）晩と七月五日（同）午後の二度、吉野訪問を試みて果たせず、「悵然」として帰ったエピソード（『旅日日記』）からも窺える。総会改造を要求する学生がかかげた「普通選挙」のスローガンにも、当時吉野が主張していた普通選挙論がなにがしかの影響を及ぼしていたことであろう。しかし、この段階では吉野と留学生運動とのつながりは、さほど強いものではなかったようで、両者の間に太いパイプが通るのは中国基督教青年会幹事として馬伯援が着任してからであった。

馬伯援は一八八四年の生まれ、湖北棗陽の人、初期の日本留学生で一九一〇年、「早稲田大学政治系」を卒業、同盟会に加入した。辛亥革命が起こると南京臨時政府に参加、のちアメリカに留学、一五年帰郷して社会の悪勢力と戦いつつ郷村事業に取り組むが、軍閥に逐われて上海に逃れた。進退きわまったところに、留日基督教青年会の幹事をやってくれないかとの話がもちこまれたのである。日本に赴任する前、一八年一二月の一日《いち》、張継を訪ねた彼に、張は吉野作造は君と同じくキリスト教徒で思想的にも近しい、往来したら有益だと紹介状を書いてくれた。東京に着いて吉野を訪ねた馬伯援は回を重ねるうちにすっかり昵懇になり、東大ＹＭＣＡの理事長でもあった吉野から、留日青年会の事業でもさまざまな援助を受けるようになった。[19]吉野はまた英国人宣教師エルウィンが主宰し、中国人牧師兪顯庭が補佐する中華聖公会が、一九年七月、中国人女子学生のための寄宿舎・女子華友寮を開設するにあたっても、多大の精神的・物質的支援を惜しまなかった。[20]

五七事件で逮捕者がでたとき、馬伯援はさっそく吉野に支援・助言を求めた。吉野の『日記』から抜き書きすると、五月一〇日午前、「馬伯援君を中国青年会に訪ふ」、一二日、午前学士会で「馬伯援君に遇ふ」、一三日朝「滝君を内務大臣官邸に訪ひ転じて外務省に小村君（不在栗野君に代り遇ふ）を訪ふ　支那留学生拘留事件に関してなり」、一四日「三木君［弁護士］を招き馬君を呼び支那留学生の弁護のことを相談す」、一五日「午前学士会にて馬君に遇ふ」、一七日「九時頃三木片山〔哲、弁護士〕の二君と共に判検事に遇ひ支那留学生の保釈の件について懇談す」、二二日「会館に寄る　釈放支那学生の会合に出席す」と、超多忙の身にもかかわらず懸命に奔走した。実刑判決を受けた二人の学生には控訴を勧め、七月二〇日には「銀座に中川孝太郎先生を訪うて支那留学生被告控訴事件の弁護を頼む快諾を得たり」と、彼が力を添えるのでなければ実現不可能であった弁護態勢をつくり、結局全員に執行猶予をとりつけたのであった。[21]

吉野は五四運動を、自国の軍閥・官僚に反対し、これと結託して侵略の歩を進める日本の軍閥・官僚・財閥に反対するものととらえ、「多年我が愛する日本を官僚軍閥の手より解放せんと努力してきた」「吾人と其志向目標を同じうするもの」と共感を表明した（「北京学生団の行動を漫罵する勿れ」『中央公論』大正八年六月）。彼は北京から「教授一名学生両三名」を東京に招いて交流することを発起し、周囲の賛同も得て旧知の李大釗に書信で提案した。

北京の運動の中核グループの一人・成舎我（後に高名なジャーナリスト）は、五四事件の直後から日本の軍閥・資本家と日本の「平民」の大多数とを区別して対処することを主張し、学生を支持していた新聞・北京『益世報』に「中日真正的親善」なる一文を発表した。すなわち、日本の「平民」のなかに軍閥・資本家の打倒をめざす自覚分子が増加していることを挙げ、「中日両国の真の親善」は、侵略によって「特殊利益を享受する」徒輩を日本の「平民」が打倒することによって実現できる、この間、中国の「平民」の任務は「（一）努力して自国の民衆の敵を打倒することと（二）日本の平民革命を援助すること、これである」と説いたのである。「中日両国の平民よ注意せよ」と副題を添えたこの文章は、陳獨秀・李大釗らが創刊し、胡適が主編する『毎週評論』にただちに転載されたから、彼等の共有する認識であったに相違ない。[22]黎明会や新人会の東京での動きは北京でも紹介され、注目を呼んでいたから、吉野の提案に否やはあろうはずはなかった。ただし、学生活動家のほとんどは緊迫した運動の第一線におり、日本に赴く余裕はない、むしろ吉野らが中国に来てくれないか、などとの応酬があり、曲折をへて一九二〇年五月、北京大学遊日学生団の来訪にこぎつけたのである。[23]

五　北京大学「遊日」学生団

五月五日、到着した康白情・黄日葵・徐彦之・孟壽椿・方豪の五人はみな五四の学生活動家で、方豪を除いては少年中国学会の会員でもあった。とりわけ黄日葵は一七年に来日し、翌年の一斉帰国に参加して帰国、同年秋、北京大学予科に転じた経歴をもち、かねて日本の新思想、青年学生・労働運動の動向に深い注意をはらっていた。当然その材料は留日学生中の知己から提供を受けていたであろう。[24] 接待にあたったのは吉野を支持して生まれた東京大学の学生組織「新人会」の同人たちだったが、おりから東京滞在中の北京大学教員・高一涵（一九一六年の学生総会の評議員であり、文事委員長でもあった留日の先輩）、留日の少年中国学会員田漢・沈懋徳が東京で、鄭伯奇が京都でこまやかな世話をやいた。一行は東京で三週間、京都など関西に約一週間滞在し、新人会はもちろん建設者同盟・暁民会・労学会・六日倶楽部などの民本主義・社会主義的諸団体・労働運動組織、吉野作造はいうまでもなく大山郁夫・北沢新二郎・森戸辰男・河上肇などの著名な学者・思想家を私邸に訪問し、あるいは会合の席で懇談の機会をうるなど充実した日程を過ごした。神戸で「貧民街」を見学したのを最後に六月五日離日したが、その間の経緯は松尾尊兊氏『民本主義と帝国主義』（みすず書房　一九九八）第一部Ⅱ「吉野作造と中国」に詳しい（以下の叙述はとくに注記しないかぎり、同書にしたがう）。

留日学生との公式の交流・交歓は、五月七日の国恥記念の大会に参加したことから始まる。この遊日団の来訪はもちろん留日学生には知れ渡っていたであろうから、それまでにと総会の正常化の達成が急がれたはずであった[25]。

既報ノ如ク本日午前九時ヨリ麹町区大手町大日本私立衛生会ニ於テ中華民国留日学生総会主催、留日学生全体大会ヲ開ク出席者約九百名ニシテ主席閔星熒（帝大法科生）開会ヲ宣シ荊巨佛（東京高師生）李達（一高生）両名ヨリ会務並会計報告アリ次テ自由演説ニ移ルヤ一昨日入京セル北京遊日学生団方豪、徐彦之、康白情等ノ文化運動ニ関スル演説并ニ支那各地学生界ノ情況報告アリ夫ヨリ馬鳴鶚（明大生）、李正栫（明大生）、高一涵（北京大学職員）等ノ演説アリ終ツテ荊巨佛ハ左記七項ノ決議ヲ朗読満場ニ諮リタル後閔星熒ノ発声ニテ万歳ヲ三呼シ午前十一時五十分無事散会セリ（⑫外秘乙第八〇号　大正九年五月七日「支那留学生集会ノ件　所謂国恥紀念会[26]」）

五月九日には留日学生総会幹部（評議部幹事部役員）が青年会に会場をかりて北京大学生歓迎会を開いた。主客双方の儀礼的な応酬のほかに、留学生側は李達が「日本社会党の内容」を、秦正樹が「日本労働問題の内容」を、藍名道が「日本工業」についてそれぞれ紹介し、劉元祥が「留日学牛の近況」を述べ、唐文弼・陳季博も日本事情を語ったという（『留日学生季報』「会務」四六一頁「招待国人彙報」）。一行は一〇日に学生の自治寮「中華践実斎[27]」を訪問、五月二一日には、留日中国基督教青年会主催の講演会に臨んだ。後者について外秘乙文書はこう伝える。

昨廿一日午後七時ヨリ神田区北神保町十中国基督教青年会ニ於テ既報北京遊日団一行ノ講演会ヲ開ク来会者馬伯援外百五十余名ニシテ全九時二十分閉会シタルカ辯士並論旨ノ要領左ノ如シ

左記

一、「康白情」阿片吸入ノ害毒事実ヲ例示シ次イテ我同胞カ無知ナルニ乗シ斯ル恐ルヘキ阿片ヲ輸入シ以テ中華民国人ニ対スル毒害政策ノ具ニ供ス是レ我国民ヲ蔑視□□甚シキモノナリ各自ハ此際互ニ自覚スルニ非サレハ将来ノ国難ヲ益々助長セン［日本人の組織的麻薬密売を名指しはせずに糾弾したもの］

二、「方豪」日本ノ武断主義的国家ナルハ世界中希ニ見ル所ナリ露、独乙ハ終ニ之レカ為メニ解体セリ自由平等ヲ唱道スル米国ノ如キハ今ヤ益々隆盛ノ域ニ進ミツヽアリ是レ人類間合理的主義政策ナレハナリトテ日本ノ政策ヲ批難ス

三、「黄日葵」凡ソ思想界ハ強制的ニ圧迫シ得ヘキモノニアラス日本カ青島ヲ侵略セントスルナラハ吾人敢テ之ヲ拒絶セス但シ青島ハ侵略サルルト雖モ其ノ住民ノ多クハ中国人ナルコトヲ記憶セヨ云々（⑫外秘乙第一〇三号大正九年五月廿二日「支那学生特別講演会ニ関スル件」）

二七日学生団は東京を離れて京都に向かい[28]、二九日には同志社大学を訪問・懇談し、三〇日には京都大学学生集会所で催された「民本主義的インテリ団体六日倶楽部」主催の歓迎会に臨んだ。京都大学学生の組織した労学会員、各労働団体幹部など「無産智識階級の有志達」が参集したが、京大・同志社大・三高・高等工芸・医専等の中国人在学生も「挙って出席した」と云うから、その数「約百名」のうち、かなりの部分を留日学生が占めたと思われる（松尾前掲書）。一行は三一日、河上肇を私宅に訪問した。康白情は京都では台湾青年会・朝鮮青年会などとも接触したと書いているが、何時どういう形でおこなわれたのか、その詳細については彼等も記録を残していない[29]。

学生団はその後大阪・神戸をまわり、六月五日日本を離れた（一六日北京帰着）のだが、解せぬのは京都府・大阪府・兵庫県から上申されたはずの一行の動静報告が外交史料館所蔵文書のなかにまったく見あたらぬことである。内務省が抱えこんで外務省には回さなかったとしか考えられない。そういえば東京滞在三週間中の学生団にかかわる外秘乙文書も異例に少ない。だが、それは日中両国の進歩的学生が反軍閥の連帯を強める交流の意義を当局が軽視したことを意味しない。学生団の東京到着直後、五月一〇日、外務次官は文部次官から、次の文書を手交された。

我カ邦ノ学生ノ代表者ガ数名、支那ノ学生団ト意見ヲ交換スル為ニ近々同地ニ旅行スル筈デアルト云フコトガ支

那新聞通信デ報道サレテ居ルトイフコトデアリマスガ、我国ノ学生ガ支那ニ渡ツテ同国ノ学生ト学術上或ハ思想上ノ意見ノ交換ヲ試ミルト云フコトハ格別問題トスル必要ハナイト思ヒマスガ、此ノ様ナ会談ハ現ニ支那各地ニ排日思想ガ瀰漫シテ居ル折デモアリ、動モスレバ排日的ノ各種ノ団体或ハ新聞等ニ利用サレル虞モアリマスカラ、今後我カ学生等ガ視察等ノ為ニ支那ニ渡ル場合ニハ現在ノ排日的ナ風潮ニ顧ミテ、支那学生等ニ乗セラレル様ナ言動ヲ避ケル様ニ貴管下ノ専門学校ニ対シテ特ニ御注意ヲ煩シタイト思ヒマス此ノ事ニ就テハ外務省カラ通知シテ参リマシタ次第モアリマスノデ念ノ為メニ通牒致シマス　大正九年五月十日　文部次官　南　弘（⑫官専六一号）　※藍晒件、「五月二十七日次官会議席上文部次官手交」と墨書あり。

北京大学学生団の訪日と交換に東大新人会代表の中国訪問は当然に話題になっていた。かねて李大釗らから慫慂されていた吉野作造の訪中については、文部省は直接東大に通達を出して制止したが、学生の訪中についても上記のような婉曲な言い回しながら、各直轄学校当局の責任で禁圧させ、新人会の返礼の訪問はついに実現できなかった。しかし、北京大学学生団の来訪は留日学生と日本の進歩的学生・社会運動家との交流を一挙に広げる契機となった。たとえば第三高等学校にきていた鄭伯奇は、当然一行の世話役をかって出たが、その関係で六日倶楽部の主要人物西川輝と出合い、懇意になった。六月、彼が婦人問題に関心を持つことを知った西川から、鄭は「今、山川菊栄女史が京都にきているが会いにいったらどうか」と旅館の名前・場所を教えられた。『少年世界』一巻八期（婦女号　二〇年八月）に寄稿した「日本婦女問題論客山川菊栄女士之譚話」なるインタビュー記事はこうした機縁からうまれたのである。山川は西陣の織工の実態調査にきていたのだった。

東京で一行に付き添う機会の多かった田漢も、新人会グループとの交流・相互理解を深めていったに違いない。彼はこの年の末、新人会創立二周年を祝い、次の詩を新人会の機関誌『同胞』一九二一年一月号［火鉢を囲んで］欄に寄せた。日本人の進歩的学生との連帯を喜ぶ進歩的留日学生の心情を代表するものとして以下に紹介しておく。

○左の詩は本会の二周年に際し少年中国学会の田漢君の贈られたものである。

——少年と新人との問答——

「新人よ！　新人よ！　君幾つ？」　「僕は今年丸二つ」

「君のお父さんが何処にゐる？」　「父さんなんか僕にはない」

「だってない筈がないじゃないの」　「オ！　New Spirit が僕の母ちゃんだよ」

「新人よ！　新人よ！　手を出して　僕と二人遊びませう」

「君には兄弟が何人ある？」

「それは数へ切れない程　凡て　New Spirit の子供達　皆んな僕の兄弟だよ」

「新人よ！　新人よ！　何が好き？　海辺に遊んでゐる時に」

「僕は何時もそれが好き　人間を以つて橋を架く」

「それは僕も好きなんだよ　一緒に人間橋を拵へよう」

「新人よ！　新人よ！　重くはない？」　「そんな重荷を背負つてゐて」

「重いことは重いけれど　他に誰か負つて呉れる？

君だつて背中に負つてゐるのは　僕のよりずつと重いぢゃないの？」

「新人よ！　新人よ！　待つてお呉れ！　あんなに急いで何処へゆく？」
「僕はこれから人民の中へ　人民が僕等を待ち兼ねて」
「おや！　おや！　同んなじ路だから　君と一緒に行かうちゃないか？」

北京大学学生遊日団を、少年中国学会は実質上自分たちが派遣した代表団だと見なしていた。学会の第二の機関誌『少年世界』は第一巻一二期を発行して二〇年末で停刊したが、二一年四月臨時に「増刊日本号」を発行したのは、遊日団の考察報告の意味を持たせたからであろう。黄日葵・方豪・鄭伯奇・郭沫若・于樹徳・陳達・安體誠・李宗武・資璧如が社会主義運動・労働運動・思想界など各テーマを分担して執筆しているが[30]、同号の目次に続く見開きの右側のページに森戸辰男の写真（半身像）、左側ページに徐彦之の左の題記を載せている。

日本の最近の思想界は大別して両派に分かれる。一派はクロポトキンの「人道主義」を主張し、一派はマルクスの「唯物史観」を研究する。前者は東京帝大助教《ママ》森戸辰男氏が代表と目され、後者の勢力は京都帝大に集中し、河上肇博士を領袖とする。われわれは五月に日本に行ったさい、両派の領袖にいずれもお目にかかった。日本の学者で徹底して西洋の学説を研究・体得しており、人格もまた高尚で範とすべきは、先ずこのお二人を推さねばならぬと思われる。残念ながら河上肇博士の写真は手許になく、皆さんにお見せすることができない。今年の春、森戸氏はクロポトキン研究の論文のなかに「天皇」に不敬な箇所があるとの理由で大学を追われ、加えて徒刑三ヶ月の有罪判決を受けた。しかし、当時は輿論に擁護され、かつ彼も控訴していたので、政府はなお彼が東京市内で行動することを認めていた。われわれが日本に行ったときには、まだ彼と談論する機会を持てたのである。今や在日本の最高法院（大理院《ママ》）は判決をくだし、原審の徒刑三ヶ月・罰金七十円を維持したと聞く。

現在の法律の下で裁判に公理が期待できようか？森戸氏のような人こそ「研究室」と「監獄」の間を出入する学者と云えよう！

この写真は彼自身が吉野作造を通じて私に送ってくれたものである。ここに掲げて皆さんにお見せし、彼の好意に感謝する。

一九二〇、十、二九、彦之特に誌す

森戸辰男をアナーキストと目していることの当否はここでは論じない。前述のように吉野作造をはじめ名だたる学者・思想家と接触してきながら、「日本号」の巻頭は無政府共産主義の研究者（と信じた）森戸とマルクス主義の領袖河上肇の両人で飾りたかった徐彦之および『少年世界』編集者の心情のバイアスが問題である。これより先、二〇年七月、遊日団と入れ替わるように少年中国学会南京分会の会員沈澤民・張聞天が自学自習のため東京に赴いた。康白情はアメリカ留学の途次、一〇月三日、横浜に寄港したさい、東京に足を延ばして田漢らを訪ね、時間を過ごして乗船の出航にまにあわず、そのまま一一月二七日の便まで東京に滞在するはめになった。彼は田漢・沈澤民・張聞天らと十分な時間をとって語りあい、新旧の友人と逢い、活発に行動した。(31) 警視庁外事科は康を要視察人としてマークしていたが、康は東京出発の前日「本邦人ニ対シ左ノ筆談ヲ為セリ」と報告をあげている。（⑰外秘乙第七〇二号　大正九年十一月三十日「支那人康白情出発ノ際ノ言動」）

自分ガ今春日本ニ渡来セル際ハ桜花爛熳トシテ紅ナリキ今日本ヲ去ルニ臨ミ山野ノ木葉亦紅ナリ「余」ハ明日米国ニ赴クモ日本社会民衆運動ノ益々発展センコトヲ希望シテ止マズ「余」ノ五ヶ年後学業ヲ卒ヘ再ビ日本ニ来ル其際ニハ日本ノ何物ヲモ紅化セシメンコトヲ欲ス云々

前述の成舎我も徐彦之・康白情も一両年を経ずして、反社会主義・反共産主義に立場を転ずる青年たちであったが、その彼らも五四運動をへてしばらくの間は、社会主義の理想にに共鳴し、とりわけ日中の連帯に期待を託していた。

アナーキズムとマルクス主義、ブルジョワ民主主義が互いの界限を明らかにしつつも、まだ相互に一致点を模索していたころ、こうした高揚の時期をもったというのが、五四の時代精神であった。

六　「新」学生総会と朝鮮問題

学生総会の統一に向けて、学生監督処が好意的援助をおこなったことは先に述べた。しかも四月末、新体制が発足すると、監督処から一期一〇〇円、年間三〇〇円の補助金をも支給したことが、民国九年四月至十二月収支結算表から明らかである。(32) 監督処からの「借款」も計四五〇円に達し、補助金・借款を合計すると、特別捐款六〇六円を除く収入の半ばに上る。江庸までの時期とくらべ監督処の態度が一変したのは、もちろん北京における政情の変化に対応していた。五四運動後、安徽派軍閥は孤立に追いこまれ、この年七月、直隷派軍閥と奉天軍閥の挟撃に遭って、その主力は壊滅し、総帥段祺瑞は下野をよぎなくされた。留日学牛は一貫して反安徽派の有力な隊伍とみなされていたのである。

前述した二〇年五月七日の「国事」紀念大会で、全部で八項目の決議が採択されたなかの第七が「ロシア労農政府にたいし極めて誠意ある歓迎を表示し、かつまっさき［首先］に承認をすること」であった。(33)

吾人は茲に誠意と満足とを以て、書を全ロシア人民と労農政府とに致す。貴共和国誕生以来、正義人道は大いに光明を放ち、自由平等博愛互助の精神は全世界に普遍せり。吾人は此の世界の大福音に対し、感佩に勝えず。貴我両国民族は歴史上地理上、種々密接なる関係を有し、国民性亦た相同じき点多し。吾人は深く貴共和国の吾人の最も其摯《ママ》、最も親善なる良友たるを信ず。吾人は極めて貴国人民と政府と共同努力、世界全人類の為に幸福を謀り、亜東亜〔亜細亜〕の帝国主義と世界資本主義を打たんことを希望す。吾人は茲に敬《つつし》んで中華民国平民階級とともに、正式に全ロシア社会主義労農委員会聯邦共和国を承認す。吾人は誓いて国内一切旧勢力を剷除し、国際政治上経済上の諸圧迫を排斥し、平民の自由なる新共和国を建設することを実行し、以て貴国人民と政府との盛意に答えんとするものである。敬具

中華民国留日学生総会（五月七日）

四月、新生のソ連政府が、中国に対する不平等条約を取り消し、帝政ロシア以来の一切の特権・利権を放棄することを約束し、中国が第二の朝鮮・インドとなる運命から脱するためにロシアの労農人民・赤軍と友誼を結び提携することを、中国国民・西南政府・北京政府に呼びかけた、いわゆる第一次カラハン宣言が中国に伝えられ、大反響をもたらした。(34) 東京におけるこの大会決議もその波頭の一つであったが、日本の官憲を刺激しないよう注意深くことばを選びながら、労農ロシアの誕生を世界の福音とたたえ、中国においても「平民階級」（当時はほとんど無産階級と同意義に用いられた）の「自由なる新共和国」を建設して呼応したいとする。当日、北京大学学生団側から「文化運動ニ関スル演説」があったと官憲が報告していることは、すでに紹介したが、一九一九年の秋以降の一時期、「文化運動」とは北京の学生が設定した行動目標であった。当面の外交・内政問題にとどまることなく、中国の根本的改造、つまりは革命をめざして一歩を踏み出さねばならない、ただ諸条件は直截なスローガンを提起することを許さず、韜晦した表現を用いざるを得なかったのである。(35) しかし、演説する当人はもちろん聴衆の側でもその含義は明らかであったと思われる。この「ロシア労農政府を承認する文」は、まさに五四運動の方向性を発揚するものであった。

再統一後、監督処の援助を受けて、財政的にゆとりのできた学生総会は活発に活動した。(36) 総務科主任、実質上の幹事長に選ばれた任翺は、日本の実情と外交政策についての研究を進め、早期に自衛の道を講ずるよう国民に促すことを、総会の重要な責務だととらえた。その媒体として日本の『支那』雑誌の体裁に倣い、事実の調査に重きをおいた

季刊雑誌を出そうと提唱した。[37] 留学生の知識・意見の交流の場として、また名流・学者を招いての研修の機会として講演会を主催して「学校の不足を補い」、体力・競技力の強化のために体育会を組織し、監督処に運動場を借り上げさせるなどと構想は膨らんだが、大半は現実化しなかった。ただ、六月、調査・編輯の二科よりなる出版部（龔徳柏部長）が付設され、翌二一年七月（奥付は三月一五日）、『民彝』雑誌以来四年ぶりに総会の機関誌として四八二頁の巨冊『留日学生季報』一巻一号が上海で刊行された。日本で印刷すれば押収発禁は必至、言論の自由な上海で発行し、本国で販売するほか、留日学生向けには渡来する学生の携行荷物として持ちこむという計画だったようだが、おそらくうまくは運ばなかったであろう。[38] 当然、資金は焦げつき、総会本体もふたたび財政困難に直撃されて継続発行はできなかったが、一号の巻末に五〇頁におよぶ「会務紀要」が載せられて、二〇年四月－一二月の活動の詳細を知ることができる。以下、この節ではとくに注記せぬかぎり、それに拠りながら叙述を進める。

前述のように七月、安徽派は直隷派軍閥に敗北し、政権を失った軍・政の要人たちは庇護を求めて日本の公使館に逃げこんだ。直隷派の武将呉佩孚は、かねて開明的ポーズをとって五四運動を支持し、愛国将軍として人気を博していたが、安徽派打倒の立て役者となった後、八月一日、国民大会を開いて時局を解決するよう提唱して広範な反響を呼んだ。八月三日、留日学生総会は青年会で「討論国内時局問題大会」を開催（警視庁調べで約二百人参加）、国民大会に賛意を表し、新国会の解散と安福派の徹底的一掃を主張する通電を発した。[39] 同一四日には総会名で「日本が我が国の禍首を庇護することに反対する宣言」を発表し、日本政府に対して「小幡公使ノ徐樹錚等九名ノ保護ニ抗議シ罪魁ノ引渡ヲ要求」する公開書簡を送った。[40] 呉佩孚の提案は北京の新政権の一翼を担う奉天軍閥の張作霖に反対され、問題提起のみに終わったが、総会は評議部・幹事部の決定で会内に国民大会研究会を組織し、討論を継続した。研究会は呉佩孚の問題提起を評価しつつ、その立場の限界性を指摘し、中国の「根本的革新」は約法を再生させる（護法）

ことで合法的機関を通じて行うか、武力革命によって実現するか、二つに一つを選ぶほかはなく、呉佩孚らに期待できるのは「国民の多数が奮起する日」に「黎元洪の武漢に於ける、程雪樓〔徳全〕の江蘇に於ける」がごとき役割を果たすことであると結論をまとめた(41)。五四運動後、中国の根本改造・「真正民主主義」実現のための「革命」が留日学生の組織的討議の俎上に、公然と載った最初のケースであった。

一〇月、琿春事件が起こり、同月七日、日本政府は「不逞鮮人」討伐を口実に間島地方に出兵することを閣議で決定した。一〇日に恒例として開催された総会主催の国慶祝賀大会は当然にこの問題で沸騰した。

既報ノ如ク本日午後一時四十分ヨリ麹町区大手町大日本私立衛生会内ニ於テ留日学生総会主催中華民国国慶記念会ヲ開ク来会者支那代理公使代理揚《ママ》雪倫学生監督金之錚、中国基督教青年会幹事馬伯援其他学生約七百名（内女学生九名）ニシテ同三時五十分無事閉会シタルカ其ノ状況左ノ如シ

席定マルヤ同会評議委員長「舒維嶽」ハ主席ト為リ開会ヲ宣シタル後民国歌ノ合唱、各校、各同郷会長并ニ揚雪倫、金之錚、馬伯援、龔徳柏等ノ祝詞朗読演説等アリ次イテ同総会幹事長「任翺」ノ会務其ノ他国民大会研究会組織、北支那五省旱災救済会等ノ経過報告アリタル後左記二項ノ決議ヲ為シ之ヲ北京政府其他本国各新聞社ニ打電スルコトトシ自由演説ニ移リタルカ何レモ革命当時ノ追想談及其成功并ニ国民大会ニ対スル希望等ヲ高唱セリ

決議

一、琿春ニ駐屯スル日本兵ハ支那ノ秩序ヲ紊シ治安ヲ害スルニ依リ紀律ヲ厳守セシムルカ然ラスンハ撤兵セシムルコト

二、日本ハ既ニ朝鮮人民ヲ統持スルコト能ハス故ニ朝鮮ヲシテ独立セシムルニ如カス若シ日本之ヲ承認セスンハ朝鮮独立ハ中華民国ヨリ直接国際連盟ニ提出スルコト（⑫外秘乙第四八四号　大正九年十月十日「支那国慶記念会ノ状

況」）

留学生は敢えて虎の尾を踏んだ。「朝鮮暴動事件［三一運動を指す］ニ対スル同情」「朝鮮ノ独立運動ニ同情」を寄せる留学生の多いことは、この年四月の段階で警視庁のすでに指摘するところであったが[42]、日本にあってその朝鮮支配を公式に批判することは、亡命中の革命家にせよ留学生にせよ、絶対の禁忌であった。学生たちは間島出兵に激発された形を取りながら、ついにその一線を越えたのである。同日夜、慶祝大会の責任者荊巨佛・舒維嶽の二人はそれぞれ警視庁に連行され、決議の取消を要求された。総会側はこれに反発し、自国代理公使に日本政府への抗議を要求し、かつ荊巨佛の報告書を油印して留日学生に配布した[43]。この直後、上海からアメリカに向かう途中、東京に立ち寄って活動した韓国独立政府の職員を、一部の中国人学生が匿い、支援したという証言もある[44]。言論のみならず実際行動で、朝鮮独立の要求を支持したことは、愛国主義から反帝国主義の国際主義へ五四運動が切り開いた新たな地平であった。これについては次章で述べる。

注

（1）四川など五省の官費生のみ先行して増給されたのには以下の事情があった。江庸が留日学生に公布した監督辞任の告示には、教育部に送った辞職電報の写しを添えている（⑫附鈔電一九一九年一一月一〇日付）。理由の第一は教育部次長（総長代理）傅嶽棻との確執であるが、それが官費増給問題に飛び火したのが理由の第二であった。学費四円の七月分からの増給は既に決定しており、本省からの指示を受けた一部の省では早速実施したのに、監督が直轄する省に限っては教育部の正式通達が遅れ、しかも一一月分からの増額と制限を付けてきたのである。「部議加費四元、遅至数月不覆。設有経理員省分、已奉省令従七月起増加。部文又限定自十一月起支、辦法参差厚薄懸絶、是部意故与監督為難。争執愈力感情愈傷、恐此後辦事棘

手、益難副学生之希望。此応辞職者二」と。

（2）⑫外秘乙第四二八号　大正八年十月五日「支那留学生ノ行動其ノ他ノ件」。附属第一号は官費生聯合会の要求書信、第二号は学生監督の拒否回答、第三号は大総統・教育部・各省々長・各督軍および在東京の各校各省代表者に郵送されたという。原件は石印、全文以下の通り。句読は引用者が付し、判読困難な文字は□を代置した。

為勧告事　留日諸生因近年物価騰貴、自前年始要求加給学費、第一次加四元、後加二元共六元。去歳本監督就任、遂復要求増加、与教育部反復磋商、教育部並派視学来東実地考察、始允咨商各省再加四元、俟各省答復、再知照本処、一律実行、現尚未奉到部文。其直接函達本処□其照増者、惟奉天一省。江蘇則声明決不承認、江西則商請暫従緩議。故就経過情形観之、中央維持学資之苦心、各省財政困難之近況、諸生已不難洞察。本監督則目撃学生生活之拮据、近来物価之迭漲、上月猶力請教育部、迅催各省答復、其已允者□陸続実行、未允者再切実磋商。是本監督対於学生之加費、並非不表同情、其所以不能饜諸生之望者、正値国用奇窘之機、而加費与否、其権操之中央及各省、而不属於監督也。区区四元之数、現尚未能実行、而官費生聯合会復挙柳飛雄・呉善・張心沛・李復聃・謝震・楊正宇等六人為職員、函致本処略謂、決議帝大学生学費、須加至八十元、其余各校加至六十五元、限七日内答復云々。査帝大学費四十八元、他校四十二元或三十九元、今所要求実超過原額三分之一以上。前此議加之数、尚未解決、若巡瀆陳於教育部、其不能得同意、可以断言。本監督何為徇該会之請、而為此無益之挙耶。且該会来書限七日答復、一若最後通牒然、是明知目的本不易達、故意与本監督宣戦。本監督自當有厳厲之訓飭。惟官費生中不乏明達之士、該会之軽挙妄動、未必儘表同情。敢以為難情形、為諸生一詳言之。時至今日国家猶未統一、財政如此艱窘、中央行政経費、数月未発、軍警餉糈亦将有拖欠。中央如此、外省亦何独不然矣、現為国家宣力服務之人、恃此為仰事俛畜之資、時有不給、猶能体諒財政当局之苦衷暫時咥此痛苦、而留学生之官費、中央及各省則於此羅掘倶窮之際、尚竭誠籌措。籌措不得、則以借款充之、不令学生有一月之匱乏、即屢次要求加費、亦未嘗不儘力允許、以示体恤。是国家之待学生不為不厚。且学生之求学、以自費為原則、官費其例外也。留日学生自費者亦居多、数有困苦不堪言者。此就自費而言、即如留欧学生聞近年学費亦不能按期接済、時有陥於困難之境者、是留日官費学生之待遇、又独厚於国内外官自費生也。為留日官費生者、自応刻苦自励、以答国家培植之盛意。乃値民窮財困之際、要求加費毎人至二三十元之多、毋乃過歟。本監督前此帰国、面請辞職、蒙大総統及院部慰留。及開学期迫、学費無著、継任乏人、不忍諸生一旦陥於無告之境、故毅然東渡、以暫時維持現状者為己責。十万借款経代理公使与各銀行往復磋商、本監督亦四処奔走、迄未就緒。而上月所発二万余元之学費、尚係本監督以個人名義借貸而来、仮令不復東渡、前月学費恐至今未発、定額猶窘、遑論増加。凡此苦衷及為難寔情、而提倡加費之学生、不但冥然罔覚、反形起而為難、毋乃出於□常情理之外。本監督以為姑息不足以愛人、所有此次官費生聯合会既挙有職員六人、為之主謀、即責成該生等六人、分別解勧中止要求、如此迤釀成事故、惟該生等六人是問。官費諸生一方面顧慮個人之生活、一方面亦當体察国家之経済、暫時尚期堅苦卓絶、為国家自励、以慰国内父兄之望。直抒胸憶、不嫌費詞、尚希諒之。特此勧告。

中華民国八年十月四日　留日学生監督

なお、『民国日報』一九・一〇・二六「留日学生之生活難」は留日学生の通信にかかるものだが、官費生聯合会の要求内容には触れていない。倍増に近い増額要求を学生自身が現実的とは考えていなかったのではないか。「我国留日学生官費定額、自民国元年起、毎月発給日鈔三十三元。去年［一九一八］六月起、増発六元。本年四月起、増発四元、合計毎名毎月発給日鈔四十三元（実合華幣廿二元之譜）。較之七年以前、雖増加日鈔十元、而日本近来生活程度較七年以前、実増加二三倍。即就膳食費一款而論、民国元年毎月十元者、今遂漸次漲至三十二三元或三十五六元不等、官費生毎月所領之官費、祇敷開銷膳食費之用。……此間公費生因之亦組織公費生聯合会、請求増起《ママ》公費維持生活。但因無恥之江庸為監督、故此時不願与之交渉、而北政府対留学生態度冷淡。……」。

（3）⑩外秘乙第四〇八号　大正八年九月十八日「支那学生監督江庸ノ留任其他ノ件」

今回留任セシ支那留学生監督江庸ノ帰国中ニ於ケル行動其他内偵スルニ大略左ノ如シ……二、留学生取締ニ関シテハ名実共ニ之ガ監督ノ責ニ帰シ本国政府ハ之ニ関渉《ママ》セザルコトトシ然シテ従来官費支給権ハ各省長ニアリタルガ今回政府ト交渉ノ上其権限ヲ監督ニ一任スルコトニナリタリト云フ四川陝西ノ両省ハ昨年六月ヨリ学費ノ送金ナク湖南広東江西三省ノ送金ハ常ニ二、三ヶ月遅レ勝ニテ昨年六月頃ヨリ章公使斡旋ノ下ニ朝鮮銀行東京支店ヨリ二十万円余負債ヲ為シ漸ク学費ヲ調達シ居ル模様ナルガ之等ノ償還ハ既ニ成立セル秘密借款中ヨリ支払フモノノ如シ。

（4）外秘乙第四二六号（日付なし）「支那学生ノ言動及一般状況」。なお内に「聯合会ノ言動」として「仝会ハ由来江監督擁護派ニシテ其行動ノ多クハ仝人ノ指導ニ依リシモノノ如キモ今回江庸復任以来会費トシテ金二百円乃至五百円ノ給与方ヲ仝監督事務員黄鋭《ママ》ヲ通シテ申出テタルモ何等ノ返答ナク黄ハ監督ノ意見ナリトシテ学生間ニ監督派、非監督派ノ二派アルハ面白カラス故ニ資金投《ママ》スルガ如キハ絶対ニ出来サル旨ヲ告ケラレ爾来江庸ヲ疎ンシテ総会側ニ変ゼントノ傾向アリ従テ目下本問題［江庸排斥］ニ関シテ表面ノ行動ナシ」とある。

（5）『民国日報』一九一九・一〇・二三「留日同胞的国慶紀念」（於東京晉卿発）〈△三個祝賀大会　△一処好上一処　△另外還有一個学校旅行中慶祝〉によると、留日学生監督処主催の茶話会には「簽名到会者僅百二十余人」、私立衛生会での大会には「留学生到会者五百七十四名（尚有未簽名者）」、中国青年会主催のパーティーには「中西男女約六百余人」が参加したという。同前一〇・二一「留日学生学生国慶記」は総会主催の慶祝大会には「各省経理員及公使館武官長均与会。約計到会者共二千人余、独代理公使荘景珂与留学生監督江庸、留学界憤其前招日警逮捕学生事、行為乖謬、有傷国体、故未請其到会」とするが、人数は明らかに誇大である。

（6）⑫外秘乙第四三三号　十月九日「江監督排斥其ノ他ノ件」

一、支那留日学生総会及各省官費生聯合会其ノ他者共同ニテ官費増額問題ヲ提ゲ明十日ノ国慶紀念会ヲ好機トシ江監督ノ排斥ヲ計画シツツアルコトハ既報セシガ昨八日神田区三崎町留日学生総会事務所ニ於テ仝会幹部会ヲ開キタル結果江監督及不日来着スヘキ劉公使ノ排斥ハ時期既ニ迫リ十日私立衛生会ニ開催スル紀念会場ニ於テ解決スルヨリ他ニ絶好ノ機会ナシトシ直チニ討論ニ移リタルニ解散後中国基督教青年会館ニ引揚クルノ説ト会場ヨリ公使館及監督事務所ニ押寄セ祝意ヲ表スルト同時ニ一面当局者ノ反省ヲ促サントスルノ説アリタルガ結局後説ニ結定《ママ》シ当日ノ役員トシテ会長龔徳柏ヲ主席トナシ其他ノ役員ヲ互選セリ

二、各省各校聯合会（江監督派）ニ於テハ前項ノ如キ計画ヲ妨害スヘク徐冠、黄文中、董敏序《ママ》其他約百名入場シ反対ノ気勢ヲ挙ケ若シ前記総会側ノ示威的運動ヲ言論ニヨリ阻止スル事ヲ得ザル際ハ腕力ニ訴フルノ計画ヲ定メ幹部員相共ニ之レ□協議ヲ凝ラシ居ル模様アリ

（7）

⑫外秘乙第四六六号　大正八年十一月四日「支那留学生官費増給ニ関スル件」

留日学生監督江庸ハ既報ノ如ク廿五日官費生代表ト会見ノ際申合セタル増給額即本年七月ヨリ十一月迄ノ分金四円宛ト年末貸与トシテ本月分ニ当テ金十円計三拾円ヲ一昨二日ヨリ交付シ居リ既ニ当日ハ約四百名ニ対シ支給セルカ何レモ江監督ノ責任支出ニ感服シ居ル模様ナリ

⑩外秘乙第四八〇号　十一月十二日「江学生監督辞職ニ関スル件」

過般来支那留学生官費増額問題ニ関シ江監督ハ焦慮ノ結果当初ノ応急策トシテ既報ノ如ク各省人共ニ本年七月分ヨリ毎月四円宛ノ増額ヲ為シ且ツ年末ノ費用トシテ十一月分及十二月分ハ更ニ十円宛ヲ貸与スル事ノ責任支出ヲ宣言シ其旨本国ノ傅［嶽棻］教育次長ニ上申シ一面本月二日ヨリ七、八、九、十、十一月分ノ増給額ト貸与金トヲ合算シテ金三十円宛夫々交付シツツアリシ処今回傅教育次長ヨリ右上申ニ対スル返信ガ責任支出ヲ是認セザルノミカ反テ不遜ナル辞アリタリトテ別記理由ノ下ニ一昨十日辞意ヲ発表シ仝時ニ別紙電文ヲ大総統并ニ国務総理ニ送致シ更ニ之レヲ印刷ニ附シテ在京留学生ノ重立者ニ配布セシガ本国政府ヨリノ回答如何ニ依リ更ニ各省長各督軍ニモ発送スル趣ナリ尚監督ハ本日ヨリ出勤セス仝処ノ事務ハ現学務科長金之錚ヲシテ代理セシムル由ニテ或一説ニハ江ハ他ニ転職ノ希望アリテ其ノ干係上辞職スルモノナリト云フモノアリ又他説ニハ留学生ニ対スル自己ノ立場ヲ辯明スル一狂言ナリト批評スルモノアリ目下内偵中ナリ

電　文

北京大総統並ニ国務院総理ニ呈ス十万ノ借款ハ昨日既ニ調印シ前回ノ学費不足ヲ償還シ補助費ヲ交付シタルコトヲ除クノ外二ヶ月分ヲ支持スヘシ若シ此時辞職セサランニハ再ヒ期ナカラン且ツ近来愚妻病気日々激烈ニシテ憂患ニ堪ヘス監督ノ事務ハ已ニ科長金之錚ニ交付シテ処理セシム

懇願ス速カニ許可セラレテ速カニ北京ニ帰ルコトヲ得セシメラレタシ之レ実ニ切ニ希望スル所ナリ

日本留学生監督江庸　［十一月］　十五日《ママ》

外秘乙第四八二号（大正八年）十一月十七日「留日学生監督江庸ノ談」

……二、近来学生ノ騒キツツアル物価高騰ニ伴フ学費増額ハ是亦事情已ムヲ得サルモノト認メ余ハ本国政府ニ増額ヲ要求シタルニ適当ナル解決ヲ与ヘズ已ムナク余ハ臨機ノ処置トシテ台湾銀行ヨリ拾万円ヲ借受ケ臨時ニ補充シタルガ之レトテモ只十二月一月迄ノ二三ヶ月ヲ維持スルニ止マリ今後ニ於ケル学費給与ニ就テハ益々困難スヘク現在ノ儘ニ放置シオクニ於テハ遂ニ第二ノ騒擾ヲ起スニ至ルハ必然ナリ之レ第二ノ原因ナリ

三、其他種々ナル事情アルモ大体前述ノ如キ有様ニテ到底満足ノ解決ヲ与フル見込無キヲ以テ断然辞職ヲ決意シ今回電報ヲ以テ辞任ヲ申請シタル次第ニテ一昨日再ヒ電請セリ或ハ辞職ヲ聴許セラレサルヤモ知レサルカ留任スルノ考ナシ聴許ノ有無ニ不拘帰国スル予定ナリ万一許可無キ時ハ家族病気ノ故ヲ以テ賜暇ノ申請ヲナシ本月末或ハ来月上旬ニハ出発シ？是迄貴国ノ教育家並ニ実業家殊ニ学生ニ対スル各地警察官ノ厚意ヲ受ケタルニ拘ハラズ今回突然帰国セントスルハ実ニ残念ナル次第ナルモ亦已《ママ》ヲ得ザルナリ……

（8）江庸新任のさいの状況を紹介しておく。⑫外秘乙第五九三号（大正七年）七月一日「支那学生談話会ノ件」

昨三十日午後二時三十分ヨリ神田区一橋通町帝国教育会ニ於テ支那留学生監督事務所ノ主催ニテ在京留学生談話会ヲ兼ネ江新任督ノ披露会ヲ開ク来会者約三百名ニシテ江監督ハ大要左ノ新任挨拶ヲ述ベタリ

一、前略　聞ク所ニヨレハ先キノ監督（正しくは代理監督）金之錚君ノ監督方針ハ諸君ニ不満ノ感ヲ与ヘタリトノ事ナルガ自分ハ此ノ点ニ就テ留学生諸君トノ関係ヲ一層親密ニ成サンガ為メ之レガ機関トシテ諸君ハ二三ノ団体ヲ組織サレンコトヲ望ム政治問題ニ干スル事柄ハ学生ノ身分トシテ論議スルガ如キハ予ノ諸君ニ願ハザル所ナリ過般ノ日支交渉案件ニ就キ学生諸君中ニハ其ノ真相ヲ確メズシテ多数帰国セシ者アリト雖トモ此等ハ目下本国ニ於テ案件ノ如何ナルモノナリシヤヲ了解セシナラン諸君ハ仮令今後如何ナル問題起リタリトスルモ軽挙妄動セズ如此場合ハ予ニ対シテ意見ヲ開陳セラレタ

シ予ハ充分諸君ニ満足ヲ与ヘンコトヲ期ス尚ホ現在通学中ノ者及九月ノ新学期ヨリ各学校ニ入学セラレントスル諸君ハ此際監督事務所ヘ参考ノ為メ申出テアリタシ云々

一、二名ノ者ヨリ江監督ニ対シ這次ノ日支軍事協定ノ条項ヲ説示セラレ度ク之レ愛国ノ至情ヨリ懇願スル所以ナリ云々ト述ベシニ江監督ハ之レニ対シ本問題ハ既ニ解決シ先キニ帰国セシ学生諸君モ殆ンド該協定ニハ満足シ居レバ本席ニ於テ敢テ表示セザルモ賢明ナル学生諸君ハ十分了解セラレ居ルナラ《ママ》ンガ要スル諸君ハ予ノ言ヲ信シ十分学業ニ勉励アリタシト述ベ余ハ雑談ニ時ヲ移シ同三時三十分無事閉会セリ

(9) 官費増額問題のその後を記しておく。一一月末、官費生聯合会代表は一月分から帝大生八〇円その他六五円への増給を実施するよう要求、金代理にこの陳情を即刻政府に打電することを約束させた(⑫外秘乙第五一〇号 大正八年十二月一日「留日学生官費増給問題ニ関スル件」)。一二月二一日、その結果を聞きたいと聯合会代表が監督処に押しかけたところ、金は直接教育部と交渉してくると称してその前日、北京に出発したあとであった(同前外秘乙第五四二号 大正八年十二月廿三日「支那留学生ノ官費増額運動ニ関スル件」)。それと知った官費生聯合会は一二月三一日、急遽代表二名(高師生羅振邦・鄧天民)を北京に向かわせ、金代理監督とともに増額陳情におよんだ。江庸の後任に決まった新監督林鵾翔の助力もあって二〇年一月、さらに一〇円の増額(帝大六二円、指定校五三円、その他五六円)が決定して一応の落着がついた(⑪外秘乙第二三号大正九年一月二四日「支那留学生官費増額問題ノ件」)。新任の林監督に教育次長兼総長代理傅嶽棻が持たせた手土産だったかもしれない。二月八日、新監督は東京に着任した。

(10) 当時、江派(学生聯合会、普通選挙団)・反江派(学生総会)の抗争は暴力沙汰にまでいたった。龔徳柏の『回憶録』には「有一天晚上、有幾個奉天学生(我不知其姓名、由他們的話、知道是奉天人)、来到留学生総会、要我把留学生総会印信交出、我当然不理。他們就捜索、被他們捜到了。我同他們搶、結果搶回来了。但我在搶印的時候、被他們在背上打一拳、相当痛。我即刻請医生検験、請他出診断書、証明我被打傷了。次日我拿這診断書、請日本辯護士(律師)山崎(他是社会党、対窮人不要銭)、代我向検事局、控告留日学生監督江庸教唆傷害与侵入家宅、並由山崎致函江庸、警告他:不得再有此種行為、並告

訴他已向検事局控告。江庸得了警告函、知道龔徳柏不可理諭、不願同我在日本法廷打官司、就宣告辞職回国」（四〇頁）とある。一一月七日、龔のケースともう一件の暴行事件があって、総会側が告訴の構えをみせたことは、『晨報』民国八年一一月一六日「最近留学界之殴打事件　一一月八日東京特別通信　潜龍」にあるが、江庸自身も辞職理由の三として次のように記している。注1附鈔電参照。「又近日学生発生殴打情事。被殴者為与総会表同情者、殴打者為反対総会者。被殴者赴訴前来、当即調査事実、以尚未成傷、允《ママ》停止滋事学生投考学校資格一年。此間自費生皆以入各専門及特約学校為目的。該生等来東已有二年、停止其投考学校一年以覚過重。而被殴者及其同郷尚未甘服、学生既分為二派、則庸如何持平、必有一派不能満意。不如早日聴庸去職、後任或為円満之解決、学界亦可免生衝突之後患。此応辞職者三」と。

（11）⑫外秘乙第四九九号　大正八年十一月二十六日「在京支那留学生ノ言動」
過般福建省福州ニテ日支人衝突事件アリタル旨各新聞紙上ニ現ルルヤ在京支那留学生ハ中国青年会館、留日学生総会事務所其他ニ寄々協議ヲ為シ要視察人龔徳柏、呉善、姚薦楠、徐冠、柳飛雄、佟振聲等ハ福州事件ニ藉口シ排日貨問題ヲ再燃セシムベク各留学生ヲ煽動シツツアリ而シテ留日学生聯合会（勢力約四百人）及留日学生普通選挙団（勢力約二百人）等ハ別紙檄文ヲ留学生会《ママ》并ニ本国政府各省督軍各新聞社等ニ打電セリ
別紙に北京大総統・外交部・各省長官・各新聞社宛留日学生総会普通選挙団（中華民国八年十一月二十一日付）電文、留学諸君公鑒とする中華民国留日学生聯合会の、おそらくは伝単（十一月廿一日付）、中華民国留日学生総会緊急通報（日付なし）を付するも、訳文の正確さに疑問があり、省略。なお、徐冠・佟振聲など、明らかに総会批判派の人物が龔徳柏・姚薦楠らと同一グループのごとく記述されているのはなぜか、疑問を留めておく。

（12）『龔徳柏回憶録』四九頁に「民国九年春、全国学生在上海開聯合会。各省学生会均選挙二人為代表、日本留学生也派代表二人赴滬参加。留日学生総会、選挙我与方維夏二人為代表、赴滬参加」とある。龔は総会の議長に選ばれたというが、上海滞在中、陳獨秀の誘いを受け、フランス租界の寓居を訪ねたという。「留日学生所選的另一代表方維夏、後来作了共産党。他是否受陳獨秀的欺騙而参加共産党、雖無従証明。但可能性很大」（五〇頁）。『中共党史人物伝』第四十六巻「方維夏」は一九一

八年秋日本に渡り、東京農業大学（？）に合格した、一九二〇年四月、「学成回国到達上海」後、上海でおりからの駆張運動に参加したとし、留日学生代表として学聯総会に出席したことにはふれない。龔が代表として派遣されたことは、帰東後、六月一三日、青年会で報告会を開いたこと（⑰外秘乙第一三五号　大正九年六月十四日「支那人集会ノ件」）で確認できるが、方については他に確認できる資料がない。

（13）『留日学生季報』（中華民国十年三月十五日）「中華民国留日学生総会会務紀要（甲）総会之組織」〈縁起〉留日学生総会成立已久。逮至民国七年夏、因反対軍務協約、留日学生全体帰国、総会自然失其存在。是年冬重来是邦者衆、八年二月為巴黎吾国委員発表中日秘約事、日使小幡大鬧外交部、故恢復総会以謀抵制。其時因鑑従前大会選挙職員之弊、遂改訂会章、本会組織由各省同郷会会長及各校同窗会会長聯同組織評議部、又由評議部推挙執行部幹事。此次已行年余、覚非儘善、九年春間遂従新改造、由各省選出専責評議員、組織評議部、再由評議部公挙執行部各科主任、成立執行部、所謂廃頭目政体而実行共議政体也。其改組啓事及章程等録後。

〈改組啓事〉

本会的会章最不如人意的条件、是由各同郷会和各同窗会的会長、来當本会評議員、併且要来推挙本会執行部的幹事。然而従権宜上講起来、這様辦法也是万不得已的。可是到了現在、這旧世紀的懶蝦蟆、當然不応該生存在新天地底中間了。本会曾於三月十日選派赴滬代表的大会場中、提出改定的議案、奈因時間過遲、列席的諸君又多主張鄭重其事。於是特由本会於三月二十八日召集評幹両部会議、根拠旧日的章程、将那選挙的法児、改為評議部由各省的人数分配組織、執行部由評議部厳重的推薦。但是各位看了這種条件恐怕要問、

為什麼不定為開全体大会来選挙執行部的幹事。

難道是大衆連投票的権利都没有麼。

本会原是為解決這個疑問、而且防備那専事吹牛的野心家来搗乱会務、纔定為這種間接普通選挙的辦法。何以故呢。因為毎次開一大会、列席人数多的不過七八百人、少的還不足二三百人。我們全体平素接近的機会太少、到了臨時的瞬間、只好唱那人

選難的調児。當著応順不来的時候、往往被那愛出風頭的野心家軽軽弄去。徴之過去的事実、不少可痛的歴史。若是我們各省的同郷会中間慎重選挙那評議員、以我的理想徴求被選的人格、再由我所決定的理想人格去行那同様的抽象事実。我想那尺蠖的脚歩、物以類聚的理性都是絶対不変的。至於按照人数分配評議員的理由、是在某省数百人某省僅十数人的相距懸絶上頭、講這持平的辦法以求合乎普選的本意。又因各校的同窗会亦是各省同郷的綜合体、有了各省為単位、當然損失其二重人格。這種明瞭的事情、想各位都見到了的。不過各位要不放棄自己的権利、総須鼓動這永久的熱忱、時時来行那監察的与維持的任務、本会纔有向上的機運、留学界纔有鞏固的団結、将来的大中華民国主義纔有発揚的先声啦。還有一宗極要緊的事件報告各位的、就是根拠新旧的章程、在這四月裏頭本会是要改選的。請各同郷会照下列的人数推選評議員出来、纔好挙行這荘厳的執行部改選呢。

※総会関係ではじめての白話文書、ただしもと標点なし。

（14）『留日学生季報』「会務（丙）会計報告」に「附前期会計経手収入官費生上期会費表」（四八〇頁）がある。新総会成立前、つまり二〇年三月までに払いこまれた官費生会費（暦年を二期に分けて納付）であるが、直隷など九省で二三一・五元、監督処管理官費上期会費（借款）が四〇〇元、計六三一・五元であった。つまり、経理員を置かず、支給を監督処に委託している諸省の分の官費生会費を、徴集できるものとして立て替えさせたのである。代理徴集といっても日本流の天引きではない。湖南経理処交来官費生会費を例にとると上期には七三元、下期には五元と変動が大きく、他省経理処分も同様である。おそらく受給者の同意を得て徴集したのであって、監督処が立て替えた分は必ずしも回収できなかったと思われる。なお、前期会計の剰余金六六・五六元は新総会の経常費にくりこまれた（附録ⅠB参照）。

（15）『留日学生季報』四四四―四四六頁の「総会職員一覧表」によれば、総幹事長・副幹事の職名はなく、任翺は総務科主任、荊巨佛は同幹事であった。会長、幹事長など専権を連想させる呼称を用いないのは五四運動期の組織論を反映している。なお、庶務主任は林朝章、同幹事に張振漢の名があるが、張光幹は見あたらない。また、文牘科主任は劉元祥となっているが、⑫外秘乙第一六五号大正九年七月五日「留日学生総会ノ行動」では「其ノ後文牘科主任陳季博ノ辞任申出アリタルタメ同科幹事李達之ニ代リテ主任ト為」ったとする。李達も職員表には載っておらず、この間の経緯は不分明である。

（16）馬伯援『三十三年的賸話』七五頁

去年「五七」紀念、因為胡俊君携帯鉄器——鉄刀——被警察提去数十人、数次裁判始得争個「執行猶予」。今年中日国家《ママ》、比較上改善許多、日本警察、也不願多事、他們中間、有一位飯田君、受過相当教育、由吉野博士紹介、同記者称為莫逆、到了無話不説的程度。一日語記者曰、「五七」快到了、你們学生、非紀念「五七」不可、吾們警察、非干渉他們不可、若不早想辦法、又非衝突不可。記者曰、你們閉半天的眼精、譲学生罵罵、反正你們也不懂、有甚麼大不了的事。飯田曰、若果你們只在会場中説説罵罵、在現在的情況下面、必無問題。所難堪的是你們示威遊行、你想警察是日本政府豢養而看家的「狗」、我們當狗的、難道対於罵上門的人、不去咬他幾嘴。記者憐其誠、共謀解決之道。結果開会紀念是允許了、但得由記者担保、不得示威遊行。這個勝利的外交、傳到監督林鶴翔《ママ》的耳中、他非常高興、以為「五七」紀念、不会有問題、慫慂記者向学生申明、不許提出示威遊行。記者知道群集心理、向来不負責任、更無甚麼理性可説、若無説明、反来疑懐、鬧事更大、於是商之高一涵先生、及開会的主席、将会中時間、完全分配無余、免得有意外発生。五月七日下午一時開会、除記者的報告外、即有方豪君報告去年「五四」運動及其運動目的、自然是受歓迎。方君報告畢、徐彦之君則報告吾等五人、来日本之目的有二：⑴是伝播主義、⑵是調査敵情、徐君講畢、接着是康白情的「知恥雪恥」的意見。他説「五七」事件、不僅是中国的汚点、乃是人類的汚点、欲洗去此汚点、唯頼文化運動之成功。最後殿以高一涵的演説、始終在鼓掌声中、報告完畢、時已将黒、会員諸君均歓天喜地而去。

※馬伯援の回憶は一、開会時間が注（16）の伝単、外秘乙八〇号と相違している。なお、「国事紀念会」の呼称もこの経緯のなかで提起されたことはまちがいない。

（17）⑫外秘乙第七六号　大正九年五月四日「国恥紀念会檄文配布ノ件」別紙　留日学生学生全体大会通告（活版印刷物）

諸君呀！我們中華民国全体的国民、無論男女大小老幼、都看到最可悲痛最可憤慨的日子快到了！這是那一個日子呢？縦没用明白説出、我們想大家都知道是五月七日国恥紀念的日子。我們国内諸同胞対於這日、徵諸過去的事実、当然有一番大大的熱烘烘気憤憤的来做這日紀念的誌痛的挙動、這是我們可以想得到的。可是我們留学生在国外、況且住在這直接発生国恥的地方、平日曾身受過種々多大的刺戟、今日逢着這個日子、当然更有一種特別深刻的感想。更追想去年此日連覓一個会場開会都不可得、因此鬧成流血入獄種々可悲可痛的事、那恐怕不免更令人心酸肉麻呢！諸君呀！我們想大家逢此日子、都有一種同仇敵愾誓雪国恥的真精神、既有這一致的真精神、就不可無表現我們此種真精神的場所。這麼同人等所以特地租定一個「大手町衛生会」大々的会場、打算於是日午前九時、開一個国恥紀念大会、藉以表示我們留学界一種同仇敵愾為国雪恥的真精神。到那時我們大家自然應該早々挾我憤気、粛爾儀容、停止一天功課、踴躍奔赴斯会、斉集一堂、同伸義憤。那是我們大家最所希冀的事、又是我們大家所当重視不可冷淡放過的一種很重大的事啦。特此通告、并候日祉

中華民国留日学生総会啓　五月三日

（18）『学藝』第三号（民国七年五月）「丙辰学社社報・週年紀念講演会記事」。吉野の講演が予定時間を超過したため、他の講師（吉田熊次・金子筑水および東大来講中のアメリカの経済学者プライス）の講演時間に影響したという。吉野の『日記二』（『吉野作造選集』14　岩波書店　一九九六）では一二月二日午後、講演時間も一時間あまりとなっている。

（19）『三十三年的贖話』六五頁。一九年三月九日、吉野はその多忙の間を割いて「中国青年会」で「帝国主義より国際的民主主義へ」を講演し、馬が通訳を務めた。松尾尊兊『民本主義と帝国主義』一二七頁に吉野の一九一五年から三一年（二一年分欠）までの『日記』に名の見える中国人をリストアップしているが、一九年に限れば馬の名が七回ともっとも多く登場する。五七事件のあとは五月一〇、一四、一五日条と特に集中している。ただ、青年会での講演に関して云えば、馬の記述によれば三月四日に吉野と講演題目について打ち合わせ、八日には通訳の準備のために政法学校での吉野の講義を聴講にいっている。『日記』では三月八日条に「朝八時より政法学校」「六時半中国青年会にゆく　馬君の通訳にて」演説をするとあるが、吉野『日記』四日の条に馬の名は見えない。両者の往来は『日記』に書かれた以上に頻繁であった。なお、馬伯援は以来二〇年間、日本での青年会活動を続けた。日中戦争突入後は帰国して孔祥熙の指示を受け、香港に出て対日和平の可能性を探っていたが、三九年、急逝したという。

（20）『三十三年的賸話』七二―七三頁。また吉野『日記』一九年五月二一日、二二日、六月一三日、二四日、七月八日、九月三日条。

（21）第三章注（32）参照。なお、一件落着後の一一月六日、馬伯援は吉野ら「五月七日の騒擾事件の尽力者」を招いて謝恩の宴会を張った（吉野『日記』同日条）。

（22）「演説○中日真正的親善（舎我）」（北京『益世報』中華民国八年五月一五日および『毎週評論』二二期同五月一八日）。成舎我は当時北京大学学生、益世報記者を兼ねていたという。「演説」欄に掲載され、口語文体であるが、実際の演説稿かどうかは不詳。ただし、『毎週評論』は発禁処分を避けるためか、転載にさいして文章を手直しし、かつ激越な部分を削除した。以下に原文と対照して紹介するが、傍線をほどこした部分は削除され、［　］内は補われた字句である。はたせるかな、北京『益世報』はこの「演説」掲載を理由の一つに五月二三日封閉され、主筆潘蘊巣は「煽惑之罪」で徒刑一年に処せられたが、『毎週評論』はこの時はことなきをえている。因みに成舎我は後に著名な新聞人となるが、北大在学中は馬克思学説研究会に顔を出したこともあるという。

「演説」　○中日真正的親善（舎我）△中日両国的平民注意

這幾年来　中日両国的感情　越弄越壊　現在又為了山東問題　我們中国人　敵愾同仇的心思　更深一層［了］　大家莫不摩拳擦掌　説「倭奴我們非把你們個個殺盡不可」

日本大多数的平民呵　你們在世界上　不是人類中的一分子麼　你們同中国不是同文同種麼　日本同中国本来是和兄弟似的為什麼都変成了仇敵呢　你們受中国人的仇視　受中国人的唾罵　現在中国人　又要同心合力和你們断絶友誼的関係呀　你們難道情願同兄弟似的中国　決裂到這様地歩嗎

你們想想　為什麼要受中国人的仇視呢　最遠的原因是甲午的一役　你們日本的軍閥　把中国打敗了　弄得中国人臥薪嘗胆切歯痛恨　最近的原因就是你們的軍閥　勾通中国的軍閥　訂了許多条約　如今又硬要把中国的青島佔拠做擄獲品　中国弱到極点了　你們的軍閥　都天天来欺凌侵伐　那也怪不得　我們□仇視你們

但是我要問你們一句話　你們軍閥的行動　与你們大多数平民有什麼好処呢　他們把中国滅了　那日本駐華的総監都督　以及一切有権力的職務　有一点児輪到你們大多数平民的頭上麽　你們在本国　做小買売拉洋車当苦工的　難道滅了中国便不做小買売拉洋車不当苦工麽

　你看你們的軍閥　占了朝鮮台湾遼東青島等等的地方　和你們有什麼好処呢　你們便到了朝鮮台湾遼東青島這些地方　還不是一様的做小買売拉洋車当苦工麽　你看你們的軍閥　佔拠了一個地方　便召集了你們国内許多的売淫婦来　這些売淫婦大多是為貧所迫　你們的政府　没有法子去救済　才去做這種下等生涯的　既然　把他們弄［到］了佔拠［征服］的地方来　就応該給他們想一個正当生活了　為什麼却道［還］是教他們去売淫呢　這樣看来　可見你們的軍閥　便把中国亡［滅］了　和你們大多数平民　也没有一点児好処　不過給他們自身加官晋爵罷了

你們無縁無故的　得罪了這五萬萬兄弟姉妹　這五萬萬兄弟姉妹都恨不得要吃你們的肉　剥你們的皮　你們想想　平常的人一輩子都不肯軽易的得罪　個朋友　你們現在　却因為別人加官晋爵的原故　硬教你們得罪了這許多兄弟姉妹　你們就忍気呑声甘心情願麽

我可親愛可憐惜的日本平民呵你們不僅僅是為着軍閥　得罪了這許多兄弟姉妹［全体中国人］你們在你們的国内所受的痛苦也不知有多少　你們為什麼　只能做小買売拉洋車当苦工　為什麼你們的姉妹　還有去当娼売淫［的］呢　你們天天睁着眼睛看着你們的軍閥作威作福　坐汽車　住大洋房　把你們鞭着策［鞭策着］和奴隷似的　還有那般資本家　却拿着你們的血汗供他們的娯楽　你們想想　你們和那般軍閥資本家　不同是一個頭両手両足的人類麽　為什麼你們却應該這樣的苦　他們却応該這樣的楽　你們想想　你們要仔細的想想

現在你們平民中　也有了許多覚悟的人　暁得這種苦楽懸殊的現状　不是応該的了　你們対於這種先覚去応該［応該去］極力幇助　你們若能够把那般享特殊利益的人打倒了　你們便有了光明同幸福　你們也［決］不会想来滅中国　中国人也決不会想食你們的肉　剥你們的皮［無故的仇恨你們］　那時候中日両国真正的親善　便可実現

上面的話　是奉告日本的平民　現在我都［却］要来奉告中国的平民　就是我們中国的平民　如果想中国不受日本的呑併　就

要大家起来努力做下面的両件事（一）努力打除中国的［掃除中国売国自肥的］民賊（二）幇助日本的平民革命［運動］

（23）この間の経緯は松尾尊兊「吉野作造と中国」（『民本主義と帝国主義』）に詳しい。なお、学生団の経費は自弁であったこと、これまで引率者の如く云われていた高一涵は実は学生団に先んじて来日し、一行の東京に滞在中の世話をしたのであったことは、石川禎浩「吉野作造と一九二〇年の北京大学学生訪日団」（『吉野作造選集』8附「月報」14）。なお、学生団来日の目的を「北京遊日学生団一行孟壽椿、康白情、黄日葵、徐彦之、方豪等ハ孰レモ本国ニテ新聞、雑誌ニ関係ヲ有スル者ナルガ今回本邦ノ労動、思想、文化等諸問題研究ノ為本月六日入京目下本郷区森川町一番地本郷館ニ滞在中爾来留日学生総会、新人会及ビ宮崎竜介等ト接近シツツアリ」（⑫外秘乙第八七号　大正九年五月十一日「北京遊日学生団歓迎会ノ件」）と警視庁は見ていた。

（24）黄日葵は少年中国学会の機関誌の一つ『少年世界』一巻二期（二〇年二月発行）に「日本之労働運動」を寄稿した。かつ「日本青年文化同盟之成立及其宣言」を訳載し、文化同盟は新人会・扶信会・建設者同盟・民人同盟会・一新会とで組織し、一九年一〇月二六日帝大の基督教青年会館で創立演説会を開いたものだと紹介している。同誌一期（創刊号）には易家鉞が「日本学生界的黎明運動」を載せており、遊日団は日本にかんする予備知識を十分備えて来日したといってよい。

（25）執行部の成立は四月二九日、執行部辦事細則の公布は一ヶ月以上遅れた民国九年五月三〇日であった（『留日学生季報』四三九―四四〇頁）。この間に学生団の入京と離京（五月二七日京都へ）が挟まっている。

（26）『留日学生季報』「会務」〈五七国恥紀念大会〉によると、午前九時開会、「不特日本新聞記者及西洋新聞記者到会、而日本之私服巡警多数雑入其中、以監視吾人」という。さらに「首由主席閔星熒君述開会詞、次由荊巨佛君報告総会事務、李達君報告総会対俄国労農政府態度、次由北京大学来遊教員高一涵君及学生康白情方豪徐彦之三君演説、其次留東同人演説」とあって、李達は会計報告をしたという外秘乙第八〇号と異なっている。

（27）小石川竹早町にあった。来歴・運営主体など不詳。二二年六月現在で室数一八、収容人数三四と「大正十一年事務概要」に見える。

（28）鄭伯奇の曾慕韓への書簡に「前月二十五日白情彦之寿椿日葵方豪五君来京都、和他們聚首五天很快楽」（『少年中国』第二巻第一期「会員通訊」）とある。念のため。

（29）康白情がアメリカから送った長文の書簡「少年中国学会同志諸兄」（一九二一年二月二日付）に「去年五月我和彦之壽椿日葵他們組織北京大学遊日学生団往日本去、曾受執行部委任、以少年中国学会代表名義、接洽其種種新文化運動団体、作相当的宣伝。我們很受歓迎。他們対於少年中国学会表示十分信託。他們都以改造中国底責任信仰她。這種運動、［田］壽昌［鄭］伯奇［沈］懋徳都很出得有力。我們已経和他們相約、互通消息、交換印刷品。我們従日本帯回来雑誌多種、都是他們送的、已経交結北京総会了。計所接洽的、在東京有新人会、日本建設者同盟本部、冷忍社、暁民会、和台湾青年雑誌社、在京都有労学会、六日倶楽部、台湾青年会、朝鮮青年会。望執行部長寄本学会機関雑誌給他們」（『少年中国』三巻二期「会員通訊」）とある。実は遊日団の報告を文章化することは康の責任であったが（『少年中国』第二巻第二期「学会消息」）、結果的にその約束を果たさずに渡米した。上記の部分はその償いとして書かれたのであろう。

（30）『少年世界』増刊日本号（民国一〇年四月一日発行　上海亜東図書館）の目次である。執筆日時の注記は参考のため掲げておく。

平民芸術的浮世絵　張定潢
日本社会主義運動小史　堺利彦著　一葵訳
日本労動運動的両面観　方　豪　一九二〇、十一、十七　於北京大学
日本思想界的現状　伯　奇　一千九百二十年十一月七ー八日　在京都
従経済方面観察之日本国策　朱公準
中日貿易之比較及未来観察　朱公準
日本之煤鉄問題　郭沫若
日本平民金融機関之研究　于樹徳

日本貧民窟之研究　陳　達
日本底保険界　安體誠　九、十一、十一
最近日本考察底感想　李宗武　一九二〇、八、二五　日本鎌倉
留日雑観　資璧如　一九二〇、十一、五　於西京

(31) 同注(29)。彼は九月二八日、上海を出発したが「十月三日船泊横浜、我往東京去看壽昌他們。只為貪説幾句話、遅誤二十分鐘、便掉船在日本一個多月」ということになった。しかし、二度目の東京滞在で田・沈・張らと十分な意見交換ができたこと、日本への観察を深められたこと、新旧の友人と逢えたことはプラスであったとしている。
外秘乙第五三二号　大正九年十月十五日「要注意支那人入京ノ件」は小石川区大塚窪町二十四番地松葉館止宿　北京大学卒業生　上海学生聯合会総会幹事　康白情について「右者『少年中国月刊』雑誌其ノ他ニ関係ヲ有スルモノニシテ既報ノ如ク本年五月六日仝志四名ト共ニ入京翌七日留日学生総会主催ノ国恥紀念会ニ出席シ排日的煽動演説ヲ為シタル後吉野作造、宮崎竜介、新人会、留日学生総会、中国基督教青年会等ニ出入シ親米排日主義ノ宣伝ヲ為シタル者ナルガ仝月二十七日上海ニ向ケ（東京を）出発シ本月六日再ビ入京目下肩書地ニ滞在シツツアルガ既報セシ国慶紀念会場ニ於ケル排日的不穏決議〔次節を参照〕モ仝人ノ煽動ニ出デタルヤノ疑ヒアリ尚既報ノ留日学生総会幹部会ニモ出席シ右決議ノ進行其ノ他ニ関与シタル事実アリ近ク渡米スル筈ナルガ其ノ行動引続キ内偵中ナリ」と康の行動に注目していた。十月六日というのは便船に乗り遅れた康が東京で一時的な下宿に落ち着いた日を指すのか。沈澤民・張聞天が七月に日本に渡り、翌年一月に上海に帰ったことについては『少年中国』二巻二期、同八期「会員消息」、かれらが哲学・社会科学を学ぶつもりで留日したが、田・康らから刺激を受けて文学に傾斜して帰国したことは『中共党史人物伝』五二巻「張聞天」参照。
(32) 付録　参照。期が半期を意味するか、日本流に三学期なのか不明。なお、一九一六年一二月、当時の学生総会は「呈教育部整理留東学務案文」(『民彜』第三号「会務」二〇八―二一二頁)の第六に「宜規定経常費維持留日学生総会也」として補助を要請していたが、もちろん何の応答もなかった。

（33）『留日学生季報』「会務」四五三頁によると決議事項は他に「（一）山東問題反対直接交渉、速将日牒原封駁回、以示堅決拒絶（二）福州問題即照京滬国民大会議決原案、堅持力争決不譲歩（三）軍事協定即行宣告無効、并要求日本速撤退紮駐満蒙境内軍隊以固疆囲（四）二十一条膠済路換文并順済高徐満蒙四線合同及一切密約、速設法取消及宣告無効（五）京津学生前因講演被拘入獄者、応速釈放恢復其自由、又最近滬上学生因講演国事被軍警横加惨辱、応速行懲辦横暴軍警以保護人民集会言論自由之権利（六）現代理駐日公使荘璟珂媚外辱国劣跡多端、応速撤回以免有辱国体（八）大阪僑商李鶴彬王紹華二人被日人暗殺、応速向駐華日使厳重交渉以重人命」であった。外秘乙では（八）に言及せず。

（34）『五四運動在上海　史料選輯』（上海人民出版社　一九八〇）五三九－五五二頁。

（35）小野信爾「労工神聖の麺麭――民国八年秋、北京の思想状況――」（『東方学報』第六一冊）参照。

（36）例えばこういう調子である。⑫外秘乙第七三号　大正九年五月二日「支那人集会ニ関スル件」本月七日麹町区大手町大日本私立衛生会ニ於テ留日学生総会主催国事（国恥）記念会開催ノ件ハ既報ノ処其ノ後同総会ニテハ客月二十九日午後七時ヨリ事務所ニ於テ準備協議員会ヲ開キ補欠役員ヲ選挙シタル後左記申合セヲ為シ同十時三十分閉会セリ

左記

一、今回成立ノ留日学生総会ハ新章程ニ基キ各省選出ノ評議員ニ依リ新役員ヲ互選シタルモノナレハ駐日支那公使、林留学生監督及ヒ本国政府ニ公然其ノ存在ヲ通告シ之カ承認ヲ求ムルコト

二、国恥紀念大会席上ニ於テ山東直接交渉反対、日支密約ノ撤廃等ヲ附議シ其ノ結果ヲ林監督ニ齎シ同監督処費ヲ以テ総統府及ヒ国務院ニ打電セシムルコト

三、監督処訪問ノ際ハ昨年ノ如キ紛擾ヲ惹起セシメサル様途中多衆連行ヲ避ケ三々五々面会ヲ求ムルコト

四、目下留日学生総会ニハ基本金ナシ然カモ国恥紀念大会ハ公事ニシテ監督ハ當然其ノ費用負担ノ義務アリ依テ各省同郷会長ハ随時林監督ヲ訪問シ寄附金ノ請願ヲ為スコト（了）

統一にむけて監督処が好意的に支援したことは前に記したが、統一後は総会側が当然の権利として援助を要求し、それが

一定程度かなえられたことは、一九二〇年の決算報告に現れている（付録ⅠB参照）。

（37）任翺は最初、外交調査研究会および文事委員会の設置を提案した。一七年の石井ランシング協定に触発されて作られた外交委員会、一八年の戊午偕行社、一九年の文事委員会（後二者については不詳）が結局消失してしまった教訓に学び、責任体制を明確にし、経費も保証して過去の轍を踏ませまいとした。評議会は検討のすえ、両者を一本化して調査・編輯の二科からなる出版部を発足させたのである。出版部簡章が発効したのは六月六日、もともとは「(一)調査報告録毎季一冊(二)雑誌毎月一冊(三)単行冊子［随時刊行］」という壮大な構想であった。『留日学生季報』「会務」四四〇―四四四、四四八―四五〇頁参照。

（38）『留日学生季報』の発行が、五月すでに校正段階にあることは警視庁はつかんでいた。③外秘乙第五九一号　大正十年五月五日「在上海全国学生聯合会総会ノ行動」に「一時帰国再来シタ浙江省人高師生夏振鐸ノ談話」として「留日学生総会ノ機関雑誌トシテ発行スヘキ創刊号ハ目下上海印刷書局ニ奉職セル李達ノ手許ニテ校正中ナリ而シテ本年六月上旬頃荊巨佛カ携帯ノ上再入京スル手筈ニナリ居レリ」と。さらに⑫外秘乙第一〇九二号　大正十年七月一五日「留日学生総会『留日学生季報』発刊ノ件」では、なんらかの方法で現物を入手し、その内容を報告している。「屢報ノ通留日支那学生総会ニテハ仝会機関雑誌トシテ会誌ヲ発行スヘク曩ニ前仝会幹事荊巨佛ヲ上海ニ派遣シ上海商報館印刷所ニ於テ印刷セシメツツアリタルカ今回愈々「留日学生季報」（四六、二倍判四百八十二頁）ト題シ第一期第一号（創刊号）ヲ発行セリ該紙《ママ》ハ左記目録ノ通我カ日本ノ対支外交ヲ批難シ或ハ軍機ニ亘ルモノアリテ甚タ穏当ヲ欠クモノト認メラル　追テ該誌ヲ郵送スルニ於テハ我カ官憲ノ為ニ差押ヘラルルノ虞アリトナシ前記「荊巨佛」ニ於テ本月末頃再入京ノ際携帯輸入スル手筈ナリト云フ

左記

留日学生季報第一期第一号目録（抜粋）

日本参謀本部秘著日本支那併呑計画書　「筆者龔徳柏」（要視察人）

日米戦争ト支那ノ位置　「龔徳柏」（仝上）

日本武力外交ト支那排日ノ関係　「龔善」（龔徳柏ト同一人ト認メラル）
日本ノ満州擾乱証拠　「龔善」（仝上）
日本駐華海陸軍ノ腐敗及其ノ罪悪史ノ一節　「龔善」（仝上）
支那視察米国議員団ニ致スノ書（大正九年九月総会ヨリ米議員団ニ送リタルモノ、任翺、閔星熒、龔徳柏等）
日本ノ東清鉄道ニ対スル野心及支那ノ之ニ対スル取ルヘキ方針　「龔善」
日本ノ二府二県教育視察記　「王鼎新」（要注意人）
日本ノ航空界　「洪雲中」
日本ノ失業問題　「謝　震」（要注意人）
日本対華貿易ノ趨勢　「閔星熒」（仝上）
鉱山実習報告　「蕭仁炳」（仝上）
日本陸軍略論　「喩士英」
日本労働界ノ趨勢　「車乗驊」（要注意人）
日本新聞界ノ現勢ニ対スル考察　「謝晉青」（仝上）
新　詩　「湯鶴逸」（仝上）
貨幣廃止研究　「李春濤」（仝上）
　留日学生総会公《ママ》務報告中ニ排日運動ノ事実ヲ詳細ニ明記セリ」

以降「留日学生総会発刊『留日学生季報』記事ノ件」なる同一標題で、外秘乙第一一〇四号　大正十年七月十九日・同第一一二一号　七月二十日、同第一一八六号　七月二十八日・同第一二三一号　八月三日・同第一二三二号　八月三日・同第一二四二号　八月四日・同第一二七七号　八月十日・同第一二八六号　八月十六日、と『季報』掲載の論文、記事の全訳・抄訳を報告しており、外事警察が該誌を重要視していることが知られる。ただ、こうした注目と監視のもとでは大量に雑誌をもちこむことはきわめて困難だったであろう。

（39）　⑫外秘乙第二一九号　大正九年八月四日「支那人集会ニ関スル件」

昨三日午後七時ヨリ神田区北神保町十番地中国基督教青年会館内ニ於テ留日学生総会主催本国時局問題協議会ヲ開ク来会者約二百名ニシテ同九時無事散会シタルカ其ノ状況左ノ如シ

左記

席定マルヤ総会幹事長任翺主席トナリ副幹事荊巨佛、開会ヲ宣シ次イテ本国ノ時局ニ関シ羅豁、劉振群、陳季博、荊巨佛、呉有容等ノ演説アリタル後左記事項ヲ協議決定シ北京政府及上海全国学生聯合会等ニ打電スルコトトセリ

決議　一、速カニ国民大会ヲ召集シ時局ヲ解決スルコト

二、国民大会ニヨリ憲法ヲ制定シ総統ヲ選挙スルコト

三、新旧国会ヲ解散スルコト

四、国賊ノ財産ヲ没収スルコト

五、督軍ノ軍隊統帥権ヲ廃スルコト

六、安福派ノ党員ヲ尽ク誅伐スルコト

七、永久ニ復辟党員ヲ起用セサルコト

八、各地ニ於ケル派遣軍人ハ此際各自ノ軍隊ニ引キ揚クルコト

追テ本会開催ハ客月三十日在上海全国学生聯合会ヨリ督促来電アリタルニ由ルモノノ如ク尚同留日学生総会ニテハ目下経費欠乏シ居ル為メ前記打電費其他ヲ支那公使館ヨリ借リ入レントスル意嚮ナルカ如シ　（了）

『季報』「討論国内時局問題大会」（四五五―四五六頁）によると「由黄典元君陳定遠君荊嗣君等相継発言、討論数小時之久」とあり、警視庁報告の演説者の顔ぶれがまったく異なっている。通電は翌四日付けになっているが、議決事項は全一四條、外秘乙二一九号の「三」に当たるのは「九　解散新国会」であり、安福国会の解散のみを要求したことになっている。疑

問を留めておく。「八」に相当するのは「十三　各地客軍各復原防」であり、翻訳の誤りであろう。

(40)『日本外交文書』大正九年第二冊上　四一〇。『季報』に「反対日本庇護我国禍首之宣言」(四六四頁)「為日政府保護我国賊向日本抗議文」(四六六頁)、いずれも八月十四日付けを載せる。

(41)「組織国民大会研究会通告」(『季報』四六八－四六九頁)に「我們三千留東学生向来抱有改造中国的志願、那末対於如此根本改造的国民大会、可不付一点犠牲極力研究一下子麽?……還有一層要説明的、就是国民大会到現在已経変成『朝露晴雪』、將無形消滅的様子。那末我們到如今反来提倡、豈不後事或多事了麽?但這一層我們要認徹的、即是不可以時的先後為前提、応当以事的応做不応做為前提」と研究の必要性を強調し、「国民大会問題商榷」(同四六九－四七四頁)では「我們須知国民大会並無法律的根拠、於法律外作政治之主張未嘗不可。有時且非如此、不足以救国。但是這種挙動名之曰革命。革命者非常之事、不是做官的人一面要保存固有的官階、一面又可以附帯做得的。呉子玉之為人也許有一種犠牲的勇気、革命的精神、但是他目前境況、不能顕明脱離北京政府与天津巡閲使的関係。……果然近日以来呉子玉論調大変、他的環境本来極苦、我們不能怪他朝三暮四、他既不能破藩抉籬、硬挺挺的革命、自然而然要聴北京天津的商量、只要他最初倡言国民大会之勇気、便足以証明他心目中尚有国民、在北洋派軍人裏面要算他是祥麟瑞鳳了」と云いつつ、「我們在呉子玉国民大会的提倡声中、至少応当喚起三層覚悟。一層是国家的苦痛已深、不但小民百姓弄到忍無可忍、受無可受的田地、就是居官在職的人也逼到安心不下、窮極思変的危険線上来了。二層是現在的政治組織已萬無挽救国運的効能、而且只有増加危乱的道理。我們果欲救国必従根本上謀政治組織之革新。三層是担負革新責任的人、応求之於国民的多数、不能専靠做官的人登高提倡」と論じていく。呉佩孚らに期待するのは、せいぜい革命の邪魔をせず、賛同することぐらいだとした上で、「真正民主政治実現之精神」を示すとして、新組織の大綱を略挙する。両文とも日付はないが、一〇月一〇日、国慶日に発出されたことは注43参照。

(42)⑫大正九年四月末調「大正九年概況」。

(43)『季報』「双十節国慶紀念大会」(四五六－四五七頁)は次のように記している。「国慶紀念会乃我国特別大典、何等鄭重。毎年已照常開会慶祝。不料日本政府近因留学生及国内学生排除暴力、為神経過敏、遂蔑視我国大典、於開会一星期前、無故派多数私服警察、追随監視本会籌備人員任翱荊巨佛諸君、昼夜跟随横加暴厲、比待朝鮮人尤酷。逮至是日下午二時、在大手町衛生会開会時、私服警察已布満会場也。届時振鈴開会、首由主席舒維嶽君述開会詞、次行礼唱国歌、読総会及公使館監督処各省同郷会各校同窓会祝詞。畢、馬伯援君報告国慶紀念歴史 即武昌起義情形。畢、龔徳柏君報告日本在琿春横暴情形、並提出辦法、全体一致賛成、電請我国政府向日本抗議、並公布日本暴行。其電文如下『北京国務総理外交総長鈞鑒：双十節大会議決、琿春韓人排日、擾及吾国治安、日人反自由進兵、請政府厳重向日本抗議。日本不能統治韓人、応早許韓独立、安我国境、並将日本在我国自由行動侵害主権事実、通告各国向国際聯盟提訴』。次由任翱君報告対国民大会意見、総会於八月間開評幹両部会議決定、組織国民大会研究会以討論進行、於国慶日発出之通告及商榷書列後。其次有張水淇謝震閔星熒諸君演説、因時間已過、遂三呼万歳散会。日本政府復於閉会之夕、派多数警察到任翱荊巨佛舒維嶽三君住宅、強捉三君到警察庁。任君未被捉去、荊舒二君到警察庁、池田外事課長謂、琿春事件留学生不応過問、強迫取消会場内決議案、用種種威嚇手段、横暴侮辱之事難罄書。本会曾將此事本末、向内外宣布、並請公使向日政府抗議矣」。朝鮮独立を国際連盟に提訴すべしとは、会場にあった警視庁係員の聞き間違いであったろう。なお、

⑫外秘乙第五一七号　大正九年十月十三日「支那留日学生総会ノ幹部会」

支那国慶記念会開催当日不穏ノ決議ヲ為シタルニ付当夜主催側代表者二名ヲ当庁ニ召喚シ加諭ノ上放還シタルコトハ既報ノ処其後同総会幹部員等三十二名昨十二日午後七時ヨリ神田区三崎町一ノ五同会事務所ニ於テ之カ善後策ニ関スル協議会ヲ開キタル結果左記二項ヲ決議シ午後十時三十分散会セリ

一、警視庁ノ召喚ハ明カニ国慶記念会ノ内稟ニ干渉シ且ツ留学生全体ヲ侮辱シタルモノナレハ代表者七名ヲ選定ノ上支那公使館ヲ訪問セシメ其ノ不当理由ヲ訴ヘシムルコト

二、公使館ヲシテ右不当理由ヲ本国政府ニ打電セシメ名誉回復ノ要求ヲ為サシムルコト（以上）

⑫外秘乙第五七五号　大正九年十月二十七日「留日学生総会ノ伝単配布ニ関スル件」

支那国慶記念会当日ノ不穏決議ニ関シ主催者側代表ヲ召喚調査シタル件ハ既報ノ処其ノ後同会副幹事荊巨佛司会者徐維嶽等

ハ別紙（訳文）約四百部ヲ作製シ本月二十日頃ヨリ在京支那留学生並ニ北京、天津、漢口、上海等ノ各学生聯合会宛発送セシ模様アリ

留日学生国慶記念日ノ奇恥大辱　侮辱我カ国慶　即チ我カ国家ヲ侮辱ス

十月十日ハ我カ四億ノ同胞カ共ニ蔑《ママ》視スルノ日ニアラスヤ我等ハ異国ニ留学スト雖モ国家ヲ忘ルルコト能ハス料ラスモコノ歓迎鼓舞ノ際蛮横無理ノ日本政府ハ干渉ヲ加フルノミナラス種々ノ暴力ヲ以テ摧残ヲ加フ茲ニ留学生総会幹事「任翺」、「荊巨佛」、「舒維嶽」等ノ報告ニ拠ルニ其ノ暴戻ノ状人ヲシテ熱血沸カシム知ルヘシ日本政府ハ已ニ我国家ノ独立ト人格ノ存在トヲ認メス朝鮮、台湾ト同視スルヲ茲ニ先ツ任君等ノ報告書ヲ記シ次ニ転シテ国人ニ告ク、国人ノ態度感想果シテ如何

報告書

謹ンテ報告ス、国慶記念大会準備ノ一週間以来毎日私服刑事巡査「佛」ノ居宅附近ヲ徘徊シ追尾ス余ハ直接詰問ス余ノ行止其ノ所為ハ極メテ価値ナク此ノ件ハ人ヲ擾スルニ過キスト、総会ヨリ帰リ来リ晩餐ノ時突然私服巡査闖入シテ曰ク余ハ巣鴨警察署巡査ナリ署長ノ命ヲ奉シテ来ル必要ノ事件アレハナリト余ハ怒リテ、武力ヲ用ヒントシタルモ余ニ何等ノ悪事ナキヲ自信スルカ故ニ彼ト共ニ巣鴨署ニ至ル、署長出テ来ラス余ヲ一高等係室ニ入ル、四五ノ警部漫然礼ヲ為サス又余ヲ召喚シタル所以ヲ告ケス且ツ放言シテ曰ク

君ハ支那留学生総会幹事ニアラスヤ

警視庁ヨリ厳命アリ汝ヲ連行セントス汝少シク此ノ処ニ待テ汝知ラスヤ帝国ノ法律ヲ

荊巨佛此ノ時満腔ノ怒気ヲ発ス本ヨリ此レ等鼠輩人一笑ノ価値ナシ別ニ一警部補名刺ヲ示スト卜部《うらべ》三千三ト云フ曾テ四高ニアリ我国閔星熒君ト同学、其ノ誠篤ナルコト前者ト同シカラス「佛」ノ事ニツキ卜部君再三電話ニテ警視庁ヲ呼ヒ始メテ警視庁ノ回答ヲ得タリ「速カニ彼ノ奴ト共ニ来レ多ク言フ勿レ」ト「佛」亦電話ヲ以テ警視庁ニ訊ス吾ハ中華民国留学生荊巨仏ナリ貴外事課何ニ因リ余ヲ呼ヒ出スカ請フ之ヲ告ケヨ、□覆ニ曰ク「池田某、小林某最後ノ数言通セス……汝ニ面談スル者ハ自カラ人有ル在リト」巣鴨署日警「佛」ノ稍々猶予スルヲ容レス「佛」此ノ時満腔ノ憤怒モ已ムヲ得ス二巡査ニ随フニ

巡査ハ大塚終点ヨリ電車ニ乗リ直チニ日比谷警視庁ニ赴ク彼ハ余ヲ囚人ノ如ク扱ヒ初メテ一汚穢ノ室ニ入ル二三警察官アリ余ヲ警視庁ニ導キタル警官初メテ語リテ曰ク君ハ何ノ罪アルカ静カニ待テト門ハ半開、半閉、電灯一個ノミ余、恥辱ヲ忍ヒ居ルコト三十分ノ久シキ後該警察官始メテ曰ク此ノ方ヲ外事課長池田君ノ処ヘ連レテイケト、夫ヨリ「佛」ヲ始メテ一ノ事務室ニ入レタリ茲ニ一人モナク座ニ就テ四周ヲ見ルニ目ニ触ルルモノハ支那鉄道現勢大地図、書籍ハ支那事情ヲ記載セルモノハ漸《ママ》クニシテ一青年入リ来ル稍礼節アリ其ノ肩書ヲ見ルニ警悦庁警視、総監官房外事課長池田清余彼ト談スルコト左ノ如シ

池田、今日貴総会開ク所ノ国慶紀念大会何ヲ以テ軽挙妄動反対ノ言ヲ為ス且ツ探偵ノ報告ニヨレハ二条ノ決議ヲ為シ直チニ朝鮮独立事件ヲ認ム等ノ議論アリ日本帝国ノ治安ニ関係アリ君等ヲ処分スヘシ君等ハ日本ト朝鮮トハ夫婦関係ノ如キヲ知ラン外人突然此ノ夫婦ノ面前ニ於テ宣言シテ曰ク汝輩急ニ離縁スヘシト此ノ種ノ理由果シテ行ハレンヤ、当局者何ソ忍ヒ能ハン此ノ種ノ狂妄已ニ極端ト云フヘシ留学生等ニ其ノ了解ヲ求ムルモノハ吾カ日本帝国ノ権力ト法律ナリ君ハ学生会ノ幹事トシテカカル事ヲ為セシヤ佛、貴外務省発表ノ公文ニ再三鮮人乱ル、支那放任シテ何等処置ヲ為サス種々ノ禍害発生ス云々ト此ノ種論調一笑ニ値セス朝鮮人民、日本ノ統治ニ就クヤ否ヤ僕ノ説ク所ハ君ノ問ニ係ル必ス反対セス（説ク時池田氏唯唯）乃チ日本帝国ノ人民ハ種々ノ悪事ヲ大中華民国ノ領土内ニ於テ為ス日本政府ハ支那政府ニ対シ相当ノ賠償ヲ為サス反ツテ云フ中華民国、取締ノ力ニ乏シク暴徒ヲ駆逐セスト、我ハ問フ世間果シテ此クノ如キ公理アランヤ、進ンテ之ヲ言フ日本政府現在執行ノ軍事的直接行動果シテ何ノ心サヤ《ママ》狼子野心已ニ人皆之ヲ知ル吾輩ハ大中華民国ノ国民、祖国ニ対シテハ当然完全ナル責ヲ負フ、現在ノ政府ハ即チ全国ノ国民ヲ欺侮ス吾輩寧□忍ビ能ハサラン《ママ》、抗議ハ目下一段ノ手続ノミ将来積極的対待方法有リ即チ不幸ニシテ国交断絶ニ至ランカ留学生等ハ何物ヲモ惜マス、又何者ヲモ畏レス、閣下慎ンテ吾カ留学生ノ言ヲ侮辱スル勿レ君ノ言、日本ノ朝鮮ト夫婦関係ニ在ルカ如キノ理ハ甚タ明カナリ、僕異議ナシ然レトモ丈夫其ノ婦人ヲ苦メ衣食ニ窮セシムルカ如キ安ンソ人道上許スヘケンヤ為メニ厳重ノ交渉ヲ以テ離縁ヲ迫リ悪縁変シテ良縁ト為ス、此ノ時已ニ十時、人アリ池田ニ告クルニ舒維嶽ヲ招来セリト、「佛」大怒ヲ禁セス池田ニ詰ツテ曰ク既ニ吾ヲ捕ヘ復「舒」君ヲ擭ス且ツ吾

カ中華民国、国慶記念ニ対シテ任意ニ無礼ノ態度ヲ用フ僕敢テ言フ君ハ吾国ノ敵ト為ルカ又吾全体留学界ノ敵トナルカ、無論汝若シ如何ナル力量アリトモ吾ハ決シテ之ヲ畏レスト「舒」君已ニ室ニ入リ席ニ就ク「舒」君ト池田ト問答スル所大抵前言ト略々ト《ママ》同シ池田再三「佛」等ニ誤解セサランコトヲ求ム尚再三第二条ノ決議ニ対シテ説明ヲ請求ス、暫クシテ又外事係長来ル原に《ママ》吉ト云フ極力議決文ヲ根拠トシテ留学界已ニ正式ニ朝鮮独立ヲ承認ス実ニ帝国ノ国体上大動揺ヲ被ムル決シテ軽々ニ看過スル能ハス云々ト（中略）

特《ママ》ニ已ニ十一時半「佛」未タ夕食ヲ喫セス舌争五六時間煩ニ堪ヘス其ノ備フル所ノ自動車ニヨリテ帰ル事件ノ顛末上述ノ如シ「佛」不敏諸君ノ助ケヲ乞フ「任」君ハ無理ノ事ヲ以テ日警ノ故意搗乱ヲ受ク、是非曲直如何ニ対待スヘキヤ諸君ノ公決ヲ乞フ

評議部諸公及留学界全体　　十月十一日記

（44）馬伯援『三十三年的賸話』七九頁「民国九年　八、朝鮮問題」に「（一九二〇年）十月二十六日、上海朝鮮独立政府派其重要職員、到日本工作、有説是到美国去、化名唐逸民、住在該書店［青年会内に設けた東方書店］、称為安徽人。記者対於該同志等、向来放心、不知此次唐君、怎惹出『滔天大禍』。唐君初到、知者甚少、対於韓人、往来甚密、記者雖注意其行動、却未想到他是独立党。一日接得上海友人黄覺民来信、説有同志某君、来東京有公幹、請兄特別愛護云云。記者猶在盼望中、謝晉卿告我曰、黄君紹介的同志、即是唐君、現事急矣、請兄真真特別愛護之。記者呆然、警問其故、謝君云、前唐逸民、即韓国独立政府重要職員、在此間已為日本警察偵出、不能行動、両日内、必為日警捕獲、若然不僅不利於唐逸民、且亦不利於青年会、更不利於吾人、請君従速設法。記者曰、事已至此、須得將唐君移居郷間、然後再研究脱出計画。唯於緊急時候、不能随便託人、更恐無犠牲精神者、不肯担負。乃大胆的於是日天晩、携唐君到千駄谷寓中、家人不知、小住三日、俟風潮平靖、然後出之、唐君感徳無論矣、記者急人之急、自此為同人楽道」と。黄覺民はおそらく黄介民と同一人であろう。

（補）この時期留日学生諸勢力の離合は錯雑しているが、「大正八年概要」はおそらく同年一二月初中旬の状況として、各団体の勢力・役員などを記載している。旧留日学生総会は「勢力約六百名・黒幕安徽省経理員姚薦楠」、新留日学生総会すなわち一

九一ー一九二ページに見るように、一二月七日大会を開き役員を選出した団体は「勢力約二百人・黒幕李國英」、留学生聯合会は「勢力約三百人・黒幕監督処書記黄鋭」とし、「新総会ト聯合会トハ一般ニ江監督派ト称セラレ対旧総会策トシテ不日合同スルノ模様アレトモ旧総会ノ勢力ニ比シ未タ微弱ナル為メ捐金ヲ募集シ或ハ伝単等ヲ発シテ自派勢力ノ拡張ニ努メ一方旧総会側ニ於テモ会合或ハ伝単等ヲ撒布シテ自ラ牽制策ヲ講ジ居リ此二派ヲ系統及形成上ヨリ判断スレバ旧総会側ハ即チ南方派ニシテ新総会及聯合会等ハ即チ北方系ト目セラル」と記している。これは警視庁の観察であって、事実はこのころすでに留日学生組織統一への胎動があったことは一九三ページ参照。

なお、これらの抗争に超然たる有力組織もあった。「勢力約二百名」の「学術研究会ハ雲南湖南ノ革命党系ニシテ其名称タルヤ学術研究ヲ標榜スルモ目的ハ排日鼓吹ノミニアリ従テ前記二派ノ目的トスル如キ支那人間ノ凡テノ問題ニ関係セズ恰モ団体中ヨリ超越シ居ル傾キアリテ何レノ派ニモ偏セス独立シ目下会長李培天ハ太平洋通信社ノ牛耳ヲ執リ日支関係ニ於ケル排日記事ヲ本国排日新聞社ニ通信シ居レリ」と「概要」は指摘する。太平洋通信社については一八六頁補注を参照。

第五章　留日学生の新文化運動

一　新思想と留日学生

一九二〇年初め、まだ北京大学学生団が来訪する前のことであった。留日基督教青年会幹事馬伯援は、同会で中国出版の諸雑誌の取次販売をやってほしいとの依頼をうけた。

本年初春、高一涵が東京にきた。一日、青年会で私に会うと、国内では出版物がたいへん多いのに留学界ではそれが乏しい、学生の読書にとってはなはだ不便だ、青年会の事務室で北京出版の各種雑誌を代売してもらえないか、というのである。やってみると売れ行きが良く、文化に寄与できるのみか、商売としても悪くない、毎日大洋十元から八十元くらいの売り上げがあり〔毎日売洋由十元至八十元不等〕、毎日の収入は約十数元、これで数人は飯が食える。同志謝晉卿《ママ》は『民国日報』を売って学費を稼いでいたので、私はその志を助けるために、青年会内の一室を割き新書店とした。後に朱鳴田・羅豁が加わり、小から大へ、さながら東京中国留日学生の文化センターとなった。日本人の注意も惹いて、いつも日本人大杉榮、高津正道[1]らとその書店で座談会を開いていた（『三十三年的賸話』八〇頁）。

この新書店は東方書報社と名乗り、北京や上海で発行される新思想にかかわる出版物や雑誌、『民国日報』などの新聞を扱った。[2] 本国では五四運動後、毛澤東らが長沙に作った文化書社、惲代英らが武昌に組織した利群書局のように、青年たちが各地に書報社をつくり、北京・上海などの進歩的新聞雑誌の取次にあたるとともに、地域の出版物の交流をもおこない、文化革命・社会革命の啓蒙・宣伝・連絡のセンターになっていた。高一涵の依頼をきっかけに東京でも同様の拠点が誕生したのである。これより以前、青年会はかねて在京留日学生の情報の入手・交換のセンター的役割をはたし、一九一八年の周恩來も一時は毎日のようにここに顔を出して新聞を見、掲示物を眺めていたものだったが、書物・雑誌の類は、置いてあったとしても基督教関係に限定されていたであろうし、謝晉青のように民党系の『民国日報』を売ってアルバイトにする者がいても、所詮は個人の活動である。周恩來はその日記に、友人から『新青年』第三巻を借り、非常な感銘をもって読んだことを記しているが、[3] 彼はたまたまその機会に恵まれたのであって、一般的に留日学生には本国の進歩的書刊を系統的に入手する機会は少なかったであろうし、また五四以前においてはその必要性もそれほど感じられていなかったであろう。

しかし、五四運動をへて事情は一変した。多くの人々の意識は解放され、新思想・新文化にたいする関心は一挙に高まり、中国では数多くの雑誌や刊行物が生まれてきていた。書報社は、それ自体が思想性と方向性とを持ちつつ、文化革命の発信者と受信者をつなぎ、双方向に作用する機能をもった。二〇年には留日学生の自主的な研究活動も盛んになった。九月には教育研究会が雑誌『教育』を創刊し、一一月には「新思想及学術研究ヲ目的」として『求是』一巻一号が発行された。[4] 学術研究会も東京特別分会の体制を整え、研究会・講演会などを開催し、[5] 一八年の一斉帰国以後、中枢が上海に移り、東京での活動が停頓していた丙辰学社も二一年春から新加入の社員が増加し社務は活発となった。これには『學藝』雑誌が二巻一号（二〇年四月）から商務印書館に印刷・発売を一任して安定したことも与っ

ていよう。(6)

大正一一年に警視庁外事課がまとめた『支那関係事務概要』〈極秘〉なる油印一五〇頁の冊子に「参考三」として「支那関係輸入禁止新聞雑誌書籍名」リストがある。(7)新聞紙法によって行政処分を受けたものであるが、一九〇八年に『天義』が「社会主義記事」を理由に禁止されたのを最初に、一五年から一七年の三年間に九件、一八年は軍事協定反対の一斉帰国があったにもかかわらず零件であったものが、一九年には六件と増大するものの、内五件は朝鮮独立運動あるいはその支援にかかわるものであった。ところが二〇年は二三件と激増し、内共産主義・過激主義・無政府主義・日本革命期待など、いわゆる左翼的言論を理由とするもの七件、朝鮮独立を理由とするもの四件、その他一一件（理由不明をふくむ）、二一年には二六件、内左翼的言論を理由とするものが一五件、朝鮮独立運動関係（琿春事件をふくむ）が五件、その他が六件となっている。二二年の分は四月までの四件しか挙げられていないが、その内三件が「社会革命」関連である。(8)禁止の理由づけは検閲担当者の主観的判断によっており、分類は厳密性を欠くが、大体の傾向をつかむのには支障はない。要するに二〇年以降、共産主義・無政府主義を論ずる新聞・雑誌の日本持ち込みが急増し（郵送・携帯の別は不詳）、これを水際で阻止するのに日本の思想警察は大わらわであった。

周知のように欧米の新思想、とりわけ社会科学のほとんどは、当時、日本を経由して中国に紹介されていた。その面で留日学生あるいは留日学生出身者の貢献は当然に大きい。また、本国の青年・学生がまだ組織されていない状況のもとで、すでに見たように二十一ヶ条反対、極東モンロー主義反対、秘密軍事協定反対と、留日学生は主観的にも客観的にも、つねに本国の青年・学生運動を牽引してきた。しかし、五四をさかいに状況は大きく変わる。留日学生は本国の闘争に呼応し、支援する立場に変わり、文化革命の実践面でも本国の動向に刺激され、追随する側に回ることになる。高一涵の提案で書報社が作られ、繁盛したことは、その意味でまことに象徴的であった。一九二〇年からの輸入禁止出版物の急増も、本国と留日と学界における水位の高低差の変動を如実に示すものといえよう。

今ひとつは日本人社会主義者との交流の拡大である。欧州大戦の終息を李大釗が「庶民の勝利」として記念したことは有名だが、ロシア革命の勃発、米騒動・三一運動そして五四運動と東アジアの民衆運動が継起するなかで、日本の左翼運動は新たな段階に入った。一八年一二月、東京大学学生の新人会が生まれると前後して、吉野作造ら学者・文化人は民本主義的啓蒙団体「黎明会」をつくり、早稲田大学では一九年二月、「民人同盟会」が創立された。後者からは同年八月、社会民主主義路線の「建設者同盟」が分化し、マルクス主義路線の本体も翌年「暁民会」に改組して学生と労働者の混成行動隊に変わる。また明治大学には「オーロラ協会」、法政大学には「扶信会」ができるなど、民本主義的・社会主義的思想団体が活発に活動し始めた。これに堺利彦や大杉榮など大逆事件後の冬の時代をくぐり抜けてきた世代が加わる。留日学生のなかにもこれと交流し、中国の根本改造を社会主義の方向で模索する動きが起こった。

「過激主義」の提唱者として、五四運動直前に日本の官憲が注目したのは、留日学生救国団に参加し、再渡来してきたばかりの一高生殷汝邵であった。(9) 帰国中に本国で勃興しつつあった無政府主義・社会主義の風潮に触れるところがあったのであろう。

右者元財政次長殷汝驪、南方派特派員殷汝耕ノ実弟ニシテ大正元年十月渡来同文書院ヲ卒業後第一高等学校一部ニ入学目下仝校ヘ在学中ノ者ニシテ仝人ハ排日機関紙タル救国日報ノ特約通信員トナリ一昨年来専ラ排日思想ノ鼓吹ニ勉メツツアリタル処昨年軍事協約事件ニ関シ一同ト共ニ帰国シ本年二月再渡来シ爾来土地国有貨幣全廃、階級打破等ノ過激論ヲ主張シ支那学生間ニ対シ之ガ宣伝ニ努メ近来ニ至リテハ本邦無政府主義者吉田一、水沼辰〔辰夫〕等ト夜間人目ヲ避ケ白山神社聖天社境内等ニ密会シ労働問題其他ニ関シ凝議シタル事実アル等頗ル留意

スヘキ点アルニヨリ目下極力之ガ内偵ニ努メツツアリ（⑰外秘乙第三〇三号〈大正八年〉四月二十日　過激主義宣伝に関する件）

さらに、五四事件・五七巷戦をへて留日学生界が騒然としているなか、彼の名はもう一度警視庁の資料に登場する。

過激思想ヲ抱持スル支那留学生殷汝邵等ハ本国ニ於テ排日ノ目的ヲ達スルニハ各種職工ヲ煽動シテ排日ノ急先鋒タラシム可シト云ヒ又各国ハ支那各地ノ暴乱鎮定後領土ノ分割論ヲ主張スルヤニ《ママ》計ラレサルヲ以テ若シ如斯場合ニ際会セハ露国ノ例ニ習ヒ支那ヲ過激主義者ノ天下ト為シ各国ヲシテ手ノ下シ様ナカラシムルノ要アリト唱ヘ之レガ目的ノ遂行ノ為メ既ニ帰国シタル者アリトモ云フ（⑦外秘乙三四一号〈大正八年〉六月十二日「支那留学生ノ言動ニ関スル件　四、過激思想ノ抱持留学生」）

おりから本国では五四の学生運動が新たな六三運動に発展していた。北京では大量に逮捕した学生の無条件釈放が実現し、上海では罷課・罷市・罷工の三罷闘争が高揚する状況下にあって、陳獨秀・李大釗らが「根本改造」のためには「直接行動」を辞せずと、「北京市民宣言」を撒布し、また出所不明の「東方代治機関宣言」が流布して「遠くは欧米社会党の良規を師とし、近くはロシアの多数政治ボルシェビズムに効《なら》」うことを呼びかけたのと、殷汝邵らの突出した言辞はほとんど同一時期に載録されている。ただし、留日学生のなかからそのために帰国した者があったというのは、たんなる風聞にすぎなかったであろう。(11)

「排日主義者」はその言動から容易に識別できるが、社会主義の研究に沈潜する者は判別しにくいというのが官憲の悩みであった。(12) 事実、陳望道・李漢俊ら、一八年ごろすでに社会主義・マルクス主義の研究に取り組んでいた、やや年長の留学生たちは一斉帰国には参加せず、一八年末から一九年にはそれぞれ帰国して、自ら五四新文化運動の一翼を担った。田漢や易家鉞は先に述べたように帰国運動とは一線を画していたが、少年中国学会の東京会員として活動し、一九年六月に最初の在京会員談話会を開催した。その報告は北京に送られ、『少年中国』一巻二期の「学会消息」欄に載せられているが、「卓上には十冊ばかり（背表紙に）金字燦爛たる社会主義関係の本が積んであって」と、その場の情景を描写し、主人公の関心事が那辺にあるかを示していた。(13) 易家鉞は、クロポトキンの無政府共産主義に共鳴する北京の友人王光祈から「現在日本人が国家社会主義［ボルシェヴィズムを指す］を高唱し、マルクスを崇拝している時代にあって、足下はかれらに瞞着されないように」と、釘をさされたばかりであった。(14)

前述の殷汝郘は突出した例であったし、殷本人もこの時期を過ぎるとすっかりおとなしくなってしまったようだが、留学生間での社会主義・無政府主義への関心は五四運動後にわかに高まっていった。北京大学学生団の来訪前に、すでに警視庁はこう報告していた（「大正九年概況」第九「現今ノ学生ノ思想並動静」）。

在留学生ノ多クハ近数年来欧化主義ヨリ米化主義ニ転シ民主共和ニ共鳴シ立憲帝国主義［すなわち日本の天皇制］を排斥シツツアリ然シテ支那南北ノ不統一ハ是レ亡国ノ基ナリト慨シ米国ニ依リテ之レカ統一ヲ実現シ併セテ自国領土ノ保全ヲモ米国ニ依リ確立セントスル者多キカ如シ一方極端ナル過激派ハ此際露国ノ過激派ト提携シ中華民国ノ大改造ヲ為サントスルカ如キ危険思想ヲ抱持スル者アリ従テ彼等ノ脳裡ニハ革命思想磅礴タリ此意味ニ於テ彼等ハ軍閥官僚政治ヲ排シ延イテ本邦駐在ノ自国公使、官憲、学生監督等ヲ排斥スルニ至ル昨年北京ニ於ケル五四運動（昨年五月四日北京学生対親日派政客陸宗輿、曹如霖等暴行脅迫事件ヲ指ス）及本邦ニ於ケル駐日公使排斥攻撃ハ其顕著ナル適例ナリ稀ニ帝国主義者［日本帝国支持者の意］ト認ムヘキ者アレトモ此ハ本邦ノ小学若クハ中学課程ヨリ修業シ中等以上学科ヲ修得シ且ツ本邦中流以上ノ家庭ニ成育セシモノ又ハ我知識階級ト親交アル者等ニシテ極メテ少数ナリ尚社会主義的系統ニ属スル者ノ中ニハ自国ノ国情ニ対スル皮相ノ見ヨリ北京政府ノ打破ヲ唱ヘ（旧主権ニヨル旧政策ナリトシ）延イテ日本政府ハ北京政府ヲ《ママ》ニ同情シテ南方政府ヲ圧迫スルモノナリトシ北京及日本ノ軍閥政治打破ヲ絶叫スルニ至ル破壊主義者ハ稍〻自国及列国ノ関係ヲ理解シ居ル点ヨリ其言動動モスレハ輙チ自暴自棄ニ入ラントス……

二　五四時期の留日学生と無政府主義

ここで話は少しさかのぼる。中国における無政府主義の運動は、辛亥革命前、中国人留学生のあいだで日本の社会主義運動の影響下に生まれた。ともに日本政府の弾圧を受けたが、前者は清朝打倒の革命運動のなかに身を投じ、後者は大逆事件後の冬の時代に逢着して、一時交流は途絶えた。辛亥革命後、中国のアナーキズムには新しい流れが生まれた。留日学生出身の革命家（劉）師復らは、厳しい禁欲的戒律を自らに課した新しい無政府共産主義のグループを組織した。彼等は一九一三年から宣伝雑誌『民声』を秘密出版し、非常に困難な条件の中を一九一五年三月に師復が逝去するまでに二二号を刊行した。その志は同志によって継承され、三四号まで続いたが二一年八月で発行は停止した。師復の思想的影響は『民声』の各号百数十という僅かな部数や非公然の配布形態、グループの小さな規模からは想像できないくらい大きく、[15] 五四運動前後の中国の倫理的・禁欲主義的な学生組織、たとえば毛澤東がその一員であった長沙の新民学会、惲代英らの武昌の互助社などをふくめて、直接・間接にその影響下にあった。

『民声』のグループは同誌のエスペラント欄を通じて外国のアナーキストと連携し、日本では大杉榮らと交流をもった。しかし、留日学生とは例外的な場合を除いて関係は薄かったようである。その例外の一人が一九一四年三月に来日して東京東亜高等予備校に学び、その後一五年七月、長崎医学専門学校に入るため、長崎に移った呉塵なる人物である。彼は「〈エスペラント〉語ヲ能クシ」「大正二年ノ頃、晦鳴録（一名平民ノ声後ニ民声ト改題ス）ヲ購読シ師復ト交際ヲ結ビ折々師復等ト主義上ノ意見ヲ闘ワシ熱心主義的啓発ニ努力シ来リシモノノ如シ」と日本の官憲に認められた。一五年八月上京して、「平民講演会ニ出席シ鉢植及テーブル等ヲ寄付シタルコト」で注目を惹き、一六年「一月以来大杉ノ紹介ニ依リ甲号深町作次ト交際シ主義的意見ヲ交換シ又其普及ニ尽力スル事実アルヲ発見大正五年三月十二日甲号［特別要視察人］ニ編入」されたのである。(16)

呉塵は別名として「普通悟塵ト称ス」とされたが、実は上官悟塵が本名、(17)師復系のアナーキストの信条として姓を廃して悟塵を名乗っていたのであり、呉塵のほうが留学時に使用した通名であったようだ。興亜院『日本留学中華民国人名調』（昭和十五年十月）三一一頁に長崎医科大学の卒業生として「上官悟塵　大正八　医学科　河南光山　元河南大学医学院教授」と見える。東京到着後、彼の住所は一時『民声』雑誌社の「代理処」となっており、また同誌第二十号（一九一四年七月二五日）の「通信討論欄・答悟塵」の問題提起者でもあったと思われる。(18)一五年一月、深町に宛てたとする呉塵の手紙では、自分は「初メ陸軍士官学校ニ入リシモ二回ノ革命乱ハ余ノ思想ヲ一変セシメ」たと語ったという。しかし、元同盟会員であった彼の経歴から「革命ノ同志ニハ多数ノ知己ヲ有」したが、「日本ニ来リし、一六年一〇月には「無政府主義ハ我生命ナリ自分カ医学ニ志シタルハ全ク主義宣伝ノ手段ニ外ナラス」と友人に居レル支那人中同志トシテハ僅カ二三名ヲ有スルニ過ギ」ないと、前記深町宛の手紙で述べている。その後の彼は専ら医学の学習に精力を注いだらしく、日本の無政府主義運動との関わりもまったく浮かび上がってこない。特高資料もなにも特記せず、一九年三月、長崎医専の卒業試験を終えた彼が同月末、門司港から済南に帰ると、特別要視察人名簿から削除したのである。(19)

日本には僅かな同志しかいないと、呉塵がかこっていたように、官憲も悟塵を厳重に「視察」する以外に留日学生中のアナーキストの活動に注意した形跡はない。呉塵が長崎に移り、たぶん活動にも消極的になったあと、上海の無政府主義グループも留日学生への働きかけのルート設定に困ったらしい。一九一八年五月、上海大同書局から呉稚暉の主編する雑誌『労働』第一号・第二号各一二冊が東京の心霊研究会宛に送りつけられてきた。同研究会の会長劉若郷《ママ》がたまたま師復グループの中心鄭佩剛と「親交」があったためだったらしい。劉は中国人のよく出入する神田の料理店「第一中華楼ニ委託シ希望者ニ任意販売（一部金二十銭宛）セシメタルニ結局売リ残四部ト為リシヲ以テ先頃残本ニ代金ヲ添ヘ返送シタリト云フ」。特高警察は日本人アナーキストに送られてきた同誌に「日本代表者心霊研究会ノ記事」があったため注目したのであったが、結局、心霊研究会は「主義的関係ヲ有スルモノニアラス」と判断したようである。[20]おりから留日学生界が軍事協定反対の一斉帰国で騒然とした時機と重なるが、中国のアナーキストが東京に確実な思想的同志を当時はたぶんもたなかったであろうこと、にもかかわらず延べ二〇部が売れていったということのほうに、むしろ注意すべきかもしれない。

　留日学生およびその周辺で無政府主義の運動が表面化したのは、前述の日本でも中国でも基督教社会主義から社会民主主義・マルクス主義・無政府主義まで社会主義諸潮流が未分化であり、大同団結が模索されている時期と重なった。一九二〇年一〇月、横浜華僑学校の教員四名が授業時間に尋常科・高等科の生徒にたいし無政府主義の宣伝をおこなったとして、相次いで免職される事件がおこった。中心の一名はただちに帰国したため、その後も東京に留まった黄藝博と彼をかくまった二人の元教師、および彼らに資料を提供していたとして「要視察人」謝晋青[21]とが官憲に狙われた。黄藝博らは夏休みに学校の謄写版を使い、生徒に手伝わせてクロポトキンの論文や『無政府浅説』などを収録した「約四十八丁」の小冊子を作り、謝晋青は十月初旬、「克魯泡特金著『告少年』」（クロポトキン『青年に訴ふ』の中国語訳）を発行し、黄は同月、「華僑学校高等第一年生約二十名」に「此文書ハ有益ナルモノナリト称シ代価一部七銭ニテ発売」したという廉で、二人とも一二月、横浜地方裁判所に送致された。[22]

一二月二一日、出版法違反を口実に青年会内東方書報社が家宅捜索を受けた。(23)

「同人［謝晉青］ハ中国基督教青年会ノ一室ヲ借受ケ「東方書報団《ママ》」ト称シ室内ニ書棚ヲ設ケテ数百冊ノ書籍（其多クハ左記ノ如ク内務省ニ於テ発売頒布禁止処分ニ附セラレタルモノ又ハ之ト同一題名ノ危険文書）ヲ陳列販売シ又謄写器ヲ設備シテ書籍ノ販売広告又ハ「東京通信」等ノ文書ヲ出版シ又常ニ上海及北京方面ノ無政府主義者ト通謀シテ（別紙第七号訳文ノ通リ裁判所ニ於テ押収セル在上海費哲民ノ通信文ニ徴シ事実明瞭ナルモノナリ）現在ノ政府ヲ絶滅シ私有財産制度ヲ破壊シテ無政府共産制度ニ改造スヘク宣伝ヤル絵葉書其他新聞雑誌ヲ輸入シテ本邦内地ニ発売頒布シ（裁判所ニ於テ押収セル「宣伝文化」ト表示セル書籍輸入及販売控簿ニ依リ収支明瞭ナリ）

東方書報社の様態についての貴重な証言であるが、そのさい証拠として押収していったのは「支那ヨリ輸入セルモノニシテ内務省ニ於テ発売頒布禁止処分相成タルモノ」或いはそれと「同一題名ノモノ」が「無政府主義宣伝絵葉書」「自由」「解放与改造」「震壇」「閩声［星?］」「東京通信」、「支那ヨリ輸入セルモノ」が「労農政府与中国」「共産原理」「革命潮」「労働《ママ》界及労働者」「新生活」、注記なしが「労働総同盟之研究」および「其他過激主義ノ新聞雑誌類」であった。費哲民の手紙は神奈川県側の翻訳によれば次のような内容であった。

今日君ノ手紙ヲ受取ツタ吾等ノ「夜未央」百五十冊ヲ販売トサル由難有御礼申シマス今回再版スルノハ経済上ノ都合デ二千部丈ニシマス現在各方面カラ一千冊注文アリマスカラ多分今年中ニ売切レル事ト思ヒマス初メカラ五千部印刷シテ宣伝シタイ希望デアル此本ハ李石曾ガ翻訳シタ純然タル俗語体デ現代ノ思想ニ適シ且社会改造ノ真理ニモ合致シテ居ルガ政府ハ発売禁止シタ之レカラ捲土重来ノ勢デ革命ノ種ヲ撒布スルヲ要スル一般青年男女ヲ引導シテ暗中奮闘不断的勇気ヲ以テ我等ノ理想的世界ヲ達成スル我等ノ自由平等ノ幸福ハ是レカラ実現スルノデアル一週間以内ニ此本ヲ発送スル若シ不足ナラバ手紙ヲヨコセ然ラザレバ売切レニナル

「夜未央」ハ一部二十五銭デアル是レハ一般読者ヲ広メル為メ又文化運動ノ為メダカラ君等モ此事ヲ了解シテ活動シテクレ

「自由」ハ受取ッタカ入用ナレバ数百冊アル「自由」「存統」ハ他ニ売ツテクレル者ガアルガ其人ガ売レナカッタラ君ガ売ッテクレ当方ニ「安那其主義討論集」ガアル入用ナレバ手紙ヲヨコセ東京在留ノ文化運動ノ先鋒タレ我等ハ欣喜ニ堪ヘス君等努力セヨ

二年前、『労働』が思想的にかかわりのない心霊研究会に送りつけられた時とは、情況は様変わりだった。おりから社会主義同盟の結成が成功し、コスモ倶楽部が発足するなど、官憲は運動の高揚に神経をとがらせていた。神奈川県知事は翌年二月、黄藝博・謝晉青ら四人の国外退去処分を上申するさいに、「謝晉青ハ専ラ是等危険文書ノ輸入ヲ担当セルカ如キハ最モ秩序アリ計画アル主義宣伝ト認ムルニ難カラス……斯ル人物ヲ本邦ニ滞在セシムルハ危険ナルノミナラス国憲ヲ紊《みだ》ルモノニシテ殊ニ我国現下ノ思想変調ニ鑑ミ是等危険分子ヲ除却スルハ一般思想界ノ取締上効果尠ナカラサルモノト思料セラレ候」と付言したのであった。[24] しかし、『告少年』を日本で印刷した証拠はなく、謝を出版法違反でひっかけることはできなかった。黄藝博だけが二一年二月、禁固二ヶ月の判決を受け、出獄後ただちに強制退去処分を執行されたのであった。[25]

官憲の真の狙いが謝晉青にあったことは次の資料からも察することができよう。

神田区北神保町一〇中国基督教青年会舘止宿支那人「東方書報社」経営者謝晉青ナルモノハ既報ノ如ク無政府共産主義思想抱持者ニシテ彼ノ露国過激派宣伝支部在上海「デモクラチック」倶楽部其他全主義者支那人ト連絡ヲ採リ之カ宣伝ヲ為シ居ルヤノ疑ヒアルノミナラズ本邦社会主義者ト密ニ交通シ居ル疑ヒアリ過日横浜地方裁判所ニ於テ出版法違反ニ依リ起訴サレタル仝主義者支那人黄藝博トモ親交アリ且該犯罪事件ニ密接ナル関係ヲ有セル

ヤノ疑ヒアル要注意人ナルガ仝人ハ常ニ社会主義其他労働問題ニ関スル書籍ヲ販売シ居ルヨリ本月七日発売頒布禁止ト為レル「東方雑誌」第十八巻第四号ヲ差押エタルニ対シ支那ニ於テ発行シタル漢字雑誌ヲ日本ニ於テ発売禁止ヲ為スカ如キハ甚タ不当ナリトテ非常ニ憤慨シ居ルコリ其行動引続キ注意中（⑱外秘乙第六四三号　大正十年五月十四日「要注意支那人謝晉青ノ行動」）[26]

東方書報社にはアナーキズムの御大大杉榮もマルクス派の闘士高津正道もよく出入りしていたことは先に触れた。当時はアナーキストもボルシェヴィキも論戦は交わしつつも友好関係は保ち、極東で共産主義者を結集しようとするコミンテルンの働きかけに、堺利彦と山川均らが協議し、自分たちは出席できぬ事情にあるため、大杉榮を日本代表として上海に潜行させる（二〇年一〇月）ことすらあった。そのさいコミンテルンから提供された資金をもって、大杉主幹の週刊『労働運動』（第二次）を発刊、堺・山川の推薦で高津正道らがこれを手伝い、同一紙上でアナ・ボルがそれぞれの主張を展開するという珍現象が見られたのも、この時期ならではのことだった。[27]

一九二〇年、「冬の時代」から抜けでた日本の社会主義勢力は、「大同団結」して日本社会主義同盟を創設すべく結集した。官憲の弾圧にもかかわらず、社会主義諸団体・労働運動諸組織の関係者や進歩的文化人など加盟者は一〇〇〇人を越え、そのなかには遠く北京から加入を申しこんだ李大釗の名もあった。はじめ、同盟の結成大会を予定していたのは一二月一〇日であった。警察が大会の開催自体を認めまいと予測される状況のもと、前日九日夜、打ち合わせのため召集された発起人と傍聴する多数の加盟者たちとの賛同を得、その場を結成大会に切り替え、官憲を出し抜いたのであったが、そこに少なくとも一人の留日学生がいあわせた。謝晉青とともに東方書報社を運営していた羅豁（志道）である。

小石川区竹早町一一七中華践実斎止宿　四川省人日進英語学校生　羅豁　当二十二年

右者既報［文書は現存しない］ノ如ク本月九日麹町区元園町一ノ四四日本社会主義同盟会仮事務所内ニ於ケル社会主義正加盟者顔合セ懇談会ニ出席シタル者ナルガ其後仝人ノ言動注意中ノ処最近某支那人ニ対シ大要左ノ談ヲ為シタリト云フ

一、思想ハ各個人ニ依リテ異ル如何ナル思想ヲ抱持スルモ自由ナリ仍テ他ノ干渉ニ支配サル理由ナシ況ヤ人類ノ幸福ヲ増進セントスル主義主張ナルニ於テオヤ

一、吾人モ社会ノ一員ナリ現社会ノ欠陥ヲ観破シタル以上之ヲ改革シ人類ノ為メ尽力セザルベカラザルナリ

一、本月九日同志ト共ニ日本社会主義同盟顔合セ懇談会ニ列席セル当時日本官憲ハ吾人ノ思想を圧セシ斯クノ如キハ非文明国ノ措置ト云ハサルベカラズ余ハ深キ信念ヲ有シテ右懇談会ニ出席セル者ナリ圧迫如何ニ甚シカルベシト雖モ□ガ為メニ同盟ヲ脱退スルガ如キコトナシ尤モ日本社会主義者ニシテ苟モ人類ノ幸福ヲ阻害スルノ傾キアルニ於テハ脱退スルニ躊躇セズ云々（⑰外秘乙第七五七号　大正九年十二月十七日「要注意支那人ノ談」[28]）

「同志ト共ニ」ということばからすると、他にも中国人がいたのではないかと考えられるが、少なくとも羅豁が社会主義同盟員＝「正加盟者」としての資格で同夜の会に参加したことは間違いなかろう。ところが伝存する社会主義同盟同盟員名簿は二種類あるが、そのいずれにも彼の名は見えない。同盟の主持者たちは留日中国人学生や日本在住の朝鮮人の加盟には、おそらく彼らへの弾圧を顧慮して抑制的に対処した、つまり表向きの加盟は認めなかったようである。[29]

三　コスモ倶楽部

その代替措置であったかどうか、同盟結成を前にその推進者の一人であった堺利彦は、一九二〇年一一月、宮崎龍介・権熙國（中国籍の朝鮮人）とともに社会主義の談話会コスモ倶楽部を発起し、日本人社会主義者、中国人留日学生、在日朝鮮人活動家・学生との交流の場を設けた(30)。会名はコスモポリタニズム、世界同胞主義に因むが、松尾尊兊「コスモ倶楽部小史」（『京都橘女子大学研究紀要』第二六号、二〇〇〇年三月）によれば、「戦争と抑圧の根源たる国家からの解放と自由を求め、国際連盟に期待を抱かず、〈人類世界に於りるすべての不合理を打破〉することをめざす、いわば反体制的なコスモポリタニズム」を標榜するものであった（以下、上記「小史」による記述は本節ではとくに注記しない）。この倶楽部の最初の例会は一一月一八日、神田の「帝国学士会」で開かれた。会場は吉野作造の名義で借りたという。この会合には堺利彦・大山郁夫・石川三四郎らの特別要視察人一七名・暁民会・新人会会員などと朝鮮人・中国人一一名を加えて計二七名が出席し、堺・大山・石川がそれぞれ国際連帯・社会改造・革命運動について所見を述べ、中国人・朝鮮人からも発言があったという。当初は規約らしいものもなく、会合のつど次回の幹事を日・朝・中各一名を指名して運営したようで、一二月一七日、開催された「忘年会」では「席上来年一月中ノ当番幹事トシテ宮崎龍介、支那人彭湃、朝鮮人元鐘麟ヲ選定シタルガ仝人等ハ次回ノ懇談会場ヲ神田区北神保町十番地中国基督教青年会館ニ選定スベク協議中ナリト」と報告されている。しかし、経緯は明らかでないが翌二一年一月八日、懇親会が開催されたのは神田「多賀羅亭」で、「大杉榮以下要視察人四名・支那人四名　朝鮮人七名・台湾人三名・露国人二名其ノ他合シテ二六名」が出席し、大杉が講演をしたという(31)。

彭湃は当時早稲田大学専門部政経の学生、一九一七年夏来日して成城学校に学び、翌年には留日学生救国団の闘争に加わって帰国、再渡来して早稲田に入った。一九年には「五七巷戦」に参加、負傷者の一人として王拱璧『東遊揮汗録』に記録されている。このときも広東に帰り救亡宣伝に従事するなど熱烈な学生活動家であったが、一方では日本の庶民大衆の排外主義を反面の教訓に、狭隘な民族主義から脱する道をキリスト教の教えに求めてもいた。青年会の主事馬伯援は、五四で帰国する彼にメソジスト教会で正式に洗礼を受けるよう慫慂していたほどであった。[32]しかし、一九年九月、ふたたび早稲田のキャンパスに姿をあらわした彼は、互助友愛の世界を具現する方途を、もはやキリスト教にではなく、社会主義に求めるようになっていた。彭湃は二〇年九月、早稲田の学生組織・建設者同盟に加わり、また暁民会の高津正道らとも往来した。コスモ倶楽部が発起されると、すでに堺・権と接触のあった彼は李春濤ら二三の友人とともに加入したのだという。[33]さっそくに幹事（月当番）の役が回ってきたわけであった。

周知のように彭湃は中国農民運動の開拓者であり、革命の「先烈」であった。後にコスモ倶楽部がアナーキスト系・ボリシェヴィキ系・社会民主主義系を含めて、日本の社会主義運動関係者からはほとんど忘れられてしまったのにたいし、中国では人民革命の勝利後、最初の農村ソビエトの創始者彭湃を顕彰する活動のなかで、関係者はこの倶楽部がいかなる性格のものか、明らかにする必要に迫られた。当時の留日学生の手づるを頼って、五〇年代の文化界の重鎮・田漢に問い合わせがいった。「Cosmo-Club は一つの〝国際性的社交組織〟であり、〝プロレタリア国際主義に近い〟ものだった、Cosmoとは四海を家とする意味で、〝全世界的〟と訳してもよい、参加者の多くは左翼の文化人でそのうちには社会主義実行家もおれば無政府主義者もおり、彼等は不定期に開会し、各種の国際問題を討論分析した」と田漢は回答したのである。[34]その意味で「大同団結」の国際版だったコスモ倶楽部は、彭湃の卒業帰国直後（二一年五月）に、サロンから脱して大衆化を試みようとしたことがあった。

半年前、裏をかかれて社会主義同盟の成立を許してしまった官憲は、二一年五月九日、神田美土代町の青年会館で開催されたその第二回大会にたいしては、開会と同時に解散を命じ、二七日には、続いて同盟自体の結社を禁止した。九日夕、朱鳴田・羅豁に誘われた留日基督教青年会主事馬伯援は、二時間も前に会場にいったのにすでに超満員、立ち見の場所を確保するのがやっとであったという。「六時十五分、司会者が登壇し開会を宣すると数語も発せぬうちに警察は「中止!」と叫んだ。会場は大混乱、罵声・怒号が耳を聾するばかりであった。これは［自分がその場に居あわせた一九〇八年の］赤旗事件いらい、はじめてのことだった」と馬は述懐している（『三十三年的賸話』「民国九年」）。別に類似の組織をつくっても弾圧・禁止されることは必定とみた運動当事者のなかに、既存のコスモ倶楽部を同盟のダミーとして利用する考えが生まれたようである。倶楽部の例会はせいぜい二、三〇人規模で、それも月一回のペースを守ることすら難しい状況であったのに、大規模な講演会を挙行しようというのであった。

本倶楽部ハ別ニ主幹者ヲ置カス月当番ヲ定メテ事務ヲ鞅掌セシメ毎月一回宛例会ヲ開キテ会員間ノ意志疎通ヲ図ルヘキ規定ナルモ隔月若クハ数ヶ月ニ一回宛行フノミナリシカ五月二十七日社会主義同盟ニ対シ結社解散ノ命アルヤ同盟同人等ハ更ニ別個ノ団体ヲ組織センカ当局ノ監視依然タルヲ予測シタルモノノ如ク本倶楽部ノ名ニ隠レテ従来ノ事業ヲ継続セントシ六月二十一日神田区北神保町中国青年会館楼上ニ秘密会合ヲ催シテ之ヲ決議シ同月二十四日午後六時ヨリ神田青年会館ニ人類愛的結合ナル標題下ニ公開講演会ヲ開キ日、仏、露、支、鮮ノ五ヶ国語ヨリ成ル宣言書ヲ発表セリ（「大正十年度　特別要視察人状勢調」松尾尊兊編『社会主義沿革』2　みすず書房　一九八六）

これに積極的に呼応したのが留日学生のグループだった。彼らは二日前の六月二二日、青年会の「思想講演会」の一つとして、コスモ倶楽部主催の講演会を開き、五三名の参加者をえて伊藤野枝、田漢、朱鳴田、謝晋青に演説をさせたが、留日学生を対象としていたためか、とりたてて官憲の干渉を受けた形跡はない[35]。前日にもたれたという「秘密会合」といい、この講演会といい、留日学生のグループが倶楽部の新たな旗揚げにはたした役割が小さくなかったことを推測させる。馬伯援も公開講演会の弁士を引き受けた。

六月二十四日、コスモ倶楽部は大演説会を開催し、記者も講演者の一人として迎えられた。六時半に往って会場の様子を見ると五月九日と同様であり、なにがなんでも解散させるつもりだと知れた。司会者の佐野〔袈裟美〕君は記者が外国人なので警察も大目に見るかも知れず、演題も「富者は天国に入り難し」と至って平凡だから、あるいは「中止」命令を免れて会を終えられるかも、と期待したようだ。記者が登壇し、まず聖書のことばを引いているあいだは問題はなかった。ついで日本の金持ちの多くは天国に入り難かろうという話になると、警察が注意と叫ぶ。さらに「大倉の石ころ缶詰」※に論が及ぶと臨監の警官は「中止!」と叱咤する。命令がくだるや会場は大混乱となり、また〔警官と聴衆の〕格闘になった。これは赤旗事件後の二度目の経験だった。（『三十三年的賸話』「民国九年」）

※軍御用達商の大倉組が石ころの入った缶詰を売り、巨利を博したという風説が当時広く伝わっていた。

馬の回想だと彼が最後の弁士だったようだが、官憲資料では彼をふくめ少なくとも中国人三名[36]、朝鮮人一名、日本人四名の弁士がつぎつぎと演壇に上り、ことごとく中止を命じられた、最後に中止命令を無視した弁士・早川二郎が検束され、会場が騒然となって解散命令が下ったのだという。開会後すでに三時間が経過していたから、講演会としてはいちおうの体をなしていたようだ。当夜の聴衆数については記録はないが、中国人の参加者が五四名あったことは、後の官憲資料が指摘するところであった[37]。数からいえば二二日の青年会での講演会参加者がそっくり参加したことになる。この前後から警察の留日学生・青年会への監視・圧迫が強化されたらしく、羅豁（六月）・謝晋青（八月）

と相次いで帰国したのは日本政府の退去命令を予測してのことだったようだ。(38) 七月二九日には、青年会が主催し鈴木文治を招いておこなった、労働問題とキリスト教をテーマとする思想講演会（出席四八）でさえ、警察の干渉によって早々に散会せざるを得なかったという。(39)

コスモ倶楽部はおそらく講演会を機に「宣言」（日本文）を作り、日・英・中・朝の四ヶ国語およびエスペラントで「規約」を成文化した。前に引いた官憲資料が「日、仏、露、支、鮮ノ五ヶ国語ヨリ成ル宣言書ヲ発表セリ」というのは、「規約」と混同し、かつ言語名を間違えたものであろう。講演会後、七月一七日、日本人ただ一名・佐野袈裟美と「其ノ他朝鮮人、支那人、比律賓人合セテ十三名」が出席した倶楽部「親睦会」では、「本会発展ノ方法トシテ各国の学生に宣言規約を送り、各地に支部を設置することが論議された。そのためには「宣言書ハ可及的活版印刷ニシタキモ経費ノ関係上当分謄写印刷トスルコト」になったというのだが、まもなく経済的困難を乗りこえて活版印刷を実現させたらしく、八月に帰国した權熙國は「約五百枚」の宣言書を携帯し、上海の羅豁のもとには「数千部《ママ》」の宣言・規約が送られてきた。(40) 日本文の宣言と日本・中国・エスペラント・朝鮮・英語各文による規約を一枚に印刷したものが、外交史料館所蔵文書に綴じ込まれて保存されているが、このコスモ倶楽部自体の残した唯一の原資料は、上海へ郵送された「数千部」のうちから、領事館警察が何枚かを入手し、東京へ逆送してきたものであった。

宣　言

人類は到る処に於て今や生みの苦しみに悩んでゐる。新しい世界が創造されつつあるのだ。人類の大部分がこれ迄置かれてゐた奴隷的な境涯から、脱け出ようとしてもがいてゐるのである。解放の為め、自由の為めの努力に、奮起しつつあるのである。

この地上に於て、国家と国家とが互に刃を磨ぎ合ってゐることの不合理が、だんだん多くの人の自覚にのぼって来た。人類の歴史は、絶え間なき戦争の連鎖を物語ってゐるが、こは永久に呪われたる人類の運命であらうか。人類は最早徒らに、盲目的にされてゐることを肯じなくなった。

戦争の根元を見極めることが出来るやうになった。人類はこれ迄無自覚の中に眠ってゐた為めに、如何に馬鹿々々しい、また悲惨な犠牲を払って来たことであらう。少数の野心家等の為めに、如何に利用されて来たことであらう。

国家のあるところに戦争は絶えないであらう。国家の意思に強要せられて、国民は服従を余儀なくせしめられてゐる。しかし吾々は国家を超越し得ないであらうか。国家の本体がだんだん吾々に分って来た今日、吾々は昔日の如く国家的偏見に巻き込まれてゐるの愚を覚った。人種的憎悪は、到底抜くことの出来ない感情である如く説く人が尠くない。果してそれは本当であらうか。然し吾々はそれを信ずることができない。吾々の倶楽部の成立したことそのことが既にそれを反証するものではあるまいか。

これ迄にもしばしば国際間の親善が説かれもし、また企てられもしたが、しかしその多くは政策的なものであり、形式的なものであったので、何等の効果をも齎らさなかった。

吾々は国際連盟といふが如き形をとったものの、真の人類結合といふ意味より見て、何等貢献するところなきを、よく知ってゐる。

吾々の倶楽部はそんなものではない。吾々は自然的な心と心との理解と結合とを、まち望んでいるのである。強いで《ママ》形式的な表面的な偽善的な親善を来たらさうとするものではない。

人類が国家的又は人種的偏見を離脱して、たゞ人間として心と心とをもって真の交渉を開始するところから、新しい世界が生れて来る。吾々は人類の愛と相互扶助とを説く。然し吾々は愛を看板だけにするような虚偽なもの形式的なものにせしめたくはない。また安価な姑息な平和にあこがれるものでもない。吾々はこの人類世界に於けるすべての不合理を打破して、正義を擁護する為めに、雄々しく戦はんとして慎重な態度で茲に立ったのである。

吾々の倶楽部は実に来るべき世界的社会の形づくられるに至る萌芽である。吾々はこれらの抱負を持って吾々の活動を開始したのである。

コスモ倶楽部

コスモ倶楽部規約(41)

一、本会をコスモ倶楽部（Cosmo-Club）と称し本部を日本東京に置き、必要に応じて各地［各国を意味する］に支部を置く。

二、本会は人類をして国民的憎悪、人種的偏見を去って、本然互助友愛の生活に進ましむることを目的とする。

三、本会の目的に賛成し、且つ会員二名の紹介あれば、何人と雖も会員となることが出来る。

四、本会は本会の目的を達する為めに次の仕事をする。

1、親睦会（毎月一回）　2、研究会（不定）　3、講演会（毎年二回以上）

五、本会の事務を司る為めに幹事数名を置く。

六、幹事は各地方別［各国籍別の意］に選挙する。

七、幹事の任期は六ヶ月とし、重任するも妨げない。

八、本会の会費は親睦会研究会の出席者より徴収する。

九、この規約は会員多数の意見によって、自由に変更することが出来る。

日本東京市本郷区追分町帝大基督教青年会内（仮事務所）コスモ倶楽部

この宣言の基調をなすものが無政府共産主義であることはいうまでもない。規約は毎年二回以上の講演会開催を規定するなど仕事が繁重となるだけに、幹事も月当番というわけにいかず任期を六ヶ月としたが、会費は参加者の負担とするなど組織の原則はあくまでも自由意志である。当時、堺利彦らボル派はすでに共産党の結成を目指してアナ系と一線を画し始めており、社会主義同盟禁止後は「大同団結」の再現に熱意を持たず、ましてダミーを育てる気はなかった。「大杉榮一派のコスモ倶楽部」という表現が警視庁の文書に見られるように、公開講演会成功のために奔走したのはアナ系を主とした人びとであったようだ。注目されるのは吉野作造が理事長を務めていた東京帝国大学基督教青年会館に仮事務所を、名義上にせよ置いていたことで、創立以来この時点までは吉野が倶楽部に支援を惜しまなかったことを示している。馬伯援ら中国人キリスト者が基督教社会主義の立場から倶楽部に共鳴したのも同様であろう（二〇年八月二六日には青年会主催の思想講演会で賀川豊彦を招き、聴衆が二〇〇名にのぼったこともある[42]）。

しかし、コスモ倶楽部の大衆的活動は後が続かなかった。年二回と決めた講演会を再度開催しようという動きも見られなかった。親睦会は確認できるのは前述の七月一三日ともう一回、作家秋田雨雀（彼は公開講演会の弁士の一人であった）が、同年一一月一九日の日記に「［夕］六時からユニオン・カフェでコスモ倶楽部があった。支那、朝鮮、台湾の学生、日本人らで三十人。支那、朝鮮、台湾の学生の熱烈な談話があった」と記しているものだけである（『秋田雨雀日記』第一巻　一九六五　未来社）。日本人「同志」の腰がひけてくるのにたいし、被支配・被圧迫の立場にあった中国人・朝鮮人には、国民的憎悪・人種的偏見を去って、人類本来の互助友愛を実現する新しい世界を闘い取ろうという呼びかけは、はなはだ吸引力をもったようだ。

田漢は二一年五月留学生仲間と中国の「演劇改良ノ目的」で「蕭湘劇社」を組織したが、コスモ倶楽部講演会の四日後、六月二八日に開いた「第一回社員会合」でその名称を「皆也劇学研究社」と改めた。論語の「四海之内皆兄弟也」から取ったというが、田漢のみならず他の社員も倶楽部「宣言」の精神に共鳴しての改称であったに違いない。(43)

『大正十一年事務概要』「第十、支那留学生ノ思想研究熱及其行動」は、

近来在京支那留学生ニシテ社会主義殊ニ無政府主義共産主義思想ヲ抱持シ之カ研究ヲ為スモノ漸ク増加セリ田漢・陳春培・馬伯援・兪顯廷・何慶廷・謝介眉・蔡文燿・靳文炳・湯鶴逸・王希天・彭少總《ママ》・張裕・林朝章等ハ其ノ主ナルモノナリ

田漢・馬伯援・兪顯廷・何慶廷・謝介眉等ハ我カ国社会主義者堺利彦等ノ組織セル「コスモ」倶楽部ニ加入シ又陳春培・林朝章・張裕等ハ明治大学「オーロラ」協会ニ出入シ尚前記陳春培ハ日本社会主義同盟ニ関係シ兪顯廷・彭少聰ハ暁民会ニ出入シ其ノ行動何レモ看過コシ難キモノアリ

とする（人名表記は原文のまま）。「コスモ」加入者としてあげられた五人のうち、兪顯廷は聖公会牧師、謝介眉（鎮章）は中国青年会幹事であって馬伯援と立場を同じくしたと思われる。他に同前・第五「要視察並要注意支那人表」には劉猛（早大生）の名が「無政府共産主義者ニシテ〈コスモ倶楽部〉ニ出入シ該思想ヲ留学生ニ宣伝ス」として出ている。(44)

しかし、ダミー化のもくろみが失敗し、官憲の強圧で倶楽部を利用できないとなると、日本人活動家の意欲は失せたようだ。講演会の再挙が問題にならぬのはもちろん、二二年に入ると親睦会の開催さえ記録されていない。前記の中国人たちの「出入」も二一年の実績をいうのであろう。そんななかで唯一官憲の報告が残っているのは、中国人留学生の会員募集の活動である。二二年一一月、東京高等師範の「要注意支那人」・広東籍の林孔昭（亦之）は、高師の「支那学生控室」にコスモ倶楽部の会員募集の掲示を貼りだした。「曩ニ発表セル全部ノ宣言及規約（日、支、鮮、

英、エスペラント各国語）ヲ印刷セル全一印刷物ヲ其儘利用シ該紙ノ末尾ニ自己ヲ申込所ト付記シ」たものだった[45]。上海に送られたのと同じものであろう。

その後、アナ系が捨てたコスモ倶楽部の看板をボル派がまた拾うこともあったようだが、もちろん便宜的な使用にすぎなかった。日本帝国主義の鏡像のように、アナ・ボルを問わず日本人社会主義者には、大国主義・被圧迫民族軽視の偏向がつきまとった。コスモ倶楽部そのものが日本人運動家の記憶から消去され、かえって中国で追憶されていたことは前述したとおりである。

四　留日学生と本国の革命運動

話は一九二一年初めにもどる、留日学生や社会主義者の動向に目を光らせていたのは、思想警察や外事警察だけでなく、憲兵隊も独自に動いていた。同年二月一〇日、憲兵司令官から外務次官にあてた「留日支那学生最近ニ於ケル思想及動静ニ関スル件」（中第四〇八号⑫）は

一方極端ナル過激派ト目サレ居ル康白情、李達、田漢、羅豁、陳春培、張滌非、□齊、李春濤、彭湃、丙學曾、傅敏中、張慰文、楊李仙、彭少聰《ママ》、嘉康傑、高克讓、蔣天隨、黄棟材、敖醒華、秦正樹、黄李睦《ママ》、曾靜熙、黄樹煊、李文徵、何慶延、劉元群、等（之等ノモノカ主ナルモ其他殆ト之ニ共鳴ス）ハ此際露国ノ過激派ト提携シ中華民国ノ大改造ヲナサントスル危険思想ヲ抱持シ居リ常ニ通学ノ傍ラ社会主義ノ研究ニ勉メ居レリ従テ彼等ノ脳裏ニハ革命思想磅礴タリ……

と記する（人名表記は原文のまま）。彭湃の名がコスモ倶楽部関連以外に現れる、管見のかぎり唯一の資料である。な

お、張滌非は周恩來の日記に頻出する滌非とおそらく同一人物で、田漢の演劇仲間でもあり、かつキリスト教を「篤信」し、一度は少年中国学会の会員でもあった（彼が退会したのは同学会が宗教を奉じないことを会員の条件にしたことと関連しよう）。

社会主義に関心を抱く留日学生学生のあいだに、研究会や読書会などグループが生まれるのは、当時の状況からすると自然なことであった。彭湃や李春濤らは一九二〇年一〇月、主として広東籍の友人たちと「赤心社」というグループを結成しており、前記の林孔昭はその一員だったという。[46]「赤心社」は日本の官憲資料には登場せず、はたして彼らの留日中にその名を使用していたかどうか疑問は残るが、それらが非公然の組織であったのは当然である。そのなかで日本の官憲がまず注意し、記録をのこしているのが「紅社」と「緑社」であった。

客月十九日外秘乙第二一三号ヲ以テ既報セシ［この文書は現存しない］「紅社」ト称スル秘密結社ハ府下、下大崎町五反田二六八、支那料理店日和軒張佩留方ニ「日本紅社支部」ナル名称ノ下ニ事務所ヲ設置シ尚神田区西小川町一ノ七尚友学舎ヲ該社会員ノ集会所トシ居ルヤノ疑ヒアリ而シテ該社ハ目下幹事長欠員ニヨリ仝社会計係タル前記張佩留ニ於テ事務ヲ掌握シ居ル模様ナリ

而シテ該社ハ毎月第一土曜又ハ最終土曜日ニ評議会ナルモノヲ開催シ仝会ニ於テ無政府共産主義ヲ研究シ且之カ宣伝方法等ヲ講究シ居ル模様ナルカ該社ノ会員ト認メラルルモノ目下概ネ左ノ如シ

として評議員一一名（その一名に前出の「過激派」秦正樹が見える）、会員二四名（うち一名が要注意人席石生）の住所氏名を列記した上、[47]

追テ曩ニ既報セシ漢卿ナルモノハ前記張漢卿事張佩留ニシテ薛竹圃トハ過日北京ニ赴キタル薛霖ナルモノト判明セリ

尚神田区北神保町一〇中国青年会舘謝晉青及荊巨佛等ヲ中心トシテ「緑社」ナル秘密結社ヲ組織シ無政府共産主義ヲ宣伝シ居ルヤノ疑ヒアルヨリ目下何レモ厳密監視内偵中ナリ「以上」（⑯外秘乙第三八四号　大正十年三月二十九日「支那留学生ノ秘密結社ニ関スル件」）

とむすんでいる。張佩留は龔徳柏によると、山西の商人で閻錫山に逐われ日本に亡命した人物であった。国事に熱心で出資して中日通訊社を設立し、「警察庁に登記し正式に出稿」できるようにした。実務は留学生の鄺摩漢が担当し、一九年の五四前夜、亜細亜学生会反対運動、章宗祥「歓送」事件を本国へ送稿したのも、この通訊社のやったことだった。一九年龔は一高を退学したが、学生総会をきりまわす一方で鄺の依頼で通訊社を手伝った。これが彼の新聞記者生活の第一歩だったという。(48) しかし、二一年一二月の官憲資料はつぎのように述べる。(49)

本結社ハ無政府共産主義ヲ研究シ之カ宣伝ヲ目的トシテ傅敏中外数名ノ主唱ニ依リ組織サレ……支那料理店日和軒主漢卿事張佩留方該会事務所ヲ設置シ同人自ラ該会幹事トシテ執務シ居レリ。而シテ……秘密結社北京「紅社」ト連絡ヲ執リ一時会員約百名ヲ有シ相当活動シ居リシモ主幹者張佩留本年七月帰国以来殆ンド有名無実ノ観アリ

張佩留自身は特定の思想的信条の持ち主ではなかったようで上記の役員・会員リストにもその名はなかった。学生の便宜をはかり、資金の面倒も見ていたのであろう、逆に云えばその支援がなくなると解体するほどの組織実体だったのである。北京の「紅社」なるものも管見の範囲にはない。「緑社」についてはこう記す。

本結社ハ神田中国キリスト教青年会館内ニ本部ヲ置キ、謝晉青（大正十年八月二十八日上海ニ帰国）及荊巨佛（大正十年十月八日帰国）等ヲ中心トシ排日ヲ兼ネ無政府共産主義思想ノ宣伝ヲ目的トスルモノニシテ在上海英租界浙江路清和坊三十号草豊印刷鋳字所、其他上海全国学生総会理事李達及陳獨秀等ト連絡ヲ執リ目下百余名ノ会員ヲ以テ之カ宣伝ヲ為シツ、アリ而シテ我カ国社会主義者大杉榮、近藤憲三《ママ》、吉田一、堺利彦、宮崎龍介其ノ他ノ同主

義者ト交通シ居ル疑ヒアリ尚同会員ハ我ガ国社会主義者ノ組織セル「日本社会主義同盟」「コスモ倶楽部」「小石川労働会」「青年同盟会」及「建設者同盟」等ト接近セントシツツアリテ、其ノ行動看過シ難キモノアリ

謝晉青は前述のように東方書報社の責任者であり、間違いなしにアナーキズムの抱持者であったが、荊巨佛は学生総会の幹部の一人でアナーキストと呼べるような言動はない。李達・陳獨秀は中国共産党の創立に関わっているマルキストである。交流している日本人主義者もアナ・ボルから民本主義者までふくむ。要するに東方書報社・学生総会に集まる留日学生を、官憲の妄想が「緑社」にしたてたのではなかろうか。しいて云えばエスペラントの「緑星」との連想だったかもしれない。

無政府主義者がが一〇〇名を超える組織を構成すること自体が非現実的だった。まして「紅社」のように役員・会員と整然たる区分けをするだろうか。二一年九月から謝晉青のあとを承けて東方書報社を主宰した陳春培が、翌年四月、同志と結成した「光社」はわずか成員六名、経費も皆で拠出する小さな組織だった。陳は雲南の人、二〇年一月渡来し東亜高等予備校に入った。来日後、一年余で前記の憲兵隊の「過激派」リストにあげられているから、よほど目立ったのであろう。陳は「光社」が官憲に探知されたと知るや「未来社」に、さらに「無名社」に名称を変更し、八月、「無名社宣言」二千枚をを印刷して、先に帰国していた上海の謝晉青・羅豁をはじめ北京・雲南の同志に郵送した。これを罪状に陳らは九月検挙され、一〇月陳は強制退去処分を受けるのであるが[50]、中名生幸力は「陳春培君を送る」（大杉榮主幹『労働運動』九号〈第三次〉大正十一年十一月一日）でこう述べている。

九月十六日……陳春培君が拘引された。続いて十八日には楊敬慈君の住居が家宅捜索され、同時に楊君は連行された。それと前後して、あちこちで数名の支那の同志がやられた。楊君以下の人々は一応取調が済んだ後ち、「特に」学籍にあるからといふので帰宅を許された。しかし陳春培君のみは主魁だと云ふので、十日の拘留を課

して置いて其の取調が続けられた。……十月七日、陳春培君は遂に国外追放に処せられた。そして誰にも会ふ事なく故国に向った。……陳君が追放に値する事実といふのは、初夏に刷って秋たけてからやっと見付かった、この宣言［中名生は光社のそれとする］一つなんだ。旧き赤旗事件時代の清国の志士張繼君。昨年追放に先って故国に逃れ帰った羅豁君。退去せしめられた施存統君。これ等はみな謂はゞ個人的活動だ。日本内地に於いて民国の諸君が組織的の運動を起したのは、恐らくは今度のが始めてのやうだ。

陳君は三年も経って尚日本語の極く拙い、国民青年《ママ》会館の一室を借りて、故国の新思想刊行物を売ってゐた「東方書房《ママ》」の彼れは主人だったのだ。……年二十二、頼もしさを覚える若い同志だった。

帰国した陳春培は『労働運動』第十一号（大正十二年二月十日）に、雲南から「支那の無政府主義運動」なる一文を寄せ、中国での概況を紹介したが、大言壮語を連ねただけの空疎な内容であった。その後の彼の消息は明らかではない。留日学生と密接な交流のあった日本のアナーキストから見ると、東京での中国人の無政府主義組織としては陳らの動きが最初のものに思えたこと、「紅社」「緑社」は、たとえ存在したとしても無政府主義秘密結社といえるようなものでなかったことは確認しておきたい。

話はもう一度さかのぼる。一九一八年五月、日中軍事協定に抗議する一斉帰国に参加した李達は、六月のうちに東京にもどった。(51) 彼はもともと実業救国の志から理科を専攻する学生であったが、おそらく救国団運動の失敗の教訓から、社会科学・マルクス主義の学習に救国の方途を求めた。一九年六月、『民国日報』副刊「覚悟」に投稿した「社会主義とはなにか」と題する小文で、彼は無政府主義と社会主義とはまったく異質のものであることを論じ、両者を混淆することの非を説いた。反アナーキズムの旗幟を鮮明にしたもので、当時にあっては先駆的な意味を持った。以来、李達は戴季陶主編の雑誌『解放与改造』などでマルクス主義の観点からする文章を発表する一方、日本の社会主義文献の紹介翻訳に努めた。また二〇年春以降は前章で紹介したように留日学生総会の職員として積極的に活動し、七月には文牘科主任陳季博が辞任したため、彼が後任となって総会事務所に住みこみ、会務に専念したようだ。[52] 八月、彼は留日学生総会から派遣されて上海に赴任した。任期を終えた姚作賓と交代して全国学生聯合会総会の理事に就くためであった。[53]

しかし、全国学生総会はこの年四月、フランス租界にあった事務所を「封閉」されるなどの弾圧を蒙って打撃をうけ、全国的な運動の衰退もあって求心力を失っていた。各地の学生総会から選出される理事がそろわず、財政も窮迫していた。一一月、聯合総会は「本会目下経費困難殆ント破産ノ状態ニアリ各地学生聯合会若シ送金シテ維持ヲ計ラザレバ必ス倒壊セン貴会ハ速カニ当方ヨリ請求セシ会費ヲ送金シテ之レガ急ヲ救ハレンコトヲ切望ス」との訴えを発し、李達も留日学生総会に同趣旨の書信を送った（⑫外秘乙第十一八号　大正九年一二月三日「上海学生聯合会総会ノ窮状」）。彼はまた上海着任後、留日学生救国団の団長を兼ねたが、挽回の見通しのない困難に直面しているのは、こちらも同様であった。

一方で李達は陳獨秀らがすでに進めていた共産党の設立工作に参加した。彼は『新青年』社内に住みこみ、党の機関紙『共産党』月刊を主編したが、全国学生総会・留日学生救国団の仕事を兼顧できる情況ではなくなっていった。一一月七日、ロシア革命記念日を期して『共産党』第一号は発行されたが、李達は「仝年十一月中在上海中華書局ニ編集局員トシテ聘セラレタ」という理由で総会理事ならびに救国団々長の辞任を申し出た。[54] 翌年一月、総会理事は彼の残任期間に限って姚作賓が代行するすることとなり、救国団のほうは王兆榮が再登板をよぎなくされた。しかし、その春、王も北京政法学校教務長として招かれて去り、機関紙『救国日報』は経費が続かず、結局停刊せざるをえなかった。李達の辞任はもちろんより緊急かつ重大な任務に専念するためであったが、真の理由は友人にさえも明かすことはできない。敵前逃亡とも誹られかねない前後の事情であったためか、帰国が公式には学生聯合会総会理事就任を任務とするものであったことを、その後の李達はほとんど語ることがなかったようである。

周佛海は一九一七年に来日し、周恩来が失敗した一八年の入試に合格して一高予科に入り、翌年鹿児島の第七高等学校に配属され、のちに京都大学に進む。軍事協定反対運動に参加し、いったんは帰国したというのだが、いささかあやしい。[55]とにかく彼はきちんと学業をこなしながら、社会主義の研究にうちこみ、一九年の秋から『解放与改造』につぎつぎと論文を発表し、また社会主義理論書の翻訳紹介につとめた。二〇年夏、帰国のさい上海で陳獨秀に会って共産党結成への参加を誘われ、『共産党』月刊の寄稿者の一人となった。

二〇年六月、上海の建党グループの一人施存統が戴季陶の援助を受け、宮崎滔天・龍介父子を頼って東京に来た。結核の療養と社会主義研究を兼ねての来日だった。もともとアナーキズムを信奉していた彼には、その関係のルートがまだつながっていたらしく、日本の官憲がさっそく目を付けた。おそらく東方書報社捜索のさい押収した『自由』一号に「存統」の名を見いだしたからであろう。

支那上海ニ於テ発行スル無政府主義宣伝雑誌「自由」第一号（九年十二月号）ニ在日本通信所トシテ東京市神田中国青年会謝晉青及東京府高田村一五五六、三崎舘存統ト記載シアルヲ以テ右存統ナルモノヲ内偵スルニ前記三崎舘方ニ昨年七月頃ヨリ支那浙江省金華県生施存統ナルモノ下宿シ東京同文書院ニ在学旁常ニ宮崎滔天方ニ出入シ猶支那新聞雑誌ヲ講読シ居ルモノ、外存統ト称スルモノナク或ハ施存統ナルモノニ非ラヤト認メラル、ニ依リ引続キ行動内偵中ナリ

追テ右存統ハ「非孝」ト題スル出版物ニ孝ハ一種ノ奴隷道徳ニシテ孝子ハ奴隷ノ別名ナリ忠ハ専制君主ガ政策上

利用シタルモノニ過キサルモノナリトノ極端ナル儒教排斥忠孝否認論ヲ掲ケ以テ之ガ宣伝ニ努メツ、アルモノナリ（⑱外秘乙第一九号　大正十年一月十日「無政府主義宣伝雑誌〈自由〉ノ通信者ニ関スル件」）

浙江第一師範学校在学中に同人誌『浙江新潮』に載せて一世を聳動した「非孝」以来の身元を洗われたところへ、また安徽蕪湖から油印の「安社」の宣伝文書が送りつけられ、ごていねいに「若シ〈アナーキズム〉ニ関スル書籍アラバ請フ其ノ名ヲ通知アレ」と書きそえてあった。施存統はたちまち「要注意人」に指定されることになる。[56]

「要注意支那人施存統ノ行動」（⑱外秘乙第五二三号　大正十年四月二十三日）はこう記す。

府下高田村高田一五五六、三崎館止宿要注意支那人施存統ノ行動ニ関シテハ本年一月十日外秘乙第一九号ヲ以テ既報ノ通リ仝人ハ東京同文書院ニ通学ノ傍ラ無政府共産主義ヲ研究シ且支那内地ニ於ケル仝主義者ト連絡ヲ採リ之カ宣伝ヲ為シ居レル疑ヒアリ仝人ハ目下所在不明ニシテ仝主義者ト認メラレル漢俊（号？）ナルモノト共ニ我国社会主義者堺利彦、高津正道、山崎今朝彌等ト交通シ彼等ノ著述ニ係ル仝主義宣伝雑誌其ノ他ノ印刷物等ヲ上海鶴某ナル仝主義者ト共ニ我社会主義者ト相謀リ之カ宣伝方法ヲ講スヘク近ク上海ニ於テ秘密会ヲ開催スル疑ヒアリ而シテ前記鶴ヨリ仝人ニ送レル近信ニ依レハ日本社会主義者ト目下秘密出版物ヲ発行スヘク準備中ナル趣ニシテ該出版物ノ送付方申越セシ事実アル等ヨリ目下右漢俊ナルモノ、所在内偵中ナルト共ニ存統ノ行動ニ就テハ厳密注意内偵中ナリ

漢俊とは一八年東京大学工学部を卒業して帰国し、社会主義理論家として鳴らしていた李漢俊（人傑）、鶴とは鶴鳴、李達の筆名であり、二人はともに上海で建党活動に従事していた。ここではまだ施存統を無政府主義者としてお り、当時の官憲にはアナ・ボルの区別はつかなかったのであるが、おそらく信書の開封調査を通じて上海で「秘密会」（すなわち中共の第一次全国大会）の開催が準備されていることは察知していた。「秘密出版物」云々は不詳。そして一週

間もしないうちに施と周佛海とのかかわりが浮上してきたのであった（⑱外秘乙第五六〇号　大正十年四月二十九日「要注意支那人ノ件」）。

……既報セシ如ク本人［施存統］ハ無政府共産主義思想抱持者ニシテ……在支那仝主義者陳獨秀等ト連絡ヲ採リ之カ宣伝ニ従事シ居ルト共ニ我国社会主義者ト交通シ居ルモノナルカ尚本邦各地在留支那人ト連絡ヲ採リ之カ宣伝ニ従事シ居ル疑アリ在鹿児島在留支那人「周」事「佛海」トハ深キ関係ヲ有シ居ルモノノ如ク仝人ヨリ本月十九日附（鹿児島局消印）ニテ左記ノ如キ文書ヲ郵送シ来レリ追テ該文書ニアル「C」雑誌ナルモノハ彼等カ主張スル無政府共産主義宣伝機関誌ト認メラルルニ依リ目下在京留日支那学生対シ厳密内偵中ナリ

左記

存統兄

昨日獨秀ノ来信ニ接ス曰ク上海、湖北、北京各処ノ仝志ト協商ス我等両人ヲ駐日代表トナシ日本仝志ト連絡セシメントス日人ノ間ニハ我等ノ間ニ此ノ団体アルヲ知ラサル者多シ我等ハ正ニ伬力セサルヘカラス但我ニハ二個ノ困難アリ

（一）我ハ明年鹿児島ヲ去ル此ノ一年間此ノ偏僻ノ地方ニ居住シテハ何事モ出来ナイ

（二）我大学ノ志願ハ京都ニ在リ然シ日本人ト連絡スルニハ矢張リ不便ナリ以上二個ノ困難アリ我ハ代表ノ虚名ヲ擁シ実ニ慚愧ニ堪ヘス之ヲ獨秀ニ転告ヲ請フ君ハ東京ニ居ルカラ非常ニ便利テアル日語ヲ早ク練習セラレヨ日本ニ於テハ代表ノ名アリテハ事ヲ成スニ不便ナリ君ハ如何ニ思フカ「C」雑誌第五号ハ原稿未ダ集ラス君ノ原稿ヲ頼ム我モ伬力スヘシ経費広東仝志ノ所得税ニ依リテ維持ス毎月百円以上ハ五円二百円以上ハ十円ヲ収ム秀松ハ既ニ露西亜ニ行ケリ彼ノ英語ハ熟セリヤ否ヤ我ニ告ケラレヨ

中国共産党結成のさいの、いわゆる日本小組が周・施両人で構成された事実と関連しているが、後に警視庁で逮捕・追求されたさいにも、施存統は「余が仮に上海共産党の駐日代表なりとするも、其は留学生に対する代表に非ずして、上海共産党と日本社会主義者との連絡の為なり」と供述しているのである。(57)「C」雑誌とは『共産党』月刊、秀松とは浙江師範以来の同志である俞秀松で、共産党の外郭組織・社会主義青年団の団員であった。これ以後、施存統への来信、発信はことごとく開封抄録され、(58)彼の行動についての聞きこみ・尾行も執拗であったらしい。外事警察が直接彼に問いただすこともあった。留学の動機・目的は、学資の出所は、日本人・中国人との交友は、社会主義への態度は、と根ほり葉ほりである。彼も当たり障りなく答える。

（施存統は六月）十七日当庁外事課員ニ対シ左ノ如ク語レリ……

一、余ハ上海ニテ「戴天仇」ヲ師トシ普通学ヲ修メタル後経済学ヲ修メントノ目的ニテ日本ニ渡来セリ其ノ際「戴天仇」ヨリ宮崎氏ニ紹介サレ仝人ノ尽力ニヨリ目下ノ宿所ニ止宿スルヲ得タリ目下午前中ハ専心英語ノ独習ヲ為シ午後ハ日本語及経済書等ヲ研究シツヽアリ而シテ準備ナラハ慶応大学ニ入学シ経済学ヲ学フ意嚮ナリ

一、（省略、毎月約一〇〇円、戴季陶から送金を受けている事情を述べている）

一、当地日本人中ニテハ宮崎龍介以外一人ノ交友ナシ支那人ハ仝郷人帝大生「范壽康」中国青年会幹事「馬伯援」書籍販売ニ従事シツヽアル「謝晉青」ノ三名ト交際アルノミナリ「羅豁」トハ面識アルモ交際ナシ「謝」氏ハ余ヲ訪問シタル事数回アリ余モ亦時々神田方面ニ至ルトキハ青年会ニ立寄リ「馬」及「謝」氏等ト談話ヲ交スコト度々アリ然シ日本社会主義者トハ交通セシコト一回モナシ、……

一、余ハ社会主義者ニアラス経済問題研究ノ為メニハ社会主義ノ研究ヲ為ス是レ亦已ヲ得サルニアラスヤ即チ此

弟　佛海

ノ見地ヨリシテ「マルクス」ノ主義ヲ研究シツツアリ従テ労働問題、社会問題、婦人問題、選挙運動ヲ研究スル亦已ムヲ得スト云フヘシ故ニ社会主義ヲ研究スト雖モ余ハ社会主義者ニアラス従テ主義ノ宣伝等モ亦為シタル事ナシ

一、最近警察ハ余ニ追尾シ余ノ一挙一動ヲ束縛スルコト甚タシ奇怪ニ堪エス而シテ宿主ヨリハ転宿方ヲ要請サル等甚タ困窮シ居レリ仍テ宮崎氏ニ其ノ事情ヲ陳述シ余ニ代リテ官憲側ニ余ノ立場ヲ明カニサレンコトヲ乞イ置キタリ云々　以上（⑱外秘乙第九〇七号　大正十年六月十八日「要注意支那人の行動」）

しかし、日本人社会主義者とは交渉なしとしらを切っても、特別要視察人堺利彦・山川均の私宅を訪ね、高津正道らと交友を結んでいることは、とっくにつかまれていた[59]。二一年七月、上海で招集された中共第一次全国大会には施存統も出席を求められたはずだが、監視下に身動きがとれなかったのか、周佛海のみが参加した。その周の紹介状を持って一〇月、下宿を訪ねてきたコミンテルンの使者・張太雷を堺利彦宅に案内し、近藤榮藏にひき会わせたことにより、同年末、施存統は逮捕され、国外追放の処分になるのである。

この間、本人がいうように留日学生のあいだで組織発展をはかった形跡はない。周佛海はそれでも二一年五月ごろ靳文炳と接触を試みるよう依頼してきたことがある[60]。

久しく兄の通信に接せざるが無異なりや。余に屢々通信を為し、而して未面会せざる朋友あり。……靳文炳字甕我（山西人にして師範学校を卒業し客年九月共産主義抱持者石依仁等十七名と共に県費留学生として渡来し未だ何れにも入学せざる者）なり。数回の通信に依り彼は甚改造の志あるが如きも未一回も面接せざるを以て、彼を同志とするの可否に就いては断言するを得ず。今彼の書面を送付するに付、閑暇を得て彼を訪問し其の人物を確められよ。云々

として「前記靳より周に宛てたる書簡」を同封した。

余は支那の改造には無政府主義を目標とせり。但し其以前に一種の短期露国式政府の樹立を認むるものにして、之矛盾の如くなるも決して然らず。二十世紀は光明と暗黒との間即黎明に非ずして、既に三時以降にあり［このあたり訳文に誤りがありそう］。故に光明は遠きにあらず。此時に当り一盞の灯籠を点ずることは必要なる手段にして、此為には直接行動の外方策なきなり。……余本国に在りし際五四の運動に関与し一種流血の事業を画策せしが、昨冬日本に来たりてより徒に心のみ逸り、今は日本人の六畳一室に独居嘆息す。云々

靳文炳は翌年、陳春培とともに光社を結成した一人であるが、一時的・過渡的にならばロシア式政権の必要性は承認されるとするのは、当時のアナーキストのボル派への精いっぱいの歩みよりではあった。だが、周佛海の要請にもかかわらず施は動かなかった。

追て施存統は外出稀にして来訪者も亦少なく、僅に時々神田なる中国基督青年会館を訪問するに過ぎず、多くは自宅に於て新刊書籍雑誌（解放、改造等）の翻訳に従事し、傍社会主義に関する著述に従事し居れり。

後年、施存統は二一年三、四月ごろ、中共「日本小組」を「代表」して彭湃と語りあったと証言している。「中国は農民が多数を占めている。中国の革命は農民に依拠しなければならない」と彭湃は主張したそうだ[61]。彭湃は建設者同盟員で農民運動に尽瘁して死んだ岩田巌＝社会民主主義路線を進んだ友人に強い影響を受け、一方でヴ・ナロードの実践を自らの課題として帰国していったのであるから、彼を思想的に獲得しようとして臨んだのであれば、施存統は失敗したのである。しかし、青年会あたりで出会って議論を戦わすことがあったとしても、わざわざ席をあらため「小組代表」として話し合いを持つということは、官憲が伝える施の日常からは考えにくい。

要するに留日学生のあいだでは、アナーキストもマルクス派もその運動・研究活動は基本的には個別にか、ごく小さなグループで行っていたが、全体の基調としてはアナーキズム・無政府共産主義が支配的であったといえよう。一

九二二年一月、湖南労工会の指導者でアナーキストの黄愛と龐人銓とが軍閥に惨殺される事件が発生した。第一回大会後、労動組合書記部を特設して労働運動に取りくみはじめた中共は、湖南省委員会の毛澤東らをして黄・龐への働きかけを強めさせていた矢先のことで、二人の殉難はアナ・ボル双方から深く記念された。東京でも事件後、三ヶ月、学生たちによって追悼集会が開かれた。

在京支那人ニシテ新思想ヲ有シ労働運動ニ興味ヲ以テ之カ研究ヲ為シツツアル張端峰《ママ》外二十三名発起ト為リ本年一月下旬支那湖南省長沙ニ於テ労働運動ノ為メ犠牲トナレル黄愛及龐人銓ノ為メニ本月十六日午後一時ヨリ神田区北神保町十中国基督教青年会館ニ於テ追悼会ヲ開催スヘク去ル三日各所留学生ニ左記ノ如キ通知状ヲ配布セリ御参考迄ニ

追テ本件発起人ノ行動ニ関シテハ豫テ注意中ノモノナルカ殊ニ張端峰《ママ》（吉林同郷会長兼留日学生総会評議員）湯鶴逸（上海学生連合総会ニ対シ留日学生総会ヲ代表シ派遣サレ居リタルモノ現在仝総会文牘科主任）王俊（大正八年五月七日国恥紀念日ノ際騒擾シ職務執行妨害罪トシテ懲役三月執行猶予三年ヲ言渡サレタルモノ）陳春培（コスモ倶楽部員）等ハ社会主義研究旁排日ヲ主張スルモノニシテ尚權無爲（權熙國、權仲觀、川上無爲）ハ要注意朝鮮人ナリ

記

△労働運動最初ノ犠牲者黄龐二烈士追悼会通告

支那ニハ真正ナル労働団体ナシ唯湖南労工会之カ魁ヲナセリ支那ニハ従来労働運動ノ犠牲者ナカリシカ黄愛龐人銓ノ二君ヲ以テ最初トス黄龐二君ノ被害ハ独リ支那労働運動史上ノ一大事タルノミナラス世界労働史上ノ一大事ナリ支那全国ノ青年之カ為メニ震驚シ之カ為メニ哀悼ス我等留日支那学生モ亦二君ノ為メニ一掬ノ涙ヲ灑カサルヘカラス四月十六日ハ黄龐二君ノ被害三週月ニ當ル我等謹ンテ當日午後一時神田中国青年会ニ於テ追悼会ヲ開キ

二君ノ霊ヲ祭ル諸君心アラハ来会セラレンコトヲ望ム
発起人
張端《ママ》峰　湯鶴逸　田　漢　王　俊　羅秉英　朱應禧　馮意空　楊體志　權無爲　陳春培　周　愚　王道源
陳華鉦　田宗介　呉光樹　傅　素　潘迂幹　趙伯顔　陳世鴻　呂誠慶　胡乃斌　黄窮節　陳綏蓀　鄧　靄
追テ黄龐二人ノ斬殺サレタル前後ノ状況トシテ左ノ如ク附記セリ
黄龐二人ハ湖南省長沙市ニ於テ湖南労工会ヲ組織シタル者ナルカ本年一月中華実紡織会［華実紡績会社］職工ヲ煽動シ会社ニ対シ待遇改善上各項ノ要求ヲナサシメ会社之ヲ拒絶スルヤ同盟罷工ヲ行ヒタルニ湖南総司令趙恒惕ハ会社ヨリ十万円ノ賄賂ヲ取リ其軍隊ヲ以テ労働者ヲ圧迫シタルモ解決ヲ見ス依テ両人ヲ誘フニ高給ヲ以テシ会社顧問ニ聘セントシタルモ聞カス依テ突然軍隊ヲ派シテ二人ヲ捕縛シ総司令部ニ於テ斬殺シタルモノナリ二人斬殺後一週間ニシテ罷工解決ス（⑮外秘乙第九三号　大正十一年四月六日「支那労働運動犠牲者ニ対スル追悼会ノ件」）

官憲の資料によれば当日の列席者は八〇名、決して多いとはいえないが、その三週間後の五月七日、私立衛生会で学生総会が開催した国恥記念の集会が三百人であったというから、こうした思想的テーマの集まりとしては精一杯の数字であったかもしれない。(62)

後述するように、この年から中国政府は官費留学制度を廃止し、在東京の留日学生数は一九年、二〇年ごろの三千数百人からすれば、半数以下の千五百人前後にまで減少していたのである。『大正十一年事務概要』によれば、一九二〇年四月現在の要視察中国人は一六人であったが、二二年五月末現在では実質ゼロ、要注意人は二一年九月に七六人を数えたのが、同じく四三人と減少してきていた。留学生には当然ながら新陳代謝がつきもので、リーダーの卒業・退学による帰国・交代が進んだのである。黄龐追悼集会の発起人中一五名が要注意者リストにふくまれぬ人物であったことが、その一端を示している。一方で新たな変化も生まれていた。国恥記念に集まった三百人のなかには「女子十一名、鎹止職人《かすがいどめ》及石細工行商人約三十名」がいたと特記されている。(63)女性の参加者増はそれほど顕著なわけではないが、東京での集会に学生以外の中国人、とりわけ下層の職人・行商人の参加を見たのは破天荒のことであった。二一年に第八高等学校を退学し、メソジスト教会の牧師（宗教幹事）となった王希天は、日本政府の中国人労働者排斥・就労制限に抗して「華工」の権利擁護と組織化に取り組み、青年会ではいずれも王の主宰で四月一日、一七日、二〇日と鎹止職人懇談会を開いており、毎回八〇－九〇人が参加していた。彼らの国恥紀念集会への出席はその直接の反映であった。(64)八月には留日学生総会として「華工」への取り組みを決定し、周知のように王を会長とする中華民国僑日共済会の結成に進んだ。(65)その活動はいたく官憲の憎しみを買い、翌年、関東大震災に乗じた陸軍軍人による王希天殺害につながるのである。

今ひとつの新生事物は中国国民党東京支部の結成である。前年、学生総会の文牘主任を辞して広東に帰った陳季博（任楨）は、留日学生を中心に支部を結成する任務をおび、広東省経理員として年末に再渡来した。奔走数ヶ月、約百三十名の党員を獲得し、四月二三日、廖嗣蘭を支部長、陳任楨【季博】を副支部長とする東京支部が発足した。役員として名を連ねる四二名のうち要注意人は四名、廖・陳の両名と王俊が「排日思想抱持者」として、劉士木が「無政府主義及共産主義抱持者」としてリストアップされる人物であった。(66)陳季博は東京支部を日本総支部とする構想を持ち、後にとりわけ一九〇六年以来の歴史を誇る横浜支部と対立を深め、国民党本部の指示で神戸支部が調停にあたるなどの混乱もおこるが、それも本稿の範囲からはずしておきたい。

留日学生総会の成立前後、その主導権をとったのは、孫文の中華革命党とは一線を画した亡命革命家たちであった。沈玄廬はもちろんだが李大釗らもそのうちに含んでいい。一七年ぐらいから現役の留学生が中心となり軍事協定反対運動・五四運動を担うが、かれらは心情的にはいわゆる「南方派」を支持しつつ、本国の政派とは直接のつながりは持たなかった。一九年、五四運動を契機として孫文は中華革命党を公開の中国国民党に改組し、新文化・新思想へも積極的にかかわることになり、留日学生たちは刮目して国民党を待った。在東京の一割近くの学生が政党に組織されたことの意義は大きいと云わねばならぬ。

五　官費制度の崩壊と留学生運動の転機

前述のように江庸が去り、後任に林鵾翔が決定すると、教育部は官費月額の一〇円引き上げを決定し、(67)こじれにこじれた増額問題も一段落した。着任後の林監督は学生総会に初めて補助費を支給するなどさまざまな便宜を供与し、留日学生総会と学生監督処とのあいだには、しばらく友好的関係が維持されたのである。二〇年四月、大阪で華商二人が殺害された事件で総会代表が神戸に急行し、京阪神の華僑・学生とともに領事と交渉して大阪府に抗議をさせたこと、二〇年九月・一〇月、華北五省の旱災救済のために公使館とタイアップし、演劇募捐に総会として取り組んだことなどは、その事例であろう。(68)このころは学生総会の財政にも相対的にゆとりがあり、さればこそ学生総会に出版部を設置し、一高中退の龔徳柏を部長兼編輯科長に、姚梓材（薦楠）を調査科長に据えて野心的な出版構想をうち出したりできたのである。(69)しかし、二一年七月、『留日学生季報』一巻一号を上海で発行したものの、留学生総会の財政的基盤が崩れて後が続かず、九月には責任者の龔が日本政府の拘留・強制退去の処分が迫ったことで、急遽、脱出・帰国した。(70)それと前後して北京政府の財政破綻・求心力の低下によって前清いらいの官費留学制度が完全に行きづまり、監督処の機能は実質上停止した。一時、学生総会との関係を改善したかに見えた林鵾翔監督も自費生の救済で責めたてられ、在任六ヶ月、七月に請假帰国してそのまま辞表を出してしまった。後は江洪傑・金之錚・徐夢鷹・徐源達・周濟・劉紹曾と「何レモ学費問題ノ為メニ排斥サレ現ニ本年［二二年］四月二日赴任セシ〈路孝植〉ノ如キモ亦着任早々全問題ノ為メニ排斥サレ数日ヲ経スシテ帰国セリ(71)」といった体たらくであった。

官費（公費）による留日学生は五四前後だいたい千三百人ぐらいであった。彼らは厳密にいえば国費ではなく、原則として各出身省の省費によって派遣されていた。ただ、一九〇七年、日清両国のいわゆる「五校特約」で第一高等学校・東京高等師範学校・東京高等工業学校・山口高等商業学校・千葉医学専門学校が一定数の留学生を受け入れることになり、自費留学生でもこれらの学校に合格しさえすれば、自動的に出身省の官費生となる仕組みができた。指定校の入学試験は日本で行われたから、多くの青年が先ず自費で来日して日本語を習得し、指定校の入試に挑んだのであったが、必然的に競争率は高く非常な難関であった。一高をはじめ各校は、それぞれに修学期間一年の「特設予科」を設け、合格者に予備教育を施したうえ本科に進ませたが、高等学校のばあいは予科修了後、成績におうじて第一―第八高に進学者をふり分けた。鄭伯奇が三高に、郭沫若が六高に、周佛海が七高に、王希天が八高に進んだのはそのためであった。中国側はこれに対して人数分の「養成費」を支払った。その額は一九一八年度現在で、一高の場合は一人につき年額二百円、日本人学生の授業料年額三五円にに対し、はなはだ高額に設定されていた。一八年、軍事協定反対の一斉帰国を契機に、アメリカの中国人留学生優遇との対比のうえ、留日学生の処遇改善が問題点として浮上し、二〇年度から文部省は「養成費」を廃止し、日本人学生と同額の授業料を徴収するにとどめて、中国政府の負担を軽減することとなった(72)。

ところで、指定校の養成費・後に授業料は中国政府、実際には公使館・学生監督処が直接各校に一括して支払ったが、留学生本人に支給される「官費」（生活費）はそれぞれの出身省が負担した。なお、高等学校を卒業して帝国大学に入学すると官費受給の資格は継続するが、大学の授業料は本人が直接納付することになるため、官費月額にその分が加算される。帝大と指定の高等専門学校とで官費月額に差があるのはそのためである。一方、各省（道・県）で選抜されて最初から官費で派遣され、入学先も官公立学校に限定されていない者もあった。統計はないが官費生と総称されるものの、おそらく半数近くはこれに属してしたと思われる。(73) いずれにせよ本省からの送金を受けて、これを本省出身の官費生に支給する事務が必要となり、各省は経理員を東京に駐在させたが、独自に経理員を駐在させられない省はそれを教育部が派遣した中央経理員、一六年以後は留学生監督（処）に委託した。(74)

しかし、一九一七年以降、南北の対立から軍閥の内戦が恒常化すると、湖南・四川をはじめ戦渦にまきこまれた各地では、財政の破綻から官費の送金が滞ったばかりでなく、金融杜絶で自費留学生への仕送りがストップする事態が頻発した。緊急貸付という建前で特定地域の自費生に「維持費」を支給することが要求された。これに日本の物価上昇に伴う官費増額の必要が加わった。出身省が最終責任をもつ官費留学の仕組みでは、教育部がいかにその必要性と緊急性を認めても、各省の承認を取り付けることなしに、一方的に増額を決定することはできない。ましてや、北京政府自体も財政困窮のなかにあって、各省の未送金分の一時的立て替えさえも困難であった。結局、駐日公使または学生監督が権限を与えられて支給金額を引き上げ、日本の銀行その他から借金して当面を弥縫する以外になかったが、調達した資金は、建前として学生に支給するため各省経理員（所）に貸し付けられ、各経理員とも本省の送金を受けたあと、監督処・公使館に返済すべきものであった。自費留学生に一時的に用立てた「維持費」も、家郷からの送金回復後は、経理員を通じて返還されることになっていた。だが、ことは建前どおりにはいかない。監督処が借金に借金を重ねただけでなく、省経理員が個別に借金して学生に支給することもあって経理が混乱・錯綜し、収拾不能となったようである。(75)

二一年一月にいたり、教育部はついに官費留学制度の廃止に踏み切った。一九〇七（光緒三三）年に始まった留日学生特約を一五年の満期を迎える二二年三月末をもって解約することを決定し[76]、雲南・福建・広東・四川・湖南・陝西六省からの留学生にかぎっては、さらに一年を早め、この年「一月以降新ニ指定学校ニ入学スルモ学費ヲ支給セザル旨」学生監督処から公布させた[77]。二月には監督処、各省経理所の経理・借財を精査するため視学官らが東京に派遣された。下記は教育部の訓令を承けて監督処が留学生に発した布告である。事態の深刻さを窺うに足る。

……教育部ハ留日学生監督処ノ収支帳簿尤モ紊乱セルアルヲ以テ特ニ本部視学官林錫光ヲ派シテ前留日学生監督金之錚ト会同セシメ尚徐鴻寶ヲ日本ニ赴カシメ各種ノ帳簿ヲ考察シ且之ガ善後策ヲ妥議シ其ノ辦法ヲ講ゼシム徐ハ先ヅ各省ノ官費生私費生ノ学費問題ヲ尤モ明瞭ナラシメントセリ然カモ教育部ハ五校ノ特約満期後ニ精査セントス、而シテ四川経理員ノ取扱ヒタル諸帳簿ハ度々経理員交代シタル為特ニ精査ノ必要アリ又各省官費ハ本省ヨリ送金ナキ為之ニ対スル辦法トシテ之ニ関シテモ将来ヲ考ヘ本部ハ各省ト打合ヲ為シ其ノ省ノ予算内ニ官費借款返済金及利息ヲモ計上スルコトトセリ而シテ各省経理員ガ日本人ト直接借款シタルコトハ監督処ノ直接関係スルコトニ非ザルモ而カモ本件ニ関シテハ監督処ハ其ノ凡テヲ廓清セサルベカラズ、四川広東ノ如キハ官費支給数年来借款支辦ニヨレリ其ノ他ノ省モ然リ、故ニ各省経理員ハ此ノ際凡テノ借款収支ヲ清算シテ教育部及ビ本省ニ咨ルベシ又自費生ハ昨年中本国ヨリノ為替不通ニ藉口シテ強請的ニ維持費ヲ要求シタリ這ハ留東学生ノ一大悪習ナリトス此ノ如キハ元四川ヨリ初マリ広東陝西等ノ学生等地方ノ兵禍ノ影響ヲ受ケタリトテ彼等ハ休学シテ維持費ヲ要請シタル為監督処ハ已ムヲ得ス発給スルニ至レルナリ而シテ其ノ維持費ニ対シテハ何レモ返済期ヲ定メタルモ四川ノ如キハ到底返還ノ見込ナシ、一面湖南経理員李承恩ハ自費生ニ対スル貸与ニ関シ目下郷里ヨリ厳重ニ追納ヲ為シツ、アリ而シテ官費借款中四川広東陝西福建等ノ官費ハ数年以来多キハ二十万円少キモ六七万円ヲ下ラザル借款ヲ為シタリ此ノ如クシテ其ノ将来幾何トナルヲ知ラス是等ニ原因シテ遂ニ四校（指定学校）ノ官費新入生ヲ停止スルニ至レルナリ留日官費学生等ハ大ニ此財力困難ニ対シ考慮スベキナリ而シテ従来官費借款ノ大部分ハ監督処ガ銀行ヨリ借入レ之ヲ各省経理員ニ分配シタルナリ故ニ経理員ハ各省ヨリ其ノ返済ヲ求メ之ヲ監督処ニ返還セザル可ラザルナリ然ルニ此ノ官費返済未解決中自費生維持問題発生シ益々官費支給困難トナレリ故ニ監督処ニ於テモ各省ニ打電シテ目下之ガ善後策ヲ交渉中ナリ卽チ一ヶ月乃至三ヶ月分ノ官費借款額ヲ清算返済セザレバ再借款困難ナリ先ツ差当リ自費生ニ貸与セシ維持費ノ返還ヲ求メザル可カラズ代理監督ハ以上ノ事実ニ鑑ミ此後自費生ヨリ維持費ノ貸与ヲ再ビ申出ヅル等ノ事アルモ決シテ絶対ニ貸与スベカラズトノ訓令ニ接シタルヲ以テ茲ニ詳細ニ摘録シテ之ヲ公布ス　大正十年二月十日　代理留日学生監督　徐夢鷹「留日学生監督処布告十年第十九号」（⑫外秘乙第二四六号　大正十年二月二十五日「留日支那学生監督処布告ノ件」）

※誤訳の部分があるようだが、原文と照合できないため、そのまま引用した。

生活費支給の滞る官費生、支援を拒否された自費生をめぐる状況も深刻であった。警視庁の調査によれば二一年五月現在東京での「下宿屋止宿総人員数」は一〇〇二人、うち「全上宿料滞納総人員数」は一四パーセントの一三八人、「滞納総金額」は一一、四七七円余、一人あたり八五円であったのが、一年後の二二年六月現在、それぞれ七四七人、一七八人（二四パーセント）、八九二三円余、一人あたり五〇円であった。各種の寮・寄宿舎に入っている学生が三〇〇人あまりいたはずだから、百分比は総学生数に対するものではないが、滞納総額は減りながら人数は逆に増加していることがわかる。個々の学生が下宿経営者から遭う厳重な督促、味あわされた屈辱に想像力を働かす必要がある。(78)

もちろん公使館・監督処が手をつかねていたわけではない。北京政府からの送金が望めず、借金が重なって信用が失墜したなか、横浜・神戸・大阪の華商から借り入れたり、公使館・監督処の職員から拠出したり当面を糊塗する一方で、胡維徳公使も奔走して正金銀行から塩税剰余金を担保に六〇万円を借款する交渉をいったんはまとめた。しかし、正金の条件があまりに苛酷なために北京政府が調印に難色を示し、結局は不成立に終わった。[79] この年度、監督処が指定校に支払うべき授業料は年度末になっても振り込まれず、各校からの苦情を受けた文部省は次官名で直接学生監督に申し入れた。

文部省東師普六号　大正十一年三月十五日　文部次官　南　弘

外務次官　埴原正直　殿

支那政府委託ニ係ル当省直轄学校官費留学生ノ授業料滞納ノ件ニ関シテハ各関係学校ヨリ直接中華民国留日学生監督所宛督促スル所アリシモ何等ノ解決ヲ見ス為ニ当省ニ対シ右納付交渉方頻リニ申出タルニ就テハ当省ヨリモ再三交渉致シアルモ事国交上ニ関係アルヲ以テ出来ルタケ之カ処置ヲ延引シ今日ニ及ヒタレト最早年度モ差迫リ関係各学校ハ経理上尠カラサル支障ヲ来スカ為ニ已ムヲ得ス本日別紙写ノ通当該監督宛申諜ヲ発シタルニ付御含置相成度

東師普第六号　大正十一年三月十五日　文部次官　南　弘

中華民国留日学生監督　徐源達　殿

貴国政府ノ委託ニ依ル本省直轄学校在学官費留学生ノ授業料ニ関シテハ各人ヨリ直接在籍学校ニ納付スヘキモノナルモ貴官ノ御要望ニ依リ一括ノ上貴官ヨリ各学校ニ納付相成コトト致シタル処本年度ハ今以テ御納付ナク最早年度末ト相成各学校ニ於テモ事務整理上甚タ迷惑ヲ感ジ頻リニ本省ニ対シ右納付交渉方申出タルニ付至急御納付相成度若シ本年度内ニ御納付ナキ場合ハ各学校ニ於テ夫々規定ニ基キ適宜任意ノ処置ニ出ヅルノ外ナキ次第ニ付右御了知ノ上速ニ御解決相成度為念申諜ス（15）

各学校ごとに規定による措置をとるといえば除籍である。年度末を目前にして一高は予科修了生、本科卒業生の進学先・分配先を発表せず、高師は入試結果の発表を行わず、陸軍各校の学生は「三月末モ学費ヲ納入シナイナラ兎ニ角皆卒業サセル」と云われたという。[80]しかし、経緯は不明ながら結局、強硬措置はとられなかったようである。指定校の授業料滞納分は翌二三年末、「対支文化事業」の経費をもって肩代わりすることでようやく決着しているから、[81]問題はそこまで先送りされていったのである。

官費支給の面では、二二年四月に入り従来ほとんど送金のなかった「陝西（七千円）福建（三千円）浙江（一万五百余円）其他広東、湖北、奉天、山東、江蘇の各省」から送金があったので、四月分まで、一部の省には五月分をも支給したが、送金のない省には支給しなかったために悶着がおき、抗議の学生を排除するために警官を導入する騒ぎとなった。新任監督路孝植が一週間にして辞任したのはこのときのことである。[82]官費・自費をふくめ学資をめぐる紛糾は以後も続き、二三年六月には公使館経費をふくめて本国からの送金がストップし、官費が支給不能に陥ったのはもちろん、公使館自体が機能麻痺し、代理公使、一等秘書官などは館外に姿をくらますという事態まで出現したのであった。

留学生数の急速な減少、主要な経常収入であった官費生の会費の徴収困難と留日学生総会をとりまく環境は一挙に厳しさを増したにちがいない。二一年七月、上海で招集された中国学生聯合会総会に出席した留日学生代表湯鶴逸は在上海の留日学生救国団幹部と『救国日報』の復刊問題について討論した。そのために必要な基本金二万元のうち、一万元を日本で調達してほしいという救国団がわの要請にたいし、湯は状況は困難であるがと前提しつつ、千二百人の官費生のうち半数が一月五〇銭（五角）宛のカンパに応じてくれるとして年額約四千円、残り六千円は横浜・大阪の華僑から寄付を募ると算盤をはじいてみせた。[83]官費生の定額カンパ自体が非現実的な目標であり、全体が画餅に類したことはいうまでもないが、留学生の運動が華僑との結合を強めていたことの一つの反映であったといえよう。

王希天の活動については先に触れたが、一九二三年前半、中国で高揚した旅順・大連返還要求運動への留日学生の呼応は、華僑に支えられた。この年、三月二五日に旅順・大連の租借期限が満了し、両地は中国に返還されるはずであった。ロシアから租借権を継承した日本は、期限を二五ケ年から九九ケ年に延長することをふくむ二十一ケ条条約を武力の脅迫で袁世凱政権に承諾させたのであったが、これを承認しない五四運動いらいの立場からすれば、日本に返還を要求するのは当然である。中国では旅大回収の集会・デモが行われ日貨ボイコットが広がった。一月、留日学生総会は各同郷会に呼びかけ、中華留日学生旅大収回後援会（幹事呉瀚濤、副幹事李景藩）を組織したが[84]、同後援会の第一期（民国一二年一月―五月）会計報告によれば総収入三、五八〇円の少なくとも七三パーセントは華僑の義捐であった[85]。もはや留日学生だけで運動が完結できる時期でないことを雄弁に語る数字であった。この年、孫文・ヨッフェ共同宣言を皮切りに中国では国共合作・国民党改組が進み、反帝国主義運動が新しい局面を迎えた。留日学生の運動も軍事協定反対運動で掲げた「只問外交、不管内政」、日本の侵略にたいし挙国一致対処することだけを求め、国内で対立するいずれかの政派に肩入れするものでない、を建前とする時代も終わったのである。

注

（1）　高津正道は青年会に寄宿していた王樹聲に匿ってもらったことがあると書いている。「馬伯援という会館の総主事も留学生たちも、私が警察から追われて王樹聲の室に泊まっていることに気づいていて、みんな好意的だったことは、今にいたるも快い想い出である」。高津によれば、王は中国政府の要請で日本政府から退去を命ぜられ「上海に着くとすぐに逮捕され、まもなく銃殺されたと伝わってきた」（『旗を守りて』笠原書店　一九八七　九二頁）というのだが、該当者を特定できない。

当時の状況からすると、その事実があれば中国のジャーナリズムが放置せず、留日学生も騒然として抗議したはずである。王の姓名も含めて高津の記憶違いと思うが、念のため記しておく。

（2）一九二一年九月、謝晉青が帰国したあと、東方書報社を引き受けた陳春培は、二二年九月、後述する理由で警視庁に逮捕されたが、その際の陳述で主として北京大学出版部、北京知新学社、広東新青年社、上海中華書局等から発行する雑誌、其他上海民国日報等、「殆ど社会主義に関するものばかり」販売していること、「売上高の歩合に依て報酬を受けて居」り、「一個月平均八拾円位」であったとしている。（『外事警察報』第一九号「陳春培追放の顛末」）。

（3）『旅日日記』二月十四日、二月十五日、二月十六日条。

（4）⑫外秘乙第四六七号　大正十年四月十三日「支那留学生〈教育研究会〉組織」

小石川区大塚窪町二四太平館止宿東京高等師範学校生支那人王鐘麒及楊正宇等ハ同志ヲ糾合シ客年末ヨリ「教育研究会」ナルモノヲ組織シ前記太平館ニ於テ欧米及我カ日本ニ於ケル近代各種教育及思想其ノ他社会問題等ヲ研究シツツアル趣ナルカ尚今回機関雑誌トシテ「教育」ナルモノヲ発行スル由ナリ而シテ目下判明セル該会ノ役員左ノ如シ

と幹事・李宗武ほか一七人の名を挙げている。『教育』は未見であるが、『求是』一巻一号に『教育』創刊号（九月十五日出版）の広告があり、「本雑誌係以在日研究教育及考察教育者組□而成」ことと、創刊号の執筆者が楊正宇・王駿聲・王惕・李松峰・鄒謙・周傑などであること、高等師範内の李松峰・楊正宇が連絡先であることを知る。「大正十一年事務概要」第七（9）教育研究会によれば

本会ハ欧米及我カ国ニ於ケル近代各種教育並ニ思想其他社会問題ノ研究ヲ目的トシテ一昨九年末高師生王鐘麒、楊正宇等カ発起シタルモノニシテ小石川区窪町二四太平館ニ其事務所ヲ置ヶ機関雑誌トシテ不定期ニ雑誌「教育」ヲ発行シツツアリ目下約三十人ノ会員ヲ有シ左記役員ニテ事務ヲ執リ居レリ

と交際科主任・李宗武、編輯科主任・扈學庠（附録Ⅲにその名を見る）ほか三人を挙げる。

同前（8）求是学社には「本会ハ一般学術研究ノ為メニ大正七年中創設セシ《ママ》府下高田村字高田蝦蟆館内事《ママ》務所ヲ置キ機関雑

誌トシテ〈求是〉ヲ不定期ニ発行シツツアリ約四十人ノ会員ヲ有シ現在左記役員ニテ事務ヲ執リツツアリ」と会長・謝瑛ほか五人の名をあげている。吉野作造は一九年五月一日、青年会で行われた求是学社の講演会で講演したことを記しており(『吉野作造選集』14『日記』)、学社が少なくとも当時から活動していたのは疑いない。また、雑誌『求是』(The Truth Seeker)第一巻第一号(目次二頁本文一三二頁)は奥付では「編輯兼発行者　求是学社　代售処・代印者　亜東図書館」として民国九年(一九二〇)十一月一日出版となっており、目次を紹介すると以下の通りである。

求是(一名真理之過去与未来)	楊正宇
社会主義与商法	李　炘
我国社会問題之商権	乙未生
個人主義論	田景奇
世界人類応尽之責任	游道循
女子解放与家族制度打破	蘇一峰
生産政策之社会主義	日本河上肇著　乙未生記述
近代奴隷之解放	武惕愚
社会主義発達之経過	丹卿〔堺利彦原著〕
北欧文学述略	謝六逸
文豪莫泊三	謝六逸
哥哥殺弟弟	鼎　成
［調査］日本文藝界及思想界的分野	謝六逸
日本労動組合運動之経過	霽海訳述
長沙之教育	任策奇

にもかかわらず、⑫外秘乙第一八九号　大正十年二月十五日「在留支那学生ノ結社組織」には求是学社が二月一三日青年会で発会式兼講演会を挙行、「新思想及学術研究ヲ目的トス」、「会員各自ノ研究ヲ毎月一回講演スルコト」、会費一年一円、雑誌発行は将来に予定として、明大王開元・謝六逸・胡中和・謝瑛、早大汪立甲外三十五名の会員があるとする。ちなみに当日の演題は「民主政治ノ精神及方法　明大　胡中和」「宗教問題　早大　汪立甲」「自由恋愛ト自由結婚　明大　謝茹芝」であった。また同外秘乙第四三九号　大正十年四月八日「〈求是学社〉ノ行動」では

学術研究ト称シ留日支那学生郭鳴九及謝瑛等カ組織セル〈求是学社〉ナル結社ハ本月三日……青年会ニ於テ左記ノ如ク役員ヲ改選セリ　追テ該社ハ目下会員一百余名ヲ有セル趣ナルカ近ク機関雑誌トシテ〈求是〉ナル雑誌ヲ発行スル趣ナリ

左記　一、総務幹事（社長）汪立甲
一、会計幹事　茅思炳　陳亞新
一、庶務幹事　林會嘉
一、編集幹事　謝六逸　李炘　王愓　胡中和　費鳴年
一、研究部幹事
教育担任　楊正宇　経済担任　南　夔　哲学担任　孫　遠
法律担任　謝　瑛　工業担任　酆道濟　政治学担任　陳亞新
商業担任　姚壽齡　文学担任　謝六逸　農業担任　王　畊
理科担任　費鳴年
未　定　李　達　同　王鐘麒

とある。学社の成立時期を誤認しているのは確かであるが、雑誌の実際の発行は遅れていたのか、疑問を留めておく。

（5）学術研究会は一八年に総会を上海に移したあと、東京では特別分会を成立させていた（『民鐸雑誌』第六号　民国八年五月十六日発行「学術研究会会友公鑒」）。二〇年四月調の「大正九年概況」で「在京学生ノ組織団体数六十一」のうち「稍々政

治的臭味ヲ帯ブル結社（会）」として留日学生総会および学術研究会が挙げられているが、活動としては「時々本社［上海］ヨリ極秘裏ニ右雑誌［民鐸］ヲ送付シツ、アリシガ近来此方面ノ取締厳重ナルヨリ彼等ハ更ニ其方法講究中ナルガ如シ」と、機関誌の持ち込み・配布を活動として挙げているだけであった。しかし、『民鐸雑誌』第三巻一号 二二年二月一日発行は「学術研究会日本特別分会章程」［会員は入会費一円経常費毎年二円を負担することになっている］を載せ、「本会職員表（民国十年正月五日報告）」「付職員表（民国十年二月二日報告）」「第五次職員表（民国十年六月二十三日報告）」「第六次職員表（民国十一年一月二十四日報告）」を掲げている。

「本会職員表」は執行部［正理事・胡己任］二三人、評議部［評議長・瞿國眘］七人の名と職掌を挙げる。「付職員表」には専攻別の担任者を掲げるので以下に紹介する。

総主任　王佐臣　副主任　楊正宇
文牘　張有桐　邵金澤　殷汝邵
政法科　王　俊　湯鶴逸　瞿国眘
経済科　王佐臣　邵金澤　殷汝邵
文科　楊正宇　郁文［達夫］
理工科　傅爾卓　趙心哲
医薬科　楊　紳　戴尚文
婦人問題科　黄　頌*　鄒　謙
社会問題科　張有桐　鄧　日

*黄頌はすなわち黄碧瑶、黄彰・白薇の妹である。当時東亜予備校生、のち東京女高師に進む］

なお、同号には二一年六月以前のものと思われる「学術研究会日本特別分会会友録」があり、九〇人の名と字・籍貫・在学校が表出されているが、うち実に三九人が湖南籍に属することが判る。「大正十一年事務概要」第七（6）学術研究会分会では「目下全会々員約八百人ニシテ其中在京留学生約八十人ナルカ全会分会ハ目下……甚シキ活動ヲ認メス」としている。

(6) 鄭貞文「我所知道的商務印書館編譯所」(『文史資料選輯』第五十三輯)、『學藝』三巻三号「丙辰学社社報・東京社務紀事」。「大正十一年事務概要」第七(7)丙辰学社には「目下全会員在京留学生ハ約四十人ニシテ帝大卒業生張資平、高工生楊敬慈ニ於テ其ノ事務ヲ執リ居レリ」と。

(7)「大正十一年概要」〈参考三〉「支那関係輸入禁止新聞書籍名」。付録Ⅱを参照。

(8) 年次は当該報紙の発行日でなく、行政処分の日付によった。

(9) 外秘乙三〇三号には「支那浙江省温州人　現住所小石川区原町百二十九番地中原方　第一高等学校生　殷汝邵　當二十五年」とあり、殷が寮外に居住していたことを知る。なお、これに続けて「二、風説ニ依レバ露国過激派ハ東洋方面ニ於ケル主義宣伝ノ本拠ヲ支那上海ニ置キ露国人〈イワノフ〉ガ首魁トナリ支那人呉塵等ト謀リ支那人ヲ通シテ本邦ニ対スル主義宣伝ヲ為ス趣ニシテ即殷汝邵ハ〈イワノフ〉ノ密使ヨリ多額ノ金員ヲ受ケ且ツ文通シ居ルト云フモ未ダ之ガ確証ヲ得ルニ至ラス」「三、殷汝邵ハ目下横浜市ニ滞在中ナル過激派被疑者露国人「シミット」ト会見セン事ヲ希望シ居ルモ日本官憲ノ警戒厳重ナル為メ之ヲ遂クル能ハサルハ遺憾ナリトノ口吻ヲ漏ラシタリト云フ」と続けている。A・Aイワノフについては石川『中共成立史』一二一―一二四、三七一頁参照。シミットについては不詳。官憲がコミンテルンの工作にすでに眼を光らせているさまが窺える。ただ、この時期以後、彼の名が「過激派」として警視庁の文書に登場することはない。呉塵については後述するが、これは彼の名を無政府主義者の代表者的に用いた根拠のない記述と思われる。

(10) 拙著『救国十人団運動の研究』(京都大学人文科学研究所共同研究報告「五四運動の研究」第四函13　同朋舎　一九八七)一一五―一一八頁参照。東方代治機関宣言の存在が報じられたのは六月八日の中美通信社電、その全文が批判的コメント付きで上海『時事新報』で紹介されたのが六月十三日、日本の在上海総領事館は六月十七日にその全訳を⑲「無政府主義ニ関スル印刷物送付ノ件」(公信第二五六号)として本省に送っている。

(11) ただし、殷汝邵が過激主義者として注目されるのはこの時期だけで、「大正十一年事務概要・要視察並要注意支那人表」

（付録Ⅲ）では「殷汝部　一高生　本郷区西須賀町一六村田方　排日思想抱持者ニシテ留日学生等ニ宣伝ス」と、社会主義・無政府主義の信奉は理由とされていない。

（12）「排日思想保持者ハ留日学生総会ト相俟テ常ニ我カ国ノ対支政策ヲ監視シ排日的言動ヲ弄スルノミナラス本国各地学生団及各地新聞社ト連絡ヲ執リ之カ煽動ヲ為シツツアリ」「社会主義思想抱持者ハ排日思想抱持者ノ夫レニ比シ其ノ行動外面ニ現ハレサルヲ以テ従テ其ノ物色ニ困難シツツアリ」（「大正十一年事務概要」「第五・要視察並要注意支那人」）。

（13）当時、東京には沈懋徳・易家鉞・田漢・劉泗英の四会員がおり、五四運動で劉が回国代表に選ばれて四川に帰っていたため、集まったのは三人であった。場所は東京府下戸塚町大字諏訪一七三松山荘、そこが易の住まいであったことは、⑫外秘乙第四八二号（大正八年）十一月十七日「留日学生監督江庸ノ談」中に「〈君左〉事易家鉞ハ府下戸塚ニ一戸ヲ構ヒ《ママ》ルモノナルガ仝人ハ北京ニアル研究系林長民及汪大燮ヨリ日本ニ派遣セラレタルモノニテ日本ニ於テ新思想ニ関スル図書ノ翻訳ヲナシ通信ヲナスベキ任ニ當レルモノナリ易家鉞ハ目下支那ニ在ル由ナルモ尚東京ニハ同志数人アリ現ニ戸塚ノ家ニモ数人居住シ居ル筈仝家ハ一ツノ倶楽部的組織ニテ日本人モ関係者数人アル筈ナリ余ノ知人中ニモ仝倶楽部ニ関係者アリ」と見える。曾琦によれば、前年（一八年）三月一〇日、易の家に一八人の同人が集まって華瀛通信社を結成しており（『戊午日記』）、彼の住まいが特殊な機能をもっていたことが窺われ、また通信社の結成には研究系などの背景があったことを想像させる。また『戊午日記』十月一日条に、曾琦は「是日湖南田漢君自東京来片、此君与予並未識面、自言読予所作〈中国之青年与共和之前途〉、極為傾佩云云、文字感人、有如是耶！」と書き付けている（「中国之青年与共和之前途」は徳富蘇峰の『大正之青年与帝国之前途』の体裁に倣って曾琦が『救国日報』に連載したもの、後『国体与青年』と改題して少年中国学会から出版された）。田漢は易と姻戚であり、当然親密に交往来していたが、東京では曾琦と面識はなく、彼の帰国後文通を開始したのである。田漢の少中入会はそれを契機とするものであったろう。

（14）『五四時期社団』一（三聯書店　一九七九）二九三―二九四「王光祈致君左」。

（15）狭間直樹「『民声』解題」（『民声』従第一号至第三四号原本復刻版　朋友書店　一九九二）参照。

（16）⑱呉塵についての調書。以下注記なき限り、彼についての記述はこれによる。

（17）⑰外高秘第一九二号　大正十一年一月三十日「要視察支那人渡来ノ件」長崎県知事は「自称支那直隷省保定府医学堂教師上官悟塵　当二十九年」一月二十二日長崎着、医専・病院等を訪問、九大病院をも視察の予定と伝える。ファイルでは「支那河南省光山県」出身、一八九五年生となっているが、『民国人物大辞典』（河北人民出版社　一九九一）によると、上官悟塵（一八九二―　）は河南光化（今属湖北）人。一九〇八年直隷陸軍幼年学校卒、中国同盟会に加入。〇九年陸軍第一予備学校に学ぶ。一三年春、江西討袁軍排長。一三年一〇月、日本東京に赴き、一五年春、長崎医科大学に入る、一九二〇年帰国、医学教育・医療工作に従事、人民共和国成立後、人民衛生出版社で編輯、一九六二年退休とある。

（18）前掲『民声・復刻版』によると、第七号（一四年四月二五日）から第十一号（同五月二十三日）まで「本報代理処」のうちに「東京神田三崎町一丁目十二番地山口方悟塵君」があり、第十四号・十五号の同欄には「東京神田三崎町一ノ十二山口方」とのみ記されている。なお、第十号の「寄助本報印刷費者」に「悟塵一円（東京）」が見える。「本報代理処」としては第一―三号に世一君、第四号に徐立峰君、六号に徐達君、九号に耿廬、十号・十一号に茨室と東京の代理処が住所とともに見え、十五号には横浜夏重公君がある（十六号以後は代理処の掲載なし）が、何れも不詳。

（19）⑱警保崎第四十八号　大正八年四月七日　内務省警保局長より外務省政務局長へ「特別要視察人中支那人呉塵名簿削除ノ件」、三月一四日医専の卒業試験終了、同二六日門司港より帰国したため。

（20）⑱高秘乙第一一七号　大正七年六月廿六日「支那無政府主義者団ヨリ機関雑誌送付ニ関スル件」および同六月廿九日「支那無政府主義者団ヨリ機関雑誌送付ニ関スル件追報」。『労働』一号は三月、二号は四月の発行であるが六月、それが東京の世民社（社会主義者吉川守邦の経営する広告代理店）に贈られてきたところ、二号に心霊研究会の名があったことから警察の注意を惹いたという。「中国心霊研究会ナルモノハ哲学及催眠術研究ノ目的ヲ以テ目下会員数ハ百名ヲ有シ『心霊研究』ト題スル機関雑誌ヲ発行シ居レルモ主義的関係ヲ有スルモノニアラス」と判定された。

（21）謝晋青がいつ要視察人に編入されたか、明らかでない。「大正十一年事務概要」によると、二〇年四月現在の要視察支那人は一六人だったが、帰国その他の事由で減少し、二二年五月現在のそれは二人、「排日運動排日通信ヲ為シ日支国交ヲ紊ルニ依ル」龔徳柏と「留日支那学生ニ対シ無政府共産主義並排日思想ヲ宣伝スルニ依ル」謝晉青となっていた（ただし両人とも二一年八月以来帰国中）。

（22）⑱外秘収第七一三五号　大正九年十二月十一日　神奈川県知事「社会革命並ニ無政府主義宣伝者ニ関スル件」および同外秘収第七一三五号　大正九年十二月十四日　神奈川県知事「無政府共産主義宣伝者に関する件」。免職直後に帰国したのは広東人黄荘一（当二十七八年位）、黄藝博は原籍広東省花県岐山村、当二十五年。謝晉青は四川省人、中華基督教青年会内寄宿、身分は学生となっている。後者の内容を紹介しておく。

「一、右三名ハ共謀シテ大正九年十月初旬東京市神田区北神保町中国基督青年会内ニ於テ政体ヲ変壊シ国憲ヲ紊乱スヘキ内容ヲ有スル克魯泡特金著「告少年」（本年十月九日付内務省秘第一八四三号ヲ以テ発売頒布禁止処分アリタルモノト同一内容ノモノ）ト題スル文書ヲ発行シ黄藝博ハ同年十一月中当時教師トシテ奉職シ居タル華僑学校ニ於テ同校高等第一年生約二十名ニ対シ此文書ハ有益ナルモノナリト称シ代価一部七銭ニテ発売シ又謝晉青ハ郵便其他ノ方法ヲ以テ右文書ヲ横浜市山下町百九十二番地支那人陳應坤外多数ノ者ニ有価ニテ配布シタルモノナリ

二、黄荘一及黄藝博ノ両人ハ前記華僑学校ノ教師トシテ奉職中共謀シテ大正九年八月十二日ヨリ仝月二十六日迄ノ□ニ折柄他ノ職員カ暑中休暇ニテ帰国シ不在ナルニ乗シ仝校高等科第二年生陳錫濟章□年及仝校尋常第四年生彭珂清両名《ママ》ヲ使用シ殊ニ被告黄荘一ハ自ラモ其ノ実行ニ当リ仝校内ニ於テ仝校備付ケノ謄写版ヲ利用シ克魯泡特金著「今天我要同汝們暢談一番」「愛国主義是民賊自私的器機」及「無政府浅説」等ト題スル政体ヲ変壊シ国憲ヲ紊乱スヘキ内容ヲ有スル約四十八丁ヨリナル文書ヲ発行シ黄荘一ハ同月十三日頃ヨリ其文書ヲ十数回ニ仝校尋常科第四年生約三十三名ニ配布シ一ヶ月間程毎日午前九時ヨリ仝十時迄右文書ノ内容ニ就キ講演シ又黄藝博ハ仝年十月下旬右文書ノ一部ナル「無政府浅説」ト題スル文書ヲ仝校高等科第一年生約二十五名ニ配布シ毎週一回木曜日ノ国語時間ニ講義シ生徒ニ対シ極端ナル無政府共産主義及険悪ナル思想ノ注入宣伝運動ニ努メタルモノナリ

三、黄藝博ハ大正九年十月下旬前記華僑学校高等一年生約二十名ニ対シ「白話信範本」ト題スル書簡ノ書籍ヲ一部二十三銭ニテ購入シ遣ルト欺罔シ右二十名ヨリ金四円六十銭ヲ騙取シタルモノナリ

以上ノ事実ニヨリ黄莊一、謝晉青ノ所為ハ出版法第二十六條ニ該当シ黄藝博ハ仝法同條及刑法第二百四十六條ニ該当スル犯罪ナリト思料セラルルヲ以テ本日事件ヲ当地方裁判所送致致置キ候条此□及申（通）報候也」

(23) ⑯外秘収第七一三五号　大正十年二月十六日神奈川県知事「支那人退去処分ニ関スル件」。『震壇』は二〇年一〇月、韓国独立運動関係者が上海で創刊した週刊紙。『労動界』はこの年八月に上海の中共建党グループが、『労働者』は一〇月にアナボル混淆の広東のグループが創刊した雑誌。巻末附録　Ⅱ「輸入禁止書目表」および『五四時期期刊介紹』第一集・第二集・第三集参照。

別紙には「第一　在上海黄莊一ヨリ黄藝博ニ送レル書（訳文）」、「第二　同上」、「第三　同上」、「第四　在東京何永浩ヨリ在上海黄莊一ニ送レル書（訳文）」、「第五　在東京何永浩ヨリ在神戸陳旭初ニ送レル書（訳文）」、「第六　在東京何永浩ヨリ公博ニ送レル書（訳文）」、「第七　上海法租界東新橋一三八貴［費］哲民ヨリ在東京謝晉青ニ送レル書（訳文）」があるが、いずれも日付はない。第六は謝晉青が広東「群報」の代銷に消極的だということを陳公博に報じたもの。費哲民の文中、「夜未央」については「無政府主義書刊名録」（『無政府主義思想資料選』下冊、北京大学出版社　一九八四）参照。「自由」「存統」云々は意味不明瞭ながら、後述するように謝晉青とは別に東京の『自由』雑誌の通信所に指定された施存統が、その取り扱いに消極的だったことに関わるのではないか。

(24) 他の二人の教師何永浩・敖華煊はいずれも広東籍、敖は一二月一〇日社会主義同盟講演会に出席した事実ありとされている。⑯外秘収第七一三五号　大正十年二月十六日　神奈川県知事「支那人退去処分ニ関スル件」。

(25) 黄藝博は二〇年一二月十四日に収監され、二一年二月八日、禁固二ヶ月の判決を受けた（一三日確定）。⑯「外国人退去処分関係雑件　支那国人」外秘収第七一三五号　大正十年二月十六日　神奈川県知事「支那人退去処分ニ関スル件」。未決をふくめ五ヶ月の在獄ののち四月十五日満期釈放、引き続き強制退去を命ぜられたことは、⑫外秘収第七一三五号　大正十年四

月十六日　神奈川県「要注意支那留学生ニ関スル件」、『民国日報』一〇・二・二二「中華民国留学生収監」（東京広東留学生CC生投函）参照。

（26）『東方雑誌』は上海商務印書館発行の中国でもっとも有力な半月刊雑誌であったが、同号が「無政府主義ノ宣伝記事」理由に禁止・没収されただけでなく、第六号も「日本朝鮮統治策ヲ攻撃シタル記事」を理由に五月二五日付けで同様の処分をうけている。

（27）高津『旗を守りて』（前出）一七二―一八一頁。

（28）同上一三四―一三九頁によると、九日夜、翌日の社会主義同盟創立大会の打ち合わせのため、麹町区元園町の創立事務所には、発起人のほとんど全部と百名以上の同盟員（傍聴者）が集まり、大勢の警官も動員されていた。創立大会が不許可になることを見越した幹部は、この会を大会に代え、規約・宣言・役員選挙を発起人に一任するよう、急遽提案して賛同を得、警察を出し抜いた。直後に麹町警察署長は集会の解散を命じたが、同盟は正式に成立した。一〇日午後の大会は同盟結成報告演説会にきりかえ、夜は講演会を開いたが、いずれも中止・解散を命ぜられ、多数の検束者を出した。この集会にも少なからぬ留日学生が参加していたであろう。

（29）山辺健太郎旧蔵の名簿には中国人は北京の李大釗と『台湾青年』社（東京）の彭華英、朝鮮人は朝鮮在住の鄭宇洪・姜仁秀の名があるのみ、堺利彦から向坂逸郎へ伝えられた名簿には、李以外に中国人一名、朝鮮人六名、中国人か朝鮮人か不明の名があるが、日本「内地」に住所をもつのは不明者のみ、しかも警察の要注意人物リストにふくまれていない人物ばかりだという（松尾尊兊「コスモ倶楽部小史」）。おそらく本名ではなかったのではないか。

（30）この三人の他に中国人陳中孚（孫文系の人物）を発起人に加える資料がある。要注意人物羅豁の帰国後の行動を報告するなかで在上海船津総領事は「要注意支那人ノ旅行ニ関スル件」（⑰公信第六二〇号　大正十一年八月二十九日）で「本名ハ東京ニ留学当時ハ東亜高等予備校又ハ明大等ニ学籍ヲ置キシモ実際ハ留日中国基督教青年会内ニ住シ東方書報社ナル支那書籍販売店ヲ設ケ要注意支那人謝晋青、朱鳴田等ト共同ニテ経営スル傍ラ日本社会主義者山川均仝人妻菊枝等ニ接近シ其ノ主義ノ研究ヲ為ス外日本社会主義同盟ノ会合ニハ其ノ都度臨席セリ又社会主義者堺利彦支那人陳中孚 朝鮮人権仲観及宮崎龍介等ノ発起ニ依リ世界同胞主義ヲ標榜スル社会主義研究団体哥思母倶楽部創設セラルルヤ其ノ一員トナリ社会主義方面ノ研究ニ没頭セシモノナリ」とする。権仲観は権熙國の別名。なお、陳中孚は他のコスモ倶楽部関係の資料・回憶にはまったく登場しない。

なお、松尾「小史」によれば、警保局二一年四月一五日調「思想団体表」では会員七六名として二一名(堺ら役員をふくめ二五名)の名をあげているが、「支那人」は兪顯廷(中華聖公会牧師)・呉我(不詳)の二名だけである。

(31) 会合後、参加者全員が尾行され、彭湃の身元が割れて警察のブラックリストに載ったというエピソードはこのときのことであろう、注33)参照。

(32) 馬伯援『三十三年的賸話』「民国八年」「初識彭湃 [我] 到了東京、即熱心伝道、元月十七日、同彭牧師到早稲田訪黃霖生与彭湃、彭湃与記者最莫逆、其同年五月二十四日、運動帰国、破指大書帰国血書四字。記者勧之、領洗於美以美教会、後到広東、常有信来報告農村的工作、不知如何加入共産党、而終殉主義。惜哉!」。

(33) 李春濤(一八九七—一九二七年殉難)は、二三年一一月に「海豊農民運動及其指導者彭湃」と題する文章を草し、中国大学校刊『晨光』二巻一号(二四年一月)に発表した。『李春濤文集』(広東人民出版社 一九八五)および『彭湃研究資料』(広東人民出版社 一九八一)所収。李は広東潮州の人、早稲田専門部を彭と同年に卒業・帰国したが、二二年彭湃に招かれて海豊に行き苦難をともにした。この文章は農民運動の最初の挫折期に、海豊を逐われた李が、彭湃の了解を得たうえで発表したもの、五四運動と隔たること僅かに三年、貴重な証言である。李は彭湃の留日中の思想遍歴についてこう述べている。

「彭湃が一九一七年、初めて東京にきたころは、まだ隘い愛国主義者であった。彼は日本人の偏狭な愛国狂ぶりを目のあたりにし、中国人たる者の唯一の責任は救国であり、目下の急務は排日であると考えた。こうした見解をもっていたから、一九一八年の末まで熱烈な排日人物であり続けた。彼の姓名は東京の警察の排日派中国留学生のブラックリストに書きこまれたのである。しかしまもなく彭湃は基督教を信仰し、博愛を主張するようになった。彼自身が語るところによれば〝ある日、ちょうど軍事協定問題で神田の中国青年会での会合がある日、僕は重要文献を持って会議に出ようとしていた。早稲田の終点で電車を待っていると、突然刑事が来て僕の文書を取りあげようとする。僕がもみ合っていると勇ましい中学生が人群の中から出てきて刑事を助け、僕の両手をねじ上げて交番に連れていく。途中、僕はその学生に〝君は法律を知らんのか、巡査じゃないじゃないか〟と抗議すると、なんとその学生は〝お前は中国人だろ〟と反論してきた〟。彭湃はその時忽然と悟った、ひそかに思うに〝そうだ、愛国の極致はもちろん他国を排斥することになる。日本人に公理を説くなど不可能だ、私も相手も愛国のためにやっているんだから〟。彭湃はその日から国家主義を超越することに勉めはじめたのである。

一九一九年以降、日本の社会主義思想が発達・普及し始め、彭湃の思想はまた大いに影響を受けた。かつ、これまで信仰してきた基督教の不徹底さとキリスト教徒の堕落に鑑み、遂に翻然として社会主義諸派の学説を一心に研究した。一二の友人とともに早大の学生が組織する建設者同盟に参加し、労働運動諸派とその学説を研究した。また単独で労働者同情会に加入し、いつも重い荷物を運んで坂道を上る労働者を、推したり挽いたりして手伝った。かくて、彭湃はついに広義の社会主義者に育っていった。後、建設者同盟は暁民会に改組され、会中の人物高津正道らはみな実際運動に従事した。彭湃はしばしばこれと往来し、彼を通じて大杉榮、堺利彦、近藤榮藏等と知り合った。一九二〇年一一月、日本人堺利彦、韓国人権無爲らが東京に〝Cosmo Club〟を発起組織した。彭湃と二三の友人とは堺・権を知っているので、真っ先に加入した。一ヶ月後、この団体に加入する者には日本人（新人会・暁民会等の思想団体、大杉榮等の社会運動の実践家）、韓国、台湾、俄国（たとえばエロシェンコ）、インド、南洋群島、及び欧米諸国人がいた。

ある夜、某所で会合を開いた。たまたま無政府主義者大杉榮が出席したのを警察に偵知され、散会のときには門前に刑事がびっしりと詰めかけ、一人一人尾行した。彭湃と友人たちも尾行され、ついに姓名住所国籍を尋問された。それからはいつでも刑事の尾行がつき、彭湃の名は淀橋署内の社会主義者のブラックリストに載せられ、八百人の注意人物の一人となった。これ以後一九二一年の帰国まで、彭湃は終始日本警察の眼中の要注意人物であった」。

文中、建設者同盟が暁民会に改組されたとするのは、李春濤の誤解である。早稲田で一九年二月、最初に組織された民人同盟会から、九月、右派（社会民主主義路線）が分化して建設者同盟をつくり、暁民会は二〇年五月、民人同盟会の強制解散に備えて、高津正道等によって早稲田の学外組織として作られた。ただし、複雑な経緯は彭湃・李春濤らには理解されなかったし、左右も関係がなかったかもしれない。李は文中、農民運動（日本農民組合の組織）に献身して病逝した建設者同盟の岩田巌を、「階級闘争的戦友」として偲ぶ彭湃の書簡（二三年六月五日）を紹介している。

（34）『李春濤文集』「李春濤」一九八、二二四頁。「該組織［コスモ倶楽部］成員田漢回憶説、Cosmo-Club 是一個〝国際性的社交組織〟、〝接近無産階級的国際主義〟（引自田漢紿海豊紅宮紀念館曾文同志復信。Cosmo 是四海為家的意思、也可以訳為〝全世界的〟）。参加者の多くは左翼の文化人でそのうちには社会主義実行家もおれば無政府主義者もおり、彼等は不定期に開会し、各種の国際問題を討論分析した」と注記している。ただ、田漢が当年の中文簡章どおりに「可思母」と表記しているのに、『李春濤文集』の関連個所は「戈思母」と表記し、〝宇宙社〟と訳している。彭湃に関する各種の伝記も同様である。コスモポリタニズムは禁諱だったのだろうか。なお、田漢の「復信」の日付は不明。

（35）附録Ⅳ「集会表」参照。

（36）松尾『小史』によると、司会は佐野袈裟美、開会の辞は権熙國、まず宣言書が発表された。当日の弁士、被検束者は主としてアナ系で、ボル系（マルクス派）は一人もいないという。中国人弁士は馬伯援のほか陳全永、范本梁（台湾）であるが、人物については不詳。

（37）警保局外事課『大正十一年一月　外国人近況並取締概況』（荻野富士夫編『特高警察関係資料集成』27　不二出版　一九九三）に「コスモ倶楽部ノ集会ヲ期トシテ本邦人主義者ト在留支那主義者トノ間ニ愈々接近ノ度ヲ加ヘタリ即チ六月二十四日ノ同会大会ニハ支那人馬伯援等五十四名出席シタルコトアリ其後同会員タル石川三四郎、岩佐作太郎、高津正道等ハ中国青年会館ニ於テ支那留学生七八十名ニ主義宣伝ノ講演ヲナシタルカ如キコトアリ」と。ただし、後段の事実について附録Ⅳでは確認できない。

（38）附録Ⅳ「集会表」によると羅豁は六月七日青年会でおこなった思想講演会で大杉榮とともに講演した（聴衆七一名）。その僅か五日後、六月一二日に彼は帰国したのだが、中名生幸力は「陳春培君を送る」（大杉榮主幹無政府主義新聞『労働運動』〈第三次〉第九号　大正十一年十一月一日）のなかで「昨年追放に先つ《ママ》て故国へ逃れ帰った羅豁君」と帰国の事情に触れている。身辺の整理の暇もなかったらしく、後に「民国日報販売」と題する原稿（オーロラ協会用紙を使用）が残されていた。それは中日両国民の相互理解の緊要性を説き、東方書報社は「一方貴国の文化を弊国に紹介し、又弊国の書籍新聞を貴国の諸君に頒布して両国相互了解の為に努力して居る次第であります」と趣旨を述べて、『民国日報』が「新支那の実状」を知るためにも、中国語学習のためにも有用であると購読を勧める文章であった。東方書報社がその活動の範囲を日本人にも拡大しようと試みた一つの証左として紹介しておきたい。「追て羅豁帰国中は中国基督教青年会館内美以美教会牧師王希天彼の意を承継して其衝に當るべく最近彼はコスモ倶楽部（大杉一派ノ組織セル思想団体）に入会し、屡講演会に出席する等本邦社会主義者との接触に努め居れり」（『外事警察報』第五号）。王希天は第八高等学校を退学して聖職に専念しはじめたばかりであった。なお、謝晉青は東方書報社を陳春培に引き継いで帰国したあと、二二年夏現在、江蘇省立第五師範学校教員になっていることが、陳の「警視庁に於ける陳述の要領」（『外事警察報』第十九号）に見える。

(39)　馬伯援『三十三年的賸剰話』「民国十年」「六月二十九日、為提倡労工問題、請日人鈴木文治講労工問題与基督教、終因警察干渉、只説了労動運動的歴史、資本家的搾取、早早散会」。六月二十九日は、前出「集会表」によれば七月二九日の誤り。

(40)　⑲上内警第一七号　大正十年十月二十六日　在上海領事館
木下事務官発「上海ニ於ケル無政府主義者ノ近状ニ関スル件」は「東京市本郷区追分町帝大基督教青年会内コスモ倶楽部及東京府下中野一〇三〇交響社自由人連盟両部ヨリ当地無政府主義者支那人羅豁ノ許ニ別紙第五号仝六号ノ如キ宣言書各数千部ヲ郵送シ来リタルヲ発見セリ」と内務省・外務省に報告した。別紙第五号が当該の印刷物である。

(41)　日本文規約に続いて中国文規約がある。
可思母倶楽部簡章
一、本会定名為可思母倶楽部（Cosmo-Club）。置本部于日本東京遇必要時得置支部于各地。

二、本会以使人類除去国民的憎悪及人種的偏見達本然互助之生活為目的。
三、賛成本会目的並有会員二人紹介者無論何人均得為本会会員。
四、為達前記目的挙行下列事宜。
1、親睦会（毎月一回） 2、研究会（次数不定） 3、講演会（毎年二回以上）
五、本会為会務便利起見置幹事数名。
六、幹事由各地会員分別選挙。
七、幹事任期六個月但得連任。
八、本会会費由親睦会研究会之到会者醵出。
九、本簡章由会員多数意見得自由変更之。

日本東京市本郷区追分町帝大基督教青年会内
（臨時事務所）可 思 母 倶 楽 部

LA KOSMO KLUBO（エスペラント） コスモ倶楽部簡章 THE COSMO CLUB があるが省略。松尾「コスモ倶楽部小史」を参照。

(42) 附録Ⅳ「集会表」参照。

(43) ⑫外秘乙大一〇〇二号 大正十年六月三十日「留日支那学生〈皆也劇学研究社〉創設並其行動」
早稲田大学政治科生「王俊」（要注意人）「趙樹芬」仝哲学科生「唐伯宇」「譚年雲」東京高等師範学校哲学科生「楊正宇」及「田漢」（何レモ要注意人）仝文学科生「鄒茗」「楊早」慶応大学理財科生「□成」東京商科大学領事科生「楊成先」第一高等学校文科生「凌興」等発起ノ下ニ本国支那ニ於ケル演劇改良ノ目的ニテ客月十八日「蕭湘劇社」ナルモノヲ創設シ去ル廿八日午後六時ヨリ第一回社員会合ヲ催シ社員ノ醵金ニ依リ「丸善」ヲ介シテ米国ヨリ劇ニ関スル著書ヲ購入スベキ旨協議ヲ為シ尚名称ヲ「皆也劇学研究社」ト改メ将来劇ニ関スル雑誌ヲ発行スル外劇場其他ヲ借受ケ試演ヲ為シ又ハ早稲田大学教授坪

内博士其他ノ出席ヲ請ヒ講演会ヲ開催スル趣ナルガ該会ハ提案者幹事トナリ万般ニ亘リ斡旋ヲ為ス既定ニシテ会員現在約三十名ヲ有シ尚目下仝志勧誘中ナリ尚「皆也劇学研究社」ナル名称ハ孔子ノ「四海之内皆兄弟也」ヨリ取リタルモノナリト言フ。　　　　　　　　了

（44）「支那関係事務概要」「第五、要視察並要注意支那人」は「大正九年四月末現在ニ於ケル要視察支那人ハ十六人ナリシカ其後漸次減少シ現在ニアリテハ僅カ二人ニ過キスシテ而カモ其ノ二人ハ目下何レモ皈国シ居レリ然シテ之ニ反《ママ》シ要注意支那人ハ昨十年九月現在ニ於テ七十六人ヲ算シタルカ其約半数皈国シ目下四十五人現住セリ是等要視察及要注意人ハ排日思想抱持者ト社会主義思想抱懐者トノ二種ニ分類シ得ルモ中ニハ英・米宣教師ノ依頼ニ応シテ我カ国カ国情ヲ探リ居ルヤノ疑ヒアルモノアリ或ハ又本国各地新聞社ノ特約通信記者トシテ我カ国ノ対支外交ヲ始メ時事問題其他ヲ通信スルモノアリ而シテ排日思想抱持者ハ留学生総会ト相俟テ常ニ我カ国ノ対支外交ヲ監視シ排日的言動ヲ弄スルノミナラス本国各地学生団及各地新聞社ト連絡ヲ執リ之カ煽動ヲ為シツツアリテ其ノ行動ノ著シキモノヲ要視察人龔徳柏（目下皈国中）及要注意人兪顯廷・王希天・王俊・胡俊・彭学洵《ママ》・闞維翰・於潤華等トス社会主義思想抱持者ハ排日思想抱持者ノ夫レニ比シ其の行動外面ニ現レサルヲ以テ従テ其ノ物色ニ困難シツツアリ其ノ重ナルモノヲ要視察人謝晉青（目下皈国中）及要注意人陳春培・靳文炳・蔡文耀・田漢・湯鶴逸・傅敏中・馬伯援・陳世鴻等トナス而シテ是等主義者ハ後述ノ如ク我カ社会主義《ママ》ノ組織セル「コスモ」倶楽部、社会主義同盟（目下解散）、暁民会等ニ出入シマタハ主義ノ提携ニ努メオルヤノ疑ヒアルノミナラス現ニ昨十年十二月末退去ヲ命セラレタル施存統ノ如キハ堺利彦、山川均、高津正道、近藤栄藏、宮崎龍介等ト交通シ主義ノ提携ヲ為シ尚ホ上海ヨリ渡来セル支那人張太雷ナルモノヲ前記堺利彦、及近藤栄藏ニ紹介シ主義宣伝運動費ヲ交付セシメタル事実アリ」と述べ、「要視察及要注意支那人表」（大正十一年五月末現在）を付する。排日思想抱持者と社会主義思想抱懐者とはもとより便宜的な分類にすぎないことは附録Ⅲを参照。

（45）⑰外秘乙第四四七号　大正十一年十一月二十八日「支那人〈コスモ〉倶楽部会員募集ニ関スル件」。林孔昭は二二年五月現在、「排日思想抱持者」として要注意人の一人であった（附録Ⅲ参照）。

(46) 前引『李春濤文集』「李春濤年表」によれば二〇年一〇月、李は彭湃と東京で「赤心社」を組織した。楊嗣震（一八九六―一九二七、江西人。彭湃とは早稲田の級友、後に中共党員として潮州で殉難）・王鼎新・陳卓凡・李孝則・彭澤（彭湃の弟）・洪達・林泉とともに、林はその一員であったという。同様の記述は『彭湃文集』「彭湃同志生平年表」をはじめ彭湃の伝記類にみえるが、拠っているのは李孝則「彭湃同志在日本」未刊稿（海豊紅宮紀念館蔵）であるらしい。「従成立至次年五月、彭湃和其他成員学習了《共産党宣言》及河上肇著《社会主義研究》、並多次分析国際・国内的形勢」（生平年表）とあるが、到底信じ難い。前出「海豊農民運動及其指導者彭湃」が、それについてはまったく言及しないのは不自然である。しかし、彭湃が二二年、「与其友所辦《赤心週刊》創刊号、遂以五月十四日出版于海豊」と述べており、週刊の発行母体が赤心社と称したことは当然予想されることだ。要するに留日時代、彭湃を中心とするグループが形成されていたことは間違いなかろうが、当時すでに赤心社と名乗っていたのかどうか、大いに疑問である。

(47) 評議員一一名中四名、会員二四名中一九人が尚友学舎の住人である。席石生は陝西省人、そのころ「近来無政府共産主義ヲ研究シ仝主義ノ宣伝ヲ為シツツアルヤノ疑ヒアリ」（⑱外秘乙第九二〇号　大正十年六月二十一日「要注意支那人ノ件」）とされていたが、翌二二年五月末の要視察要注意支那人表（附録Ⅲ）では、「排日通信ヲ為スニ依ル」としか指定の理由は挙げられていない。張佩留も文中の薛霖も評議員・会員にその名を見ない。なお評議員・会員という分け方もアナーキストの組織らしくなく、留学生の単なる思想学習会ではなかったろうか、当時の状況からすれば無政府共産主義が話題になることは当然あったろう。

(48) 前出『龔徳柏回憶録』三三、三五、四〇頁。

(49) 警保局「大正十年十二月　在留外国人概況」（荻野富士夫編『特高警察関係資料集成』15　不二出版　一九九三）。

(50)『外事警察報』第十九号（刊行年月日記載なし）「陳春培追放の顛末」。

東京市小石川区竹早町中華践実斎止宿陳春培（當二十二年）は警視庁編入甲号要視察人にして、号を逸生、益生、逸僧又は赤子培と称す。雲南省大関県人にして、省立第二中学校卒業大正九年一月本邦に渡来し、東亜高等予備校に入学せるも間もなく退学爾来中国基督教青年会内に東方書報社と称する新聞雑誌の取次販売所を設け、上海民国日報社・広東新青年社・北京知新学社・北京大学出版部・上海商務印書館・上海中華書局等発行に係る社会主義に関する新聞雑誌を販売する傍、前記上海民国日報其他支那各地新聞社に対し排日又は無政府共産主義に関する記事を通信し、現に本年五月二日前記民国日報に対し日本五一記念史と題する注意すべき記事を通信したる事実あり。

一方我国社会主義者の組織せる日本社会主義同盟、コスモ倶楽部、日本労働総同盟、日本労働協会其他抹殺社等に出入し、堺利彦、中名生幸力、高津正道、曾根龍久、宮崎龍介、竹内一郎、石川三四郎、近藤憲二、福田狂二、鮮人權無爲、黄信德、朴順天等の如き社会主義者又は労働要注意人と交通し、主義の宣伝に携提したるのみならず、本年四月二十三日無政府共産主義を宣伝する為彼主唱の下に同主義抱持支那人東京高等師範生張景、同蔡文耀、同杜伯訓、東京高等工業生楊敬慈、早稲田大学生衛安仁及東京物理学校生靳文炳等と共に光社と称する秘密結社を組織し、官憲に探知さるゝや之が所在を隠蔽する為に同社を未来社と改名し、更に無名社と変更して爾来数回の会合を為し、過激なる宣言書を密に支那各地に配布したり。

行動以上の如くにして、彼を本邦に滞留せしむる時は益々我社会主義者との連携を鞏固ならしめ、延て我思想界に及ぼす影響甚大なるを以て内務大臣は十月三日彼に退去命令を発せり。彼は同七日午後五時東京駅発列車にて警視庁員二名付添の下に神戸に到り、九日午前十一時出帆の熊野丸にて上海に向け退去せり。

(51)　李達は当時一高理科に在学中であった。留日学生救国団運動の先頭に立ったのが一高の留学生であったから、彼が参加帰国したのは当然であろうが、先発隊として王希天・阮湘らと北京に入ったということ（たとえば『中共党史人物傳』一一「李達」）も、救国団の北京での活動に、彼が主要な指導者の一人だったこと（宋鏡明『李達』河北人民出版社　一九七七、『中国新民主主義通史』Ⅰ　上海人民出版社　二〇〇一）も、それを裏付ける一次資料を欠く。また、六月中に再渡日できたことは、逆に彼が救国団で負っていた任務が枢要なものでなかったこと、一斉帰国という闘争形態に早く見切りをつけ、自らに新たな責務を課したことを示していよう。

(52)　陳季博の後任に李達が選ばれたこと、それが六月一〇日以前であったことは、⑪外秘乙第一六五号　大正九年七月五日

「留日学生総会ノ行動」。また同外秘乙第一六八号　大正九年七月六日「支那留日学生総会ノ近状」に「従来総会事務所ニハ支那新聞雑誌等ヲ備ヘ付ケ学生ノ閲覧ニ供セシメツツアリシカ近来階上ハ曩ニ移転シ来リタル李達ノ居室トシ階下ヲ事務所トナシアル関係上狭隘ナルヲ免レス従ツテ毎日午後六時ヨリ八時迄ノ間ヲ総会出入時限トシテ図書閲覧等ノ制限ヲ設クルコトトナレリ」とあって、彼がすでに一高を退学していたことをうかがわせる。

（53）　⑰外秘乙第二二五号　大正九年八月九日「要注意支那人ノ動静ニ関スル件」「在京留日学生総会ニテハ毎年上海学生聯合会総会ニ代表者ヲ特派シ排日運動ニ関スル連絡ヲ取リツツアルガ昨年十二月選派セシ要注意人姚作賓（露国過激派ト関係アル者）ハ客月末ヲ以テ其ノ任期満了セルニ付過般評議員会ヲ開キタル結果現文牘主任李達（天津漢字新聞『益世報』特約通信員ニシテ露国過激派ニ共鳴シ其ノ行動ハ屢報ノ者）」を選任した。李達は八月三日、上海の全国学生聯合総会理事に選任され、十九日東京を離れたが、その際、旅費として一〇〇円を支給されたことが『留日学生季報』「会務・会計報告」に見える（附録ＩＢ参照）。

彼の帰国直後、天津総領事館警察署長から東京西神田警察署長へ照会があった（⑦□□警第四二九九号　大正九年八月二十四日「排日支那人ニ関スル件」）。「東京神田北神保町中国青年会　呉友仁　右ハ本名李鶴鳴ト称スルモノニテ平素書留郵便ヲ以テ当地排日新聞益世報ニ排日文ヲ寄送スル者ニ有之候処右青年会ニ該当者有之候ハ、本人ノ地位、職業、経歴、思想、言動、若学生ナレバ在学校名其ノ他参考事項等至急内偵ヲ遂ケ御回報相煩度同人最近通信写一通相添此段及御照会候也」というのである。ほぼ同時に総領事からも本省に報告があった（機密第一二二号　大正九年八月二十五日　天津船津総領事発「排日記事寄稿者ニ関スル件」同前）「豫テ當地支那街発行ノ米国系排日新聞益世報ニ掲載スル排日記事中往往東京通信ト認ムルモノ有之候ニ付其ノ何者ノ所為ナルカニ付内密取調中ノ處今回愈左記ノ者寄稿セルモノナルコトヲ偵知シ法ヲ設ケテ同人ガ本月十四日附発送ノ書留郵便ヲ入手査閲スルニ別紙第一号写ノ如キ通信文ニ有之候」として、表に天津東馬路　啓華書局　劉振愚先生、裏に東京神田神保町中国青年会　呉友仁とある封筒の絵図と第百十四回　東京通信　八月十六日「日本報紙対於我国新内閣之批評」（本文約八〇〇字　省略）「日本又将以美人計待美国議員」（約五五〇字　省略）と題する通信の本文および訳文を同封した。これに対し⑫外秘乙第三二五号　大正九年九月十日「留学生総会竝仝会文牘主任李達ノ行動」は、李達が帰国のさい留日学生総会の「日本我国ノ禍首ヲ援護スルニ反対スルノ宣言」（『留日学生季報』「会務」には「反対日本庇護我国禍首之宣言」中華民国九年八月十四日を収める）および「留日学界時局ニ関スルノ通電」を携行したことを述べ、「尚李達ハ帰国前日」「基督教青年会館内呉友仁ト偽名シ極端ナル排日文字ヲ羅列シタル別記三号ノ原稿ヲ在天津排日新聞『益世報』宛ニ発送セリ」として「日本新聞ノ我新内閣ニ対スル批評」「日本将ニ美人ヲ以テ米議員ヲ計ラントス」の両篇の訳文を付する。これが天津から報告のあった通信であることはいうまでもない。

ところが在天津総領事の発した機密第一三四号　大正九年九月十七日「排日記事通信ノ件」（同前）によると、李達の帰国後も「東京通信」が送られ続けていたことがわかる。百十七（回）八月二十二日「日本対於中国留学生恋々之情　日本果有留学国之資格乎　日本学校之畢業難　教育当局注意　学生父兄注意」（約二、二〇〇字　省略）、百十八回　八月廿五日「日本将改革貴族制度」（約四五〇字　省略）・「上原参謀総長将辞職説」（約二五〇字　省略）・「裁判所廊下革命之歌」（約四五〇字）はアナーキスト高尾平兵衛の裁判のルポであるが、「日本於最近将来、必為社会党之天下、此稍識日本大勢者所一致観察者也。故社会党之数、日見増加、而其最左派無政府共産主義者亦以全速力増加、此日本為政者所痛心疾首、無可如何者也、唯恃其警察力以図防止、然愈防愈多、而対於此類著述、亦極力禁止、然愈禁愈行、始《ママ》有為叢駆雀為淵駆魚之概。本年正月、森戸辰男博士、以鼓吹無政府共産主義、致遭筆禍、然其論文、雖被禁止、而秘密発行、反風靡一世、其定価愈八毛漲三元或五元不等、即此可知其趨勢。……」と。第一百十九回　八月二十六日「美国議員謂日本官吏虐待朝鮮人甚於犬馬」（約五〇〇字）・「日本国際聯盟之代表人選及其作戦計画　擬任命石井菊次郎　将再提出人種案」（約五〇〇字）などであるが送信者は不明。⑫外秘乙第三九五号　大正九年九月二十七日「留日学生総会ニ関スル件」に李達の荊巨佛宛の九月七日付けの書信をのせる。文中、荊と某新聞との通信関係が報酬値上げを要求したことでこじれている件に触れており、李のあとを荊が承けたことを推測させる。

なお、この年の一二月、東方書報社が捜索されたさい、押収書籍のなかに「東京通信」があり、「東京ニ於テ謝晋青ガ出版セルモノニシテ内務省ニ於テ発売禁止頒布禁止処分相成タルト同一題名ノモノ」と注記がある（⑯外秘収第七一三五号　大正十年二月十六日神奈川県知事「支那人退去処分ニ関スル件」）。李達の発信した「東京通信」との関係は不明だが、呉友仁は関係者共通のアドレスだった可能性がなしとしない。

（54）⑫外秘乙第五五九号　大正十年四月二十九日「留日学生救国団ノ近状」

大隈内閣当時支那ト協定セル彼ノ二十一個条ニ基キ組織セル留日支那学生救国団ハ救国日報ナル機関雑誌ヲ上海留日救国団本部ニ於テ発行シ元留日学生総会文牘主任ニシテ在上海全国学生聯合会総会理事タル李達ナルモノ之ガ団長トシテ頻リニ排日排貨ヲ高唱シ来レルガ其ノ後仝人ガ在上海中華書局ニ転シタルヨリ（本年二月二十八日外秘乙第二五四号既報）王兆榮ナルモノ其ノ後任トシテ執務中ノ処仝人モ亦今春北京大学ニ講師トシテ聘セラレタルヨリ該救国団ハ中堅人物ヲ失ヒ且経費ノ都合ニヨリ該日報ヲモ廃刊スルニ至リ目下有名無実ノ状態ナルヨリ今回該救国団ノ事務ヲ前記総会ニ移シタル趣ナリ而シテ該総会ニ於テモ目下維持困難ナル趣ニシテ之カ状況トシテ一昨二十七日該会理事長姚作賓ヨリ留日学生総会ニ対シ左記ノ如ク通知アリタリ

左記

本会ハ昨年国賊ノ残害ヲ被リ殆ンド中止ニ至ラントセリ幸ニ各地学生ノ努力ニ依リ維持継続セリ敝人一月十五日ヨリ理事長ノ任ヲ継キタルニ人材経済共ニ困難ニ遭ヒ諸端整理スヘキモノ多シ評議部ノ決議ニ依レハ毎月ノ決算ハ六百円前後ニ在リ毎年各地学生会ノ会費ヲ収ムレハ一万二千余円トナルベク差引尚余裕アルヘキ筈ナリ然ルニ留日山東上海其ノ他数処ヲ除クノ外ハ各地学生会ハ会費未納ノ為総会ノ経費ハ甚タ困難トナル一切ノ費用ハ専ラ寄付借金ニ依ル今日ニ至リテハ全ク行詰リトナレリ敝人事ニ任シ固鶩《ママ》鈍ヲ竭スヘシ我各地仝学袖手傍観スルコトナク各努力セラレヨ時局関係重大ナリ一切責任ハ悉ク諸君ノ良心ニヨリテ解決セラレンコトヲ望ム

姚作賓　啓

追テ前記李達ハ今回更ニ前記総会理事ヲモ辞職シタル趣ニシテ仝人ノ辞職ニ関シ一昨二十七日前記姚作賓ナルモノヨリ在東京要視察支那人龔徳柏ニ対シ左記ノ如キ通信アリタリ

左記
李達辞職ハ学生総会ノ死刑宣告ナリ此ノ事情ハ上海全学ノ総会ト関係アルモノノ熟知スル所ナリ且李達ノ辞職ハ翻ス可ラス故ニ別ニ人アリテ維持スルニアラサレハ総会ハ滅亡スヘシ是レ我暫時本会ヲ維持センカ為ニ出来レルナリ
（一）本会ノ生命ヲ維持セサルヘカラサル原因ニ二方面アリ
一、公的方面
（甲）（引用者要約－総会の崩壊は外国人の嘲笑を買い、国人の失望を招く。文中「欧戦後朝鮮革命ノ刺激ヲ受ケ遂ニ山東問題ヲ惹起シ曹、章、陸ノ焼打アリ」と三一運動を評価していることが注目される。）

（乙）（同－中国の危機を救う唯一の希望である青年学生の全国のセンターを失うことになる。）
二、私的方面
（甲）友誼李達今回辞職ノ第一原因ハ種々手違ヲ生シ最近数個月精力ヲ尽シ心身疲労シ且環境ノ圧迫ヲ受ケタル為ナリ同情ニ堪ヘサル所ナリ彼ノ事情ヲ熟知セサルモノハ彼ハ自己ノ飲椀《ママ》ノ為ニ総会ノ生死ヲ顧サルモノトナスヘキモ決シテ然ラサルナリ彼ノ此ノ事情ヲ見テ交友上我ハ彼ヲ助ケサルヲ得サルナリ
（乙）留日学生関係　李達ハ一月十五日ニ総会辞職ノ通告ヲ東京留日学生総会ニ向ッテナセリ留日学生総会ハ維持ヲ主張セサル能ハス此ノ緊急ノ時ニ当リ責ヲ他ニ嫁シ得サルナリ
以上ノ理由ニヨリテ我ハ今回出テテ暫時本会ヲ維持セサルヘカラス従来ノ維持費ハ毎月少ナクモ二百円ヲ要シタリ今後百円内外ヲ以テ維持セサルヘカラス諸君ハ常ニ五四運動ヲ口ニシ頭脳裏ニ常ニ五四運動ヲ想起スヘシ然ルニ今ヤ何故ニ斯ノ如ク意気消沈セルヤ諸君ハ自ラ学生ハ神聖ナリト称セルニアラズヤ今ヤ神聖ノ威霊ハ何処ニ去レリヤ中華民国ノ前途ノ風波ハ非常ニ多シ諸君若シ斯ノ如クバ真ニ言フニ堪ヘサルナリ
姚作賓　　謹啓

（55）第二章注（62）を参照。
（56）⑱外秘乙第五二号　大正十年一月十五日「〈アナーキズム〉宣伝文書ノ件」。安社の社員は六名、通信処は「蕪湖第五中学呂天眞宛代収」であった。

（57）『中共成立史』三二八頁では、施存統が李達や李漢俊の依頼を受け、伏せ字部分の問い合わせや書籍の入手のために堺を訪問した行動などから、日中合作の秘密出版計画が進行中の如く映ったのであろうとする。ただ、発信人が非公然雑誌『共産党』の主編李達であるから、本文で引く外秘乙第五六〇号が伝えるように、周・施両人とも寄稿を督促されていたことと関連するのではなかろうか。李達は検閲を考慮して直截な表現を避けていたはずである。

（58）周佛海からの書信は⑱外秘乙第六九一号　大正十年五月二十日「要注意支那人ノ件」、四月二八日鹿児島局消印のもの、「前ニ一信ヲ寄ス既ニ接受セラレ候事ト存候陳獨秀ガ我等両人ヲ駐日代表タラシメントスル事ニ対スル貴意如何?僕ハ三四月中ニC雑誌ニ一文ヲ草セントス其内容ハ我等ハ政権ヲ奪取セサルヘカラスト云フニ在リ現在一般ノ青年ハ皆政治ヲ談スルコトヲ忌ムモ僕ハ彼等ニ政権ノ必要アルコトヲ説カントス四月ノ改造ハ発売禁止トナレルモ僕ハ皆得タリ中ニ山川均ノ社会主義ト国家ト労働組合アリ僕ハ之ヲ翻訳シテ新青年ニ登載セリ河上肇ノ断片ハ李達ガ訳シテC雑誌ニ登載スル筈兄ノ原稿ヲ希望ス」と。

邵力子宛の書信は五月八日投函である（⑱外秘乙第七二一号　大正十年五月二十五日「要注意支那人〈施存統〉ノ行動」）。山川均（先生と敬称を付す）「ソベェットの研究」の梗概、小山清次（君と呼ぶ）の「支那」労働者の研究の要点を紹介し、「力子君ヨ僕ノ病ハ依然旧ノ如シ且ツ種々煩悶ヲ加フ読書数十分ニシテ頭ハ混乱シ毎日静座スルコトハ実ニ困難ナリ僕ハ何モ考ヘマイトスルケレドモ又色々ノ考ガ浮ビ来ル一昨日ハ煩悶ニ堪エス依テ青年会ニ至リ朱君［鳴田?］ニ面会セリ「赤瀾会」ノ宣伝紙及信友会ノ宣伝紙共ニ訳文ニ誤アルヲ見タリ日本ノ同志ニ対シ申訳ナキ故登載スルコト勿レ僕ハ近来毎日日本警察ニ騒擾セラル真ニ悪ムベシ」と近況を報ずる。

⑱外秘乙第九三〇号　大正十年六月二十二日「要注意支那人〈施存統〉ノ行動」は「太朴事〈邵仲輝〉」および「周白棣［棣?］」宛の書信を抄録する。前者は実は無政府主義者鄭太朴が五月一八日の「覚悟」に発表した「太朴答存統的信」への反論を邵力子（『民国日報』主編）に送ったもの、訳文で二千一百字におよぶが、結局「覚悟」には掲載されなかった。末尾

に邵宛の私信部分がある、「力子ヨ、我ハ君ガ李達等ト共ニ討論ニ加入シ機ニ乗シテ主義ヲ宣伝センコトヲ希望ス、我ハ今身体弱ク眼病又発シ実ニ煩悶ス我ハ支那ノ改造ニ対シ甚タ悲観ス　光亮　五、二六」と。後者には当時連日のように「覚悟」に寄稿していた謝晉青への批評がある。「我ハ数年居住シテ学問スル予定ナリシガ現在国内ガ此ノ如ク沈寂ニテ何等ノ刺戟ガ無イ我思フニ事ヲナス第一ハ学問ニシテ第二ハ一種ノ感情ノ革命ナリ、実際小胆ノ学者ニ比シテ甚タ好シ晉青（中国青年会館内居住謝晉青）ハ我ガ親友ニシテ彼ハ江蘇省徐州ノ人ナリ彼ハ啻ニ一個ノ革命家ナルノミナラス社会事情ニモ甚タ熱心ナリ但シ思想ハ甚タ個人主義ニ偏セリ十中八九ハ彼ハ既ニ熱心ニ社会改造ニ尽クセルモ何故ニ更ニ有効事ヲナササルヤ我ハ只君ガ文字上ニ事務上ニ社会革命ニ尽力セラルルヲ望ム君ハ治世ノ良民ニシテ乱世ノ英雄ニ非サルナリ」。抄録であるし、訳にも問題はありそうだが、このころの施存統の気分が少なくとも昂揚したものでなかったことを窺わせる。

不思議なことは周佛海について鹿児島県からの報告・情報が一件も残っていないことである。周が書信の受取に特別の配慮をしていたのか、地方には来往信の開封抄録の技術がなかったのか。周佛海は京都大学経済学部に入学するため、二二年三月から京都に移ったため、京都府知事は彼の「要視察人」の籍を入れ替える手続きをとった（⑰高秘第六〇八号　大正十一年六月八日「要視察支那人名簿編入替ノ件」）。そのさい「書信ハ原籍地及東京弟某（封筒ニハ靄《マ》年俊《マ》と記シアリ）ヨリ時々通信アルモ其ノ内容判明セス内査中」とあって、京都も鹿児島と大差なかったことを示している。

(59)『中共成立史』附録三「警視庁に於ける施存統の陳述要領」（『外事警察報』一〇号原載）参照。

(60)『外事警察報』第四号「無政府主義者施存統一派の動静」。日付はないが文章の冒頭に大正一〇年五月二五日の邵力子宛書信（注58参照）を紹介しているのでその前後と判断される。なお、第五号は六月一二日の羅豁の帰国を報じているので、周からの書信はそれ以前のものであろう。

(61)「施復亮先生訪問記録」一九六三年一〇月曾文訪問并整理（未刊稿、『彭湃傳』人民出版社　一九八六　一二二頁　所引）。前出『彭湃研究資料』所収の瑶華「一個生死于理想的人——追念中国農民真実的朋友和導師：彭湃氏」（原載一九四七年十月二

十三日『群衆』週刊第三十九期）によると、筆者は農民運動に着手した後の彭湃をその自宅に訪ねたことがある、「記得有一回、我到他家里去、在那挂着巴枯寧、克魯泡克《ママ》金等人的画像的客庁里吃過油麻茶之後、他用誠摯的声音和表情叙述着他近来所做的事情、最後声音変得更沈着了（雖然他的話声照例是有点〝沙〟的）」（三六四頁）。彼は芸術的才能に富み、これらの肖像は自分で描いたものであったという（三六六頁）。少なくとも初期においてはアナーキズムの思想的影響のもとに、或いはナロードニズムに範を取って農民運動を開始したことは「我従前是很信無政府共産主義的、両年前才対馬氏発生信仰、年来的経験、馬氏我益深信」と彼自身のみとめるところだった（「彭湃復文亮（施存統）」一九二三、九・七『彭湃文集』人民出版社　一九八一年　四二頁）。彭湃の岩田に対する追念は一九二三年六月、李春濤への書信に見える（『彭湃文集』三二頁）。

彭湃と留日時代も帰国後も形影相伴うがごとく活動した親友・李春濤は二〇年一一月、ロシア労農政府が革命三周年を期して貨幣の廃止を実行したという新聞報道（誤伝）に触発されて、二一年二月、論文「貨幣廃止研究」を書き、『留日学生季報』に寄稿した。「社会主義は――共産的と集産的たると問わず――私有財産制度の廃止を根本目的とする。現在の社会にあっては貨幣なるものが一切の私有財産の根源であり、財富集積の唯一の手段である」とする彼は、約六五〇〇字の論文で金本位制の欺瞞を説き、貨幣廃止の可能性を論ずる。ただそれは社会革命による資本制度・私有財産制度の完全なる破壊を前提とするが、ロシアの実例が示すように、すでに討論の時代から実行の時代に進んだのだと結ぶ。問題は共産主義的社会主義と集産的社会主義を併置した議論では、かならず前者を倫理的優位においていた、軸足はクロポトキン流の無政府共産主義にあってボルシェヴィズムを過渡的な必要悪とするのが当時の通念であったことにある。李春濤と志同道合の彭湃も帰国前後は同様の思想であったと云ってさしつかえない。

（62）『外事警察報』第十三号「支那労働運動犠牲者追悼会開催」によれば四月一六日午後二時から行われた追悼会では出席者八〇人（全部中国人）、「張開会を宣し、彭學洵、謝瑛（以上要注意人）黄璧《ママ》、王道源、傅定禮外二名の追悼演説あり、終て湖南労工会の為に義捐金寄付方を希望し、同時に『血祭』と題する印刷物を配布したり」と。

（63）『外事警察報』第十四号「五七紀念会（国恥紀念会）開催」。留日学生総会は財政難のため経費を支弁できず、公使・学生監督の補助を得ようとしても得られず、やむなく出席者に寄付を訴えたところ「即時金百二十一円十八銭の拠金を得たるを以て、該金にて会場借入料金六十円其他雑費を支弁せり」と。なお、この日、京都でも京大、三高の在学生五二名で「五七紀念茶話会」を開催し、観光のため入洛中の北京女子高等師範学校女学生二〇名を招待したことをも記す。なお、前年の国恥紀念大会は会場を借りられずに青年会で開催され「出席者約三百七十名（内女子八名）にして学生総会総務課主任蕭仁炳開会の辞を述べ……演説者は龔徳柏外十名……」と報じられている（『外事警察報』第三号「民国国恥紀念日状況」）。

（64）附録Ⅳ「集会表」参照。

（65）『外事警察報』第十八号「留日学生総会と支那人労働問題」は、日本の警察当局による華工の就労禁止・強制追放問題にたいし、留日学生総会が八月一七日「役員会」を開催し、彭學洵・張昌言・湯鶴逸・王希天を代表委員に選任したことを伝える。決議事項の（三）に「本件に関し立憲労働党より相当援助方申込ありたるも斯の如きは駐日公使館竝に留日学生総会の面目に関するを以て立憲労働党の援助は拒絶すること然れとも同党が総会と別個の行動を執るに於ては敢て辞せさること」とあったが、これは同日「山口正憲を総理とする前記立憲労働党より、同党総務関実、同幹事長市山天雷、同相談役奥寿、同幹事恒代芳夫等四名、神田区三崎町留日学生総会事務所を訪問、総会文牘科主任湯鶴逸と会談して本問題後援方を申込みたる事実ありたる」ことを承けたものである。時間的経過は明らかでないが、代表委員決定後、同日中に彭・張両委員は「警視庁其他関係官庁を訪問して陳情の上寛大なる取締方懇願する所あり、又避暑中の代理公使に対し急遽帰還方打電する様支那公使館に交渉したり」という。立憲労働党の申し入れに触発されたかたちで、学生総会の華工問題への組織的取り組みが開始されたのである（王希天らの努力がそれに先行してあったのであるが）。また、通説では右翼団体と目されている立憲労働党に意外な一面のあったことを知られる。同党については松尾尊兊『民本主義と帝国主義』（みすず書房　一九九八）第三部「関東大震災下の朝鮮人虐殺事件」、『近代日本社会運動史人物大事典』4（日外アソシエーツ一九九七）「山口正憲」項を参照。

王希天殉難後、上海に帰っていた留日の同学黄界民・謝扶雅・謝介眉・王兆澄・阮湘・姚梓材［薦楠］・施大雄・羅豁・陳振純・周慈好・劉士木らが追悼文集の発行を発起した（上海『時事新報』一九二三年十二月五日「学界為王希天編史」）。文集中の謝介眉〈王希天君小史〉（『東瀛沈冤』に収録）を引いて、沈殿成編『中国人留学日本百年史』（遼寧人民出版社　一九九七）上巻四一四〜四二〇頁は僑日共済会が王らの奔走と学生総会・留日基督教青年会・聖公会の支援ならびに日本救世軍の協力を得て、二二年九月二一日に成立大会を開いたとする。『外事警察報』第二十一号「警視庁管下に於ける支那労働者竝彼等渡来の真相」は、亀戸署管内の中国人数は二一年末に約三七〇名であったものが二二年一一月一五日現在六八九名、大半が労働者であることを指摘し、「中国基督教青年会幹事王希天は在日支那労働者の共助保護の目的にて亀戸署管内大島町に中華民国僑日共済会なるものを組織して之が会長となり、十一月下旬青年会幹事を辞すると共に一意其事業に没頭することとなれり。而して同会にては支那人労働問題の解決、労働者の指導啓発の為には留日学生と連絡を執り、之が援助を受くるの必要ありとて旧臘二十五日中国基督教青年会館楼上に於て之が報告会を開催し、学生側の援助を求めた」ことを報告している。管見によれば外交史料館に残る資料原件に僑日共済会々長としての王希天の活動が報告されはじめるのは二三年一月以降のことである（⑰外秘発第二号　大正十二年一月九日　神奈川県知事「要注意支那人ニ関スル件」他）。ついでながら、興亜院『日本留学中華民国人名調』（昭和十五年十月）の第一高等学校特設予科修了生名簿は大正八年（同書一一〇—一一三頁）に四三人の氏名を掲げるのに、当然なければならぬ王希天の名を見いだせない。しかし、同付表「各高等学校卒業中国人一覧表」には大正八年の特設予科修了生は四四名とあり、名簿の人数と符合しない（大正七年四二名、同九年四四名は表の数字と名簿の人数とが完全に一致しているにも拘わらずである）。王希天の氏名が故意に削除された可能性が大きい。

（66）『外事警察報』第十三号「本邦に於ける支那国民党支部の近状　附中国国民党規則」。「党員は現在百二十余名を有するも其多くは学生にして、色彩の鮮明ならんことを恐れて出席者は僅少なりき［発会式参加者五一名］」と。また『大正十一年事務概要』「支那国民党東京支部　役員　党務進行方針及財政計画　東京支部規則」を参照。

（67）⑫外秘乙第二三号　大正九年一月二十四日「支那留学生官費増額問題ノ件」。「大正九年概況」「学費」によると帝大六二円、各種専門学校五六円となっている。江庸在任中に増額が難航したのは江と教育部次長傅嶽棻との確執も与っていたようで、監督交代とともに一〇円増が実現したのである。

（68）大阪の事件（犯人不明）では、総会は荊巨佛を派遣し、京阪神の「商学各界」と協同して駐神戸の領事をつきあげ、大阪府知事に謝罪と「撫恤金」の支払い、犯人の追及を要求させた。要するに日本が中国で同様の事件のさいにやっているとおりに、やり返せということであった。旱災に対しては救済会に総会代表として任翱・張光漢を派し、その他郭文鶴・劉士木・謝晉青・羅豁といった活動家が参加した。演劇部（屠模主任）は浅草・駒形座で「新派悲劇・情瀾」を九月二九・三〇日と二回上演し、純益四千一百元を蔡元培を通じて救済総会に送った（『留日学生季報』「大阪華僑被害交渉」「北五省旱災救済」四七四―四七六頁および⑰外秘乙第四〇四号　大正九年九月二十九日「支那人慈善劇ニ関スル件」、同第四〇九号　九月三十日同前を参照）。
なお、董健『田漢伝』（北京十月文芸出版社一九九六　一五〇頁）によれば、これとは別に一〇月二〇日、公使館の主催する慈善公演が有楽座でおこなわれ、演劇部も協力を要請された。田漢は依頼されて急遽、脚本を書き、公使館の応接間とビリヤード室を借りて稽古した。その作ならびに演出の「霊光」一幕三場は成功裏に上演され、劇作家田漢の誕生を告げたという。

（69）「中華民国留日学生総会啓事」「中華民国留日学生総会出版部簡章」「新職員与会務」（『留日学生季報』四四〇―四五〇頁、「簡章」には民国九年六月六日より実施とある）。「現代学術を輸入し、外国の事情を調査して祖国に紹介する目的」で、「一、調査報告録毎季一冊　二、雑誌毎月一冊　三、単行冊子」を出すという「啓事」であったが、四月二九日、任翱から提案されたのは、文事委員会と調査委員会を組織すること、「倣日本所出之『支那』雑誌体裁」、「本会季報」を出すことだった。それが両委員会を併せた出版部構想に膨れたのであるが、実際には『留日学生季報』、それも一巻一号を出すに止まった。「本部経費由中華民国留日学生総会負担之。……」（簡章）とあるように総会財政の充裕を前提としていたが、それを失えば構想も崩れたのである。なお、出版部の人事には龔や姚など旧総会の職員を処遇する意味もあったかもしれない。

(70) 八月下旬から内務省は龔徳柏を追放処分とする案をまとめ、外務省にも通知していた。強制収容の寸前に龔が監視下の下宿から脱出し、帰国したことは『龔徳柏回憶録』六〇－六二頁および⑯機密第二〇〇号　大正十年八月廿四日　内務省「支那人龔徳柏ノ追放処分ニ関スル件」、同高第八八七六号　大正十年九月二十日　山口県知事「要視察支那人所在不明ニ関スル件」など。

(71)「大正十一年事務概要」「第八留日学生監督処」。

(72) 文部省は大正九年一月七日付けの「文部省発普五号」で、一九二〇年度から養成費徴収を中止し、授業料・入学料の徴収に切り替えることを外務省に通知してきた(⑪)。文面以下のとおり。

在本邦支那留学生中同国政府ノ委託ニ係ル者ニシテ本省直轄ノ学校ニ入学スル者ノ養成費(高等師範学校ニ在リテハ特別授業料)ハ大正元年度以降左記ノ通リ受入来候処右ハ大正九年度以降之ヲ廃止シ総テ本邦学生ト同様所定ノ授業料及入学料ヲ同留学生ヨリ徴集スルコトニ改正致度計画ニ有之候ニ付テハ御含ミノ上同国政府並同留学生ニ於テ右事情誤解無之様可然御取計相煩度此段及照会候也

追テ本文ノ学校ニ於テハ東京高等師範学校ヲ除キ孰レモ入学料又ハ受験料トシテ年額一人金参円乃至五円ヲ、授業料トシテ年額一人金参拾五円ヲ徴集致居候尤モ高等学校生徒ノ授業料ハ大正九年度以降年額一人四拾円ニ改正ノ見込ニ有之候尚東京高等師範学校ノ生徒ハ国費ヲ以テ養成致居候ニ付別ニ授業料等ヲ徴集シ居ラス候処本文ノ留学生ニ対シテハ大正九年度以降大体高等学校ニ準シテ其ノ授業料額等ヲ決定徴集ノ見込ニ有之候為念此段申添候

記

各高等学校本科　　一人ニ付年額　二百円

第一高等学校予科　一組に付年額　四千円

但シ一組ハ二十人ヲ限度トシ二十人ヲ超過スルトキハ其ノ超過シタル部分ニ就テハ一人二百円ノ割合ヲ以テ納付スルコト

東京高等工業学校本科　　一人ニ付年額　二百五十円
同　　校　　予科　　一組に付年額　四千円
但シ一組ハ十六人ヲ限度トシ十六人ヲ超過スルトキハ其ノ超過シタル部分ニ就テハ一人二百五十円ノ割合ヲ以テ納付スルコト
東京高等師範学校文科　　一人ニ付年額　六十円　　理科　一人ニ付年額　百円
同　　校　　予科　　一人に付年額　六十円
山口高等商業学校　　一人ニ付年額　六十円
備考　山口高等商業学校ニハ現在ニ於テハ委託学生ナシ［山口高商はいわゆる「満鮮旅行」に中国人留学生を同行しない差別措置で紛糾し、一三年から留学生受入を停止した。なお、千葉医専での養成費については不詳。］

（73）たとえば一九一八年、貴州省から留日した学生には官費生（定額八名、省財政庁が経費を負担）、半官費生（定額八名、黔中道が資助）および私費生の三種があったという。『謝六逸評伝』二四頁。謝六逸・王若飛らは貴州での試験で採用されて来日し、予備学校の段階から官費を受領した。

（74）「大正十一年事務概要」「第八留日学生監督処」は一九二二年六月現在における各省経理員の氏名・住所を列記する。吉林省、河南・広西・甘粛省（三省は同一人が兼任）、江西省、雲南省、湖北省、貴州省、広東省、山西省、直隷省、湖南省、山東省、江蘇省は経理員を派遣もしくは委任しているが、「以上ノ外ハ監督処ニ於テ代理シツツアリ」と。

（75）四川の例を挙げよう。⑪外秘乙第二十六号　大正九年二月二日「四川省経理員ノ借款ニ関スル件」によれば、四川省経理員黄辛木は「知人ナル本邦人萱野長知ニ其ノ窮状ヲ訴ヘ」「萱野ハ小川平吉、白岩龍平等ト謀リ一面旧知ノ四川省長楊庶湛ニ照会シ全人ノ内諾ヲ得奔走ノ結果駐日荘代理公使及金代理監督保証ノ下ニ右黄辛木ト第百銀行トノ間ニ金五万円ノ借款契約ヲ成立セシメ客月二十七日関係者立会ノ上其手続ヲ了シタル趣ナリ」とあって、借入金で急場をしのいだことが知られるが、同外秘乙第一六八号　大正九年七月十三日「支那四川省出身留学生ノ学費問題ニ関スル件」は七月九日、四川省留学生一同が本郷館止宿の同省経理員代理帝大生曾天宇を訪ね、官費生の書籍代（一人年額百円）の給与と、私費生への学費貸与（毎月五六十円）を要求、曾は保管金六十円に過ぎずと之を拒絶したことから争いとなり、曾は全治約二週間の負傷で入院、留学生側は警察に捜索願を提出したことを報告している。同様のことは他の省についても起こっていたらしく、同外秘乙第二二二号　大正八年八月七日「支那自費留学生学費問題ニ関スル件」は、七月二十九日支那公使館が「正式書面ニテ本庁ニ対シ四川、湖北、湖南、貴州各省経理員ノ身辺保護警戒方ノ願出アリ」と伝えている。

（76）⑫外秘乙第七一号　大正十年一月十九日「支那留日学生特約ニ関スル件」、解約理由書の訳文を付す。教育部は駐日公使に解約の趣旨を日本文部省に転達させ、その回答をまって各省に通告するとしていた。正式の申入書は中華民国十年十一月十二日胡維徳公使から外務大臣宛に提出された（⑮）。「一、各省官費生皆有定額、留日因有特約関係、毎年所有缺額、均以四校新生儘先補費、致留学四校以外官立高専以上各校之自費生、即使成績優良亦無選補缺額之機会、於事寔上似欠公允。特約解除後、凡在特約以外日本官立高専以上学校留学之自費生、知此後補費辦法、一以成績優良為標準、足以鼓励自費生嚮学之心。二、因原案内有考取特約学校即行補給官費之規定、故国内学生接踵東渡予備投考。然四校取額有限、其投考而落第者、除少数学生尚堪自費留学外、其余之進退失拠、或挂名私校者不知凡幾、留日学生学風之壊、与種種困難情形、胥由此発生。解約以後此種現象当可稍戢。三、四校特約定於前清光緒年間、彼時国内学校未甚発達、故故特約指定之校、以高等専門為限。目下選派留学外国学生規定久已公布、被選派之学生、至少須曾在本国専門高等学校本科畢業、以期到外国後従事高深之研究。留日学生因特約関係、辦法遂不能与規定相符。解約後留日方面可与留学欧美一体、按照規定辦理」というのが表向きの理由であった。

（77）⑫外秘乙第五六号　大正十年一月十五日「留学生ニ対スル官費支給停止ノ件」。

（78）「大正十一年事務概要」「第四　留学生ノ生活状況」。「近来在京セル留学生ノ大部分ハ本国ニ於ケル動乱其他震災飢饉等ヨリ送金殆ト杜絶シ剰ヘ本邦ニ於ケル物価騰貴等ヨリ生活甚タ困難ニアリ殊ニ四川山西湖南各省官自費生ハ其ノ窮状甚シク従テ従来屡経理員又ハ学生監督ヲ通シ駐日公使・本国教育部又ハ本国省長ニ対シ之カ窮状ヲ訴ヘ救済方ヲ懇請シタルモ学生監督並ニ駐日公使ハ勿論本国政府ニ於テ何等ノ施設ヲ見サルヨリ目下益不安ノ状態ニアリ故ニ叙上ノ原因ヲ除却サルルカ又ハ之カ救済策トシテ何等カノ方法ヲ講スルニアラサレハ一層ノ紛糾ヲ来シ皈国スルモノ続出スルニ至ルヘシ」として二二年五月現在の各種の数字・統計をあげる。「支那留学生寄宿各寄宿舎調査表」によれば、日華学会第一中華学舎五一人、同第二学舎五〇人、成城学校寄宿舎四六人、尚友学舎三七人、中華聖公会寄宿舎一八人、中華践実斎三四人、臨南学舎一二人、中華女子華［友］寮一六人、一高寄宿舎一一人、荒庭一一人計二八六人の収容能力があった。中国基督教青年会寄宿舎が五六人を止宿させていたが、「本年四月二十六日ノ地震ニテ一□他ニ止宿セリ」と備考にあり、これを加えると経費の低廉な寮・寄宿舎で生活する学生は三百を超えたと思われる。

『留日学生季報』四七五頁「日本客店主人虐待留学生情形一件」は、下宿料を滞らせた雲南籍の自費生が殴打されて負傷し、学生総会が監督処・警察とかけあって主人に謝罪させた経緯を述べる。留日学生が日本上下の中国人軽侮に遭いつつ「忍辱求学」するなかで「如此受辱事件実罄筆難書」と述べる。

(79)　『外事警察報』は第二号（二一年三月発行?）以降屢々学費問題を取り上げている。「留日支那学生監督処に於ては近来官費生に対する本国よりの送金殆ど杜絶し、四月分約六万円の如きも、多くは横浜在留支那商人より一時借入支給したる状況にして、［二一年］五月以降全く支給方法に窮したるものの如し」（第三号「学費問題と諸団体の行動」）。なお、⑪兵外発秘第四六二号　大正十年五月二十五日　兵庫県知事「横浜駐在支那副領事行動ニ関スル件」は神戸在留支那人一五人、大阪在留支那人一六人から計十万三千円の「醵出」があったことを報告している。『外事警察報』第四号では正金銀行からの六〇万円借款の交渉を報じ「追て従来引続き送金無き四川、湖南、広東、福建、陝西の官費生に対しては六月分も半額乃至三十円を支給したるのみにして、其残額も本借款成立とともに支給するものの如し」（「学費問題の其後」）と楽観的であったが、第八号「学費問題の其後」は正金借款の不調を告げた。そのご駐日公使と内外殖産株式会社とのあいだで五五万円の学費借款が締結されたが、会社側が契約を履行できず、二二年三月二〇日契約は解除された。学生監督は徐夢鷹・徐源達と相次いで辞職、「当面の弥縫策として横浜在留同国商人団より金六万円の短期借款の交渉中なりしが、今回同団は金壱万円を横浜山下町チャータード銀行より借入れ代理公使に交付し、又館員中より金五千円を融通して、学生一人に対し平均三十円宛を支給したり」(第十三号「学費借款問題の其後」)といった窮境を紹介している。

(80) ⑮に手書きの書類が綴じ込まれ「[大正一一年]三月十六日来省 [外務省] 陳情」と注記し、「四川省官費生代表・駐日四川留学生経理員　張錫澍」の名刺が貼付されている。文章から判断して張自身が日本文で書いた陳情書である。長文であるが当時の実状を伝える好個の資料であるので紹介する。

一、敝国ノ留学生ノ学費ニ要スル経費ハ大正六七年カラ今マデ甚ダ困難ニナッテ居テ此ノ間維持スルニハ殆ンド貴国ノ借款ヲ以テシタノデアル但シ借款ハ勿論元本金モ利息モ大概払ハレノイデアル而モ我国各省政争ノタメ少モ顧慮シナイカラ此五六年ノ長イ間ニ借款ヲ維持スルコトハ円満ニ出来ナイ貴国ノ銀行家ハ前ノ借款未還ノ為甚ダ警戒シテ公使館ハ借款スル事出来ナイ

昨年十一月以来以上事情ノ為学生ハ絶糧ノ境遇ニナッテ居タ幸ニ張巡閲使[張作霖]カラ十万円ノ救済金ガ来ッテ漸ク此ノ焦眉ノ急ヲ免ルコト出来タ同時ニ公使館ハ貴国ノ吉田商店六十万円ノ借款ハ出デ来タ為[前注の内外物産との関係は不明]学生ハ生活ニ安心シテ勉強スル事出来ルト思ウテ悦ンデ居ダケレド今歳二月ニナッテカラ此ノ吉田商店ノ借款ヲ取ル事延期ニ延期シテ八度延期シテ以来今日ニナッテモ取ル事ガ出来ナイ(元来学生ハ唯一ノ生活費毎月六十六元宛貰フノ規定デス今ハ二月ト三月分ノ内今只二十元ト十元計三十元丈貰ダバカリデハ)今ヤ学生ハ全ク困難ニ絶糧ノ状態デ若シ今年ノ末ニナッテモ維持ノ方法ガナケレバ其窮状ハトンナニナルカ分ラナイ下宿屋ニ居ル人ハ下宿料払ヘナイノデ主人ハ日々ニ催促スル事ハ厳シク外出スルニ電車賃モナイ小銭モ勿論ナイ書物モ什物モ衣物モ質屋ニ賃スルガ殆ンド之デアル借屋ニ居ル人ハ家主ハ日々家賃ヲ催迫シ青物モ米物モ□ラナイ電灯ハ止メラレ瓦斯ハ止メラレ惨状ハ何トモ云フコトガ《ママ》絶望ノ域ニ沈淪シテ居ル其中ニハ自暴自棄シテ只倒レテ死ヌ日ヲ待ッテ居ルモノモアル

二、高師ト《ママ》ハコノ頃入学試験人名発表モナイ学生ハ怒ッテ理由ヲ問イト《ママ》学校ハ云フ　君等ノ公使館ハ一年ノ間ニ学費ヲ納メナイデ催収シテモ相手ニナラナイカラ若シ三月末ニナルト在学ノ学生ヲモ相当ノ処分スル又今度入学試験ノ発表ハ九百円ア

レバ発表スルト云ヒマシタコレハ事実トナッタ一高モ卒業ノ学生ト予科卒業ノ分配各校ノ学生トモ発表シナイ三月末ニ学費納付ナケレバ又相当ノ処分スルト云フ又陸軍学生モ若シ三月末モ学費ヲ納付シナイナラ兎ニ角皆卒業サセルト云フ事ニナッテ居ル

三、公使館ハ以上ノ事態ニ対シテ如何ナル処置トナルカ学生等ハ留日公使館ニ行ッテ救済ノ方法ヲ請フノデアル併シ何レモ熱心ニ遣ッテ呉レル人ハナイ只二三日ニ待ッテ二三日ニ待テヨ《ママ》今日マデ待ツコト九回然ルニ今モ尚待テト云フ計リ遂ニ方法ハ勿論ナイ現状維持モ出来ナイ金ガ出来ル処モナイカラ仄聞スルニ最先ニ各省々政府ニ対シ学費ヲ早速ク送ル警告ヲ発シ若シ出来ナケレバ一番学資困難ノ省ノ学生ヲ帰国ニサセル漸次他ノ省ニ及ボシ全体帰国サセル外ハ仕方ハナイト云フ併シ学生ハ生活脅《ママ》迫ノ為此二三日内公使館ニ押寄スルカモシランカ思フニ全体帰国サセルニモ二三十万ハ掛ルダラウ若シ果シテ其金ガ出来ルナラバ其ノ銭デ留学スルコトガ出来ルジャナイカ今中途廃学シテ帰国スルノハ如何ニモ残念デ如何カシテ勉強シタイ高等ノ学ヲ修メタイト一面ハ思ヒナガラモ一面ハ帰国ドコロデナク明日パンニモ餓《ママ》死□テ待ツ様ナ哀レナ状態デ此ニ泣イテ訴ヘル次第デス公使館モ恃ムコトガ出来ズ只タ貴国ノ同情ニヨリ何カ助ケラレンコトヲ切ニ祈リマス

四、四川省ノ方ハ昨年此ノ学資断絶シタ以来救済陳情ノ為代表三名ヲ北京ト本省トニ送ッタ正月テ返事ガアッテ例ノ四川省民ニ返還スル川漢鉄道ノ路款六万ヲ学資ニ提用スル事ヲ保款ノ代表ニ話シタ又四川省ノ政府モ許可シタ元来其路款ハ国有シタル以来北京交通部ニ預ケタノデアル都合ニ依ッテ四月末五月始ニ来ル筈デスカラ今年ノ末（年度末の意か？）一万三四千円ニ融《ママ》通スルコトガ出来ルト此ノ四川官費学生困苦ヲ維持スル事ガ出来ルノデス

五、此ノ借款ト返済トノ方法ハ学生ハ勿論担保ガナイカラ公使ノ名印ヲ入レテ一時借用シ路款ガ来ラバ直チニ返済スルノデアル勿論利息モ払フコトガ出来ル債権ニ付イテ担保ガナイノハ甚ダ不安デアルガ路款ハ大丈夫ダラウト思ヒマスガ但両国事情上同情心ニ訴ヘル外学生トシテハ方法ハナイ思ヒマス今日ノ一万円ハ将来ノ五十万円百万ニモ対スル価値ガアルト思フノデアル

（81）『日本外交文書』大正十二年第二冊四七七。

(82) 『外事警察報』第十四号「学費問題と一部留学生対公使館の紛争」。

(83) 『時報』一二・七・四「留日学生救国団宴会紀聞」、七・六「△全国学生会開理事会」、七・一一「救国団昨開茶話会」および七・二七「留日学生救国団開会」。『民国日報』七・四「救国日報恢復之先声△留日学生救国団将改為留東同学会」七・二一「留日学生之重要談話　△挽救外交危機　恢復救国日報」および七・二七「留日学生救国団開会」。これら一連の記事に見える人名は喩育之、李石岑、李大年、郝兆先、常必誠、柳飛雄、周四惟、黄恢權、畢仲頼（仲翰）、康學輪、日本から帰国したばかりの郭文鶴、任翺それに湯鶴逸である。湯の発言は七月二一日の記事による。なお、喩育之（義）は姚作賓の後任として全学聯の理事に就いていた（⑫外秘乙一〇四七号　大正十年七月十一日）。

(84) ⑨『旅大特刊』（民国一二年八月二十日発刊　中華留日学生旅大収回後援会編輯）「第一届職員名録」「第一届各省委員名録」によると一九省四一名の委員で構成された。ただし、『留日学生学報』第一巻第二号（発行日付不明）「留日学生総会最近紀事」では一月一〇日、一四省の同郷会選出の代表三一名および特別会員（同郷会の選出手続きを終えていない？）八名で結成したとあり、張瑞峰が副幹事となっている。次注に見るように会計は一月一七日に始まっており、正式発足までに人事に異動があったようだ。後援会という名称は在日の立場を顧慮して、本国での運動を支援する趣旨だったと思われる。しかし、東京でも三月二〇日午後、青年会で旅大返還を要求する学生集会を行い、公使館・外務省にデモをかけようとして警官隊と衝突、被検束者・負傷者多数をだしたこと、五月七日、同じく青年会で学生総会との共催で国恥紀念集会を開いたことなどが『民国日報』（三月二七日「留日学界之呼吁」、五月一五日「留日学生之五七紀念」）に見える。

(85) 前出『旅大特刊』「中華留日学生旅大収回後援会簡章」には「第九条　本会経費由各省同郷会負担遇必要時得向各処募集之」とあったが、「本会第一期会計報告（民国一二年一月一七日—民国一二年五月三〇日）」によると、総収入三、五二〇円九〇銭にたいし各省同郷会・学生捐款は四一七円（端数は省略、以下同じ）で一二パーセント弱、華商団体の捐款は東京僑商特別捐款七二円、横浜三江僑商八五円、神戸三江商人八〇五円、神戸広東商人六四〇円、神戸福建商人四〇〇円、大阪僑商八〇〇円と計二、八〇二円、七三パーセント強にのぼる。華商団体・個人ではないかと推定されるものは除外してである。なお、支出は五三七円七五銭と少なく、三千円ほどが繰り越されているが、『旅大特刊』発行（上海）の経費は当然そこから出ているはずである。

あとがき

楊闇公（尚述　四川人）は一九二七年四月、二九歳の若さで中国革命のため犠牲となった「先烈」である。「楊闇公」『中共党史人物傳』第五巻（陝西人民出版社　一九八二）によると、彼は一七年日本に渡り、「先ず成城学校で日本語を補習して一八年士官学校に転入し、軍事を学んだ。成城公学《ママ》で勉強中楊闇公は留日同学読書会に積極的に参与し、進歩的理論を学習した。日本の警視庁は、読書会が学校当局の許可を得ていないことを口実に、楊闇公を拘留したが、数日後無罪で釈放された」。一九年五月七日の駐日公使館へのデモのさいは「殴打される同胞を救おうとして日本の警察と格闘になり、東京警視庁は治安法違反の罪で楊闇公を逮捕投獄し、懲役八ヶ月に処し」、かつ二〇年出獄後、楊を強制帰国させたとという[1]。

しかし、第三章で触れたように楊が逮捕されたのは、一八年四月、四川私費生の公使館座りこみのさいであり、その時の彼の身分は東亜予備校生であった。『人物傳』のいうように成城学校生徒ではなく、まして陸軍士官学校生ではなかった。また五月七日の被逮捕留日学生三五名のうちに楊闇公の名は見あたらず、起訴された七名のなかにももちろんない。追放処分となって「祖国に帰った」というのだが、退去処分者のファイルに彼の名前はあがってこない。楊家は富豪でありながら、一家から非合法時代（抗日戦争以前）に六人の共産党員を出し、弟の一人楊尚昆は後に中華人民共和国国家主席の重責を担ったほどの革命一家であった。闇公は楊尚昆を革命の道に導いた「引路人」だったというが、二七年、二九歳の若さで四川軍閥に虐殺された。伝説はおそらく彼の犠牲後に生まれふくらみ、とくに人民共和国成立後はそれが定説にまで進んだのではなかろうか。第三革命まで軍事を学んでいたという楊闇公にとって、革命のための軍事の修得以外に留日の目的があるはずはなく、入学する学校も元来が士官学校の予備校であった成城学校だったはずであるという思いこみが、いつしか事実として語り継がれていったのであろう。

彭湃については伝説の出所がはっきりしている。彼のばあい、すでに紹介したように留日の同窓で同志の李春濤が、一九二三年秋という早い時点で、本人の了承を得て詳細な記録を残しており、動かしがたい基本的事実を提供している。同時に彼に伴われて留日した実弟の彭澤、東京でともに赤心社を作ったという同郷の友人たちが中華人民共和国成立後に書いた未刊稿が彭湃の紀念館に保存されているというが[2]、李の記述に見えぬ東京時代のエピソードの数々は、それらに基づいてふくらまされたに違いない。「彭湃」『中共党史人物傳』第三巻（陝西人民出版社　一九八一）は、そうした材料も使いながら比較的抑制した筆致で「章宗祥歓送」事件（第三章参照）での彼の役割について、このように述べている。

［一九年］四月三十日［正しくは四月一一日］、駐日公使章宗祥が明日帰国するという記事が新聞に載った。章宗祥は中日密約の締結に参与し、留日学生の恨みは骨髄に達していた。この消息を得て彭湃ら六十余人の留学生は、章宗祥の出発の日、朝早くから東京駅で待ちうけ、章宗祥が地下道の階段から（プラットホームに）上がってきて乗車しようとした時、どっと押しかけて「売国奴打倒！」を叫び、「打倒売国賊」と記した小旗を章宗祥の乗った車両に投げこんだ[3]。

これは政治的には章にたいする「痛打」であったにちがいない。ところが八四年と八六年に出た二種類の『彭湃伝』では、彭湃らは公使館職員から公使の東京駅出発の消息を聞きこみ、東京駅のプラットホームで早朝から待ちうけ、彭湃が先ず背後から章宗祥に鉄拳の一撃を加えた、学友たちもスローガンを叫びつつ押しよせたため、章は蒼惶として車中に逃げこんだとなっている。日本の警察・新聞記者および学生総会のリーダー龔徳柏の記述する当日の情景は第三章で記したとおりであり、厳重な警備のなかで物理的に「痛打」＝「暴力」を加えれば、彭湃もただで済むはずはない。そもそも李春濤は「章宗祥歓送」事件および彭湃のそれへの関わりに一言も触れていないのに、かくのごとく彭湃を事件の主役に祭りあげ、武闘の先頭に立たせるに及んでは、もはや一種の戯画である。もちろん回憶記録の内容のみでなく、伝記執筆者の史料批判のありかたも問われている。

もう一つ、これも李春濤が筆にしていないのに、『人物傳』は彭湃が「直接京都帝国大学までいって、著名な社会主義者河上肇の講義を聴いた」としている。一回や二回ならはるばる聴講にいったことがあるとしても不思議ではないが、『彭湃伝』では、彼は「より深く社会主義学説を学習し探求するために、常々直接に京都帝国大学にいって日本の初期のマルクス主義伝播者河上肇博士の講義を聴き」、「またしょっちゅう李春濤とともに河上肇の家を訪ね教えをうけていた（登門拝訪求教）」とするのである。[4] 京都と東京との距離と時間とさらに旅費を考慮の外に置いた叙述は、彭湃がクロポトキンの信奉者であったまぎれもない事実を極力希釈しようとする執筆者の努力に由来するのであろうか。

逆のケースもある。二一年七月、少年中国学会員の沈澤民と張聞天は連れだって東京に赴き、翌年一月またいっしょに上海にもどってくるのであるが、八四年に出た「沈澤民」（『中共党史人物傳』第二十二巻）は、彼が東京帝国大学で「半工半読」し、「日本語をものにしてから日本語版の『共産党宣言』『国家と革命』の学習を始めた。……東京で彼は田漢らと知りあった。彼らはいっしょにロシア十月革命と革命後の情況を研究し、『第三インター議案および宣言』などコミンテルンの文献を学習かつ討論し、中国革命はソビエト・ロシアにならい、十月革命の道を歩まねばならぬことを認識した。かくて沈澤民らは帰国して実際の闘争に参加することを決定した」と述べる。東京滞在中はマルクス主義の勉強に終始していたような記述だが、九四年に出た「張聞天」（『中共党史人物傳』第五十二巻）では、「彼らは東京に着くと日本語学校に入り、同時に哲学およびその他の社会科学を自学した。東京に在ること半年、張聞天は田漢、鄭伯奇、康白情らの文学青年と知りあった。彼の文学にたいする興味はここから生まれた」とする。帰国後の張はトルストイに心酔し、しばらく西湖のほとりに隠れ棲んだりするのだが、同一の時期にほぼ同一の行動をとった二人の人物についての記述のちがいに、歴史的真実に迫る筆者の姿勢の差を覚えるのは私だけではあるまい。(5) ただし、その間には一〇年の時が流れていた。

七八年一二月、中国共産党の十一届三中全会は文化大革命およびその後遺情況に終止符を打ち、改革・開放の新局面を開いたが、同時に毛澤東を突出させた革命史評価を改め、「より多く労農兵大衆を讃え（歌頌）、より多く党と先輩（老一輩）の革命家を讃えるべきである」と呼びかけた。その一年後に中共党史人物研究会が発足し、八〇年五月『党史人物伝』第一巻を刊行し、現在八三巻に及んでいる。はじめは初版数万だった発行部数が最近は数千にまで低落し時代の推移を覚えさせるが、「歌頌」の基調は変わらずとも、当初の異常な熱気は沈静した。現代史の「禁区」が減少するなかで、史実の吟味は進み叙述の信頼性は増しているように思う。沈澤民と張聞天の例はその意味で紹介したのである。しかし、敬愛される人物であればあるほど、不謬の神話に固執して牽強付会し、贔屓の引き倒しに堕することがないわけでなく、その例として周恩來が留日学生救国団運動の骨幹であったとする主張があげられる（第二章参照）。

一九一八年の日中軍事協定阻止の一斉帰国は五四運動の前哨戦であったことは第二章で述べた。日本留学を利敵行為と断定し、留学生の総引き揚げを実行しようとしたこの運動は、救国団指導部の楽天的予測を裏切る本国の冷厳な現実に直面して挫折せざるを得なかった。しかし、その過程をつうじて北京・天津・上海など各地の学生を呼応させ、連携させ、既成勢力依存の不毛性を自覚させた歴史的功績は大きい。というわけで、当年の留日学生でありながら一斉帰国に参加せざりし者は好漢に非ず的な評価が先入することになり、周恩來をぜひとも運動の「骨幹」に位置づけようとする非歴史的な努力がなされるのであった。だが、マルクス主義の紹介・普及に尽力し、中共の創立にかかわった李漢俊・陳望道などはこれに参加しなかったし、李達も運動の中枢にあったとは考えられず、一斉帰国への対応をもって座標軸を設定することできるはずがない。

一方で運動の中枢にあった者からは、数年ならずして救国団の根本理念について公開の自己批判が聞かれる。「民国七年、私は留日の数千の学生とともに駐日軍事協約に反対して帰国した。救国団、救国日報を組織した宗旨は〈只、外交のみを問題とし、内政には管《かか》わらない〉であった。当時、我々は暗黙のうちに〈内政には管わらない〉は当局を騙すスローガンだと了解していたのであった。それが今になって全国の熱心愛国の志士各位を欺くことになろうとは想いもいたらなかったのである。ああ、我々はほんとうに慚愧にたえぬ。内政と外交とは連帯の関係にあり、内政が不良なら外交が成功するはずがないのだ」。今日、外交で勝利を収めるためには内政を改革することが先決であり、売国が本性となった北方政府（北庭）を打倒せねばならない。「只問外交、不管内政」の理念を奉ずるかぎり、いつまでも国恥を紀念し続けざるを得ないだろう、と。これは留日学生救国団の幹部であり、上海にとどまって最後まで救国団の旗を守った喩義（育之）の一九二四年の文章である。(6) すでに国共合作は正式に発足し、国民革命の目標が掲げられた時点での発言であった。

しかし、一八年当時の状況はどうであったか。五月四日、くしくも五四運動の一年前、軍閥は南北とも「一丘之狢」だとの名せりふを残して、孫文は南方政府＝広東軍政府の大元帥を辞任し、その後上海で革命構想の練り直しに従事した。一斉帰国のさい救国団は中国に依拠すべき政治勢力をもたず、軍事協定阻止のためには中国側の当事者である北京政府——日本軍閥のパートナー安徽軍閥を後景とする——に請願・陳情し、またそのために世論を組織する以外の戦術はとりえなかった。南北二つの政府が対峙する状況で、そのいずれもが五十歩百歩とあっては「内政には管わらない」をスローガンとすることは、一斉帰国という闘争形態を選んだ以上、必然の要請であった。当年の学生に革命戦略を求めるのは無いものねだりに等しい。救国団の捨て身の運動が切り開いた地平に、新しい次元の五四運動が生まれたのであった。だが、二十一ケ条反対闘争いらい全中国の学生運動の先頭を切りつづけた留日学生運動は、一八年の挫折をもってその位置を本国の学生に譲った。ばあいによっては一周遅れのランナーになりかねなかったことは喩義の自己批判に見るとおりである。

王希天という希有のキャラクターが本書にはしばしば登場した。軍事協定反対闘争以来の留日学生のリーダーであり、メソジスト教会の牧師とまでなった敬虔なクリスチャンであり、迫害される華工の権利擁護に献身して日本軍人に虐殺された人物である。彼の平性を熟知する龔徳柏が後に意外な評価をしている。「王希天は吉林の人、侠気があり気迫があり頭がよく、私と仲がよかった。反日の闘士でもあった。阮湘が［京都大学に入って］東京を離れた後は、彼と私とはいつも問題を相談するあいだがらだった。彼はそのころ周恩來（すなわち共産党の国務総理）とたいへん仲がよく、たぶん彼も共産党に加入していたのではないか［恐怕他也加入了共産党了］。もし彼が日本軍隊あるいは警察の手で殺されていなかったら、現在どこにおいてであろうと有能な幹部（能幹角色）になっていたことは疑いもない(7)」。この文章は一九五三年以前に書かれたものだが、龔（二一年八月離日）が知る最後の時期の王希天は八高を中退し、メソジスト教会に専念し始めたころだったはずである。にもかかわらず龔は王を中共党員であっても不思議ではないと見る。事実とは明らかに相違するのだが、受洗直前までいっていた彭湃の例が示すように、そういう誤認評価（?）

が生まれうるのがこの時代だったといえよう。

お断りしなければならぬのは、五四時期の留日学生間の最大の「新生事物」のひとつ、創造社の誕生にふれなかったことである。豊富な研究の蓄積がすでにあるし、なによりも私の手に余るテーマであった、というのが正直なところである。

本書は五四前後の留日学生運動の研究に事実の基礎を提供することを目的の一つとした。書名は「中国人日本留学生の五四運動」とすれば名が実に添うのであろうが、いかにもくどい。「留日学生の……」とするとすでに中国語の文脈である。いっそというわけで、『五四運動在日本』なる中国語の題を選んだ。とくに中国の研究者の参考にしてもらえればとの想いもそこにある。雑駁な本書だがこのような専題研究はおそらく初めてだろうという自負もあり、あえて磚《かわら》を抛《な》げて玉を引く願を諒としていただきたい。

資料の捜集および執筆の過程で石川禎浩、蒲豊彦、新保敦子、狭間直樹、松尾尊兊の諸氏に非常なご援助をいただいた。また、中国社会科学院近代史研究所の丁守和先生には、九八年秋、私が同所で杜撰な報告をさせてもらったさいに、日本での五四運動を論ずるには二十一ケ条から始めるべきだと強い示唆をいただいた。『民彝』雑誌の「会務」部分の複写片を入手する努力はそれから開始したのであった。汲古書院坂本健彦相談役には本書の構想段階からすればあしかけ五年、集中力のとぎれがちな私の作業を、辛抱強くお待ちいただいた。以上、とくに誌して心からの謝意を表するものである。

注

（1）『楊尚昆回憶録』（中央文献出版社　二〇〇一）第一章にも同様の記述がある。「憶楊闇公同志生平活動年表」（『憶楊闇公同志』四川人民出版社　一九八〇　所収）の一九一九年条は五七デモで逮捕され、実刑判決をうけた楊は「在獄中、……仍堅持学習馬列主義、閲読進歩書刊。在墻上書愛国標語和抗議口号、反対中国的売国政府和日本帝国主義」と「歌頌」する。『楊闇公日記』（四川人民出版社　一九七九）一九二四年六月二十六日条に「新民来寓」とあり、脚注に「新民、陳新民。又名陳新、留日学生、曾与楊闇公同志同在日本坐監」とある。陳新が四川私費生事件で逮捕された八名中の一人であったことは第三章注8、11を参照。執筆者に予断がなければ、楊の第一次の逮捕が「留日同学読書会」のためでなかったことは容易に知られたのではないか。なお曽琦「戊午日記」五月の段に闇公の次兄楊衡石（尚麟、のちに中共党員）の名が三度あらわれる。ただ四川同郷の交往として記され、具体的な関係は明らかでない。

（2）彭澤「対彭湃烈士的点滴回憶」、陸精治「彭湃同志在日本」、李孝則「彭湃同志在日本」、いずれも海豊紅宮紀念館蔵のあることが『彭湃伝』（北京出版社　一九八四）一五—二五頁の脚注に見える。他に陳卓凡「関於彭湃同志留日時的憶述」（一九六三年八月二四日訪問記録）が『彭湃伝』（人民出版社　一九八六）一六頁の脚注にある。いずれも未見。

（3）「彭湃同志生平年表」『彭湃文集』（人民出版社）、「彭湃同志生平年表」『彭湃研究資料』（広東人民出版社）は、いずれも一九八一年の刊行であり、記述はもっと簡単だが趣旨は同じである。

（4）『彭湃伝』（北京出版社）二六頁。人民出版社版もほぼ同じである。

（5）沈澤民が働きながら東大で学んだとする伝説がどこから出たのか不明である（沈は三三年に病逝）。田漢は二〇年八月三十一日「那一晩我和［黄］仲和、［鄭］伯奇、［沈］澤民、［張］聞天、［張］滌非六人、在湖南経理所 box 中間談了一個通暁」（張向華編『田漢年譜』中国戯劇出版社　一九九二）と記しており、彼らが最初から文学にのめり込んだ様子を窺わせる。なお、茅盾は張聞天が文学に接近し始めたのは、おそらく沈澤民の影響であろうと推測している。「我所知道的張聞天同志早年的学習和活動」（『回憶張聞天』湖南人民出版社　一九八五　所収）。

（6）「為什麼年年要紀念五九呢」（『五九特刊周年紀念号』、⑨綴込。

（7）前出『龔徳柏回憶録』「一六　日本人殺了我的好友王希天」。ついでながら周佛海にたいする批評は対蹠的である、第二章注62を参照。

附　録

附録Ⅰ　Ａ　留日学生総会　一九一六年会計報告（二月－一二月）
　　　　Ｂ　留日学生総会　一九二〇年四月－二一年一月会計報告

附録Ⅱ　支那関係輸入禁止新聞雑誌書籍名

附録Ⅲ　要視察並要注意支那人表（大正十一年五月末現在）

附録Ⅳ　自十年五月至十一年四月　中国基督教青年会館ニ於テ開催セル集会表

附録Ⅴ　留日学生費別一覧表

附録ＩＡ

中華民国留日学生総会一九一六年度会計報告表（民国五年十二月三十一日）

※『民彝』雑誌第三号「会計報告」による。同誌第一号・第二号「会計報告」を参照した。

収入表

特別収入	名誉捐共計	二、九〇〇円一〇銭※(1)
	特別捐	二九九円四〇銭
特別収入共計		三、一九九円五〇銭
経常収入		
経常収入共計		二七九円一〇銭※(2)
起草委員会捐款		四円二〇銭
収入総計		三、四八二円八〇銭

※（1）名誉捐なる項目は第三号で初めて現れた。岑春煊一、五〇〇円、章公使四〇〇円、趙伸九三円四五銭をそれとして掲げ、『民彝』一号の会計報告で四〇〇円、二号で五〇六円六五銭を「已載」したとする。一・二号では五〇銭以上の捐款者一五一人の姓名と二同郷会名が金額とともに記載されているが、そのうち陸公使三百円・言監督五〇円・劉子凱一五円（以上一号）、唐繼堯三〇〇円・黄興六一円六五銭・劉崑濤五〇円・謝持五〇円（二号）などは、当然名誉捐に属するであろう。しかし、金額にして八〇円は特定できず、あるいは捐款者のなかに華僑などが含まれていたのかもしれない。

（2）各省同郷会から納められた会費。各省名と金額を列記するが河南・江蘇・福建・雲南各同郷会の名が見えない。会費は官費生は年額一円二〇銭、私費生は半額、年三回に分かって納付する（『民彝』一号「会務・致全体学生分担常年経費公函」）はずが、当時官費生一千人と号していながら実際には上記の数字しか残せなかった。

支出表

一、特別支出及事務所開設（開辦）費

電報費　三三六円〇一銭※(1)

開会用費　四九二円八五銭五厘※(2)

雑費　四〇円三五銭（蔡鍔弔問の旅費・花圏など）

事務所開設費　一七四円七五銭

特別支出及事務所開設費総計　一、〇四三円九六銭五厘

※(1) 一六件、うち本国へ打電したのは九件三一二円余、他は国内電報と思われる。

(2) 七件、うち国慶紀念大会への支出は一四五円余。

二、経常支出表（二一ー一二月）※

総務課　備品　八円二五銭

郵送費　一〇一円三五銭

文具　三五円

印刷　二一円六三銭

	新聞（書報）	二九円一七銭
	家賃（房租）	二五八円五〇銭（二三・五円×一一ケ月）
	電灯	四七円六六銭
	瓦斯	一四円〇六銭
	下女	八二円六〇銭（各月七円－九円）
	雑費	四五円七五銭五厘
会計課	郵送費及雑費	二三円四九銭
	奉加帳（捐簿）	四円五〇銭
文牘課	郵送費及雑費	五円
経常支出総計		六七六円九五銭五厘

※　原表は支出を各月ごとに表出しているが、各項の支出合計を記した。なお総計の端数は九六銭五厘となるが原表の数字をそのまま掲げる。

三、『民彝』入出金（往来款項）表

民彝入金	民彝捐款	四五〇円※(1)
	売上（売出額）	一六円五六銭※(2)
	広告代価	七円※(3)
	入金（来款）合計	四七三円五六銭
民彝立替金（往款）		八九五円一六銭※(4)

出入相殺後未済金（来往款相償民彝尚欠）四二一円六〇銭

※（1）黄興二〇〇円・劉子凱二〇〇円・何雪竹（成濬）二〇円・李小源二〇円・王侃一〇円。

（2）第一号奥付では定価「日金三拾銭」、「代派処」として「日本東京　有斐閣、東条書店、巖松堂」、「上海　総代派処東《マ》亜《マ》図書館　各省各大書房」とある。第二号の「民彝雑誌第一期営業報告」、第三号の「第二期営業報告」によると、贈呈雑誌が一号共八三六冊二〇九円、二号は一五三円に上った。後者の貸借対照表では資産として上海・汕頭での託売雑誌（一・二号）四五〇円四〇銭がいちおう計上されてはいる。

（3）一号で広告募集費（運動広告費）が一一円五四銭、組版代（広告排版費）が六五銭かかり、五円余の欠損を出したため、二号からは広告掲載を廃した。

（4）印刷費が七八二円と太宗を占める。ただ、一八四頁の一号が三四一円余、二号が二九〇円余であるのに対し、三号は二三〇頁を越えながら一五〇円となっているのは、決算の時点でまだ未払いがあることを予想させる。実質の補填分はさらに増大したであろう。

収入項目	金額（円）	支出項目	金額（円）	収支差引
特別収入	三一九九・五〇	特別支出及開辦費	一〇四三・九六五	
経常収入	二七九・一〇	経常支出	六七六・九五五	
起草委員会捐款	四・二〇	民彝借用	四一一・六〇	
収入合計	三四八二・八〇	支出合計	二一四二・五二	三四三・六六（※）

※収支差引は一三四〇・二八となるが原表の数字をそのまま掲げる。

附録ＩＢ

中華民国留日学生総会一九二〇年度会計報告表

（『留日学生季報』第一号四七七～四八一頁「会計報告」による）

Ａ民国九年四月至十二月収支結算表

収入之部

（一）経常費及借款項（経常費および借入金）

官費生会費　監督処扱い　三五二円（上期一三〇円　下期二二二円）

各省経理処扱い※(1)　二二二円五五銭（上期六九円下期一五三円五五銭）

自費生会費※(2)　一〇四円五〇銭

監督処九年分補助費　三〇〇円（第一期–第三期各一〇〇円）

前期会計繰越金（剰余金）　六六円五六銭

借入金（借款）　五〇〇円（官費生聯合会五〇円、監督処四五〇円）

総計共　一、五四五円五六《ママ》銭（六一銭）

（二）特別捐款合計　六〇六円※(3)

（三）総収入項　二、一五一円五六銭

※（1）上期は四川五九円、湖南五円、直隷五円。下期は山西一九円、湖南五円、安徽一四円、広東三七円、吉林雲南四〇円五〇銭、湖北一六円〇五銭、山東一三円。山西半費（半公費）生会費九円は期別不明。

（2）四川五〇円、江西一円、湖南五〇円、江蘇三円五〇銭。

（3）　江洪杰（公使館）一五〇円、金之錚（監督処）一〇〇円、伍廷芳一〇〇円、雲南自治調査団五〇円、姚薦楠三〇円（彼は当時安徽省経理員）外一六名。内に彭湃、彭澤各一円がある。

支出之部

集会費	国恥紀念	一五六円四六銭※(1)
	北京大学教員学生茶話会費	一一円一二銭
	歓迎北京高師学生会費	二二円九〇銭
	駐滬幹事報告大会用費	六円六五銭
	八月三日大会用費	一五円五〇銭
	招待美国議員団用費	二二円三〇銭
	国慶紀念	二二六円七五銭
	歓迎雲南自治調査団費	三三円一〇銭
	歓迎于冲漢君茶話会費	三三円二四銭
	歓迎胡公使大会及茶話会費	二〇円
	小計	五四八円〇二銭
活動費	旅費（日本国内）	三八円二六銭※(2)
	駐滬理事李達君旅費	一〇〇円
	電報費	八二円
	郵便料（封筒代・振替料含む）	八四円八三銭

郵費電報費（一二月分）　九円一一銭

印刷費　七三円八〇銭

小計　三八八円

出版部　開辦費　一〇〇円

小計　一〇〇円

事務所費　事務所家賃（租金、四－一二月）　一六七円（一七円×七カ月、二四円×二カ月）

五月分事務所用費共　八三円一七銭※(3)

八月二十日至二十六日事務所用費　七円一一銭

事務所雑費（六－一二月）　九二円七八銭（会計部雑費を含む）

事務所臨時費（同右）　一一三円七五銭（評幹両部因公臨時費を含む）

下女賃金（工金、六－一一月）　五九円八四銭

下女食費（伙食費、同右）　五九円三五銭※(4)

下女賃金及食費（一二月分）　一〇円九〇銭

光熱費（電灯瓦斯費）　四三円四一銭

文具備品費　一〇円九〇銭

新聞費　二九円九三銭

小計　六七八円一四銭

総計共支出　一、七一四円一六銭※(5)

※（1）準備・会場設営・接待・音楽隊・記念写真等諸費用、ただし会場借用料は含まず。
（2）大阪華僑殺害事件で神戸に代表を派遣したさいの旅費三〇円を含む。
（3）おそらく開設費。雑費・臨時費に相当するものを含む。
（4）この間七円から一四円まで変動の幅があるが、理由は不明。
（5）諸支出は費目ごと月ごとに書き出されており、煩瑣なのこ項目ごとに整理した。原表の支出総計一、七二三円三三銭であるが、おそらく支出の記載もれがあろう。

収支合計之部

総収入　二、一五一円五六銭　　総支出　一、七二三円三三銭　　繰越　四二八円二三銭

附前期会計経手収入官費生上期会費表※(1)

上期官費生会費　　　　　　二三一円五〇銭※(2)

監督処管理官費上期会費（借款）　四〇〇円

※（1）新総会発足までの準備段階での会計を指すと思われる。
※（2）直隷・湖北・吉林各一一円、山西二〇円、貴州六円五〇銭、湖南六八円、山東三五円、広東四三円、安徽二六円。

B民国十年元月収支結算表

収入之部（一）特別捐款項　八一五円※

※胡公使二〇〇円、徐監督七〇円、王鴻年（公使館）四〇円、江洪杰（同）二〇円、于冲漢二〇〇円外一一名、他に新年懇親会費計七〇円を計上。

（二）総収入　一、二四三円二三銭

前期繰越（存款）四二八円二三銭　特別捐款八一五円

支出之部

活動費　評幹両部新年懇親会用費　一三八円五六銭（記念撮影費を含む）

通信費（一月分郵費）　一四円八〇銭

出版部　印刷費支払い（予支）　六〇〇円（前期分とともに七〇〇円を前払い）

事務所費　事務所家賃（一月分）　二四円

事務所雑費（一月分）　一八円六四銭

臨時費　一〇円一一銭

下女賃金及食費（一月分）　一六円二四銭

下女用被蓋（寝具）費計　一二円三五銭

電灯瓦斯費（一月分）　七円一三銭

新聞費（一月分）　三円七五銭

総計共支出　八四五円五八銭

収支合計之部

総収入　一、二四三円二三銭　総支出　八四五円五八銭　剰余金　三九七円六五銭

附錄II

支那關係輸入禁止新聞雜誌書籍名

（大正十一年六月十五日現在　支那關係事務概要　参考三　警視廳外事課）

發行地	題名	發行年月日並ニ部數	發行者	處分	備考
上海	天義	西暦一九〇八年 一六乃至一九ノ四冊	何震	明治四三・九・九行政處分（新聞紙法第二四條號一號）	社會主義記事
仝	民聲	仝一九一五・五・五 第二三號	不明	大正四・九・二〇行政處分（仝上）	無政府主義雜誌
仝	仝	仝一九一五・六・一 第二五號	仝	大正四・九・二一行政處分（仝上）	仝
仝	戰爭 The War	西暦一九一六・四・二五 第四九號 仝四・二九第五一號 仝五・二第五二號	仝	大正五・五・一三行政處分（仝上・第一條第二項）	獨逸ノ機關誌ニシテ英國ヲ罵倒ス
奉天省柳河縣三原浦新興學支團	新興學支報	大正五・一〇・二五	編集人 姜一秀 發行人 桂龍賫	大正五・一〇・二九行政處分（仝上第一號）	合力セヨ新大韓青年ヨト題シ大韓青年タルモノハ宜シク合力一致奮起シテ□□警ニ對□シ祖國ノ江山ヲ光復セヨトノ

					記事アルモノ
天津	Tientsin Sunday Journal	西暦一九一六・一〇・八 第三八八號、仝一〇・一五 第三八九號	不明	大正六・二・二七行政處分（仝上）	日英國交ニ面白カラサル記事（英文）
上海	德文新報	西暦一九一六・二・一〇 第四五號、仝三・一 第四八號	仝	大正五・一二行政處分（仝上）	連合國ヲ痛罵ス（獨文）
仝	華德日報	西暦一九一六・一一・一 第二五三號、仝一一・三 第二七〇號、仝一二・六 第二八二號	仝	大正五・一二　行政處分（仝上）	日露協約英國內暴動ノ記事（獨文）
奉天	新興學支報	大正六・一・一三　第二巻二號	前記第五欄ニ仝シ	大正六・五・三行政處分（仝上）	排日及祖國恢復ノ記事
上海	北京ガゼット	大正六・四・三〇 號數不詳		大正六・五・三行政處分（仝上）	日本帝室ニ對スル不敬ノ記事
上海	救國日報	民國（大正）八・三・七ヨリ同二五マテ　自第二三八號至第二五六號　仝九・四・七　第四六四號、		大正八・四・一二	排日及朝鮮獨立煽動　英皇帝ト西園寺公ノ談話及日本革命記事アルモノ

		仝四・九　第四六五號			
仝	黒潮	民國（大正）八・八・八創刊號	不明	大正八・九・三〇　行政處分（仝上）	日本人ノ支那解決論及大正五・一二禁止サレタル國論揭方《ママ》ヲ漢譯セル記事
仝	獨立	大韓民國元年八月二〇日、仝月二十九日、仝九月四日・八日・九日・十二日發行計一、二、四、五、六、七各號　仝年一一月一日及八日、第二一號及第二六號		大正八年一〇・六、仝八・一一・二六行政處分（仝上第一號二項）	朝鮮獨立ヲ叫フ
仝	チャイナプレス	西曆一九一九・一〇・三第二五三一號		大正八・一二・一六　行政處分（仝上第一號）	韓國假政府本部ニ於テ李□公殿下ノ日本統治ニ反對スル書面内容ヲ發表シタル記事
仝	新大韓	韓國四二五年一一・二〇、第二號及第四號		大正八年一二・一六行政處分（仝上第一號一項）	朝鮮獨立ヲ叫フ
仝《ママ》	北京ガゼット	西曆一九一九・一二・五第二八八號		大正八・一二・二七　行政處分（仝上）	呂運亨ガ帝國ホテルニ新聞記者ヲ招待セシ記事
仝	黒潮	民國八・一〇　十月號第一卷第二號		大正九・一・一二　行政處分（仝上第二號）	東亞大戰アラント題スル記事

奉天	滿州《ママ》日報	仝九・一・一〇　第一二九號		大正九・一・二三　行政處分（仝上第一號二□）	□□□ト題スル記事
上海	上海晩報	仝九・一・一七　第一六二號		大正九・二・一六　行政處分（仝上）	日本ハ大陸帝國ヲ建設スルノ決心アリトノ記事
重慶	民生日報	己未□月二十六日		大正九・三・一六　行政處分（仝上）	日本カ京城ニ遷都セントスルノ記事
上海	民鐸雜誌	民國八・一二・一五　第七號		大正九・三・一七　行政處分（仝上）	日英君主國、十年ヲ出スシテ必ス共和民主國ニナルトノ記事
仝	上海學生聯合會日刊	仝九・三・一〇　第一二五〇號		大正九・四・二二　行政處分（仝上）	前年末日本支那ト協力セル西伯利亞ニ於ケル行動ト題スル記事
仝	解放與改造	仝九・五・一　第二巻第九號　仝五・一五　第二巻第一〇號		仝九・六・三〇仝	クロポトキンノ社會主義思想研究ト題スル記事
仝	光明	仝九年五月號		仝九・六・二九　仝	過激主義、共産主義ヲ慫慂セシ記事
仝	救國日報	仝九・五・六第四八九號		仝九・七・一　仝	日本ノ現狀ト我國トノ關係ト題スル記事
仝	正報	仝九・五・二七　第三七		仝九・七・一〇　仝	日本天皇崇拜ノ破滅ト題スル

		一號			記事
仝	解放與改造	仝九・六　六月號※		仝九・七・一〇　仝	クロポトキン社會思想研究ト題スル記事
仝	救國日報	仝九・四・二〇版《ママ》、仝〃四・二一版		仝九・七・一〇　仝	アイルランド獨立ト朝鮮獨立ト題スル記事煽動
仝	華北明星	西暦一九二〇・六・二二發行		仝九・七・二〇　仝（仝上第三項）	日本皇帝陛下重患云々ト大書セル記事
仝	救國日報	民國九・四・七第四六四號、仝四・九第四六五號		仝	日本革命發生ト題スル記事
廣東	新寧雜誌	仝九・六　第十二《ママ》年第十五期、第十二年第十六期		仝	日本現勢ノ□□ト記セルモノ
上海《ママ》	閩星	仝九・一　第二卷第七號、仝〃一　第二卷第八號、仝〃三　第一《ママ》卷第一號、仝〃三　第三卷第三號、仝〃三　第三卷第五號		仝	臺灣民日本ヲ拒ム及無政府共産主義ト題スル記事
仝	解放與改造	民國九・七・一　第二卷第一三號		仝九・七・二八　仝	政治的魔夢ト題スル記事
北京	唯眞	西暦一九二〇・五　創刊號		仝九・七・二二　仝	唯眞學會ノ過去ト現在ト題スル記事

上海	留日明大中華校友學錄			仝九・一〇・二三　仝	
仝	聖報	民國九・一〇　第十年第十期		仝九・一一・一三　仝	朝鮮獨立ヲ煽動セル記事
仝	民信日報	仝九・一〇・八　第二七四號		仝九・一一・三　仝	仝
仝	震檀	創刊號以來		仝九・一一・一八　仝	朝鮮獨立及支韓共同ニテ日本討滅云々記事
仝	新青年	民國九・一〇・一　第八巻第一號		仝九・一二・三　仝	現在ノ國家制度ヲ否認セル記事
汕頭	民聲日報	仝九・一二・二　第二六〇號		仝十年一・七　仝	琿春地方ニ於ケル日本軍ノ暴行ト記セルモノ
不明	自由	西暦一九二〇、第一號		仝〃一・二四　仝	無政府主義宣傳雜誌
不明	共産黨	仝一九二〇・一一・七　第一號		仝〃一・二五	共産主義宣傳雜誌
上海	上海生活	仝〃一〇・二四　第二三九號、仝〃一一・七　第二□〇號		仝〃一二《ママ》・二　仝	排日記事及露國過激主義宣傳記事
仝	新青年	仝一九二一・一一　第八巻第五號		仝〃二・五　仝	マルクス主義紹介記事

濟南	民治日報	仝一〇・一・一六　第八三號		仝一〇・二・一七　仝（□）	琿春地方日本軍ノ行動並ニ排日記事
湖南	勞工	仝一〇・一・一　第一期		仝一〇・二・二三　仝〃	階級闘争同盟罷工ヲ煽動シタル記事
武昌	武漢星期評論	仝一〇・一・二九　第肆號		仝一〇・三・七　仝〃	朝鮮獨立ニ干スル記事
不明	共産	西暦一九二〇・一二　第一號、一九二一・一　第二號		仝一〇・四・一二　仝一項二號	マルクス、エンゲルスノ記事　共産党ノ□□〔翻譯？〕
上海	東方雑誌	民國十年二・二五　第一八巻四號		仝一〇・五・七　仝	無政府主義思想ノ宣傳記事
福建漳州	閩星	仝十年三・二四		仝一〇・五・七　仝	皇太子殿下御渡歐ニ干スル記事
上海	東方雑誌	仝一〇・三・二五　第一八巻第六號		仝一〇・五・二五　仝	日本朝鮮統治策ヲ攻撃シタル記事
不明	自由	仝一〇・四・三〇　第六號		仝一〇・六・一一　仝	勞働者ノ世界管理ヲ主張シタル記事
北京	曙光	仝一〇・出版　第二巻第三號		仝一〇・八・四　仝	革命ヲ以テ無政府共産主義ヲ實現セントスル記事
不明	共産黨	西暦一九二一・五・七		仝一〇・八・二三　仝	納税拒絶世界勞働者總同盟ヲ

		第四號			主張セル記事
上海	留日學生季報	民國一〇・三・一五　第一期第一號		仝一〇・八・二五　仝	排日記事
不明	社會運動	五一紀念號	北京通信所北京大學魯德	仝一〇・九・二二	五月一日祭ノ由來ヲ敍シタル記事
湖南	新自治	民國一〇・七・一〇　第一卷第一期		大正一〇・九・二九　仝	日英同盟ヲ呪詛シタル記事
上海	太平洋	仝一〇・六・五　第三卷第一號		大正一〇・一〇・一〇　仝	支那カ千載一遇ノ機會ニ乘シテ米國ノ《ママ》攻守同盟ヲ締結シ一致行動ヲ執レハ戰爭ノ結果ハ必ス日本失敗ニ陷ル云々ノ記事
上海	改造	仝一〇・八・一五　第三卷第十二號		仝一〇・一〇・二〇　仝	山川均ノ科學的社會主義ヨリ實行社會主義ニ到ル記事
仝	仝	仝一〇・九・一五　第四卷第一號		仝十年・一一・一一　仝	歐戰后世界外交大勢ト支那ノ方針
南昌	大江報	仝一〇・一〇・一二　第四〇〇三號		仝　仝	韓總統ノ華盛頓ニ於ケル宣言

上海	勞働週刊	西曆一九二一・一〇・一五 第九號		仝一〇・一一・一九 仝	罷工ハ正當ニシテ勞働者ニ有利ナリト題スル記事
仝	學藝	民國一〇・八・三〇 第二巻第四號		仝一〇・一一・三〇 仝	勞農露國ト題スル記事
成都	四川日刊	仝一〇・一〇・一一		仝一〇・一一・三〇 仝	日本ノ支那併合計畫書ト題スル記事
天津	曉鐘	西曆一九二一・九・一 創刊號		仝一〇・一二・二七 仝	社會主義記事ナルモノ
上海	改造	仝十年十一月十五日 第四巻第三十號		仝一一・二・一〇 仝	社會革命ヲ說クモノ
天津	曉鐘	西曆一九二一・一二《ママ》・一 第二號		仝一一・二・二〇 仝	社會革命、朝鮮獨立、直接行動、階級鬪爭
廣東	青年週刊	民國一一年・二・二六 創刊號		仝一一・四・一 仝	廣東社會主義青年團發行
北京	評論ノ[之]評論	仝一九二〇・一二・一五 第一巻第一號		仝一一・四・二八 仝	

以上

※「克魯泡徳金之社会思想的研究」（森戸辰男著・枕江訳）は『解放与改造』半月刊第二巻九号一九二〇年五月一日から一六号同八月一五日まで連載された。強いていえば一一号・一二号が六月号に相当する。

附録Ⅲ

要視察並要注意支那人表（大正十一年五月末現在）

（大正十一年六月十五日現在　支那關係事務概要　第五。備考欄で［　］を附した箇所は引用者の注記である）

種別	視察理由	住所	職業	氏名	備考
乙要視察	排日運動排日通信ヲ爲シ日支國交ヲ紊ルニ依ル	府下巣鴨町三の二六・林方	無	龔德柏	大正十年八月皈國セリ
仝	留日支那留學生ニ對シ無政府共産主義並排日思想ヲ宣傳スルニ依ル	神田區北神保町十番地・中國青年會館	無	謝晉青	大正十年八月皈國セリ
要注意	本邦ノ機密ヲ探知シ本國ニ通信スル虞アルニ由ル	牛込區富久町十九・森方	上海民國日報記者	吳蒼	一時皈國中
仝	本邦ノ機密ヲ探リ本國仝志ト通シ國交上ノ障害トナル虞アルニ由ル	府下中澁谷二一	實業家	陳中孚	仝
仝	排日思想ヲ抱持シ留學生等ニ宣傳スル惧アルニ依ル	小石川區白山御殿町一〇九	牧師	兪顯庭《ママ》	
仝	共産主義排日思想抱持者ニシテ本邦社會主義者ト交通セシ事實アリ	府下戸塚町諏訪八二・月印精舍	無	田漢	[元高師生]
仝	排日思想ヲ留學生等ニ宣傳ス	府下千駄ヶ谷五七九・東山方	中國青年會幹事	馬伯援	

仝	仝	麴町區飯田町四ノ二・古木方	仝	謝鎭章	
仝	仝	神田區三崎町一ノ五・留學生總會	早大生	湯鶴逸	
仝	仝	神田區表猿樂町二・河本方	中國青年會幹事	王希天	
仝	仝	小石川區林町二六・野原方	高師生	林朝章	
仝	仝	府下代々木山谷一一五・白石方	明大生	劉元祥	
仝	仝	小石川區雜司ヶ谷八八・臨南學舍	高師生・北京亞東新報記者	李鎭華	
仝	無政府共産主義者ニシテ其思想ヲ留學生等ニ宣傳シツツアルノミナラス仝志ト共ニ祕密結社・光社ヲ組織シ仝主義ヲ研究宣傳シツツアリ	小石川區白山前町七五・長内方	無	陳春培	
仝	排日思想抱持者ニシテ留學生等ニ宣傳ス	本鄉區追分町三一・函館館	慶大生	王家楨	
仝	仝	本鄉區追分町七・市川方	高工生	張水淇	
仝	仝	本鄉區西須賀町一六・村田方	一高生	殷汝邵	
仝	仝	府下澁谷町澁谷・慶大寄宿舍	慶大生	胡俊	
仝	仝	府下高田雜司ヶ谷一六九六・	高師生	林孔昭	

		有川方			
仝	無政府共産主義者ニシテ「コスモ」倶樂部ニ出入リシ該思想ヲ留學生ニ宣傳ス	府下西巣鴨町庚申塚四一二	早大生	劉猛	
仝	排日思想ヲ抱持シ留學生ニ宣傳ス	小石川區大塚仲町五五・高城方	高師生	王俊聲	
仝	仝	小石川區眞砂町三七・隅川方	高工卒業	陳祚蔭	
仝	仝	府下戸塚町諏訪一七三・中塚方	早大生	王俊	
仝	無政府共産主義者ニシテ「コスモ」倶樂部ニ出入リセリ	牛込區早稲田鶴巻町二二二・沼野方	仝	何慶延	
仝	無政府主義及共産主義思想ヲ抱持シ之カ思想ヲ留學生ニ宣傳ス	府下西巣鴨町新田七四九・治（活？）我新居方	仝	張瑞峯	
仝	仝	牛込區早稲田鶴巻町三〇三・北澤方	仝	武振凱	
仝	仝	本郷區追分町五・山形方	高工生	謝震	
仝	仝	府下戸塚町諏訪八二・榎川方	帝大生	陳世鴻	
仝	仝	神田區北神保町一〇・中國青年會館	無	劉士木	〔日大生〕
仝	無政府共産主義者ニシテ尚仝志ト共ニ祕密結社光社ヲ組織共産主義ヲ研究シ尚又通信	府下中野町中野二三・伊藤方	物理學校生徒	靳文炳	

	記者ナリ				
仝	排日思想抱持者ニシテ留學生等ニ該思想ヲ宣傳スル外通信記者ナリ	府下戸塚町諏訪八二・月印精舍	上海商報通信員	王幾道	[守僕・孤舟・無爲]
仝	排日思想抱持者ニシテ該思想ヲ留學生ニ宣傳ス	本郷區坂下町四二・嶽陽寄盧	高工生	阮昌稼	[上海通信社記者]
仝	仝	府下巣鴨町三ノ二六・平岡方	高師生	張明鎬	
仝	仝	府下西巣鴨宮中一九九七・金碧寄盧	雲南經理員	張天放	
仝	仝	牛込區早稲田鶴巻町一九・呉永元方	明大卒業	謝瑛	
仝	仝	本郷區西須賀町一二・森田方		彭學詢	
仝	仝	神田區西小川町一ノ一・日昇館	明大生	關維翰	
仝	仝	芝區三田小山町三・長内方	慶大	孫同康	
仝	仝	芝區三田四國町五の一・羽根山館	仝	於潤華	
仝	仝	小石川區白山御殿町・聯合會寄宿舍	女高師	項爲賢	
仝	仝	府下巣鴨宮中一九八七	廣東經理員	陳任楨	[陳季博]

仝	仝	小石川區林町五三・國師舘	高師生	扈學庠	
仝	仝	府下巣鴨宮中一九六二・懐新	日大生	廖嗣蘭	［芝蘭事］
仝	仝	下谷區谷中眞島町一ノ二・中華學舍		張學戴	
仝	無政府共産主義者ニシテ仝志ト共ニ祕密結社光社ヲ組織シ主義ノ宣傳ト研究ヲ爲シツツアリ	小石川區林町九七・野原方		蔡文耀	［長庚事］
仝	武漢商報通信員トシテ排日通信ヲ爲スニ依ル	府下千駄ヶ谷四八五・健盧		席居仁	「席石生・陵雲事」
仝	排日思想抱持者ニシテ該思想ヲ留學生ニ宣傳ス	府下戸塚町諏訪一七三・會□刊墅		周愚	

附錄Ⅳ 中國基督教青年會館での集會表（一九二一年五月－二二年四月）

（大正十一年六月十五日現在　支那關係事務概要　第九）

月・日	種別	講演者氏名	集會人員
大正十年五月一日	江西省仝鄕會送別會	郭沆毅外三名	四〇
仝九日	學術研究會	胡己任・邵金澤・陳義騰	一〇
仝十五日	外交問題廣東省仝鄕會	黃銘・張昌言	六四
仝二十二日	湖南省仝鄕會懇祝會	陳卅鴻外三名	八四
仝二十八日	北京高師生觀光團歡迎會	陳震衣・馬伯援外一名	四四
仝二十九日	仝　上　學生總會主催	蕭仁昺外三名	五七
仝三十日	仝　上　山西省仝鄕會主催	傅敏中外二名	四三
六月五日	仝　上　江西省仝鄕會主催	閔昱熒外二名	二八
仝〃	仝　上　江蘇省仝鄕會主催	季達外二名	五〇〇
仝六日	湖南仝鄕會震災救濟討議會	陳世鴻外三名	四九
仝七日	思想講演會	羅豁・大杉榮	七一
仝十二日※	江西東北協會歡迎會	章繼南外二名	一五
仝〃	安徽省仝鄕會學費問題討議會	史尙寬外三名	三一

仝十八日	武昌高師生歡迎會青年會主催	馬伯援外二名	三二
仝〃	湖南省仝鄉會救濟演藝會	王大楨外一名	六一
仝十九日	臺灣青年集會	王敏川外五名	一〇〇
仝〃	武昌高師生歡迎會湖北仝鄉會主催	何欽明外三名	六三
仝二十日	智育講演會	馬伯援外一名	二六
仝二十二日	思想講演會コスモ倶樂部主催	伊藤野枝・田漢・朱鳴田・謝晉青	五三
仝二十五日	各種演藝大會		四〇〇
六月二十五日	陸軍大學追悼會		二二
七月十六日	外交問題廣東仝鄉會	賴憲周外三名	二二
仝二十九日	勞働問題講演會	鈴木文治	四八
八月三日	廣東仝鄉會主催葉夏聲歡迎會	黃銘・葉夏聲	二四
仝五日	仝　上　青年會主催	馬伯援・葉夏聲	一五〇
仝六日	朱啓鈐一行ノ渡來ニ對スル留學生全體大會	蕭仁昺外三名	一□〇
九月十六日	湖南自費學生會	康慶耕外三名	二一
仝十七日	吉林仝鄉會	徐客垣外二名	二二
仝十八日	江西省自費學生會	黃英外一名	二七
仝十九日	貴州仝鄉會飢饉救濟會	王潤宇外三名	二四
仝二十六日	思想講演會　青年會主催	賀川豐彦	二〇〇

仝二十八日	宗教講演會　仝　上	内ヶ崎作三郎	六〇
仝〃	四川省仝鄉會學費問題集會	馮盛耕外二名	二八
仝〃	湖南省仝鄉會　仝　上	康慶耕外二名	五一
十月一日	江蘇省仝鄉會役員選擧	王鍾麟外二名	一三
仝二日	湖北官費學生會	劉先林外三名	二一
仝〃	辭達社講演會	謝達文外三名	七
仝〃	山東仝鄉茶話會		一八
仝〃	湖北仝鄉會役員選擧會	李德滋外五名	四一
仝〃	廣東仝鄉會	張韜外三名	三一
仝四日	安徽省仝鄉會官費生廢止問題討議	史尙寬外三名	三〇
仝七日	江西仝鄉茶話會	閔星熒外五名	二五
仝八日	仝	王經菑外三名	一五
仝九日	中國青年會十五週年祝賀大會	床次内務大臣・米國大使・支那公使・馬伯援外一名	一〇〇
仝九日	仝	冲野岩三郎・馬伯援・王希天	四七
仝十日	仝	馬伯援・齊《ママ》藤惣一外一名	五〇〇
仝〃	仝上　及國慶大會	劉士木・彭學洵外四名	四〇〇
仝〃	國慶大會學生總會主催	閔星熒・彭學洵外四名	二五〇
仝十六日	宗教講演會	戚《ママ》「威」爾遜	三〇

仝〃	江西省仝鄉會	車乗驊外四名	二九
仝〃	安徽省仝鄉會經理員排斥討議會	史尚寬外四名	三五
仝〃	直隷仝鄉會主催士官學校生追悼會		二五
仝十七日	太平洋問題研究會	閔星熒外三名	八
仝二十一日	留日學生總會主催上海派遣理事選擧會	仝　外四名	二三
仝二十三	湖南仝鄉會役員選擧會	趙樹芬外四名	三七
仝三十日	浙江省仝鄉會　仝上	郭祖開外四名	二六
仝三十一日	湖南仝鄉會救濟會經過報告會	陳世鴻外三名	二一
十一月二日	中國基督教青年會體育會		三五
仝五日	宗教講演會	田島進	三五
仝十三日	湖南仝鄉會學費問題討議會	林式增外三名	四六
仝〃	仝　自費生學費問題討議會	康慶耕外三名	三二
仝〃	湖南省體育會		四五
仝十五日	浙江仝鄉會學費問題討議會	王駿聲外二名	三一
仝十六日	江西省官費學生會	閔星熒外二名	三八
仝〃	思想問題講演會　青年會主催	長谷川如是閑	五四
仝二十日	山西省仝鄉會役員選擧會	劉文藝外四名	八〇
仝〃	四川仝鄉會學費問題協議會	何慶延外三名	三五

仝二十三日	青年會主催思想講演會	恩也施（女）	二五
仝二十七日	仝	川端忠治郎	二五
仝三十日	仝	小村俊三郎	三五
十二月二日	奉天仝鄉會主催張學良一行歡迎會	史靖［?］寰・張學良外一名	七一
仝四日	山西仝鄉會追悼會	梁□棠外三名	六五
仝〃	湖南省自費生會	康鷹耕外四名	三一
仝〃	青年會主催宗教講演會	馬克尼	二五
仝〃	臺灣青年總會	王敏川外四名	一〇〇
仝七日	青年會主催宗教講演會	齊晶博士	二〇
仝十四日	仝	謝介眉	二二
十二月十八日	仝	車田秋次	一八
仝〃	各省仝鄉會聯合追悼會	謝介眉外六名	六五
仝〃	學生總會主催華府會議討議會	王家楨外七名	一五〇
仝十九日	江西仝鄉會學費問題討議會	袁繼黄外四名	二七
仝二十日	青年會主催宗教講演會	スミス・謝介眉	二六
仝二十四日	青年會主催耶蘇聖誕慶祝會	謝介眉外六名	六五
仝二十五日	湖南省自費學生會	徐容垣外三名	一五
大正十一年一月一日	青年會主催道樂大會		六五

仝二日	仝		六〇
仝三日	求是學社新年宴會	胡己任外三名	九
仝七日	臺灣青年主催演劇會		四〇〇
仝八日	青年會體育會		四五
仝九日	浙江省仝鄉會懇親會	張元節外七名	二〇〇
仝十四日	朝鮮音樂溫習會		五〇〇
仝十五日	山西省仝鄉會役員選擧會	吉永祖外七名	六五
仝〃	廣東省仝鄉會新年宴會	瀬《ママ》憲周外三名	五一
仝十六日	湖南仝鄉會憲法成立宣布慶祝大會	陳世鴻外六名	五〇〇
仝十七日	學生總會主催余日章歡迎會	王家楨・余日章外四名	一二〇
仝二十一日	江蘇省官費生學費問題討議會	王鐘麟外三名	二八
仝二十二日	貴州省官費生學費問題討議會	王潤宇外三名	一〇
仝二十八日	青年會主催音樂大會		一二〇
仝二十九日	學生總會主催學生大會	王俊・彭學洵外四名	一三〇
仝〃	廣東省仝鄉會	張韜外三名	三五
仝三十日	求是學社學術研究會	胡己任外二名	九
仝〃	山西省校友懇親會	吉永祖外三名	二九
二月四日	四川仝鄉會學費問題討議會	何慶延外五名	三六

仝五日	吉林仝鄉會　仝上	張瑞峯外一名	八
仝九日	江西省仝鄉會		三〇
仝〃	四川省仝鄉會		四〇
仝十一日	黑龍江仝鄉會	曹義宗外二名	七
仝十二日	青年會主催宗教講演會	拿斯	二一
仝十九日	仝	齊藤惣一	二三
仝二五日	奉天省仝鄉會	史榮周外三名	三五
仝二六日	青年會主催宗教講演會	孫必登	二〇
三月二日	學生總會主催華府會議代表歡迎會	王家楨・龔德柏外一名	五〇〇
仝四日	學術研究會主催　仝上	胡己任・王大楨	三五
仝五日	青年會主催宗教講演會	王希天・謝介眉	二二
仝〃	仝	穆德博士	二〇〇
仝十六日	仝	森明	二〇
仝〃	貴州官費生會		一五
仝二十二日	廣東仝鄉會職員會	張韜外三名	七
仝二十五日	四川仝鄉會役員選擧會	甘象坤外四名	五三
仝二十六日	安徽省仝鄉會	王雁生外四名	三五
四月一日	廣東省仝鄉會	張韜外四名	四七

仝〃	鎹止職人懇親會	王希天	九〇
仝二日	江蘇省會役員選擧會	項爲賢外五名	四一
仝〃	寶慶仝鄕會	關維翰外三名	三一
仝三日	求是學社學術研究會	胡己任外二名	八
仝〃	江西省自費學生會	袁繼黃外四名	二九
仝〃	青年會主催思想問題講演會	石本靜枝	七〇
仝五日	湖北仝鄕會役員選擧會	趙心哲外五名	三六
仝六日	湖南官費學生會	周盛唐外六名	三九
仝七日	陝西官費學生會	劉麟閣外五名	二六
仝八日	國民黨東京支部懇親會	陳季博外三名	四八
仝〃	四川省官費學生會	吳光甫外五名	三九
仝十五日	湖南省仝鄕會役員選擧會	王廷愷外七名	六二
仝十六日	青年會主催宗教講演會	小崎弘道	二〇
仝〃	黃龐追悼會	張瑞峯外三名	七九
仝〃	陝西省仝鄕會役員選擧會	湯鶴逸外三名	一八
仝〃	客系太同會反對協議會	花崎外四名	一一
仝十七日	鎹止職人懇談會	王希天	九一
仝十八日	學生總會主催馬代理公使路學生監督歡迎會	閔星熒外六名	一三〇

仝二〇日	鎹止職人會	王希天・楊雪倫外一名	八一
仝〃	安徽省仝鄕會懇親會	王應生外三名	二一
仝〃	江西省仝鄕會	袁繼黄外二名	三一
仝二十三日	國民黨東京支部發會式	陳季博外五名	五一
仝〃	貴州省仝鄕會役員選擧會	謝英外二名	八
計	總會合數一、一四回	總集合延人員一〇、一一七人	

※六月一二日午後一時から「中国基督教青年会館ニ於テ胡己任外四十九名集合シ」学術研究会を開催、黄頌が「婦人問題研究」、王大楨が「新社会ノ基礎」と題する報告をしたと⑫外秘乙第八八〇号　大正十年六月十四日「留日支那学生〈学術研究会〉開催ノ件」は報告し、その要旨を添えている。本表が必ずしも網羅的でないことの一証左である。

附録Ⅴ
留日学生費別一覧表

（本表は一九二一年正月留日学生総会が監督処および各省経理処と各省同郷会長に委託して調査したもの、『留日学生季報』第一号四八二頁）

省別	公費生	補助生	自費生	女学生	総数
浙江	一八六人		二六五人	四人	四五五人
山西	三三	二九一人	五九	五	三八八
広東	九三		二九二	一四	三九九
江蘇	六三		二六五	一〇	三三八
湖南	九六		二〇三	二一	三三〇[1]
江西	八一		一八八	六	二七五
四川	六四		一二六	一七	二〇七
奉天	七五	六八	五六	五	二〇四
福建	五二	一	一一五	一〇	一七八
湖北	七四		七四	九	一五七
直隷	五七		七二	二	一三一
吉林	二五	三〇	三八	一二	一〇五
陝西	五五	一	三八	三	九七
山東	五〇	二	三二		八四
安徽	二三		七三	三	九七[2]
貴州	二六	三	四九	三	七五[3]
広西	一八	一三	一五		四六
河南	二二	一	二三	一	三七
雲南	一七		一五		三二
黒竜江	一	一〇	四		一五
甘粛	四	七			一一
中央	一四				[4]
総計	一一一九	四二七	二〇〇二	一一五	三六七三

※各行の費別・性別の数字が正しいとして1は三二〇、2は九九、3は八一である。4には一四が記入されるべきであった。

五四運動在日本関係年表（ゴチックの日付は、五四運動に直接関係のある事項を示す）

1915（大正4）年

1・18　日置公使、袁世凱に二十一ケ条要求を手交。

2・11　二十一ケ条に反対し、留日全体学生大会が神田青年会館で開かれ、中華民国留日学生総会（幹事長沈定一）が結成された。

陸宗輿公使、総会解散を命令（二月末三月初）。

沈定一辞職、幹事長桂念祖・副幹事長容宝勲・易象を選任。

4・1　上海租界で留日学生総会代表等が日貨排斥提唱のため逮捕起訴される。

対日抗議・抗戦参加のため一斉帰国運動がおこるが、最後通牒受諾により挫折（五月初旬）。

5・9　袁世凱政府、日本の最後通牒を受諾。

8　袁世凱の帝制運動公然化（籌安会を結成）。

9・　陳獨秀ら雑誌『新青年』（青年雑誌）を創刊、新文化運動の嚆矢となる。

10・10　大手町私立衛生会で国慶紀念会。

17　籌安会東京支部の黒幕・蔣士立の暗殺未遂事件が発生。

12・19　私立衛生会で上海鎮守使鄭汝成暗殺の「両烈士」追悼会開かれる、亡命中の革命党員は続々帰国し、留日学生総会は事実上解体。
12・25　雲南で護国軍立ち、第三革命（護国戦争）始まる。

1916（大正5）年

1・1　共和成立紀念会を開き、対外宣言書を採択する（私立衛生会において？）。
1・16　私立衛生会で留学生全体大会を開き、新総会を結成する（幹事長・殷汝耕）。
1・　神州学会成立。
4・2　私立衛生会で黄花崗七十二烈士および宋教仁の追祭大会を開催。
5・7　私立衛生会で学生監督言微糾弾・国恥紀念の全体大会を開催。
5・15　留日学生総会機関誌『民彝』第一号発行。
6・6　袁世凱急逝し、黎元洪が総統に、段祺瑞が国務院総理となる。
6・11　私立衛生会で陳其美の追悼大会を開催。
6・　『民鐸』雑誌一号、発売禁止される（学術研究会が発足）。
10・10　私立衛生会で国慶紀念大会を開催。
12・　丙辰学社結成、雑誌『学藝』を創刊（一号は一七年四月発行）。

1917（大正6）年

1・　日本政府の援段政策公然化、西原借款始まる。

3・12　ロシア二月革命。

6・24　上海復旦公学の学生ら、中華全国学生救亡会を結成。

7・1　張勲の復辟クーデターおきる。段祺瑞は黎元洪を逐い、国会を解散して新国会（安福国会）を組織。

8・14　中国政府、対ドイツ宣戦布告。

8・　学生総会内の外交調査委員会が援段借款に反対し、「中華民国留日学生全体上日本外交調査委員会書」を発表。

9・1　孫文ら広東に非常国会（旧国会）を開き、軍政府（護法政府）を設立して南北両政府対峙の局面出現。

9・2　私立衛生会で慶祝非常国会大会を開催、張繼・戴天仇を歓迎（当時、幹事長余鴻卿、文牘李國英）。

9・　雑誌『神州学叢』一号、発売を禁止される。

10・10　私立衛生会で国慶紀念大会を開き、閉会後、石井特使のアメリカでの発言に公式に抗議せよと要求して中国公使館にデモ。

11・7　ロシア十月革命おこる。

11・12　学生総会は石井ランシング協定に反対して代表三名を帰国させ、遊説させる。

1918（大正7）年

?　留日学生総会、役員の内訌により機能停止する。

3・22　北京の英字紙、日中軍事協定の秘密交渉を暴露。

3・27　留学生有志、華瀛通信社を設立。

4・8　四川私費生、公使館に座りこみ、警官により強制排除される（八名逮捕）。

4・28　私立衛生会で同郷会聯合会主催により留学生大会を挙行し、軍事協定を討議。
4・30　秘密協定の内容「二十箇条」なるもの上海から伝わる、一斉帰国論強まる。
5・5　同郷会・同窓会連合会議で救国団組織方法を決議、警視庁強硬弾圧を開始。
5・6　夜、維新号での救国団代表者会議を弾圧、三九名を検束。
5・7　救国団先発隊、北京・上海に向かう（留日学生総会解体）。
5・4　孫文、軍閥は南北とも「一丘之貉」だと、広東軍政府の大元帥を辞任。
5・16　日中陸軍共同防敵軍事協定、北京で調印される。
5・21　北京大学等四校の学生、大総統府に請願。
5・30　教育部は留日学生に六月一〇日までに北京を退去し、渡日復校することを命令。
6・6　上海で留日学生救国団全体会議が開かれ、「不再渡日求学」を再確認。
6・17　救国団北京分部はよぎなく天津に移転し、救国団天津支部として活動。
6・18　新留日学生監督江庸、東京に着任。
7・1　北京で少年中国学会が発起される。
7・5　上海で救国団機関紙『救国日報』が創刊される。
7・30　救国団天津支部、弾圧により活動停止をよぎなくされる。
7～8　日本各地で米騒動が発生。
8・25　上海で救国団大会が開かれ、「不再渡日求学」の方針を事実上転換。
10・　段祺瑞、国務院総理を辞任。

10・20　北京で『国民』雑誌社が成立する。
11・11　ドイツが降伏し、欧州大戦終わる。
12・　東京大学学生ら思想団体「新人会」を結成。

1919（大正8）年

1・18　パリ講和会議開く。
2・2　日本小幡公使、北京政府外交部を恫喝。
2・17　留日学生臨時総会が結成される（葛天民会長）。
2・　早稲田大学に民人同盟会（後に建設者同盟・暁民会に分化）生まれる。
3・1　朝鮮で三一独立運動おこる。
3・2　アジア学生会の発会式に留日学生総会代表が反対を表明、実質的に流会させる。
4・八　留日学生の首唱により私立衛生会でラマ僧歓迎集会を開き、日本浪人の対蒙古の策動に反撃。
4・11　章宗祥公使帰国にさいし、留日学生の一団が東京駅で示威「歓送」。
5・4　北京で五四運動おこる。
5・7　留日学生学生総会の指導下に留日学生一千数百人、公使館にデモ行進。警官・憲兵の弾圧により被逮捕者三五人・負傷者多数。
5・8　以降　爾後の対応をめぐって留日学生総会内部の対立激化。
5・24　一部学生は「中華民国留日学生泣懇救国団（呉有容団長）」を結成して一致帰国を主張。

5・30　留日学生組織が分裂、総会派と聯合会派に。
6・3　北京で六三運動始まり、上海での三罷闘争に波及。
6・11　青年会で郭欽光追悼会開かれる（泣懇救国団主催）。
6・13　北京政府、親日派三要人を解任。
6・16　上海で中華全国学生聯合総会が結成される。
6・28　中国代表団、パリ講和条約調印を拒否。
9・28　各省官費生聯合会（柳飛雄会長）が臨時に成立し、官費増額を要求。
11・6　福州事件おこり、中国で反日運動ふたたび高揚する。
11・26　官費の暫定増額を実現した上、留学生監督江庸は辞職帰国する。
12・15　北京大学など各校教職員が給料の遅配に抗議し、ストライキに入る（翌月解決）。
12・　留日学生団体を統一しようとの動きおこる（普通選挙団）。

1920（大正9）年

3・10　総会派、全国学聯への派遣代表選出の大会で総会の改組を提案。
4・25　総会の新評議員会を開催、学生総会正常化される（総務主任任翺）。
5・5　北京大学学生遊日団が東京に到着。
5・6　上海フランス租界の全学聯総会などの事務所が封鎖される。
5・7　私立衛生会で学生総会が「国事」記念および北京学生団歓迎の集会を挙行。

6・5 北京大学学生遊日団が神戸から帰国。
7・ 安直戦争で安徽派軍閥が敗退、呉佩孚が進歩派として人気を博する。
8・ 李達、留日学生総会から全学聯総会理事として派遣されて帰国。
10・7 琿春事件おこり日本軍、「不逞鮮人」討伐と称し間島に出兵。
10・10 私立衛生会で国慶祝賀大会、対日抗議と朝鮮の独立支持を決議。
11・7 上海で『共産党』月刊（李達が主編）創刊される。
11・ コスモ倶楽部発足、留日学生の有志も参加する。
12・4 留日学生総会主催で新駐日公使胡維徳の歓迎大会。
12・9 日本社会主義同盟が成立する。
12・ 横浜華僑学校教師が無政府主義宣伝の廉で逮捕され、服役後強制退去となる。

1921（大正10）年

1・ 李達、全学聯総会理事・留日学生救国団々長を辞任する。
このころ『救国日報』が経費困難のため停刊。
5・5 孫文、広東新政府の非常大総統に就任する。
5・7 青年会で国恥紀念大会を開く。
5・9 社会主義同盟第二回大会解散させられ、ついで結社も禁止される。
6・22 青年会でコスモ倶楽部主催の講演会を開く。

6・24　神田青年会館でコスモ倶楽部大演説会、警察の干渉で解散させられる。
7・　留日学生総会機関誌『留日学生季報』上海で発行される。
7・　中国共産党第一回大会が上海で開かれる。
10・10　青年会で留日学生総会主催の国慶大会が開かれる。
11・　ワシントン会議開かれる（二二年二月まで）。
11・　暁民共産党事件おこる。
12・29　施存統、強制退去させられる。

1922（大正11）年

3・31　中国政府の通告によりいわゆる官費特約制度が一五年の期限満了をもって廃止される。
4・16　青年会で黄愛・龐人銓追悼会が行われる。
4・6　第一次奉直戦争で奉天軍閥敗退。
5・7　留日学生総会が私立衛生会で国恥紀念大会を開催。
7・　日本共産党結成（堺利彦委員長）。
8　日本政府が中国人労働者の入国禁止・追放を決定し、留日学生総会が権利擁護に取り組む。
9・21（?）中国人労働者を中華民国僑日共済会に組織し、王希天が会長として専従。
10・7　無政府主義者陳春培（東方書報社）が強制退去させられる。
10・10　明治会館で国慶紀念祝賀会、旅大返還など決議。廖仲愷来賓として挨拶。

1923（大正12）年

1・　中華留日学生旅大収回後援会が発足。
1・26　孫文ヨッフェ共同宣言が発表される。
2・7　呉佩孚、京漢鉄道の労働運動を弾圧。
3・20　青年会で旅大収回留日学生全体大会を開く。終了後の示威行進で警察の弾圧に遭う。
5・7　青年会で国恥紀念集会を開催。
9・1　関東大震災、僑日共済会々長王希天が殺害される。
11・　孫文、国民党の改組を宣言（第一次国共合作）。

汲古叢書 （表示価格は2003年２月現在の本体価格）

1	秦漢財政収入の研究	山田　勝芳著	本体 16505円
2	宋代税政史研究	島居　一康著	12621円
3	中国近代製糸業史の研究	曾田　三郎著	12621円
4	明清華北定期市の研究	山根　幸夫著	7282円
5	明清史論集	中山　八郎著	12621円
6	明朝専制支配の史的構造	檀上　寛著	13592円
7	唐代両税法研究	船越　泰次著	12621円
8	中国小説史研究－水滸伝を中心として－	中鉢　雅量著	8252円
9	唐宋変革期農業社会史研究	大澤　正昭著	8500円
10	中国古代の家と集落	堀　敏一著	14000円
11	元代江南政治社会史研究	植松　正著	13000円
12	明代建文朝史の研究	川越　泰博著	13000円
13	司馬遷の研究	佐藤　武敏著	12000円
14	唐の北方問題と国際秩序	石見　清裕著	14000円
15	宋代兵制史の研究	小岩井弘光著	10000円
16	魏晋南北朝時代の民族問題	川本　芳昭著	14000円
17	秦漢税役体系の研究	重近　啓樹著	8000円
18	清代農業商業化の研究	田尻　利著	9000円
19	明代異国情報の研究	川越　泰博著	5000円
20	明清江南市鎮社会史研究	川勝　守著	15000円
21	漢魏晋史の研究	多田　狷介著	9000円
22	春秋戦国秦漢時代出土文字資料の研究	江村　治樹著	22000円
23	明王朝中央統治機構の研究	阪倉　篤秀著	7000円
24	漢帝国の成立と劉邦集団	李　開元著	9000円
25	宋元仏教文化史研究	竺沙　雅章著	15000円
26	アヘン貿易論争－イギリスと中国－	新村　容子著	8500円
27	明末の流賊反乱と地域社会	吉尾　寛著	10000円
28	宋代の皇帝権力と士大夫政治	王　瑞来著	12000円
29	明代北辺防衛体制の研究	松本　隆晴著	6500円
30	中国工業合作運動史の研究	菊池　一隆著	15000円
31	漢代都市機構の研究	佐原　康夫著	13000円
32	中国近代江南の地主制研究	夏井　春喜著	20000円
33	中国古代の聚落と地方行政	池田　雄一著	15000円
34	周代国制の研究	松井　嘉徳著	9000円
35	清代財政史研究	山本　進著	7000円
36	明代郷村の紛争と秩序	中島　楽章著	10000円
37	明清時代華南地域史研究	松田　吉郎著	15000円
38	明清官僚制の研究	和田　正広著	22000円
39	唐末五代変革期の政治と経済	堀　敏一著	12000円
40	唐史論攷－氏族制と均田制－	池田　温著	近刊
41	清末日中関係史の研究	菅野　正著	8000円
42	宋代中国の法制と社会	高橋　芳郎著	8000円
43	中華民国期農村土地行政史の研究	笹川　裕史著	8000円

著者紹介

小　野　　信　爾（おの　しんじ）

1930年　大分県に生まれる。

1949年　京都大学文学部入学、1960年同大学院文学研究科東洋史専攻博士課程を修了。1953年から近年まで京都での日中友好・学術交流の運動に深く関わった。

1966年　花園大学専任教員に就き、2001年同大学を退職、花園大学名誉教授の称号を受けた。

専　攻　中国近代史

著書に『毛沢東』（人物往来社　1967）『人民中国への道』（講談社現代新書　1977）、『人民中国への鼓動』（講談社『図説中国の歴史』9　1977）『救国十人団運動の研究』（京都大学人文科学研究所共同研究報告『五四運動の研究』第四函⑬　同朋舎　1987）など。

汲古叢書44

五四運動在日本

二〇〇三年二月　発行

著　者　小　野　信　爾

発行者　石　坂　叡　志

整版印刷　富　士　リ　プ　ロ

発行所　汲　古　書　院

〒102-0072 東京都千代田区飯田橋二-五-四

電　話　〇三（三二六五）九七六四

ＦＡＸ　〇三（三二二二）一八四五

ISBN4 - 7629 - 2543 - 8 C3322

索　　引

人名索引

必ずしも網羅的ではない。留学生の人名は表記に明らかに疑問のある者を除いて原則として採録したが、中国人でも袁世凱・段祺瑞など行文上の必要からのみ言及する場合は略に従った。日本人名は留学生の運動と関連する者および関連する場合だけを採録し、官僚名・警察官名などは原則として採らなかった。

事項索引

留日学生の運動と直接関連する事項に限定した。内容が事項に相当すれば採録したため、標出した事項名が必ずしもそのままの語句では表われていない場合がある。

人　名　索　引

お

か

き

く

け

す

せ

て

と

な

に

は

ゆ

よ

ら

り

事項索引

さ行

た行

な行

は行

ま行

や行

ら行